lonely planet

Niederlande

Barbara Woolsey, Abigail Blasi, Mark Elliott, Catherine Le Nevez, Sara van Geloven

INHALT

Reiseplanung

Reiseziele

Herengracht (S. 66), Amsterdam

Praktisches

Storybook

Giethoorn (S. 237), Zentrum der Niederlande Niederlande

OBEN LINKS CHRISTOPHE CAPPELLI/SHUTTERSTOCK ©, UNTEN LINKS: MARC VENEMA/SHUTTERSTOCK ©, RIGHT: RICHARD SEMIK/SHUTTERSTOCK ©

Keukenhof (S. 190), Lisse

Lisse (S. 190)

WILLKOMMEN IN DEN NIEDERLANDEN

Windmühlen und Tulpenfelder: Genau deshalb reisen die Leute in die Niederlande. Und zwar gern: 2022 erreichte der Niederlande-Tourismus ein Allzeit-Hoch und übertraf die Rekorde aus der Vor-Corona-Zeit. Auch jenseits der überfüllten Hauptstadt entdeckt man schöne Küsten, grüne Landschaften und Kleinstädte, in denen es einem an nichts mangelt.

Viele gute Erlebnisse in Sachen Multikulturalismus haben mit der holländischen Kolonialvergangenheit zu tun – ein komplexes Thema, das Schatten auf ein so tolerantes Land wirft. Als Reisejournalistin mit doppeltem ethnischen Hintergrund faszinieren mich gerade diese Mischungen: herrliche surinamische und indonesische Restaurants, Völkerkundemuseen, die von schwarzen Musikern inspirierte Jazz-Szene und Kunstausstellungen, in denen es um Identitäten geht. Es gibt sogar Führungen zu Themen wie Gentrifizierung oder Kolonialismus – da kann man die üblichen Touristenfallen getrost vergessen.

Barbara Woolsey

@xo_babxi

Barbara ist eine kanadische Autorin philipinischer Herkunft. Sie schreibt über Menschen, Speisen und Kultur. Und wenn sie nicht gerade an einem Reiseführer arbeitet, trifft man sie in Berliner Clubs.

Am liebsten suche ich nach den etwas skurrilen Pop-Art-Installationen der Gruppe Kunst en Vaarwerk (S. 169) aus den 1980er-Jahren. Ein toller Spaß für Kinder, aber auch für Reisejournalistinnen, die schon alles gesehen haben …

LIEBLINGSPLÄTZE

Hier schlägt für unsere Autoren und Experten das Herz der Niederlande.

Selbst in den ältesten Straßen Amsterdams erkennt man die Entschlossenheit, die es braucht, um so etwas wie den Grachtengürtel zu erschaffen. Zu den heutigen Großtaten zählt die Umwandlung der alten Gaswerke ins **Westergas Cultural Centre** (S. 68, Foto). In Amsterdam Noord erprobt man neue Kunstformen, und Nachhaltigkeits-Initiativen versuchen, auch heute die vermeintlichen Grenzen des Möglichen zu sprengen.

Catherine Le Nevez

lonelyplanet.com/authors/catherine-le-nevez

Catherine hat in Creative Arts promoviert und schreibt seit 2004 für Lonely Planet. Ihre Reiselust ist immer noch ungebrochen.

Das **Kröller-Müller Museum** (S. 230) wäre an jedem Ort der Welt faszinierend – mit seiner außergewöhnlichen Sammlung von Van Gogh, Picasso, Monet und einem Skulpturengarten (Foto). Hinzu kommt hier noch, dass es inmitten einer verwunschenen Waldlandschaft liegt. Abseits der üblichen Touristenrouten hält die Besucherzahl sich in Grenzen, dafür ist es hier aber sehr viel angenehmer als in vielen großen Kunstmuseen.

Abigail Blasi

@abi.where

Abigail schreibt über Reisen mit Schwerpunkt Geschichte, Kunst und Gastronomie.

Die Friesische Insel **Vlieland** (S. 201, Foto) ist einer meiner Lieblingsorte. Die Hauptstraße des einzigen Dorfes besteht aus gemütlichen Cafés, Restaurants und Hotels. Nichts geht dort über einen heißen Kakao mit Sahne, wenn man nach einem Tag am Strand bei stürmischer See oder nach einer langen Radtour durch einsame Dünen am offenen Feuer sitzt.

Sara van Geloven

@saravangeloven

Sara ist eine niederländische Reisejournalistin; mit ihrem Wohnmobil bereist sie ganz Europa.

Die Kanäle von Utrecht und Amersfoort sind wirklich hübsch, und beide Städte besitzen klassische Kaffee-Kneipen – doch als Biertrinker war ich besonders erfreut über **Tilburg** (S. 247, Foto). Dort radelte ich durch die Stadt in Richtung Koningshoeven und kam gerade noch rechtzeitig zu einer Führung durch die Brauerei La Trappe Trappist.

Mark Elliott

@markbekaz

Mark schreibt seit den 1990er Jahren über Europa und Asien; er hat an über 70 Reiseführern mitgewirkt.

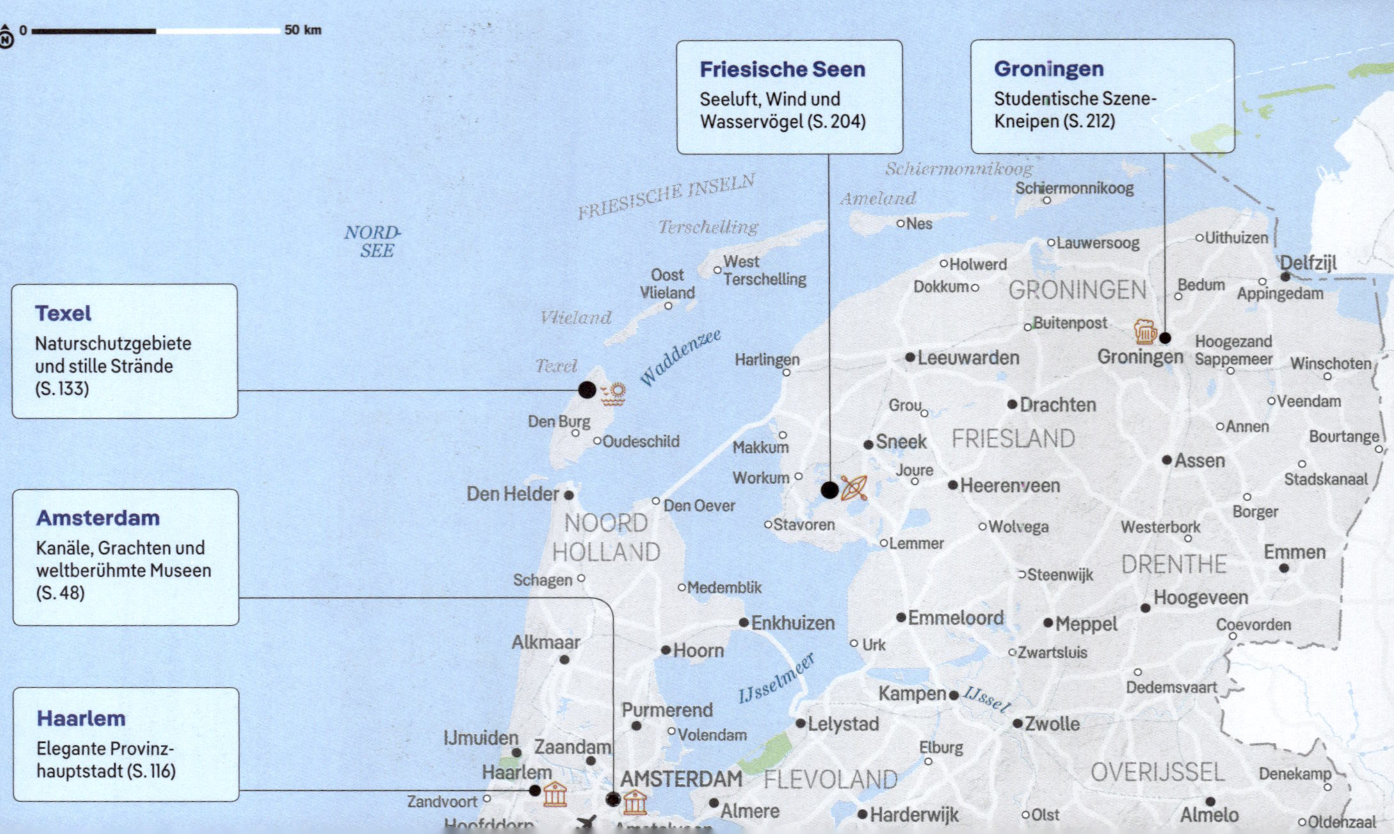

0
50 km
Friesische Seen
Seeluft, Wind und Wasservögel (S. 204)
Groningen
Studentische Szene-Kneipen (S. 212)
Texel
Naturschutzgebiete und stille Strände (S. 133)
Amsterdam
Kanäle, Grachten und weltberühmte Museen (S. 48)
Haarlem
Elegante Provinz-hauptstadt (S. 116)
NORD-SEE
FRIESISCHE INSELN
Schiermonnikoog
Ameland
Terschelling
Vlieland
Texel
Waddenzee
IJsselmeer
IJssel
GRONINGEN
FRIESLAND
DRENTHE
NOORD HOLLAND
FLEVOLAND
OVERIJSSEL
AMSTERDAM
Nes
West Terschelling
Oost Vlieland
Den Burg
Oudeschild
Den Helder
Den Oever
Schagen
Medemblik
Alkmaar
Hoorn
Enkhuizen
Purmerend
Volendam
IJmuiden
Zaandam
Haarlem
Zandvoort
Almere
Lelystad
Harderwijk
Elburg
Kampen
Zwolle
Urk
Emmeloord
Meppel
Zwartsluis
Dedemsvaart
Hoogeveen
Coevorden
Emmen
Westerbork
Steenwijk
Wolvega
Lemmer
Stavoren
Workum
Makkum
Harlingen
Sneek
Joure
Heerenveen
Grou
Leeuwarden
Drachten
Dokkum
Holwerd
Lauwersoog
Buitenpost
Groningen
Hoogezand Sappemeer
Bedum
Uithuizen
Delfzijl
Appingedam
Winschoten
Veendam
Annen
Assen
Borger
Stadskanaal
Bourtange
Olst
Denekamp
Almelo
Oldenzaal

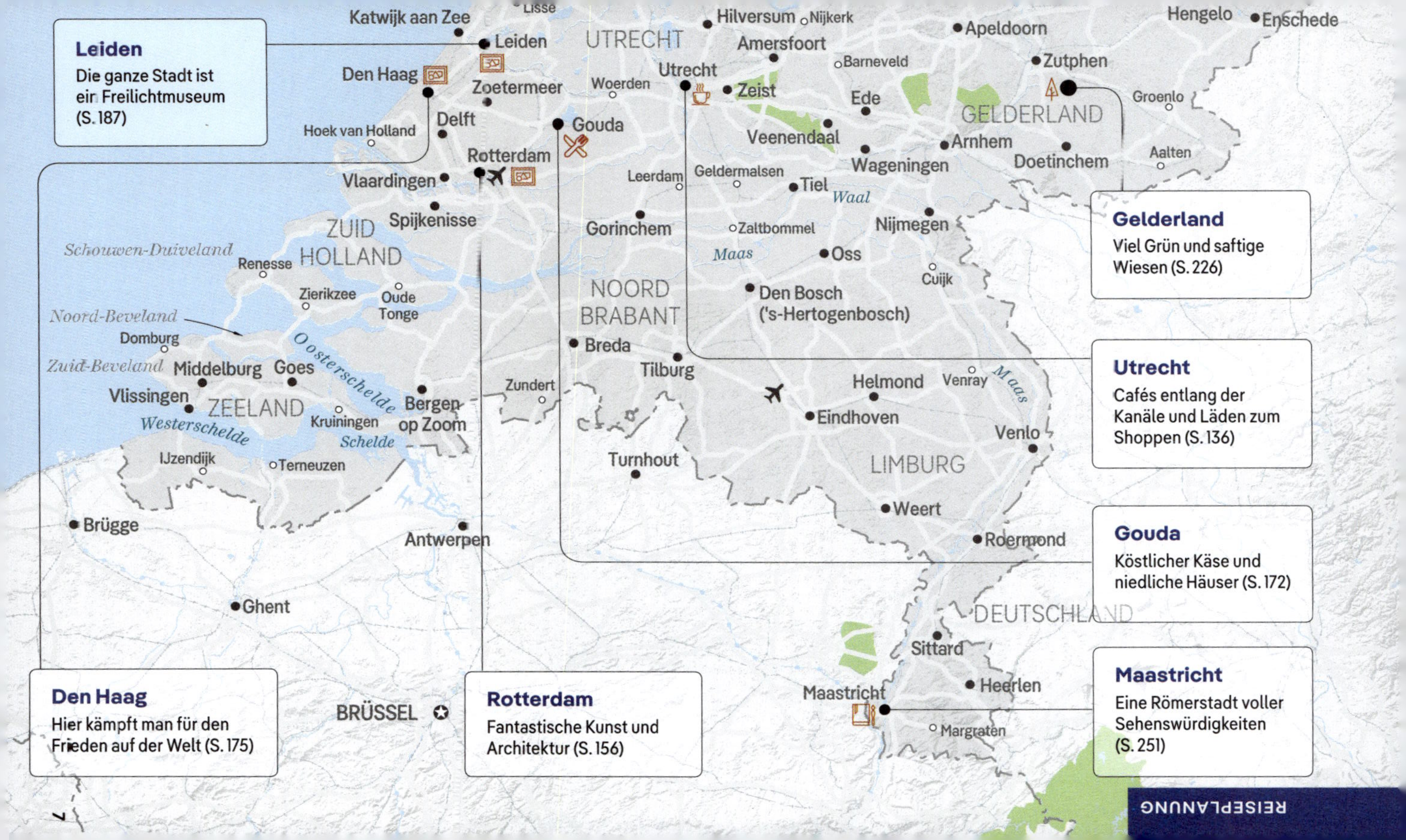

Leiden
Die ganze Stadt ist ein Freilichtmuseum (S. 187)

Gelderland
Viel Grün und saftige Wiesen (S. 226)

Utrecht
Cafés entlang der Kanäle und Läden zum Shoppen (S. 136)

Gouda
Köstlicher Käse und niedliche Häuser (S. 172)

Maastricht
Eine Römerstadt voller Sehenswürdigkeiten (S. 251)

Den Haag
Hier kämpft man für den Frieden auf der Welt (S. 175)

Rotterdam
Fantastische Kunst und Architektur (S. 156)

Lisse
Katwijk aan Zee
Leiden
Den Haag
Zoetermeer
Delft
Hoek van Holland
Rotterdam
Vlaardingen
Spijkenisse
Gouda
Woerden
UTRECHT
Utrecht
Hilversum
Nijkerk
Amersfoort
Zeist
Barneveld
Ede
Apeldoorn
Zutphen
Hengelo
Enschede
Groenlo
GELDERLAND
Arnhem
Doetinchem
Aalten
Veenendaal
Wageningen
Leerdam
Geldermalsen
Tiel
Waal
Gorinchem
Zaltbommel
Nijmegen
Maas
Oss
Cuijk
NOORD
BRABANT
Den Bosch ('s-Hertogenbosch)
ZUID
HOLLAND
Schouwen-Duiveland
Renesse
Zierikzee
Oude Tonge
Noord-Beveland
Domburg
Zuid-Beveland
Middelburg
Goes
Oosterschelde
Vlissingen
ZEELAND
Westerschelde
Kruiningen
Schelde
Bergen op Zoom
IJzendijk
Terneuzen
Breda
Tilburg
Zundert
Helmond
Venray
Maas
Eindhoven
Venlo
Turnhout
LIMBURG
Weert
Roermond
Brügge
Antwerpen
Ghent
BRÜSSEL
DEUTSCHLAND
Sittard
Heerlen
Maastricht
Margraten

FANTASTISCHE KÜSTEN

Bei so viel Wasser und dem neu gewonnenen Land können sich die Niederlande wie eine Insel anfühlen. Die 450 km lange Küste erstreckt sich entlang der Nordsee und der Inseln im Wattenmeer, einem Kaleidoskop aus Sandstränden, Felsen und windgepeitschten Dünen. Beim Radfahren ist alles in Reichweite eines Gangwechsels. Lust auf Abgeschiedenheit? Steig an Bord einer Fähre und entdecke Orte, die dem durchschnittlichen Reisenden verborgen bleiben.

VON LINKS: TONKO OOSTERINK/SHUTTERSTOCK ©, NANCY BEIJERSBERGEN/SHUTTERSTOCK ©, TASFOTONL/SHUTTERSTOCK ©

Holländisch-Friesland

Die Westfriesischen Inseln, in der Nähe des von der Unesco gelisteten Wattenmeers, sind ideal zum Inselhüpfen und bieten eine bunte Mischung aus Freizeitaktivitäten und Entspannung.

Küstenradwege

Auf der 610 km langen LF Küstenroute kommt man durch wunderschöne holländische Landschaften. Entdecke sandige Strände, Dünen und maritime Dörfer zwischen Deutschland und Belgien.

Einsame Strände

Entspanne dich abseits der Menschenmassen in der am dünnsten besiedelten Provinz Zeeland mit ihren Inseln und Halbinseln sowie ihren leeren Stränden.

Eierland-Leuchtturm (S. 134), Texel

STRANDERLEBNISSE

❶ **Strand Blijburg** (S. 107) ist künstlich, und sein importierter weißer Sand verspricht in der Metropole Amsterdam einen Strandurlaub mit Wassersportverleih und Hafenterrassen.

Ein wenig weiter in Haarlem befindet sich ❷ **Bloemendaal aan Zee** (S. 122), ein idealer Ort zum Sonnenbaden und für Wassersportkurse.

Vor Den Haag liegt ❸ **Scheveningen** (S. 183), die vielleicht beste städtische Strandpromenade des Landes. Gleich daneben die Dünen des Nationalparks.

Selbst wenn die Fähren vom Festland zu den ❹ **Friesischen Inseln** (S. 195) überfüllt ankommen, gibt es immer noch einen weiten, fast leeren Strandabschnitt.

Die weißen Strände von ❺ **Texel** (S. 134) säumen die Westküste in einem ununterbrochenen Band: weich, breit und die einladendsten der Niederlande.

ALEXANDRE.ROSA/SHUTTERSTOCK ©

Euromast (S. 160), Rotterdam

GROSSE HÖHEN

Landschaften flach wie *panenkoeken* (Pfannkuchen) ermöglichen fesselnde Panoramablicke. Bei klarem Himmel kann man Inseln und Halbinseln erkennen oder, umgekehrt, bis nach Amsterdam und weiter blicken. Ausgedehnte Tulpenfelder in voller Blüte, dazu stoische Windmühlen und historische Architektur vor lebendigen Sonnenuntergängen, erinnern an die Gemälde aus dem Goldenen Zeitalter.

Ingenieurskunst

Türme und Brücken bieten atemberaubende Ausblicke und faszinierende Hintergrund-Geschichten über Hochwasserschutz und Kanäle als Transportwege.

Europas größter Themenpark

Viele Niederländer haben Kindheitserinnerungen an den Disneyland-Rivalen Efteling. Die Achterbahnen gehören zu den verrücktesten, die du je gefahren bist.

TOLLE AUSSICHTEN

Amsterdams Panorama-Aussichtsterrasse, der ❶ **A'DAM Tower** (S. 109), bietet interaktive Ferngläser sowie Europas höchste Schaukel.

Die beste Aussicht über Utrecht bietet sich vom ❷ **DomToren** (S. 140), dem ikonischen Glockenturm der Stadt (der höchste der Niederlande mit 112 m).

Nimm den Aufzug zur 73 m hohen Spitze der ❸ **Eusebiuskerk** in Arnhem (S. 228), um Europas größtes Glockenspiel und die Aussicht von gläsernen Balkonen zu bewundern.

Unter Rotterdams vielen Panoramaangeboten verpasse nicht die 100 m hohe Aussichtsplattform des ❹ **Euromast** (S. 166) aus dem Jahr 195 8 (oben mit Seilrutsche und Hotelzimmer).

Die ❺ **Overblaak-Fußgängerbrücke** (S. 166) ist eine Meisterleistung der 1980er-Jahre. Der Durchgang vor einer Kulisse aus würfelartigen Häusern wird auch von den Einwohnern viel genutzt.

UNTERIRDISCHE ERKUNDUNGEN

Die unterirdische Welt der Niederlande ist ein faszinierendes Reich aus Kanälen, Tunneln und Katakomben. Unterirdische Wasserwege sowie umfangreiche Bunkersysteme aus dem Zweiten Weltkrieg bieten einen einzigartigen Einblick in die Landesgeschichte und die unterirdische Ingenieurskunst. Entdecke versteckte Höhlen und Gänge und außer Sichtweite liegende Kanäle, hinter denen spannende Anekdoten stecken.

Kriegsruinen

Das niederländische Wasserschutzsystem der Bunker (Foto) und unterirdischen Befestigungen wurde gegen mögliche Invasionen errichtet. Tunnel und Keller wurden in der Widerstandsbewegung genutzt.

Römische Ruinen

Verborgene antike römische Relikte, darunter Militärlager und archäologische Schätze werfen Licht auf den regionalen Einfluss und die bleibende kulturelle Präsenz jener Epoche.

Unterirdische Wasserwege

Die beeindruckenden Wassermanagement-Systeme der Niederlande umfassen unterirdische Sturmflutbarrieren und Tunnel, die unter Kanälen verlaufen, und sichern damit städtische Mobilität und das lokale Leben ab.

RICHTIG UNTERIRDISCH

Als Amateurarchäologe kannst du in der Höhle unter dem ❶ **Domplein** in Utrecht (S. 140) mit einer intelligenten Taschenlampe und Audioguide römische Relikte entdecken.

Die Touren von ❷ **„Maastricht Underground“** (S. 253) durch Tunnel und unterirdische Festungen enthüllen römische, napoleonische und Geschichte des Zweiten Weltkriegs.

Eine Bootsfahrt auf den Kanälen von Den Bosch's ❸ **Binnendieze** (S. 245) ist landschaftlich nicht so reizvoll wie die in Amsterdam oder Utrecht, aber mit ihrer Enthüllung einer unterirdischen Tunnelwelt ist sie einzigartig.

Im Nordosten findet man 5000 Jahre alte Grabkammern, darunter die geheimnisvollen Hünengräber (Dolmen) des ❹ **Unesco Global Geoparks** (S. 209), errichtet von frühen Bauern.

Amsterdams unterirdischer Nachtclub ❺ **Shelter** (S. 109) – ironischerweise unter einem seiner höchsten Gebäude gebaut – rühmt sich einer 24-Stunden-Lizenz und verspricht rund um die Uhr Partys mit internationalen Top-DJs.

BEDEUTENDE GESCHICHTE

Auch die niederländische Geschichte hat dunkle Aspekte, aber auch Widerstandskraft. Die napoleonische Herrschaft sowie die Nazi-Besatzung im Zweiten Weltkrieg erforderten Entschlossenheit, Drangsal und Leiden zu überwinden. Andererseits schafft die Vergangenheit als ehemaliges Kolonialreich oder als Aggressor ein kompliziertes Erbe. Widrigkeiten, vom Kleinen bis zum Wolkenkratzer, Minderheiten mit ihren Geschichten, sowie eine aufstrebende dekolonisierende Reisebewegung bilden die Basis der modernen lebendigen Gesellschaft.

VON LINKS: BRYANSTEVENRM/SHUTTERSTOCK ©, WJT_MOPPIE/SHUTTERSTOCK ©, ARJEN DIJK/SHUTTERSTOCK ©

Erinnerung an den Holocaust

Das Anne Frank-Haus ist einer der eindrücklichsten Holocaust-Gedenkorte der Welt. Es ist ein Höhepunkt jeder Amsterdam-Reise und zieht jährlich mehr als eine Million Besucher an.

Queer-Erbe

Die niederländische LGBTIQ+-Geschichte äußert sich in Denkmälern, Touren, lebendigen Communitys und vielfältigen Pride-Events. Als erstes Land, wurde hier die gleichgeschlechtliche Ehe legalisiert.

Kolonialgeschichte

Ausgewählte Besichtigungstouren behandeln das koloniale Erbe der Niederlande und bieten Einblicke in Themen wie Gentrifizierung, Einwanderung und Identität.

Kamp Westerbork (S. 220), Den Bosch

GESCHICHTE ERFAHREN

Im ❶ **Jüdischen Kulturgebiet Amsterdams** (S. 105) entdeckt man das Jüdische Museum, die Portugiesische Synagoge und das Nationale Holocaust-Museum.

Nach dem Anne Frank-Haus besucht man das ❷ **Corrie ten Boom-Haus** (S. 118), wo eine Familie unter Lebensgefahr Juden und Widerstandskämpfer versteckte.

Das ❸ **Freiheitsmuseum** (S. 227), nahe Arnhem oder Nijmegen, zeigt persönliche Geschichten von Menschen im Zweiten Weltkrieg. Die Umbenennung im Jahr 2020 legt den Fokus auf transnationale Identitäten.

Kamp Westerbork (S. 220) und Kamp Vught (S. 245) in der Nähe von ❹ **Den Bosch** waren Nazi-Durchgangslager – jetzt den Holocaustopfern gewidmet.

Rotterdams Museum ❺ **'40-'45 NOW** (S. 157) umreißt die Bombenzerstörung der Stadt mit Artefakten und berührenden Geschichten.

Café Chris (S. 70), Amsterdam

BRUIN-CAFÉ-KULTUR

Der Begriff *gezelligheid* beschreibt den niederländischen Zustand von Geselligkeit, Gemütlichkeit, Wärme und Zusammengehörigkeit. Es ist ein Markenzeichen der berühmten *Bruin Cafés* des Landes, die nach ihren gedimmten Lichtern und rauchgeschwärzten, jahrhundertealten Interieurs benannt sind.

Gute Tropfen & Snacks

Bestelle gezapftes Bier und Genever sowie *bitterballen* und andere *borrelhapjes* (frittierte Snacks, die die Niederländer „braunes Obst" nennen).

Buntes Treiben

Bruin Cafés – geprägt von Geschichten über Seeleute und Intellektuelle – sind lebendige Treffpunkte, wo man Live-Musik und Unterhaltungen genießt.

BRUIN CAFÉS ERLEBEN

Unter Amsterdams tausend *Bruin Cafés* gehört zu den herausragenden das ❶ **Café Binnen Buiten** (S. 94).

Unternehme eine durstige Pilgerfahrt zum ❷ **Café Chris** (S. 70), Amsterdams ältestem *Bruin Café* im Viertel Jordaan.

Rotterdams historisches Viertel Delfshaven aus dem Goldenen Zeitalter beherbergt schöne *Bruin Cafés* wie ❸ **De Oude Sluis** (S. 170), mit Blick auf eine Windmühle.

Im De Zwarte Ruiter (S. 182) oder im De Witte Aap (S. 163) in ❹ **Rotterdam** kannst du immer auf eine Tanzparty mit Live-Musik oder DJs zählen.

Die Studentenstadt Maastricht ist voller atmosphärischer *Bruin Cafés*: In ❺ **Den Ouden Vogelstruys** (S. 252) werden schaumige Biere in gemütlichem Holzinterieur aus dem 18. Jahrhundert serviert.

LICHTGESTALTEN DER KUNST

Rembrandt, Vermeer, Hals, Steen, Van Gogh, MC Escher, Mondrian – einige der weltweit berühmtesten Künstler stammen aus den Niederlanden, und ihre außergewöhnlichen Werke füllen Museen und Galerien im ganzen Land. Neben den bekanntesten mit Meisterwerken gefüllten Kunstsammlungen gibt es unzählige kleinere Orte zu entdecken, darunter historische Gebäude, in denen die Künstler selbst gelebt und/oder gearbeitet haben.

Volle Hauptstadt

Amsterdams weltklasse Museen ziehen jedes Jahr Millionen von Besuchern an. Man ist stolz darauf, dass man keinen Kilometer gehen kann, ohne auf ein Meisterwerk von Van Gogh, Rembrandt oder Mondrian zu stoßen.

Transformative Kunst

Der hässliche Nachkriegs-Wiederaufbau Rotterdams ärgerte die Bürger. Sie haben seither das Stadtbild mit viel städtischer Kunst verschönert, von skurrilen Skulpturen bis hin zu bunten Wandmalereien.

Überraschungen auf dem Bürgersteig

Museen sind voller Meisterwerke, aber es gibt auch zufällige Outdoor-Überraschungen, wie Installationen, die aus Rotterdamer Gebäuden sprießen, und Leidens skurrile Skulpturen.

SCHÖNE KUNSTERLEBNISSE

Das riesige ❶ **Rijksmuseum** (S. 84) in Amsterdam zeigt Schätze aus dem Goldenen Zeitalter wie Rembrandts „Die Nachtwache". Die Nachbarn, das Van Gogh Museum (S. 86, Bild) und das Stedelijk Museum (S. 83), präsentieren moderne Kunstwerke.

In Rotterdam ist Kunst überall zu finden – streife umher, um auf skurrile ❷ **Skulpturen** (S. 170) und städtische Pop-Art zu stoßen.

Das ❸ **Museum Boijmans van Beuningen** (S. 156) in Rotterdam ist eventuell wegen Renovierungsarbeiten geschlossen, aber sein Depot (Foto) präsentiert das weltweit erste öffentlich zugängliche Kunstlager.

Das ❹ **Mauritshuis** (S. 175) in Den Haag kann sich der niederländischen und flämischen Meister rühmen: Vermeers „Mädchen mit dem Perlenohrring" und Fabritius' „Der Distelfink"

Das ❺ **Paleis Noordeinde** (S. 183) in Den Haag zeigt die weltberühmten logikwidrigen Schöpfungen des ikonischen Grafik-Künstlers Escher.

FEINES DESIGN

Im Laufe der Geschichte haben die Niederländer sich einen Ruf als Innovatoren erarbeitet, indem sie geniale Lösungen für praktische Probleme entwickelt, und damit die Lebensqualität erheblich verbessert haben. In Bereichen wie Ingenieurswesen, Architektur, Einrichtung, Haushalt, Mode und Technologie – z.B. Wassermanagement – zeigen niederländische Designs einen charakteristischen Stil und Witz. Landschaftsgestaltung und Gartenbau haben lange Traditionen, während nachhaltige Strukturen in die Zukunft weisen.

VON LINKS: 365 FOCUS PHOTOGRAPHY/SHUTTERSTOCK ©, BURHAN ALIBAS/SHUTTERSTOCK ©, JOCHEN TACK/ALAMY STOCK PHOTO ©

Wunder der Baukunst

Rotterdam ist eine dynamische Freiluft-Galerie einiger der einfallsreichsten (und oft verrücktesten) Bauten Europas.

Gestaltetes Land

Niederländische Landschaftsgestaltung und Gartenbaukunst kultivieren zwar das Gelände, aber lassen auch alte Gebiete sich natürlich entwickeln.

Nachhaltige Innovation

Wassermanagement und landwirtschaftliche Infrastruktur schützen seit Langem gefährdete, tiefliegende Gebiete. Heute kommt grüne Architektur hinzu, die ehrgeizige Klimaziele erreichen will.

Schieblock (S. 169), Rotterdam

❶
❹
❷❸
❺

ARCHITEKTUR & DESIGN

Das schwimmende Dorf ❶ **Broek op Langedijk** (S. 123) war im 19. Jahrhundert ein Innovations-Treffpunkt. Bauern, die ihre Felder mit Ruderbooten bewirtschafteten, haben hier ihre Produkte vermarktet.

Der ❷ **Architekturmonat** in Rotterdam (S. 145) ist das größte Architekturfestival der Niederlande und ein atemberaubendes Freilichtmuseum.

❸ **Rotterdam** ist auch ein Hotspot für nachhaltige Ingenieurskunst und Architektur: Besuche das Schieblock (S. 169), einen der größten Dachgärten Europas, und den längsten und schmalsten Dachpark der Niederlande, den Hofbogenpark (S. 169).

Der ❹ **Hortus Botanicus** in Amsterdam (S. 103, Foto) soll das weltweit erste vollständig nachhaltige, klimaneutrale Gewächshaus werden – bis 2050 willl die ganze Stadt vollständig zirkulär werden.

Eine Attraktion in Eindhoven ist das ❺ **Museum des Elektronikpioniers Philips** (S. 250) und das renommierte in einer Fabrik untergebrachte Architektur- und Design-Institut.

KANAL-KREUZFAHRT

Kanäle durchziehen das flache Land der Niederlande, von prächtigen Städten wie Haarlem und Leiden bis hin zu weniger bekannten Juwelen wie Enkhuizen und Hoorn. Ein Netzwerk von Wasserstraßen ist der historische Lebensnerv, sowohl für Transport als auch zum Vergnügen. Entlang der Kanalufer und malerischer Brücken zu spazieren ist sehr schön, aber das intimere und unvergesslichere Erlebnis ist es, auf dem Wasser unterwegs zu sein, ob auf einer Kreuzfahrt auf einem malerischen Vintage-Boot oder als Kapitän des eigenen Partybootes.

VON LINKS: TAIGA/SHUTTERSTOCK ©, PHOTOS BY D/SHUTTERSTOCK ©, MATYAS REHAK/SHUTTERSTOCK ©

Venedig des Nordens

Mit ca. 165 Kanälen, die sich über 100 km erstrecken – mehr als Venedig – kann man leicht erkennen, warum Amsterdams Wasserwege von der Unesco anerkannt sind.

Utrecht: Doppelter Spaß

Die Kanäle von Utrecht sind zwar nicht so berühmt wie die von Amsterdam, aber sie sind einzigartig und besonders, weil sie sich auf zwei Ebenen erstrecken.

Nachhaltig unterwegs

Mit Null-Emissions-Schiffen kann man den ganzen Tag lang ohne CO_2-Ausstoß fahren. Von E-Booten über Tretbooten bis hin zu Kajaks gibt es viele Optionen.

Den Bosch (Herzogenbusch; S. 244)

KANÄLE ERLEBEN

❶ **Rederij Lampedusa** (S. 106) in Amsterdam bietet Kanaltouren auf einem ehemaligen Flüchtlingsboot.

❷ **Plastic Whale** (S. 59): Beim Plastikfischen werden verschmutzte Wasserwege in Amsterdam gereinigt. Aus dem gesammelten und recycelten Plastikmüll werden auch die Boote hergestellt.

In der ländlichen Idylle um Giethoorn kann man den Kanälen folgen, die einst von Bauern in den ❸ **Weerribben-Wieden-Nationalpark** (S. 237) gegraben wurden.

Auf einer Tour durch die teilweise ❹ **unterirdischen Kanäle in Den Bosch** (S. 244) erwacht die Kunst des Hieronymus Bosch zum Leben.

Einst ein undurchdringliches Torfmoor, bietet der ❺ **Nationaal Park De Alde Feanen** (S. 199) jetzt eine üppige Fläche von 2000 Hektar an Kanälen, Bächen und Seen, die per Boot erkundet werden können.

STÄDTE & REGIONEN

Entdecke dein Sehnsuchtsziel!

Haarlem & Nordholland

KLASSISCHES HOLLAND

Haarlem weckt das Mittelalter und das Goldene Zeitalter ebenso zum Leben wie das benachbarte Amsterdam. In der Umgebung gibt es hübsche kleine Orte wie den Käse-Hotspot Edam sowie Strände und windgepeitschte Dünen. Kite-Surfen, Wandern, Segeln und Radfahren sind angesagt, während man Vogelwelt und Robbenkolonien beobachtet.

S. 113

Friesland (Fryslân)

STOLZES LAND DER SEEN

Gönne dir einen Aussteiger-Traum an Hollands Nordküsten. Nomaden fühlen sich hier wie zu Hause und teilen leere Strände und endlose Wellen mit reichem Meeres- und Vogelleben. Schippere mit deinem Boot zu Inseln, wage dich auf die Wattflächen und radle durch historische Fischerstädte zurück zur Realität.

S. 192

Der Nordosten

ATTRAKTIVER NORDEN

Eine Zeitreise durch den Nordosten: Zwischen Ackerland und Wald liegt spannende Geschichte, einschließlich Hünengräbern und einer erhaltenen Festungsstadt. Das regionale Zentrum, Groningen, zeigt Spuren des Goldenen Zeitalters, doch eine bunte Studentenschaft sorgt für einen fröhlichen, urbanen Puls.

S. 209

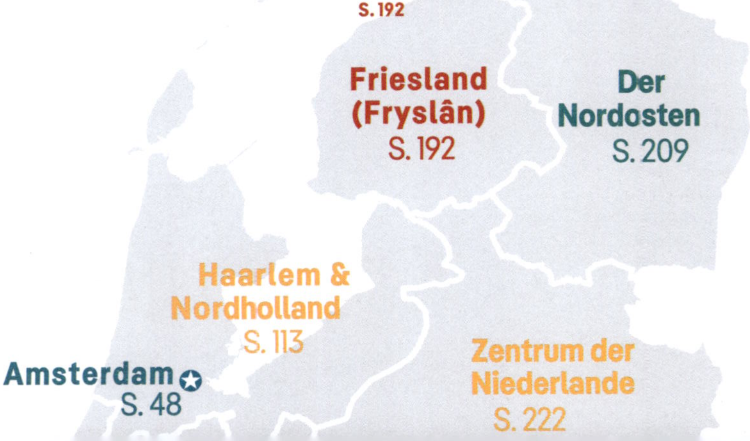

Rotterdam & Südholland S. 151

Utrecht S. 136

Südosten der Niederlande S. 239

Amsterdam

TRADITION UND MODERNE

Amsterdam wirbt mit mehr Kanälen als Venedig und kopfsteingepflasterten Straßen mit Giebelhäusern entlang der Kanäle, Flower Power und weitläufigen Weltklasse-Museen, die Rembrandt bis Van Gogh feiern. Obwohl der Glamour des 17. Jahrhunderts allmählich verblasst, ist die Hauptstadt auch heute noch hochattraktiv.

S. 48

Zentrum der Niederlande

PERLEN DER NATUR UND KULTUR

Abseits der ausgetretenen Pfade liegt das Hauptvergnügen dieser Region. Entdecke hanseatische Handelsgebäude in Gassen, die wie eine Zeitreise wirken, und folge den Kanälen und Rinnen, die jahrhunderte lang von Torfstechern und Bauern gegraben wurden. Den Kontrast zum idyllischen ländlichen Leben bilden Denkmäler und Museen aus dem Zweiten Weltkrieg.

S. 222

Rotterdam & Südholland

IDYLLISCH & EIGENWILLIG

Eine bunte Mischung aus kleinen Städten hält coole Überraschungen bereit. Rotterdam, Europas größter Hafen, ist eine Open-Air-Galerie für skurrile Architektur und Straßenkunst. In Leiden, der „Stadt der Entdeckungen“, kann man in die wissenschaftliche Geschichte eintauchen und in die lebendigen Kulturen jenseits der Weltfriedensstadt Den Haag.

S. 151

Utrecht

ÄLTER UND WEISER ALS AMSTERDAM

Utrecht wirbt mit einer Amsterdam-Atmosphäre ohne die Menschenmassen und ist bekannt für seine einzigartigen zweistöckigen Kanäle. Neben der unterirdischen Archäologie der Stadt findet man Bars und Restaurants in mittelalterlichen Lagerhäusern. Über die Provinz verteilt liegen Festungen und Städte mit Schlössern

S. 136

Südosten der Niederlande

BURGUNDISCHE LEBENSFREUDE

Maastricht bietet viel: von schatzgefüllten Museen bis hin zu unterirdischen Tunneln und Festungen aus römischer Zeit und späteren Kriegen. Zum Durchhalten gibt es einen Koffein-Shot in der bunten Café-Kultur, wobei starke, exquisite Klosterbiere die Willenskraft ganz besonders herausfordern.

S. 239

Negen Straatjes (S. 68), Amsterdam

REISEROUTEN

Prächtige Städte

Dauer: 2 Wochen **Strecke:** 350 km

Amsterdam mag ein berühmtes Städteziel sein, aber auch die kleineren Orte bieten verlockende Sehenswürdigkeiten und authentische Einblicke in das Leben der Niederländer. Man verlässt die Menschenmassen der Hauptstadt und erlebt eine entspannte Atmosphäre in historischen Städten und von Windmühlen gesäumten Landschaften.

1

AMSTERDAM 3 TAGE

Verbringe drei Tage in der Hauptstadt **Amsterdam** (S. 48), um ein paar Weltklasse-Museen zu besuchen, eine Grachtenfahrt zu machen und durch historische Viertel zu schlendern. Die perfekte Reiseroute umfasst Jordaan, De Pijp, das Jüdische Kulturviertel und das angesagte Noord.

***Abstecher**: Den Strand genießen in **Haarlem** (S. 116) oder die **Keukenhof**-Gärten in Lisse (S. 190).*.

2

UTRECHT 2 TAGE

Utrecht (S. 140) ist vielleicht sogar eine noch bessere Grachtenstadt als die Hauptstadt. Entdecke mittelalterliche Architektur und römische Archäologie. Schlendere entlang des Oudegracht-Kanals (Foto) und besuche Werftkeller mit Restaurants, Bars und historischen Geheimnissen. Ein Tagesausflug nach **Amersfoort** (S. 148) begeistert mit seiner Fine-Dining-Szene.

½ Zugstunde von Amsterdam Centraal

3

DEN HAAG 3 TAGE

Als „Internationale Stadt des Friedens und der Gerechtigkeit" hat **Den Haag** (S. 175) auch Sehenswürdigkeiten von weltweiter Bedeutung. Aber jenseits der politischen Sehenswürdigkeiten sollte man auch die kostbaren Meisterwerke im Mauritshuis (Foto) und andere zeitgenössische Kunstmuseen besuchen. Am Strand von Scheveningen kann man entspannen und Meeresfrüchte genießen.

¾ Zugstunde von Utrecht Centraal

4

ROTTERDAM 3 TAGE

Es gibt wahrscheinlich nicht genug Zeit, um die endlosen skurrilen, wunderbaren Wandgemälde, Skulpturen und Kunstinstallationen zu entdecken, die die Straßen von **Rotterdam** (S. 156) schmücken, dazu wunderbare moderne Architektur! Versuch es in drei Tagen zu schaffen.

Abstecher*: Das windmühlenreiche, ländliche Juwel* ***Kinderdijk*** *(S. 173) ist nur eine Fahrt mit dem Wasserbus entfernt.*

½ Zugstunde von Den Haag

5

DEN BOSCH 1 TAG

Die historische Stadt 's-Hertogenbosch (Herzogenwald), eine der kleinsten niederländischen Städte, bestätigt ihren Namen mit saftigem Grün. **Den Bosch** (S. 242) begeistert mit ländlicher Atmosphäre, bietet aber auch genug Infrastruktur. Fahre durch Kanäle, gesäumt von alten Bäumen und Stadtmauern (Foto) und gönne dir traditionelle Bossche-Bollen-Gebäcke.

1 Zugstunde von Rotterdam Centraal

6

MAASTRICHT 2 TAGE

Weiter geht es nach **Maastricht** (S. 251). Hier erwarten dich römische Tunnelhöhlen, eine Vielzahl mittelalterlicher Sehenswürdigkeiten, gehobene Restaurants und ein nachtaktives Studentenleben. Ein Besuch in den Niederlanden ist ohne Maastricht nicht vollständig – das perfekte Ende der Reise.

½ Zugstunde von Den Bosch

NANCY PAUWELS/SHUTTERSTOCK ©

Den Haag (S. 175)

REISEROUTEN

Jenseits der Hauptstadt

Dauer: 10 Tage **Strecke:** 100 km

Schon genervt von den Menschenmassen in Amsterdam? Gut, denn die typisch holländischen Sehenswürdigkeiten finden sich auf einer gemütlichen Reise durch den Süden. Man kommt durch vielfältige kultur- und geschichtsträchtige Zentren, verbunden durch charmante Landschaften. Anschließend setzt man die Reise entlang der Küste fort; Belgien und Deutschland grenzen hier an.

1

LISSE 1 TAG

Genieße die Farben der Keukenhof-Gärten in **Lisse** (S. 190), die größte Blumenschau der Welt. Das ultimative Blumenparadies der Niederlande ist nur im Frühling geöffnet. Außerhalb der Saison bleibt Lisse verschlafen – tatsächlich ein wenig zu sehr. Überspringe es und verbringe einen zusätzlichen Tag in den attraktionsreichen Städten Den Haag oder Rotterdam. Alternativ verkürze den Besuch während der Saison auf einen halben Tag.

2

LEIDEN 2 TAG

Auf der Suche nach Überraschungen? **Leiden** (S. 187), die „Stadt des Entdeckens", steckt voller unerwarteter Schätze entlang ihrer historischen Kanäle. Der Geburtsort von Rembrandt hat auch Einsteins berufliche Entwicklung geprägt. Denkmäler erinnern an wissenschaftliche Errungenschaften. Lebhafte, fair bepreiste Bars und Restaurants bieten immer noch köstliche Angebote für das Studentenleben.

1 Zugstunde von Lisse Centrum

3

DEN HAAG 2 TAGE

In kürzerer Zeit als in Amsterdam das Anstehen für eine öffentliche Toilette dauern kann, erreichst du das Stadtzentrum von **Den Haag** (S. 175). Die Wahrzeichen, die der Stadt den Namen „Stadt des Friedens und der Gerechtigkeit" geben, spiegeln nationale und globale Bedeutung wider. Das Mauritshuis-Kunstmuseum ist Pflicht; fahre nach Scheveningen wegen der Sandstrände und Fischrestaurants.

¼ Zugstunde von Leiden Centraal

ANNA LIST/SHUTTERSTOCK ©, WOLF-PHOTOGRAPHY/SHUTTERSTOCK ©, ATOSAN/SHUTTERSTOCK ©

4

DELFT ⏱1 TAG

Das ikonische blau-weiße Porzellan (Foto), das man in den Niederlanden sieht, stammt aus **Delft** (S. 185). Malerische Straßen aus dem Goldenen Zeitalter und Stadtbilder, die den Maler Vermeer inspirierten, finden sich wieder in den Delfter Keramikausstellungen. Niedliche Boutique-Unterkünfte, etwas günstiger als im benachbarten Den Haag, und ausgezeichnete Cafés machen es zu einem perfekten Aufenthalt.

¼ Zugstunde von Den Haag Centraal

5

ROTTERDAM ⏱3 TAGE

Rotterdam (S. 156), Europas größter Hafen und zweitgrößte Stadt der Niederlande, bietet modernste Architektur und Straßenkunst, die aus der Zerstörung im Zweiten Weltkrieg hervorgegangen sind. Der eigenwillige Charakter, einschließlich verrückter Kunstmuseen und fantastischer Nachtclubs, verspricht Spaß.

¼ Zugstunde von Delft

***Abstecher**: Wenn der nächste Stopp dir zu kitschig ist, tausch ihn aus gegen die Windmühlen und die Landschaft von **Kinderdijk** (S. 173).*

6

GOUDA ⏱1 TAG

Das Finale in **Gouda** (S. 172) bietet authentisch niederländischen Käsegenuss (Foto) auf dem historischen Markt. Einheimische in Kostümen wirken vielleicht etwas klischeehaft, aber mit guten Zugverbindungen ist Gouda immerhin ein unkomplizierter Tagesausflug von Rotterdam. Von hier aus kann man auch einen Direkt-Sprinter (eine Stunde) zurück nach Amsterdam nehmen.

½ Zugstunde von Rotterdam Centraal

MARC VENEMA/SHUTTERSTOCK ©

Groningen (S. 212)

REISEROUTEN

Herrliche Natur

Dauer: 2 Wochen · **Strecke:** 300 km

Nur wenige Reisende haben Lust auf den Norden oder das Binnenland, aber sie verpassen etwas. Im ländlichen Herz der Niederlande werden Traditionen lebendig gehalten, und prähistorische Relikte zieren die Landschaft. Groningen und Leeuwarden, mit kulturreichen historischen Zentren, sind gute Ausgangspunkte für Erkundungstouren.

1

GRONINGEN 1 TAG

Groningen (S. 212) ist das charmanteste Zentrum des Nordens. Rund um die historische Innenstadt gibt es beeindruckende Architektur und Kunstsammlungen. Die jugendliche Energie in den Studentencafés und Bars ist ansteckend. Genieße malerische Zwischenstopps im ländlichen Reitdiephaven (bekannt für seine einzigartig bunten Häuser) und im ruhigen Noorderplantsoen Park am See. Fahre weiter ins Herz des niederländischen Binnenlandes.

2

DRENTHE 3 TAGE

Wenn es einen unbeachteten Teil der Niederlande gibt, dann ist es dieser. Ohne Zugang zum Meer oder eine größere Stadt, besteht **Drenthe** (S. 219) so, wie es Van Gogh 1883 beschrieb: „Hier ist Frieden." Ruhe und abgelegene Natur verbinden sich zu postkarten-tauglichen Landschaften in einer wachsenden Sammlung von Nationalparks, inklusive megalithischer Hünengräber (Dolmen, Foto).

½ Stunde mit dem Auto

3

LEEUWARDEN 1 TAG

Geschichte und Innovationen mischen sich in Frieslands Hauptstadt **Leeuwarden** (S. 196), mit ihren mit Graffiti besprühten Gassen und von Cafés gesäumten Kanälen. Die Stadt bietet eine großartige Auswahl an Museen und innovative kulturelle Projekte, die aus der Ernennung zur Europäischen Kulturhauptstadt 2018 hervorgegangen sind. Besuche Bars und Cafés (Foto), die *Liwwadders* genannt werden.

1 Stunde mit dem Auto

ELZO HOFMAN/SHUTTERSTOCK ©, R. DE BRUIJN_PHOTOGRAPHY/SHUTTERSTOCK ©, WOLF-PHOTOGRAPHY/SHUTTERSTOCK ©

4 FRIESISCHE SEEN ⏱ 3 TAGE

Die **friesischen Seen** (S. 204), rund 20 ruhige Wasserflächen in einem Netzwerk aus Kanälen, Dörfern und Landschaften sind ideal zum Entspannen. Nach aktiven Tagen beim Stand-up-Paddeln und Kitesurfen gönne dir Meeresfrüchte. Camping-plätze und Ferienhäuser bieten Erholung pur.

½ Stunde mit dem Auto

***Abstecher**: Die Fähre zu den **Wadden-Inseln** (S. 200) bringt dich zu ruhigen weißen Sandstränden und zum Schlickwatt.*

5 OVERIJSSEL ⏱ 3 TAGE

Zurück Richtung Osten kommt man nach **Overijssel** (S. 233), der reizvollsten ländlichen Region in Zentral-Holland. Auf der östlichen Seite der Provinz, an der Grenze zu Deutschland, ist das Land hügelig, die ehemalige westliche Küstenlinie ist flach und sumpfig. Installiere dich in einer malerischen Hansestadt oder einem ruhigen Nationalpark oder rudere durch ein venezianisches Dorf.

1½ Stunden mit dem Auto

6 GELDERLAND ⏱ 3 TAGE

Kreuze nach Süden zum Nationalpark De Hoge Veluwe (Foto) in **Gelderland** (S. 226) . Dieses historische Handelszentrum bietet weniger bekannte Sammlungen von Kunstwerken aus dem 17. Jh. von Van Gogh & Co. Es gibt Denkmäler und Stätten aus dem Zweiten Weltkrieg. Nimm teil an einem Sommerfestival oder radele durch die Felder. Es sind nur 1½ Stunden Zugfahrt nach Amsterdam.

1 Stunde mit dem Auto

MIHAIULIA/SHUTTERSTOCK ©

Den Haag (S. 175)

REISEROUTEN

Tour de Niederlande

Dauer: 10 Tage **Strecke:** 165 km

Die ultimative Tour ist per *fiets* (Fahrrad). Radeln entlang der Grachten in Amsterdam ist cool, und das komfortable, flache Fahrradnetz des Landes bietet endlose Freiheit beim Gleiten durch Landschaften voller Deiche und Windmühlen. Diese Reiseroute umfasst die wichtigsten Ziele in Fahrten von etwa 20 km bis 60 km (von einer bis zu 3½ Stunden, je nach Ausdauer).

1

AMSTERDAM 3 TAGE

Hole dein „treues Ross" in **Amsterdam** (S. 48) ab und lerne es kennen während dreier Tage des Erkundens renommierter Museen und Sehenswürdigkeiten. Gewöhne dich an die Kopfsteinpflasterstraßen in historischen Vierteln und nimm dein „Fiets" mit auf die kostenlose Fähre nach Noord, wo es besonders praktisch sein wird. Mach Pausen für eine Grachtenfahrt und Café-Besuche.

2

HAARLEM 1 TAG

Eine Radtour führt nur 20 km nördlich nach **Haarlem** (S. 116) der gehobenen Stadt, aus der viele per Fahrrad in die Hauptstadt pendeln. Malerische Kanäle schlängeln sich um Stadthäuser aus dem Goldenen Zeitalter; im Zentrum gibt es schöne Terrassenrestaurants.

1 Stunde mit dem Fahrrad

***Abstecher**: In einer halben Stunde ist man im **Nationalpark Zuid-Kennemerland** (S. 121) mit Seen, Wildtieren und Strandbars entlang weißer Sandstrände.*

3

DEN HAAG 2 TAG

Hier gibt es Routen durch malerische Städte, vorbei an Kanälen und Dünen auf dem Weg zum Regierungssitz der Niederlande, **Den Haag** (S. 175). Dort kann man rasten oder weiter Städte wie Leiden und Delft erkunden. Eine wunderschöne Promenade am Strand von Scheveningen (Foto) führt entlang der Küste vorbei an Dünen und weiten Stränden, und natürlich auch Strandcafés.

2½ Stunden mit dem Fahrrad

ROSSHELEN/SHUTTERSTOCK ©, HADRIAN/SHUTTERSTOCK ©, Z. JACOBS/SHUTTERSTOCK ©

0 20 km
Volendam
IJmuiden
Zaandam
Nationalpark Zuid-Kennemerland
Haarlem
30 min.
1 Std.
AMSTERDAM
Almere
Zandvoort
Hoofddorp
Amstelveen
Huizen
Naarden
2 Std. 30 min.
Lisse
Katwijk aan Zee
Hilversum
Leiden
Utrecht
Den Haag
Woerden
Zeist
Zoetermeer
2 Std.
Gouda
Hoek van Holland
Delft
2 Std.
Rotterdam
Vlaardingen
Leerdam
Kinderdijk
1 Std.
1 Std. 30 min.
Gorinchem
Spijkenisse
Nationalpark Biesbosch
Dordrecht

4

GOUDA ½ TAG

Von Den Haag nach **Gouda** (S. 172) führt eine 70 km lange Strecke durch die üppige holländische Landschaft. Im Stadtzentrum kannst du parken und durch die Innenstadt schlendern, um den historischen Käsemarkt zu entdecken. Man schlemmt mit Gouda und Stroopwafel, der anderen lokalen Köstlichkeit; die Kalorien werden beim Radfahren locker wieder abtrainiert.

2 Stunden mit dem Fahrrad

5

ROTTERDAM 3 TAGE

Über idyllische Wege kommt man nach **Rotterdam** (S. 156). Jenseits der maritimen Atmosphäre ist Rotterdam eine Open-Air-Galerie moderner Architektur mit fantastischen Kunstmuseen. Nachtleben und Gastronomie bieten alles, von Jazzcafés bis zu Rave-Partys, nachhaltigen Restaurants und Craft-Brauereien.

2 Stunden mit dem Fahrrad

***Abstecher**: 28 km durch Dordrecht zum Nationalpark Biesbosch (S. 173).*

6

KINDERDIJK ½ TAG

Radle über Landbrücken, vorbei an Deichen zu den Windmühlen (Foto), den „19 Riesen von **Kinderdijk**" (S. 173). Einige sind in Betrieb und zugänglich. Müde Beine? Rückkehr nach Rotterdam mit dem schnellen Wasserbus (30 Minuten) oder per Zug in zwei Stunden nach Amsterdam (von Rotterdam: 1 Stunde). Nicht vergessen: Fahrräder sind nur außerhalb der Stoßzeiten an Bord erlaubt.

1 Stunde mit dem Fahrrad

BESTE REISEZEIT

Die Tulpenblüte zieht Massen von Touristen an, aber die Vielfalt an Festivals und Events verspricht zu jeder Jahreszeit viele Höhepunkte.

Die Niederlande sind zu jeder Jahreszeit eine Reise wert, nicht nur zur Tulpenblüte. Die Hauptsaison im Sommer zieht Massen von Touristen an und in den Innenstädten wird es rappelvoll. Lange Schlangen vor den Museen, ausgebuchte Restaurants und Attraktionen, bei denen man schon Monate im Voraus reservieren muss, schieben ganz besonders in Amsterdam der Spontanität einen Riegel vor, und zwar in dem Maße, dass die Stadt 2023 eine „Anti-Tourismus-Kampagne“ startete.

Ein Besuch der Niederlande lohnt sich zu jeder Zeit. Die Neben- und Zwischensaison bietet erhebliche Vorteile, wie z. B. günstigere Unterkünfte, mehr Zeit für Museumsbesuche sowie die Möglichkeit, mit Einheimischen an ihrem Wohnort ungezwungen ins Gespräch zu kommen.

Ganzjährig stattfindende Festivals und Events, insbesondere in Rotterdam und Amsterdam, verbreiten eine lebendige, energiegeladene Atmosphäre. Mit den zwischen Städten und Dörfern verkehrenden Schnellzügen kommt man überall hin

SCHÖNE LICHTER

Li Chao ist UX Designer aus Los Angeles und arbeitet seit zehn Jahren in der Technologiebranche Amsterdams.

Im Dezember und Januar lohnt es sich, das Amsterdam Light Festival vom Schiff aus zu betrachten. Künstler gestalten Lichtskulpturen entlang der Kanäle, einige davon sind interaktiv. Man kann zu Fuß gehen oder mit dem Rad kommen. Am besten sieht man die Lichter vom Wasser aus.

Pride-Bootsparade, Utrecht

UNTERHALTUNG OHNE ENDE

Die Mischung aus mehrtägigen bis monatelangen Festivals in den Niederlanden macht es möglich, hier oder da eine Performance oder Party zu erleben. Zu den Highlights gehören das Holland Festival (Mai), der Rotterdam Architecture Month (Mai) und der Pride Month (Juni).

Reisewetter

JANUAR	FEBRUAR	MÄRZ	APRIL	MAI	JUNI
Ø-Tagestemp. max.: **6 °C**	Ø-Tagestemp. max.: **7 °C**	Ø-Tagestemp. max.: **10 °C**	Ø-Tagestemp. max.: **13 °C**	Ø-Tagestemp. max.: **17 °C**	Ø-Tagestemp. max.: **19 °C**
Regentage: **17**	Regentage: **13**	Regentage: **14**	Regentage: **13**	Regentage: **13**	Regentage: **12**

WINTERWUNDERLAND

Auch die kälteren Monate haben einiges zu bieten, wie z. B. Spaß im Karneval (Februar), Weihnachtsmärkte sowie *gezelligheid* (Geselligkeit) beim Schlittschuhlaufen und in den *bruin cafés* (niederländische Kneipen). Zahlreiche Museen und Attraktionen in Amsterdam sind an öffentlichen Feiertagen (Weihnachten, Neujahr) geöffnet.

Weltberühmte Festivals

Mitte Juli findet in Rotterdam das weltweit größte Festival, das **North Sea Jazz Festival** (S. 167), statt. Es zieht Musiker aus der ganzen Welt sowie Musikfans in seinen Bann. **Juli**

Eines der größten Events elektronischer Musik ist das **Amsterdam Dance Event** (S. 70) mit 2200 DJs, Produzenten und über 300.000 Clubgängern. An fünf Abenden finden 450 Events statt. **Oktober**

ADEs experimentelles, unkonventionelles Gegenstück, **Dekmantel**, bietet eine breite Palette von DJs unterschiedlicher Genres, darunter Livesets und Ambient Sounds. **August**

Als Teil des größten Performing-Arts-Spektakels der Niederlande in Amsterdam zieht das **Holland Festival** berühmte Künstler aus Theater, Oper und Tanz an. **Mai**

In Arnheim stellt das **Fashion + Design Festival Arnhem** niederländische Mode in den Mittelpunkt; ein Monat lang Laufstege, Partys und Workshops. Parallel beendet die **Amsterdam Fashion Week** die Saison mit der Präsentation internationaler Modestile. **Mai/September**

Straßenpartys & Paraden

Am Wochenende vor Fastnachtsdienstag finden in den katholischen Provinzen **Karnevalsveranstaltungen** (S. 244) statt, um den Winterblues zu vertreiben. **Februar**

Die Festivalsaison in den Niederlanden beginnt am 27. April mit der größten und wohl besten Straßenparade Europas, dem **Königstag** (Koningsdag), mit Livemusik und fröhlichen Trinksprüchen auf den König. In Amsterdam tragen Hunderttausende orange, die Farbe der Monarchie. **April**

In Nijmegen nahe der deutschen Grenze lockt **Zomerfeesten** (S. 227) Besucher von beiden Seiten der Grenze. Seit über fünfzig Jahren bietet diese riesige Straat Party Livemusik, Theateraufführungen und Marktstände. **Juli**

Anlässlich der **Wereldhavendagen** feiert Rotterdam seinen Hafen, den größten Europas, mit zahlreichen Schiffsausflügen. Der ehemalige Rotlichtdistrikt am Hafen ist Schauplatz des Musikfestivals **Nacht van de Kaap**. **September**

LOCAL TIPP

TULPENFIEBER

Jurriaan Teulings ist ein Reisefotograf, der im Amsterdamer Viertel de Pijp wohnt. @jurrpix

Tulpen kann man auch im weniger touristischen Ost-Amsterdam bewundern. Nach einer Stärkung in der Javastraat bietet sich ein Spaziergang durch den Flevopark und über die Amsterdam-Rijnkanaal-Brücke mit den tulpenverzierten Geländern an. Endpunkt ist Oranjesluizen mit den Schleusen, über die man auf die andere Seite kommt. Gegenüber liegt das malerische Schellingwoude. Danach geht es weiter nach Noord und mit der Fähre zurück.

Tulpen, Keukenhof (S. 190)

TULPENMANIE

Der Tulpenwahn erreicht Mitte Januar mit dem Nationalen Tulpentag seinen Höhepunkt. Auf dem Dam in Amsterdam werden über 200.000 Tulpen ausgestellt. Keukenhof ist später (Mitte März bis Mitte Mai).

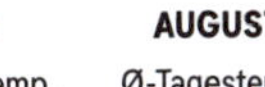

JULI	AUGUST	SEPTEMBER	OKTOBER	NOVEMBER	DEZEMBER
Ø-Tagestemp. max.: **21 °C**	Ø-Tagestemp. max.: **21 °C**	Ø-Tagestemp. max.: **18 °C**	Ø-Tagestemp. max.: **14 °C**	Ø-Tagestemp. max.: **10 °C**	Ø-Tagestemp. max.: **7 °C**
Regentage: **13**	Regentage: **14**	Regentage: **13**	Regentage: **15**	Regentage: **17**	Regentage: **17**

LINKS: NONGNUT MOIJANGHAN/SHUTTERSTOCK ©; RECHTS: EVERETT - ART/SHUTTERSTOCK ©

Radfahrer, Amsterdam

BESTENS VORBEREITET AUF DIE NIEDERLANDE

Nützliches zum Vorbereiten und Einstimmen

Kleidung

Schichten Egal zu welcher Jahreszeit, eine Auswahl an leicht zu wechselnden Kleidungsstücken sollte im Gepäck sein. Wind und Regen sind in diesem milden, aber launischen Klima nichts Ungewöhnliches.

Rucksack Die Niederländer lieben elegant-funktionelles Design, daher kann man mit einem Rucksack im skandinavischen Design nichts falsch machen. Nicht vergessen, Kleidung zum Wechseln und vielleicht auch einen Badeanzug.

Handventilator Hitzewellen nehmen zu. In den Hotels/Unterkünften gibt es keine Klimaanlagen, es lohnt einHandventilator.

Sportlich-elegante Kleidung Selbst in Restaurants herrscht eine entspannte Atmosphäre. Am besten trägt man ein Hemd und Jeans und eher Sneakers als Flipflops; sie sind zum Radfahren eher ungeeignet.

Fahrradfreundliche Ausrüstung Empfehlenswert ist leichte Nylonkleidung aus atmungsaktivem Material – richtige Jacken, Radhosen und Schuhe sind ein Muss.

Umgangsformen

Direktheit, Offenheit und Pragmatismus sind typisch für niederländische Umgangsformen. Eine unkomplizierte Kommunikation ohne jede Förmlichkeit ist üblich. Es geht dabei nicht um Strenge, sondern darum, eine klare und effiziente Kommunikation sicherzustellen.

Small Talk kann unangenehm und peinlich sein, aber tief in ihrem Inneren sind die Niederländer sehr sozial und lebenslustig – besonders nach ein paar Bier.

Pünktlichkeit wird hoch geschätzt.

LESEN

Tagebuch (Anne Frank; 1947) Das bekannteste Werk der Niederlande mit über 30 Millionen verkauften Exemplaren wurde in 70 Sprachen veröffentlicht.

Max Havelaar (Multatuli/Eduard Douwes Dekker; 1860) Der Roman über die Ausbeutung in Kolonialzeiten ist ein Meisterwerk, das die Politik verändert hat.

My Father's Notebook (Kader Abdolah; 2000) Die fiktive Geschichte eines Iraners, der in die Niederlande immigriert und Identität, Kultur und Familie zur Sprache bringt.

Angerichtet (Herman Koch; 2009) Zeitgenössischer psychologischer Thriller über ein Abendessen in Amsterdam, bei dem Familiengeheimnisse aufgedeckt werden.

Sprechen

„joe" (yo) umgangssprachlich für „Hallo", „Auf Wiedersehen" und um Aufmerksamkeit zu erlangen.
„groetjes" (chrutjes) oder „Grüße" ist ebenfalls geläufig.
„tot ziens" informeller Ausdruck, um sich zu verabschieden.
„dag" (daach) informeller Ausdruck, um sich zu verabschieden.
„tjuus" (tschüs) heißt „Auf Wiedersehen" auf eine eher niedliche Art.
„excuseer mij" (Exküseer mej) heißt „Entschuldigung".
„dank je wel" heißt „danke".
„goedemorgen" (chude morchen) heißt „guten Morgen" (formell)
„goedenavond" (chuden avond) heißt „guten Abend" (formell).
„nee" ist „nein".
„alstublieft/alsjeblieft" heißt „bitte" (höflich/informell).
„hoe gaat het met u/jou?" (hu chaat het met ü/jau) heißt „Wie geht es Ihnen/dir?" (höflich/informell).
„goed, en met u/jou?" (chut, en met ü/jau) heißt „Gut, und Ihnen/dir?" (höflich/informell).
„eet ze" heißt „Guten Appetit".
„lekker" muss man einfach wissen. Der Ausdruck wird verwendet für „köstlich", „cool", „genial" – Essen, Mode, Orte usw.
„top" steht umgangssprachlich für alles, was „ausgezeichnet" ist.
„vet" umgangssprachlich, Synonym für „cool".
„gezellig" (chesellich) beschreibt eine „gemütliche, warme, angenehme Atmosphäre".
„bakkie doen" (bakkie dun) steht umgangssprachlich für einen Kaffeeklatsch.
„sjansen" (schansen) bedeutet „flirten".
„fiets" bedeutet „Fahrrad".

ANSCHAUEN

Türkische Früchte (Paul Verhoeven; 1973) Erotisch-romantisches Drama, basierend auf einem niederländischen Buch, dessen Handlung in der Nachkriegszeit spielt.

Vincent (Paul Cox; 1987) Dokumentar-Drama der niederländisch-australischen Art-House-Ikone, das die letzten Jahre des Künstlers anhand von Briefen ergründet.

Karacter (Mike van Diem; 1997) Niederländisch-belgisches Mystery- und Psychodrama, das in den 1920er-Jahren in den Niederlanden spielt. Es gewann den Oscar für den besten fremdsprachigen Film.

Capo di Famiglia (Annemarie Libbers; 2017) Thriller im Stil von *Der Pate* über die Geheimnisse einer niederländisch-italienischen Familie.

REINHÖREN

A Heart Full of Music (Denise Jannah; 1990) Das Album mit eingängigen Gesangseinlagen, trug dazu bei, die in Surinam geborene Sängerin als niederländische Königin des Jazz zu etablieren.

Dekmantel 10 Years – The Collection (verschiedene Künstler; 2017) Das elektronische Musikfestival bietet Kostproben experimenteller Raum- und Elektroklänge.

Horizon (Jeangu Macrooy; 2021) Der gefeierte surinamisch-niederländische Soul-Pop-Sänger nahm 2021 am Eurovision Song Contest mit einem Titel aus diesem Album teil.

It's a Good Day (Shishani Vranckx; 2015) Der namibisch-niederländische Singer-Songwriter prägt eine Generation niederländischer Musik, in die er Jazz, Soul und afrikanische Beats einbezieht.

LINKS: WUT_MOPPIE/SHUTTERSTOCK ©; RECHTS: PIKKYSFOTO/SHUTTERSTOCK ©

Bitterballen

ESSEN WIE DIE LOCALS

Ein vielfältiger Hotspot der multikulturellen Küche mit herzlicher Gastfreundschaft in gehobenen und preiswerten Restaurants verspricht einen *lekker* (leckeren) Aufenthalt.

Das niederländische Credo „neugierig, aber unkompliziert" zu bleiben, führt zu einer Vielzahl an Esslokalen, die zu einer bestimmten Küche oder in verschiedene Preissegmente gehören. Der Service ist hervorragend, die *gezelligheid* (Gemütlichkeit) wird seit Generationen überall gepflegt.

Die moderne Küche verwendet Zutaten frisch vom Land, aus handwerklicher Produktion und ist eine Hommage an holländische Küchentraditionen. Auch wenn diese eher auf Fleischgerichte ausgerichtet sind, gibt es vielerorts Optionen für Veganer und Vegetarier. Außer der abendlichen Esskultur ist ein Imbiss in einem *bruin café* (braunen Café) ein Muss. Diese jahrhundertealten, durch Tabakqualm vergilbten Kneipen sind bei Jung und Alt beliebt und servieren *borrelhapjes* (Appetithäppchen) zum Bier. Wer zum Brunch einkehrt, kann das genießen, was die Holländer ein „braunes Büfett" nennen. Die Niederlande haben eine breite multikulturelle Essenslandschaft, die von einer langen Einwanderungs-, Handels- und Kolonialgeschichte herrührt. Die Kolonialherrschaft über karibische, asiatische und afrikanische Länder prägt eine kulinarische Szene aus heimischer und gemischter Küche.

Holländische Klassiker

Die traditionelle Küche ist intensiv geprägt von den geografischen Gegebenheiten und der Geschichte des Landes. Typische Gerichte auf der Grundlage von Milchprodukten, Fisch und Fleisch spie-

Die besten Gerichte des Landes

BITTERBALLEN
Das beliebteste *borrelhapje*: frittierte Fleischklopse mit Senf.

HARING (HERRING)
Roher eingelegter Fisch mit Zwiebeln, Gewürzgurken und Brot, den es an Imbissständen gibt.

PATATJE
Pommes in kegelförmigen Tüten mit Ketchup und/oder Mayo.

geln den Handel mit Übersee wider, aber auch eine florierende Fischerei und Landwirtschaft. Die erfolgreichen Exportbemühungen haben Quantität über Qualität gestellt, aber die einheimische Küche deshalb als *bland* zu bezeichnen, wäre eine Fehleinschätzung. Der Gewürzhandel der Kolonialzeit – eine düstere Periode –, hat himmlische Gerichte hervorgebracht, die heute bei den Niederländern zu den Favoriten gehören. Beim Straßenimbiss bekommt man oft Snacks mit Erdnuss-Saté-Soße nach indonesischer Art, darunter *patatje oorlog* (Frittenschlachtfeld) – Pommes mit Mayonnaise, Erdnuss-Saté-Soße und gewürfelten rohen Zwiebeln – sowie *frikandel* (Frikadellen). In der kalten Winterzeit gibt es sättigende Kreationen wie *boerenkool met worst* (Kartoffelpüree mit Grünkohl und Räucherwürstchen), *erwtensoep* (Erbsensuppe mit Speckwürfeln/Räucherwürstchen und Roggenbrot) und *stamppot* (Kartoffelpürree, aber auch Kneipenessen wie *borrelhapjes* (Appetithäppchen).

Derweil hat die Industrialisierung positive Effekte auf die weltweit beliebten niederländischen Süßwaren genommen, darunter die *poffertjes*, *hagelslag* (bunte Streusel auf Buttertoast), *stroopwafel* (dünne Sirup-Waffeln) und natürlich das holländische Konfekt und Lakritz.

Kleine Pfannkuchen

Wo essen?

Bruin cafés (braune Cafés) sind traditionelle Kneipen, in denen *borrelhapjes* serviert werden, wie etwa Kroketten, Käse und Würstchen. *Eetcafés* sind traditionelle Gaststätten, in denen es Essen, aber auch *borrelhapjes* als Vorspeisen gibt. Ein *koffiehuis* ist eine Espresso-Bar oder ein Café (ein *coffeeshop* verkauft Cannabis), wo es alles gibt, was *gebakken* (gebacken) ist, wie etwa Gebäck, Sandwiches und Kuchen.

Boerenmarkts (Bauernmärkte) bieten frische Produkte an, aber manchmal gibt es auch einen *kaaswinkel (Käseladen)* eine *bakkerij* (Bäckerei), eine *slagerij* (Metzger), einen *vishandel* (Fischhandel) oder *ijsmaker* (Eismacher).

FOOD-FESTIVALS

Amsterdam Coffee Festival (S. 70; amsterdamcoffeefestival.com; April) Fest der regionalen Kaffeekultur, von Verkostungen bis zu Barista-Wettbewerben.

Amsterdam Wine Festival (S. 70; amsterdamwinefestival.nl; September) Hier kann man bei rund 20 000 Winzern, Sommeliers und an Weinbüfetts probieren.

Culinair (S. 154; lakenfeesten.nl; Juni) Open-Air-Foodfestival in Leiden, das mit dem Lakenfeesten zusammenfällt, bei dem es Drachenbootsregatten gibt.

Leids Bierfest (S. 154; leids-bierfestival.nl; Juni) Prosit heißt es an den Leidener Biertagen: Craftbiere und traditionelle Sorten aus den Niederlanden.

Ontzet (S. 155; 3. Oktober) Erinnerung an das Ende der spanischen Hungersnot von 1574. Das Fest bietet immer die gleichen Speisen und Getränke: *hutspot* (Eintopf aus gestampften Kartoffeln, Möhren und Zwiebeln), Hering, Weißbrot und Bier.

Rollende Keukens (S. 70; rollende keukens.amsterdam) Holländische und internationale Gerichte aus über 100 „rollenden Küchen" (Street-Food-Trucks).

PANNENKOEKEN	POFFERTJES	RIJSTTAFEL	BAMI GORENG	KROKET
Dünne Pfannkuchen mit süßem Sirup/Obst oder mit pikanter Auflage (Käse, Pilze).	Mini-Pfannkuchen, reichlich mit Puderzucker bestreut und einer Portion Butter serviert.	Ein großer Festschmaus aus Currys; ein holländisch-indonesisches Highlight.	Holländisch-indonesische Nudelpfanne, wie man sie in den Niederlanden liebt.	Frittiertes Fleischragout in einem Brötchen als Fast-Food-Snack.

Spezialitäten

Borrelhapjes (Appetithäppchen)

Bitterballen Klassisch; für Fleischliebhaber. Besonders empfehlenswert in *bruin cafés* oder als gehobene Variante in Gourmet-Restaurants (wie die aus Knochenmark im Clos in Amsterdam, S. 99).

Kaasblokjes Würfel aus Gouda- und Edamerkäse auf Zahnstochern; wie die *bitterballen* mit Senf zum Dippen.

Gefrituurde uienringen Die holländische Variante frittierter Zwiebelringe.

Mini saté Marinierte Spieße (Hähnchen- oder Schweinefleisch) mit Erdnuss-Soße.

Märkte

Käsemarkt in Gouda Traditionelle Käsesorten und Kostüme auf dem historischen Markt in Gouda (S. 172).

Foodhallen Amsterdams Epizentrum multikultureller Essens mit etwa 20 Essensständen (S. 89).

Markthal Rotterdams spektakuläre Markthalle (S. 162) brüstet sich mit Ständen voller frischer Produkte und mit modernen Esslokalen.

Postkoloniale Küche

Indonesische Küche Hier wartet eine traditionelle *rijsttafel* (Reistafel), eine große Auswahl an kleinen pikanten und würzigen Gerichten mit Reis im Mittelpunkt. Das Blauw (S. 88) gehört zu den besten in Amsterdam.

Surinamesische Küche Afrikanische, ostindische, javanesische und holländische Einflüsse. In Rotterdam gibt es tolle Adressen (S. 110).

Karibische Küche Soul-Food aus Aruba, Bonaire und Curaçao, gemischt mit holländischen, afrikanischen und indigenen Einflüssen. Gerichte sind beispielsweise *keshi yena* (gefüllter Käse) und *stoba* (Eintopf).

Chinesische Küche In indonesischen Restaurants kann man oft chinesisch angehauchte Gerichte finden. Im Mittelpunkt des Interesses: Chinatown in Amsterdam (S. 61) und Rotterdam (S. 182).

GESCHMACKS-ERLEBNISSE

Adam (S. 88) Kulinarische Ikone in Amsterdam. Mehrgängige Menüs mit saisonalen Zutaten, innovativ zubereitet.

Helling 7 (S. 110) in einer Schiffsreparaturwerft. Hier wird das Kochen auf offener Flamme ein Zuschauerspektakel.

Graanrepubliek (S. 218) Nahe der niederländisch-deutschen Grenze wurde eine Eisenbahnremise in einen Feinschmeckertreff verwandelt.

Zala's (S. 144) in Utrecht. Mehrgängige Feinschmecker-Dinner zu fairen Preisen; übernachten im eleganten B&B.

François Geurds (FG) (S. 167) Rotterdams bekanntester Chefkoch verspricht tolle Menüs aus seinem Restaurant und Food-Labor.

Simonis aan de Haven (S. 181) Esslokal am Wasser und eine Institution in Den Haag.

SAISONALE KÜCHE

FRÜHLING

Frische Produkte vom Land füllen die Marktstände. Man sollte die zwei beliebtesten regionalen Erntezeiten nicht verpassen: Erdbeeren und Spargel. Herausragend sind: Spargel mit Sauce Hollandaise, *aspergesoep* (Spargelsuppe) und *aardbeientaart* (Erdbeerkuchen).

SOMMER

Los gehts mit einem feinen Degustationsmenü. Küchenchefs drehen bei so viel erlesenen Produkten der Saison fast durch – in vielen Restaurants gibt es Zutaten aus dem eigenen Garten. Leidenschaft und Kreativität garantieren aufregende gastronomische Erlebnisse.

HERBST

Auf Gutshöfen und in Ostgärten (oft nahe an Städten gelegen) kann man Äpfel und Birnen pflücken. Süße Leckereien wie *pannenkoeken* und *poffertjes* sind mit einem Klecks frischem *appelmoes* (Apfelmus) garniert, und *perentaart* (Birnenkuchen) steht auf der Speisekarte von Restaurants und Cafés.

WINTER

Mach es dir mit herzhaftem Essen oder *borrelhapjes* im Kerzenschein der *bruin cafés* gemütlich. Auf Weihnachtsmärkten kann man mit *oliebollen* (frittierte holländische Krapfen) und *stamppot* so richtig schlemmen. Tauch *pepernoten* (Pfeffernüsse) in heiße Schokolade ein.

Traditioneller holländischer Käse: Gouda (S. 172)

DUTCH_PHOTOS/SHUTTERSTOCK ©

Amsterdam (S. 48)

REISEPLANUNG

EINE FAHRRADNATION

Die Niederlande sind das ultimative Land, das man am besten mit dem *fiets* (Fahrrad) erkundet. Ob man an den Grachten oder durch die Tulpenfelder und über Deiche radelt, das Abenteuer auf zwei Rädern vermittelt einen Eindruck von der Freiheit, die die Holländer so lieben.

Radfahren wie ein Holländer

RADWEGE

Das weitgehend flache Land der Niederlande hat ein hervorragendes Netz an Fahrradwegen. Tausende Routen verlaufen durch Städte oder von Stadt zu Stadt und verbinden Küsten und Grenzen miteinander.

„FAHRRADAUTOBAHN"

LF steht für *landelijke fietsroutes* (Fernradwege oder „nationale Fahrradrouten") und bezeichnet die niederländischen Schnellradwege. Das Netzwerk durchzieht das gesamte Land und verbindet verschiedene Orte und Regionen. Sie sind mit grün-weißen Schildern markiert. Viele dieser Routen nutzen vorhandene Fahrradwege und Landwege, oftmals auch an Deichen entlang. Manche sind auf Karten mit entsprechenden Sehenswürdigkeiten eingetragen (Küste, Mittelholland und historische Attraktionen). Wähle einfach deine Strecken über den Routenplaner auf der Webseite von Holland Cycling (nederlandfietsland.nl).

FAHRRADVERLEIH

Fahrräder können an vielen Orten geliehen werden – in fast jeder Stadt oder in jedem Dorf gibt es mindesten einen Fahrradverleih und an größeren Bahnhöfen sowieso. Die Preise gehen von rund 8,50 bis 12 € pro Tag (manchmal reduzierter Wochenpreis). Oft machen sich die Verleiher eine Kopie des Passes und verlangen eine Kaution in bar oder per Kredit-

DIE BESTEN TAGESTOUREN FÜR RADLER

Von Amsterdam ins Waterland (Rundweg, 37 km) Eine der malerischsten Radtouren; viel Grün und dörfliches Leben.

Von Amsterdam nach Haarlem (50 bis 70 km hin & zurück) Folge den holländischen Pendlern in eine niedliche Stadt und dann weiter zum Strand.

Von Den Haag nach Gouda (70 bis 80 km hin & zurück) Tagesausflug durch die typisch holländische Landschaft.

Von Rotterdam nach Kinderdijk (25 km ein Weg) Hinaus zu Windmühlen, ein Weltkulturerbe; mit einer Schnellfähre geht es dann wieder zurück.

Von Rotterdam zum Nationalpark Biesbosch (60 km hin & zurück) Von einer pulsierenden Hafenstadt in einen wunderschönen Naturpark. Erkunde ausgedehntes Sumpfland und halte unterwegs nach Bibern Ausschau.

karte (25 bis 100 €). Helme werden in den Niederlanden meist nicht getragen(nicht im Mietpreis enthalten), auch wenn sie empfohlen sind (rund 5 € pro Tag). Vor Aufbruch in den Sonnenuntergang sollte man prüfen, ob das Schloss, die Klingel und die Rücktritts- und Handbremse funktionieren (viele Räder haben nur eine Rücktrittsbremse). Auch sollte man bereits vorhandene Schäden bereits im Laden dokumentieren (per Handyfotos).

FAHRRÄDER IM ZUG

Man kann die Fahrräder in jedem Zug mitnehmen – allerdings nur zu bestimmten Zeiten und wenn Platz ist. Man kauft zusätzlich zur Fahrkarte ein Fahrradticket (7, 50 € pro Tag); das gilt dann im ganzen Land, egal wie weit man fährt, allerdings nur außerhalb der Stoßzeiten (Montag bis Freitag 9 bis 16 Uhr und 18.30 bis 6.30 Uhr). Im Juli und August sind Fahrräder am ganzen Wochenende erlaubt. Faltfahrräder werden kostenlos mitgenommen, vorausgesetzt, sie sind zusammengeklappt (gelten wie ein Gepäckstück). Die Züge in Holland haben oft ein Fahrradabteil.

SICHERHEIT & REPARATUREN

Fahrräder werden immer mal wieder gestohlen. Es werden zwei Fahrradschlösser empfohlen. Am besten kettet man den Rahmen und das Vorderrad an einer festen Konstruktion an. *Niemals* das Fahrrad unverschlossen abstellen.

Außer Reparaturwerkstätten gibt es Reparaturstationen, die Werkzeug und Luftpumpen haben. Man findet sie an Parkplätzen, Bahnhöfen und Tankstellen.

PARKEN

Abstellmöglichkeiten sind beschildert. Stellplätze (*fietsenstallingen*) gibt es

FÜR DIE PLANUNG

Schneller und einfacher von A nach B kommen Dank der vielen gut befestigten Wege und des flachen Terrains ist Radfahren die bequemste und preisgünstigste Art, sich fortzubewegen.
Die Kultur verstehen Keine Aktivität symbolisiert das holländische Gefühl von Freiheit und Gleichheit besser. Fahrräder sind hier populär geworden, weil sie anders als sonst irgendwo in Europa für alle erschwinglich waren.
Von Stadt zu Stadt fahren Fahrradwege erstrecken sich über etwa 35 000 km (rund 14 Fernrouten). Von Stadt zu Stadt zu radeln eröffnet den Radlern schöne Landschaftseindrücke – in Südholland und auch anderswo im Land.
Moderne Innovation Es gibt Streckenabschnitte, die das Radeln auf ein neues Level heben;beispielsweise Radwege mit eingelassenen Solarplatten und selbstleuchtenden Oberflächen.
Schnell unterwegs sein Die Niederländer sind bekannt als schnelle, geschickte Radfahrer (kein Wunder, denn das Radfahrtraining beginnt schon mit zwei Jahren), denen selbst 25 km/h keine Mühe bereitet. Immer schön rechts fahren.
Abstellplätze unter Dach Abstellplätze unter Dach sind preiswert.
Fahrradfahren im Winter Es ist nicht so schlimm, wie es klingt. In vielen Städten werden die Radwege im Winter geräumt oder gar beheizt, um die Bildung von Eis komplett zu vermeiden.
Typisch holländische Verkehrseinrichtungen Das niederländische System aus Kreisverkehren, die nur Fahrrädern vorbehalten sind (*fietsrotondes*), Fahrradampeln (*fietsstrook*) und Fahrradhochstraßen erleichtert das Fahren und den Verkehrsfluss.

reichlich, sowohl über der Erde als auch unter der Erde und werden oft per Video oder von Wachpersonal überwacht. Die Touristenbüros oder Webseiten der Kommunen geben Auskunft. Manche, wie beispielsweise am Centraal in Amsterdam, gehören zu den größten der Welt; daher sollte man sich den Stellplatz gut merken.

VERKEHRSREGELN

Achtung Autos! Fahrräder haben Vorfahrt, es sei denn ein Auto kommt von rechts (nicht alle Autofahrer richten sich danach).
Achtung Fußgänger! Touristen scheren oft unvermittelt auf Radwege aus.
Immer die rechte Spur nutzen! Man achte auf die weißen Linien und andere Markierungen.
Immer die Hand ausstrecken! Um einen Richtungswechsel anzuzeigen, sollte man immer Handzeichen geben.
Bei Dunkelheit Beleuchtung anschalten (gesetzlich vorgeschrieben) Abnehmbare Vorder- und Rücklichter sind auch erlaubt.
Beim Überholen klingeln! Das ist höflich.

„Offroad"-Abenteuer

TOUREN & AUSFLÜGE

Viele Veranstalter bieten Radtouren durch Städte und über Land an, darunter auch mehrtägige Ausflüge. Unterwegs liegen – oft an Bauernhöfe angeschlossen – viele Campingplätze. Sie sind meist kleiner, einfacher und billiger als normale Campingplätze und oftmals ohne Autos oder Wohnmobile. Übernachtungseinrichtungen haben oft Möglichkeiten zum sicheren Parken der Räder und Aufladestationen für E-Bikes; am besten im Vorhinein fragen!

KUNST & KULTUR

Radfahren ist auch eine kulturelle Aktivität. Lebendige Straßenkunst und Skulpturen von abstrakt bis historisch lassen das Radfahren auch zu einer fantastischen Tour für das Auge werden; achte auf Wandmalereien in Tunneln und Brücken. Viele Reparaturwerkstätten fungieren gleichzeitig auch als Cafés, die Kunstwerke aus der Region ausstellen. Zudem lohnt es sich, ein Fahrradfestival zu besuchen, das Kultur und Sport mit Live-Musik, Essensständen und viele Fahrradliebhabern verbindet.

FAHRRADFRIEDHÖFE

Erkunde einen so genannten Fahrradfriedhof wie das *Fietsdepot* (Fahrrad-Depot) in Amsterdam, wo gestohlene und entfernte Räder von ihren Besitzern zurückgefordert werden können oder andernfalls gespendet oder recycelt werden.

IM WINTER RADFAHREN

Radeln auf Schnee und Eis ist nichts für schwache Nerven; die Niederländer machen das aber perfekt. Warme Kleidung ist jedoch ein Muss; man sollte sich auch eine spezielle Ausrüstung leihen.

UNGEWÖHNLICHE ATTRAKTIONEN

Die Niederlande haben viele überraschende Einrichtungen rund um ihre nationale Obsession. In Utrecht kann man in einer Bibliothek „Radfahrschreibtische" bewundern, wo man an den Schreibtischen auf Standrädern trainieren und gleichzeitig seine mobilen Geräte aufladen kann. In Eindhoven gibt es einen schwebenden Kreisverkehr, auf dem Fahrräder in hohen Lüften über den darunter liegenden Straßen radeln.

DIE WICHTIGSTEN FERNRADWEGE

ELF1 Noordzeeroute (Nordseeroute, 330 km) Von der belgischen Grenze an der Küste entlang bis Den Helder. Geht in die LF10 Kustroute (Küstenroute, 610 km) über.
LF2 Stedenroute (Städteroute, 200 km) Von der belgischen Grenze aus über Dordrecht und Rotterdam nach Amsterdam.
LF3 (555 km) Route von Maastricht Richtung Norden nach Arnheim und von dort zur Nordküste. Verbindung mit der LF12 Maasroute (430 km).
LF4 Midden-Nederlandroute (Zentralniederlandroute, 300 km) Ausgangspunkt ist die Küste in Den Haag. Weiter geht es östlich durch Utrecht bis zur deutschen Grenze.
LF7 Oeverlandroute (Überlandroute, 385 km) Nordwestlich von Maastricht durch Den Bosch, Utrecht und Amsterdam nach Alkmaar.

LEOKS/SHUTTERSTOCK ©

Kinderdijk (S. 173)

JULIA700702/SHUTTERSTOCK ©

Segeln auf den friesischen Seen (S. 205)

OUTDOOR-ERLEBNISSE

Sümpfe, Seen und grüne Landschaften, die teils von Menschenhand geformt sind – Deiche und Dämme und tolle Gartenkultur! Outdoor-Aktivitäten sind der größte Stolz und die höchste Freude der Niederländer.

Mit ihren Kanälen und Landschaften verwandeln die Niederlande jeden Stubenhocker in einen aktiven Naturliebhaber. Erholung an der frischen Luft bringt tolle Ausblicke in die Natur mit sich. Die holländische Lebensart ist einfach: Die Natur zu schätzen ist der Schlüssel zu einem angenehmen Leben. Grünes Terrain, das durch Innovation und kulturelles Empfinden erhalten wird, steht für aufregende, aber auch entspannende Outdoor-Aktivitäten. Endlose Straßen verbinden Land mit Wasser und machen jegliche Abgeschiedenheit mit einigen Pedalumdrehungen zunichte. Das Radfahren ist nur der Anfang der Entdeckungen. Man kann nach Herzenslust auch tauchen, schwimmen und wandern.

Radfahren

Die Niederlande sind vielleicht das fahrradfreundlichste Land der Welt und versprechen tolle Fahrradausflüge (S. 38). Die Landschaft ist flach und problemlos zu erradeln. Tausende Kilometer Fahrradspuren und -wege erschließen das ganze Land. Aus den Städten raus aufs Land zu fahren, ist ein unvergessliches Erlebnis. Die niederländischen *landelijke fietsroutes* (LF), die im Wesentlichen „Schnellradwege" sind, führen durch zauberhafte Gegenden: an Kuh-

Outdoor-Erlebnisse

SCHLITTSCHUHLAUFEN
Nimm am legendären Schlittschuhrennen **Elfstedentocht** (S. 207) durch 11 friesische Städte teil.

WATTWANDERN
Sehr viel „schmutzigen" Spaß bringt das **wadlopen** (Wattwandern; S. 200) vor den Wattenmeerinseln.

KLETTERN
In **Groningen** kann man an einem der höchsten Klettertürme der Welt hochklettern und sogar oben campen (S. 215).

FAMILIENABENTEUER

Sandburgen bauen und Eis schlecken – am Strand von Scheveningen (S. 183).
In Parks picknicken – in jeder der schönen grünen Lungen Amsterdams (S. 80).
Ziplining zwischen hohen, alten Bäumen in den grünen Wäldern von Amsterdamse Bos (S. 90).

Windmühlen entdecken – nördlich von Haarlem in Zaanse Schans (S. 127) an Flaschenzügen und anderem Gerät Hand anlegen.
Seelöwen und Haie treffen – im Waddenzee's Ecomare (S. 134) gibt es zudem noch viele andere heimische Küstentiere.

Windsurfen lernen vor den künstlich angelegten Stränden von Amsterdam-IJBurg (S. 107).
Spazierengehen und Radfahren zwischen den Tulpenfeldern des berühmten Keukenhofs (S. 154).

wiesen, knarrenden Windmühlen und im Frühling an Tulpenfeldern vorbei. Normale Tourenräder reichen für das flache Terrain aus; ein E-Bike zu leihen und Räder in Fernzügen und Bussen mitzunehmen, ist kein Problem.

Boot- & Kajakfahren

Ein Bummel an den Grachten und Kanälen mit all ihren Brücken ist nett, aber das ist nichts gegenüber einem Abenteuer auf dem Wasser selbst. Ein Nachmittag auf Flüssen, Seen oder Binnenmeeren ist der Inbegriff von Spaß und Entspannung. Zahllose Kanäle und Wasserwege bieten hinter jeder Biegung neue, unerwartete Entdeckungen.

Einmal im Leben Kapitän sein! Das geht auf vielfältige Art und Weise: von Kanus über Motorboote bis hin zu kleinen Segelbooten. Am besten ist ein emissionsfreies Elektroboot; sie sind heutzutage fast überall im Angebot. Die schönsten Bootsfahrten gibt es in Friesland (S. 205). Ob auf Binnenseen oder an Inselküsten, menschenleere Sandabschnitte und tief liegende grüne landwirtschaftlich genutzte Flächen bieten einen freien Blick auf das Spiel der Wolken.

Viel weniger bekannt, aber gleichermaßen eindrucksvoll sind die Jollenstrecken in den wenig besuchten Regionen im Zentrum der Niederlande. Hier wird der belohnt, der die ausgetretenen Touristenpfade verlässt und als Seemann unterwegs ist: Giethoorn (S. 237) ist beispielsweise ein Dorf im venezianischen Stil mit vielen Kanustrecken.

In Amsterdam (S. 68) und Utrecht (S. 146) sind Grachtenrundfahrten an der Tagesordnung, aber sehr lohnend. Ungewöhnliche Bootstouren sind nicht nur ideal, um in Abgeschiedenheit das vorbeiziehende Panorama zu genießen – Plastic Whale (S. 59) in Amsterdam veranstaltet auch Touren, bei denen die verschmutzten Wasserwege gereinigt werden. Bei der Rederij Lampedusa (S. 106) können Touristen an Bord eines ehemaligen Flüchtlingbootes den Geschichten von Einwandern lauschen.

Wandern

Wer durch die ungestüme Landschaft der Niederlande wandert, erkennt schnell: Kein Pinselstrich würde dieser Szenerie genügen. Sieh dir selbst an, was die großen Meister versucht haben, für die Ewigkeit zu bewahren – Wälder, Heidelandschaften und Tulpenfelder, die im wirklichen Leben zu finden sind. Flaches Terrain garantiert einfache Wanderungen und endlose Horizonte. Rund 10 % des Landes sind ungezähmtes Schutzgebiet; so erwartet Wanderer im Nationalpark Dwingelderveld (S. 220), Europas größtes Feuchtheidegebiet, über 60 km Wanderwege inmitten von Mooren, Wiesen und Wäldern.

NATUR BEGEGNEN
Beobachte Robben, verschiedene seltene Vögel und weitere Tiere in den Naturparadiesen des Nordens (S. 217).

WANDERN
Eine perfekte Schatzsuche nach römischen Überresten und alten Wäldern wartet in den Nationalparks rund um **Drenthe** (S. 219).

KAJAK FAHREN
Schipper durch die Grachten, aber mach das umweltschonend; das geht z. B. mit einem Leihkajak von Kayak in **Amsterdam** (S. 90).

WASSERSPORT
Auf **Texel** (S. 135), der zweifellos schönsten holländischen Insel, gibt es wilde Abenteuer im kühlen Nass, von Kito-Surfing bis Wasserski.

ACTION AREAS

Die besten Outdoor-Erlebnisse in den Niederlanden.

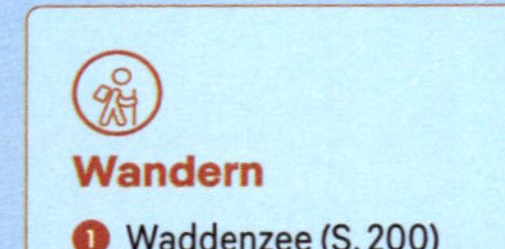

Wandern

1. Waddenzee (S. 200)
2. Texel (S. 134)
3. Dwingelderveld National Park (S. 220)
4. Drenthe (S. 219)
5. Biesbosch National Park (S. 173)

Per Schiff unterwegs

1. Den Bosch (S. 247)
2. Utrecht (S. 146)
3. Friesische Seen (S. 205)
4. Haarlem (S. 119)
5. Amsterdam (S. 68)

Radfahren
Amsterdamse Bos (S. 90)
2h Kinderdijk (S. 173)
3h Keukenhof Gardens (S. 190)
4h Scheveningen Beach (S. 183)
5h Vondelpark (S. 80)
Aktivitäten am Wasser
1 Waddenzee (S. 200)
2 IJmeer (S. 107)
3 Friesland (S. 201)
4 Amsterdam (S. 71)
5 Delta Works (S. 191)
Nationalparks
1 Biesbosch (S. 173)
2 De Alde Feanen (S. 199)
3 Lauwersmeer (S. 216)
4 Hoge Veluwe (S. 229)
5 Weerribben-Wieden (S. 237)
Katwijk aan Zee
Lisse
Leiden
Den Haag
Zoetermeer
Delft
Hoek van Holland
Gouda
Rotterdam
Vlaardingen
Spijkenisse
UTRECHT
Woerden
Utrecht
Hilversum
Nijkerk
Amersfoort
Barneveld
Zeist
Ede
Veenendaal
Wageningen
Apeldoorn
Deventer
Zutphen
Hengelo
Enschede
Groenlo
GELDERLAND
Arnhem
Doetinchem
Aalten
Leerdam
Geldermalsen
Tiel
Waal
Nijmegen
Gorinchem
Zaltbommel
Maas
Oss
Cuijk
ZUID HOLLAND
Schouwen-Duiveland
Renesse
Zierikzee
Oude Tonge
Noord-Beveland
Domburg
Zuid-Beveland
Middelburg
Goes
Oosterschelde
Vlissingen
ZEELAND
Westerschelde
Schelde
IJzendijk
Terneuzen
NOORD BRABANT
Den Bosch ('s-Hertogenbosch)
Breda
Roosendaal
Tilburg
Zundert
Bergen op Zoom
Turnhout
Helmond
Venray
Maas
Eindhoven
Venlo
LIMBURG
Weert
Roermond
DEUTSCHLAND
Sittard
Heerlen
Maastricht
Margraten
Bruges

DIE NIEDERLANDE

REISEZIELE

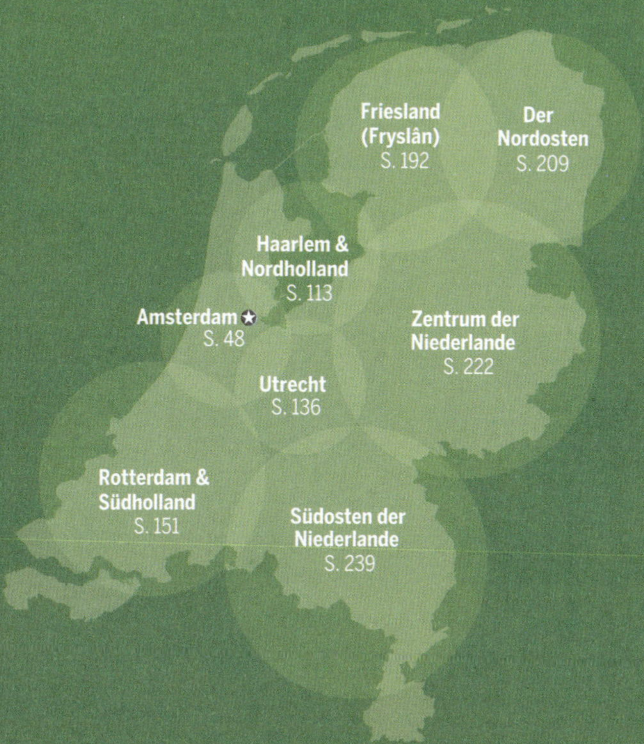

In jeder Region starten wir mit dem perfekten Standort, um die Umgebung zu erkunden. Entdecke einzigartige Erlebnisse, Tipps unserer Autor:innen und Expert:innen, Hintergründe und Empfehlungen.

Kinderdijk (S. 173)

NEIRFY/SHUTTERSTOCK ©

Amsterdam

TRADITION DER GOLDENEN ÄRA, INSPIRIERTE INNOVATION

Zahlreiche Spuren einer glorreichen Vergangenheit ebnen in Amsterdams Unesco-gelistetem Grachtengürtel und den Museen voller Meisterwerke den Weg für visionäres Design und nachhaltige Zukunft.

Wasser ist seit der Stadtgründung das Lebenselixier Amsterdams. Die Sümpfe, Seen und Flüsse wurden, da sie auf Meeresspiegelhöhe oder tiefer lagen, wiederholt durch Stürme und Fluten umgestaltet. Die vom Wasser geprägte Landschaft barg Hindernisse, aber auch Chancen, die den Charakter der Stadt prägten.

Amsterdams Geschichte begann um die Wende zum 13. Jh. mit dem Bau von Dämmen, die den IJ zwischen Zuiderzee und Haarlem aufstauten; ein Fischerdorf namens Aemstelredamme („Damm über die Amstel") entstand dort, wo heute der Dam, der Hauptplatz der Stadt, ist. 1275 wurden den Bewohnern Zollfreiheit gewährt, und Amsterdam gewann über die Zuiderzee (heute Ijsselmeer direkten Zugang zum Meer). Die ersten Grachten wurden 1380 ausgehoben, die Stadt kontrollierte den Seehandel mit Skandinavien, erlangte später freien Zugang zum Baltikum und wurde zum Global Player.

Die charakteristische Architektur der Stadt, leicht erkennbar an den hohen, schmalen Giebelhäusern, hat ihre Ursprünge im 15. Jh. Nach zwei verheerenden Bränden wurden Ziegel und Kacheln als Baumaterialien vorgeschrieben. Amsterdams Blütezeit, das Goldene Zeitalter, begann im 17. Jh. mit großen Fortschritten in der Baukunst (insbesondere mit dem Bau des inneren Grachtengürtels – heute Welterbestätte), Kunst (z. B. Rembrandt) und Handel (Standort der weltweit ersten Wertpapierbörse).

In den darauffolgenden Jahrhunderten entwickelte sich die niederländische Hauptstadt zu einem aufgeschlossenen Handels- und Kreativitätszentrum. Heute leben in der 219 km^2 großen Metropole rund 935 000 Menschen aus über 170 Nationalitäten. Dank der berühmten (und berüchtigten) Attraktionen ist die Besucherzahl stark gestiegen, sodass Amsterdam nun bemüht ist, den Übertourismus einzudämmen. So wurde das Kreuzfahrtterminal geschlossen, zugleich soll die Stadt für Bewohner und Besucher aufgewertet werden, und man sucht nach pfiffigen Lösungen, um Nachhaltigkeitsziele zu erreichen (z. B. durch feuerbeständige Holzhäuser). Bis 2050 will Amsterdam zur vollständig klimasicheren Stadt werden, die sich durch Einfallsreichtum und Geist auszeichnet.

DIE WICHTIGSTEN STADTVIERTEL

MITTELALTERLICHES ZENTRUM & ROTLICHTVIERTEL
Amsterdams historisches Kerngebiet. S. 54

WESTLICHER GRACHTENRING, JORDAAN & DER WESTEN
Wasserwege, Shopping, moderne Bauprojekte. S. 62

SÜDLICHER GRACHTENRING
Quirliges Zentrum für Sehenswertes und zum Feiern. S. 72

VONDELPARK & DER SÜDEN
Monumentale Museen und ausgedehnte Parks. S. 80

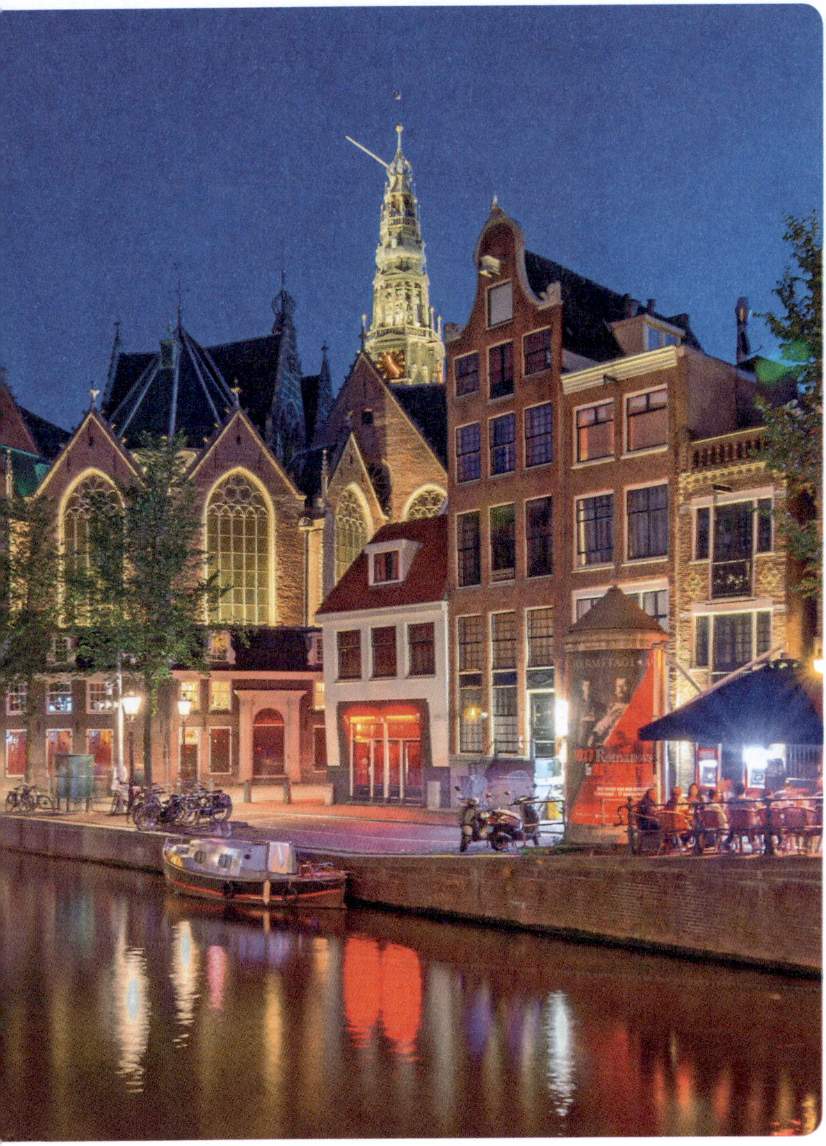

MISTERVLAD/SHUTTERSTOCK ©

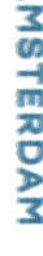

Links: Vondelpark (S. 80); oben: Oude Kerk und Rotlichtviertel (S. 59)

DE PIJP
Lebhafte Märkte, gutes Essen und dörfliche Atmosphäre.
S. 91

OOST & ÖSTLICH DER AMSTEL
Weltkultur und Grünflächen.
S. 96

NIEUWMARKT, PLANTAGE & DIE ÖSTLICHEN INSELN
Gärten und familienfreundliche Museen.
S. 100

AMSTERDAM NOORD
Postindustrielle Architektur und urbane Kunst.
S. 108

Erste Orientierung

Amsterdams kompaktes Stadtgebiet und das flache Terrain machen es leicht, die zentralen Stadtteile zu Fuß zu erkunden. Für längere Strecken macht man es am besten wie die Locals und hüpft auf's Fahrrad. Die Stadt hat auch ein effizientes und preisgünstiges öffentliches Personennahverkehrssytem.

Gooimeer Eemmeer

A'DAM Tower

Westlicher Grachtenring, Jordaan & der Westen
S. 62

Centraal Station

Mittelalterliches Zentrum & Rotlichtviertel
p54

Anne Frank Huis

Oude Kerk

Königspalast

Museum het Rembrandthuis

Museum Van Loon

Südlicher Grachtenring
S. 72

Vondelpark

Rijksmuseum

Heineken Experience

Van Gogh Museum

Albert Cuypmarkt

Vondelpark & der Süden
S. 80

De Pijp
S. 91

VOM/ZUM FLUGHAFEN
Schiphol International Airport liegt 18 km südwestlich von Amsterdams Stadtzentrum, angebunden durch regelmäßige Züge und Expressbusse. Ein Amsterdam Travel Ticket umfasst auch unbegrenzte Fahrten mit dem Nahverkehr in der Stadt; es gibt Tages-, Mehrtages- und regionale Optionen. Taxis brauchen 30–45 Minuten.

FAHRRAD
Mit mehr Fahrrädern als Einwohner (geschätzt 1,3 Räder pro Kopf) ist Radeln die beliebteste Fortbewegungsart. Es gibt viele Fahrradwege und Abstellplätze (inkl. der neuen Station für 11000 Fahrräder an der Centraal Station). Überall können Räder geliehen werden.

STRASSENBAHN
Amsterdams klappernde blau-weiße Straßenbahnen sind eine ikonische Erscheinung im Stadtbild. Als Teil des GVB-Verkehrsnetzes fahren 14 Linien kreuz und quer durch die Stadt, die meisten halten an Amsterdam Centraal Station. Planen lässt sich die Fahrt mit der 9292-App. Beim Ein- und Aussteigen Ticket/Pass mit Chip über den Kartenleser halten.

METRO & BUS
Metros und Busse bedienen die Außenbezirke. Von den vier U-Bahn-Linien ist die 52 für Besucher besonders praktisch. Sie verbindet Amsterdam Noord mit dem World Trade Centre in Zuid und durchquert dabei das Stadtzentrum und De Pijp. Nachtbusse verkehren zu später Stunde.

Perfekte Tage

Amsterdam ist überschaubar: Auch bei einem Kurzbesuch kann man viel erleben. Bequeme Schuhe sind dabei absolut empfehlenswert.

POLUDZIBER/SHUTTERSTOCK ©

Museum het Rembrandthuis (S. 102)

Tag 1

Morgens

- Startpunkt ist **Het Scheepvaartmuseum** (S. 102), um die maritime Geschichte der Niederlande zu entdecken. Im botanischen Garten **Hortus Botanicus** (S. 103) wachsen Pflanzen, die Seeleute von ihren Reisen mitbrachten.

Mittags

- Nach dem **Museum Willet-Holthuysen** (S. 77) geht's zum Dam, um den **Königspalast** zu bewundern (S.58).

Abends

- Beim Bummeln durch das mittelalterliche Zentrum besichtigt man das älteste Gebäude der Stadt, die **Oude Kerk** (S. 55) am Rand des Rotlichtviertels. Abendessen in **Carstens Brasserie** (S. 60) mit moderner niederländischer Küche und zum Abschluss Cocktails in **Rosalia's Menagerie** (S. 106).

... NICHT VERPASSEN

Amsterdam hat sehr viel zu bieten, deshalb sollte man sich reichlich Zeit nehmen, um die niederländische Hauptstadt kennenzulernen.

GENEVER IN EINER BRENNEREI IM WALD

Die **Distilleerderij 't Nieuwe Diep** (S. 99) in Oosts bewaldetem Flevopark ist ein zauberhafter Ort, um ***jenever*** zu probieren.

EIN DENKWÜRDIGES KONZERT ERLEBEN

Im markanten Konzertsaal **Muziekgebouw** (S. 106) am IJ oder auf seiner Jazzbühne Bimhuis kann man tolle Konzerte erleben.

WELTGRÖSSTES STREET-ART-MUSEUM

Außergewöhnliche Street Art und Graffiti sind im **Straat** (S. 110) in einer riesigen Lagerhalle der ehemaligen NDSM-Werft in Amsterdam Noord zu sehen .

PHOTOGRAPHY BY ADRI/SHUTTERSTOCK ©, LITTLENYSTOCK/SHUTTERSTOCK ©, WOLF-PHOTOGRAPHY/SHUTTERSTOCK ©

Tag 2

Morgens

● Der Tag beginnt mit Rembrandts ehemaligem Haus und Atelier, dem **Museum het Rembrandthuis** (S. 102); danach bewundert man sein Meisterwerk *Die Nachtwache* im großartigen **Rijksmuseum** (S. 84). Besonders Van-Gogh-Fans werden am Museumsplein auch das **Van Gogh Museum** (S. 86) besuchen wollen, während es Freunde moderner Kunst eher ins **Stedelijk Museum** (S. 83) zieht.

Mittags

● Nach dem Besuch des **Anne Frank Huis** (S. 64) steht eine **Grachtenrundfahrt** (S. 68) an.

Abends

● Den Abend verbringt man in einem gemütlichen *bruin café* (braune Cafés; Kneipen) in Jordaan, z.B. im ältesten, dem 1624 eröffneten **Café Chris** (S. 70).

Tag 3

Morgens

● Nach einem Brunch in De Pijp im **Coffee & Coconuts** (S. 95) durchstöbert man den **Albert Cuypmarkt** (S. 93).

Mittags

● Mit dem Fahrrad geht es durch den **Vondelpark** (S. 80), dann zum Kulturzentrum **De Hallen** (S. 89), um Design von lokalen Kunstschaffenden anzusehen. Mehr Design und Modeboutiquen gibt es in den **Negen Straatjes** (S. 68).

Abends

● Ein Getränk am Wasser genießen in **Hannekes Boom** (S. 107), bevor es über den IJ zum **A'DAM-Turm** (S. 109) geht, um von oben die Lichter der Stadt glitzern zu sehen oder um sich ins rotierende Restaurant Moon zu setzen.

DIE ZUKUNFT DER NIEDERLÄNDISCHEN KÜCHE

Nachhaltigkeit steht in der modernen niederländischen Küche im Vordergrund; **Bonboon** (S. 71), zum Beispiel, erhebt vegane Gerichte zur Kunst.

SCHAUMIGES BIER IM FRÜHEREN GASWERK

Vom Barhocker oder Tisch in der **Brouwerij Troost** (S. 94) im früheren Gaswerk und heutigen Kulturzentrum Westergas kann man beim Brauen zusehen.

MIT DER ALTEN TRAM ZUM AMSTERDAMER WALD

Die alte Straßenbahn vom „mobilen Museum" **Electrische Museumtramlijn Amsterdam** (S. 90) fährt zum Amsterdamse Bos.

TANZEN IN DER EHEMALIGEN KIRCHE

Der legendäre Club **Paradiso** (S. 77) mit Bands, Solo Acts, DJs und Club Nights, ist ein spektakulärer Ort zum Feiern.

Mittelalterliches Zentrum & Rotlichtviertel

AMSTERDAMS HISTORISCHES KERNGEBIET

TOP TIPP

Amsterdam Centraal Station, wo die Züge vom Flughafen, aus den Niederlanden und ganz Europa ankommen, ist auch der Hauptverkehrsknotenpunkt für Züge, Metro und Tram (und für die kostenlosen Fähren über den IJ nach Amsterdam Noord). Infos zum öffentlichen Nahverkehr und Tickets sind im GVB-Büro am Stationsplein erhältlich (tgl. geöffnet).

Amsterdams Grachtenring umgibt das historische Kerngebiet der Stadt. Vor der prächtigen Centraal Station legt eine Flotte von Sightseeing-Schiffen an. Der Damrak führt bis zum Königspalast am zentralen Platz, dem Dam. Östlich des Damrak säumen große Kaufhäuser die Kalverstraat, in den Seitenstraßen verstecken sich Jenever-Probierstuben aus dem 17. Jh., *bruin cafés*, Boutiquen und Restaurants. Westlich des Damrak liegen die engen Gassen des jahrhundertealten Rotlichtviertels (vor Ort De Wallen genannt). Die Behörden sind bemüht, die Gegend aufzuwerten (Schließung der Bordellfenster, Öffnungszeiten von Bars und Clubs reduzieren, Cannabisrauchen auf der Straße verbieten u. a.). Für Nichteingeweihte kann das Viertel immer noch ein Abenteuer sein – in der Nacht kann es hier rau zugehen. Zu den unerwarteten Anblicken zählen das älteste Gebäude der Stadt, das größte chinesische Vviertel und die erste Brücke aus dem 3D-Drucker, dazu malerische Wasserwege.

Rotlichtviertel

Oude Kerk

Oude Kerk

Amsterdams ältestes erhaltenes Gebäude

Das Rotlichtviertel ist ein eher unpassender Ort für die älteste Kirche. Die um 1306 erbaute **Oude Kerk** ist dem Schutzpatron der Stadt, dem heiligen Nikolaus von Myra (der auch die Geschenke bringt) geweiht. Ursprünglich katholisch und heute protestantisch birgt das Gebäude im Stil der Gotik die älteste Kirchenglocke der Stadt (1450) und Chorgestühl aus dem 15. Jh. mit Miserikordien (Stützbretter im Chorgestühl). Die großartige Vater-Müller-Orgel (1726 gebaut, 1742 erweitert) wurde 2015–2019 restauriert; die Kirche besitzt auch eine Querschifforgel von 1965, eine italienische Orgel und ein Orgelpositiv. Alle werden bei den Gottesdiensten und Konzerten gespielt. Außerdem gibt es Kunstausstellungen.

Unter den abgenutzten Grabplatten im Boden der Kirche liegen zahlreiche berühmte Amsterdamer begraben, unter ihnen Rembrandts Frau Saskia van Uylenburgh (am 9. März um 8.39 Uhr trifft ein Lichtstrahl ihr Grab). Insgesamt ruhen etwa 60 000 Bürger unter der Kirche.

Wer im Rahmen einer Führung über 164 enge Stufen den 67 m hohen Turm erklimmt, wird mit einem weiten Blick auf Amsterdams Giebeldächer belohnt.

Begijnhof

Ehemaliger Konvent aus dem frühen 14. Jahrhundert

Mitten in der Kakophonie von Zentralamsterdam ist es im umschlossenen **Begijnhof** so ruhig, dass man eine Stecknadel fallen hört. Der Innenhof mit seinen zierlichen Giebelhäusern und gepflegten Gärten schützt die verborgene Begijnhof Kapel (1671), die Engelse Kerk (um 1392) und Houten Huis, das älteste erhaltene Holzhaus der Niederlande (um 1465). Das Zuhause des katholischen Beginenordens – unverheiratete oder verwitwete Frauen, die nach religiösen Regeln lebten, bis die letzte 1971 starb – ist heute Wohnort von 105 Frauen; respektvolles Verhalten ist unerlässlich (nicht essen, trinken, rauchen, Häuser fotografieren oder Krach machen). Der Zugang erfolgt über die Gedempte Begijnensloot.

MITTELALTERLICHES ZENTRUM & ROTLICHTVIERTEL

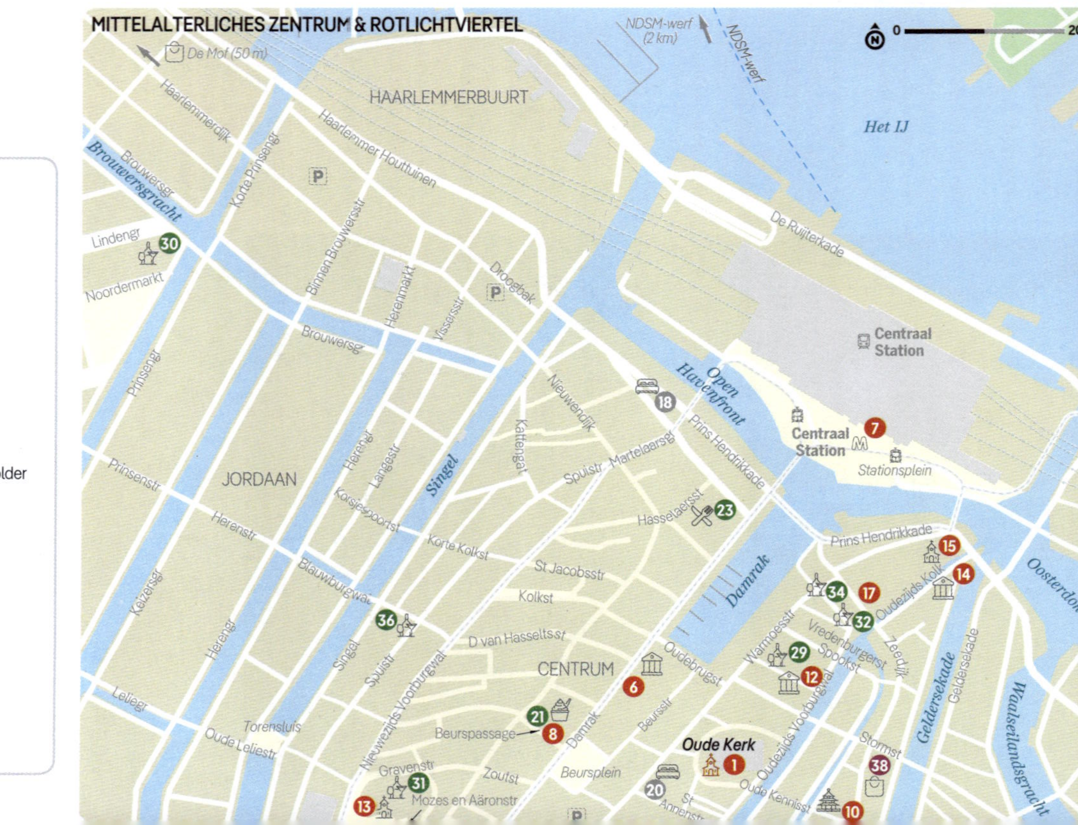

HIGHLIGHTS
1 Oude Kerk
2 Royal Palace

SEHENSWERTES
3 Allard Pierson Museum
4 Begijnhof
5 Below the Surface
6 Beurs van Berlage
7 Centraal Station
8 De Beurspassage
9 Fashion for Good
10 He Hua Temple
11 Museum het Rembrandthuis
12 Museum Ons' Lieve Heer op Solder
13 Nieuwe Kerk
14 Schreierstoren
15 St Nicolaaskerk
16 X Bank
17 Zeedijk

SCHLAFEN
18 A-Train Hotel
19 Hotel de L'Europe Amsterdam
20 St Christopher's at the Winston

ESSEN
21 Banketbakkerij Van der Linde
22 Blue Amsterdam

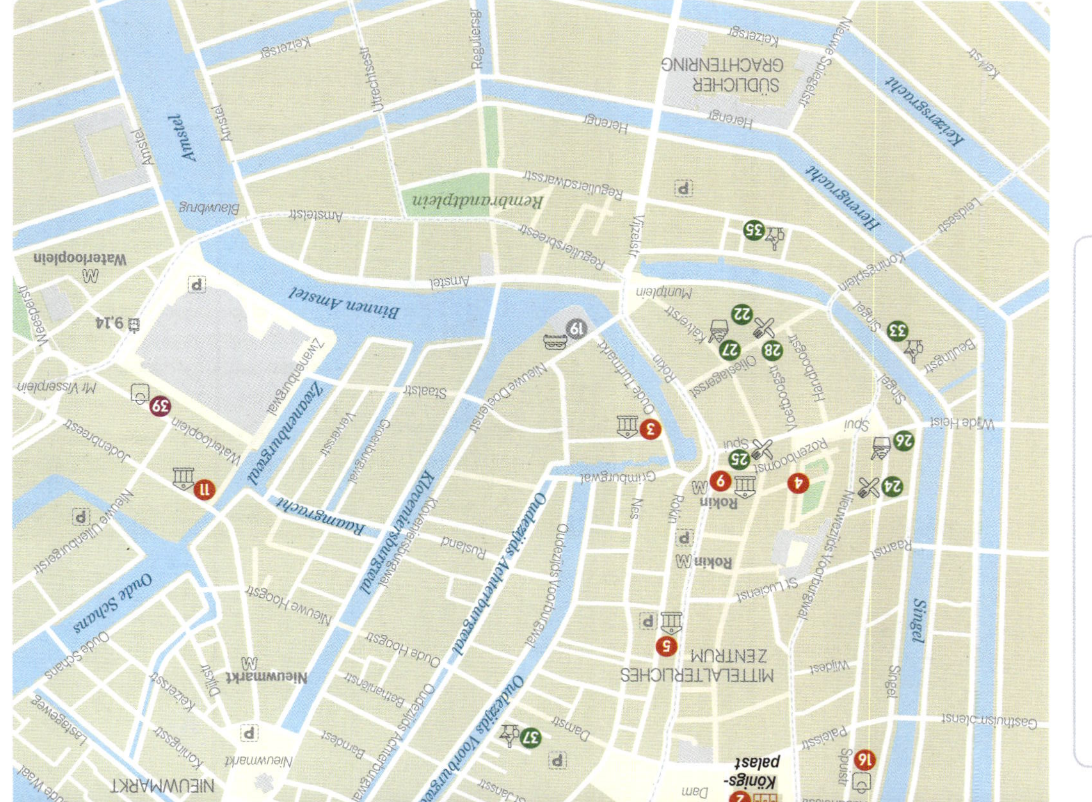

23 Carstens Brasserie
24 D'Vijff Vlieghen (The Five Flies)
25 Gartine
siehe 10 Nam Kee
siehe 10 New King
26 Van Stapele
27 Van Wonderen Stroopwafels
28 Vleminckx

AUSGEHEN & FEIERN
29 Brouwerij De Prael
30 Café Papeneiland
31 De Drie Fleschjes
32 Dutch Courage
33 Flying Dutchmen Cocktails
34 In 't Aepjen
siehe 34 Proeflokaal de Ooievaar
35 Taboo Bar
36 Tales & Spirits
37 Wynand Fockink

SHOPPEN
38 Toko Dun Yong
39 Waterlooplein Flohmarkt

Nieuwe Kerk

Nieuwe Kerk

„Neue Kirche" aus dem 15. Jh. und Ausstellungsraum

Amsterdams **Nieuwe Kerk** aus dem Jahr 1408 (neu im Verhältnis zur Oude Kerk) am Dam ist die Ruhestätte von Berühmtheiten (wie dem Dichter Joost van den Vondel) und Schauplatz royaler Hochzeiten und Krönungen (z.B. König Willem-Alexander 2013). Zu den Highlights im Innenraum zählen die Kanzel aus Eichenholz, die Chorschranke aus Bronze und die vergoldete Orgel (1645), die bei Konzerten gespielt wird. Ansonsten fungiert die Kirche als Galerie für Multimedia-Ausstellungen und die alljährliche Schau der World Press Photo für Fotojournalismus.

Museum Ons' Lieve Heer op Solder

Verborgene Kirche im Grachtenhaus

Von außen erscheint es wie ein typisches Grachtenhaus, aber dieses Schmuckstück im Rotlichtviertel birgt eine Kirche. Mitte de 17. Jhs., als die calvinistischen Herrscher die öffentliche Ausübung des katholischen Glaubens verboten, baute der Kaufmann Jan Hartman für seinen Sohn, der Priester werden sollte, eine geheime Kirche in sein Wohnhaus. **Ons' Lieve Heer op Solder** (Unser Lieber Herr auf dem Dachboden) hat einen Altar mit Marmorsäulen, ein Gemälde von Jacob de Wit, eine Orgel und Platz für 150 Gläubige. Das Haus bietet Einblick in das Leben in einem Grachtenhaus des 17. Jhs.

Ons' Lieve Heer op Solder

Koninklijk Paleis

Prächtige royale Residenz in der Hauptstadt

Der Ort, an dem Amsterdam gegründet wurde, wird vom **Königspalast** beherrscht. Das 1665 vom Architekten Jacob van Campen entworfene Gebäude war ursprünglich ein Rathaus. Heute ist es die offizielle Residenz des niederländischen Königs Willem-Alexander, der eine symbolische Miete zahlt, tatsächlich aber im Paleis Noordeinde in Den Haag wohnt. Wenn er sich nicht in Amsterdam aufhält und kein Staatsakt ansteht, kann man den Palast besichtigen und die opulente Innenausstattung – im Erdgeschoss hängen insgesamt 51 Kronleuchter –, Gemälde von Künstlern wie Ferdinand Bol und Jacob de Wit bewundern; ebenso die Empire-Möbel, die eine Hinterlassenschaft von König Louis sind, dem Bruder von Napoleon Bonaparte. Louis residierte im Palast Anfang des 19. Jhs.

Rotlicht im Wandel

Altes Viertel, neuer Anfang

Amsterdams Rotlichtviertel gibt es seit dem 14. Jh., damals begrüßten Frauen mit roten Laternen in Hafennähe die Seeleute. Die Bordellfenster, Strip-Clubs, Fetischläden, Smartshops (hier werden natürliche Halluzinogene verkauft), Coffeeshops (Verkaufsstellen für Cannabis) und zahllosen Bars, besonders am und rund um Oudezijds Voorburgwal und Oudezijds Achterburgwal, sind ein Anziehungspunkt für neugierige Besucher aus aller Welt.

Die Behörden sind bemüht, das ausufernde Nachtleben und die Kriminalität einzudämmen und die kleinen Gassen und Kanäle für die Bewohner wieder lebenswert zu machen. Ein 2007 aufgestellter Sanierungsplan hat nach der Pandemie Fahrt aufgenommen. Nachdem die Zahl der Bordellfenster reduziert worden ist, will die Stadt alle Sexarbeiterinnen in einem eigens errichteten vielgeschossigen „Erotikzentrum" außerhalb der Innenstadt unterbringen (zur Zeit der Recherche war der Standort noch nicht festgelegt). Aktuell sind Führungen vorbei an den Fenstern der Sexarbeiterinnen untersagt, ebenso das Cannabis-Rauchen auf den Straßen im Stadtzentrum (es wird darüber diskutiert, Tourist aus Coffeeshops zu verbannen; das gemeinnützige Cannabis College bietet Infos und Beratung). Bar und Clubs müssen um 2 Uhr schließen (Bordelle um 3 Uhr); und es gibt eine Kampagne, um *feestbeest* („Feierbiester") abzuschrecken. Letztlich ist der Plan, dass Künstler und unabhängige Geschäfte hier einziehen und kulturelle Events wie das **Red Light Jazz Festival** (Juni), typisch für die langjährige Jazz-Tradition des Viertels, häufiger stattfinden.

Architektonische Schätze

Wahrzeichen von Zentral-Amsterdam

Amsterdam weist zahlreiche architektonische Schätze auf. Die **Centraal Station** am IJ stammt aus dem Jahr 1889. Der Architekt P.J.H. Cuypers entwarf auch das Rijksmuseum; beide Bauten sind aus dem gleichen roten Backstein, sie haben gotisch anmutende Türme und zahlreiche Reliefs mit Segel-, Handels- und Industriemotiven. Eine Remise im Bahnhofsflügel wurde für die königliche Kutsche erbaut.

Gegenüber an der Prins Hendrikkade sind die prächtige Kuppel und die Neo-Renaissance-Türme der **Sint Nicolaaskerk** zu sehen, die nach dem Schutzpatron der Seeleute (und der Stadt) benannt ist. Die Kirche wurde zwischen 1884 und

NACHHALTIGKEIT IN AKTION

Bevor man sich in den Läden an der Kalverstraat umsieht, lohnt sich der Besuch des weltweit ersten Museums für nachhaltige Mode.

Mit Infos zur Modegeschichte und zu den technischen Innovationen hinterfragt **Fashion for Good** das Konsumverhalten, zeigt, dass Kleidung durchschnittlich 14 000 km zurücklegt und durch die Hände von rund 100 Leuten geht, bevor sie verkauft wird; zudem erhalten die Besucher einen „Aktionsplan".

Nachhaltige Mode ist Teil der Positive-Wirkung-Touren von **Tours That Matter**; weitere Themen sind u.a. Gegenkultur, urbane Landwirtschaft, Fair Trade, Toleranz und Superdiversität. **Plastic Whale** bietet Ausflüge in Booten aus wiederverwertetem Plastikmüll zum „Plastikangeln", um verschmutzte Wasserwege zu säubern.

ÜBERNACHTEN IM MITTELALTERLICHEN ZENTRUM & ROTLICHTVIERTEL

Hotel de L'Europe Amsterdam
Opulentes Hotel (19. Jh.) an der Amstel mit Restaurant (zwei Michelinsterne). €€€

St Christopher's at the Winston
Abstrakt bemalte Schlafsäle, Einzelzimmer und hauseigene Bar im Rotlichtviertel. €

A-Train Hotel
Hotel mit gemütlichen Zimmern und Frühstücksraum im Waggon-Stil. Gegenüber Centraal Station. €€

GUT ESSEN IM MITTELALTERLICHEN ZENTRUM & ROTLICHTVIERTEL

D'Vijff Vlieghen (Die fünf Fliegen)
Fünf romantische Grachtenhäuser aus dem 17. Jh. mit schöner Holzvertäfelung, Delfter Kacheln, Original-Rembrandts und perfekter holländischer Küche. **€€€**

Blue Amsterdam
Spektakuläre Rundumsicht auf Amsterdam in diesem Café mit Glaswänden auf dem Einkaufszentrum Kalverpassage. **€**

Carstens Brasserie
Essen im Bistro-Stil mit Zutaten aus Meer, Boden und von den Wiesen der Niederlande. **€€**

Vleminckx
Legendärer Imbiss mit knusprigen, flaumigen Pommes frites; es gibt mehr als zwei Dutzend Soßen. **€**

Gartine
Frühstück, Mittagessen und High Tea mit Zutaten aus dem hauseigenem Garten. **€**

1887 errichtet. Damals war die Ausübung des katholischen Glaubens in den Niederlanden wieder erlaubt worden. Der Hochaltar und die Krone von Kaiser Maximilian I. sind Highlights im Innenraum. Östlich der Kirche steht der **Schreierstoren**, erbaut um 1480 als Teil der Stadtbefestigung; vom VOC Café kann man in den Turm hineinblicken. Draußen markiert eine Tafel den Ort, von dem Henry Hudson 1609 in die Neue Welt aufbrach.

Amsterdams ehemalige Börse **Beurs van Berlage**, heute ein Konferenz- und Ausstellungscenter, wurde 1903 von dem sozialistischen Architekten H. P. Berlage erbaut; Kacheltableaus feiern die Arbeit des Proletariats, ein starker Gegensatz zur kapitalistischen Funktion des Gebäudes. **De Beurspassage** aus dem 19. Jh. gegenüber Beursplein zwischen Damrak und Nieuwendijk schmückt ein fesselndes Kunstwerk (2016) von Arno Coenen, Iris Roskam und Hans van Bentem mit dem Titel *Amsterdam Oersoep* (Amsterdams Ursuppe); es zeigt wie sehr das Wasser das Leben in Amsterdam formte. Kronleuchter aus Fahrradteilen erhellen die mit Glasmosaikkacheln geschmückte Decke, Buntglaslampen zieren die Wände, wo ein schimmernder Fischbrunnen „Toleranzelixir" (Wasser) speit, Bodenkacheln bilden Schiffssteuerräder und Anker ab. Die ehemalige Kas Bank, bei der Eröffnung 1908 Amsterdams erster Betonbau, beherbergt jetzt den Concept Store **X Bank**, der holländisches Design präsentiert.

Grabung in die Vergangenheit

Archäologische Funde der Menschheit

Das **Allard Pierson Museum**, das archäologische Museum der Universität, ist nach dem ersten Archäologieprofessor der Hochschule benannt worden. Zu den Prunkstücken der Sammlung gehören eine Mumie, Vasen aus dem antiken Griechenland und Mesopotamien, ein Fuhrwerk aus den Königsgräbern in Salamis (Zypern) und religiöse Artefakete. Die Kartensammlung gehört zu den größten der Welt; sie spiegelt die Bedeutung Amsterdams als bedeutendes Zentrum der Navigation wider.

In der Nähe, in der Ausstellung **Below the Surface** der Rokin-Metrostation, sind in Glaskästen zwischen den Rolltreppen Fundstücke zu sehen: Münzen aus dem 14. Jh., mittelalterliche Schlittschuhkufen, Keramik aus dem 17. Jh., ein Sparschwein aus dem 18. Jh., Taschenuhren aus dem 19. Jh., Autoteile aus den 1920er-Jahren und Mobiltelefone aus den 1980er-Jahren. Die Objekte wurden während der Bauarbeiten für Amsterdams 2018 eröffnete Noord/Zuidlijn (Metrolinie 52) unter den Straßen und Wasserwegen zutage gefördert.

WOHIN FÜR SÜSSE LECKEREIEN?

Van Wonderen Stroopwafels
Leckere Versionen der klassischen holländischen *stroopwafels* (dünne Waffeln mit Sirup). **€**

Banketbakkerij Van der Linde
Cremiges, luftiges Vanilleeis; seit 1937 am Nieuwendijk. **€**

Van Stapele
Kekse aus dunkler Valrhona-Schokolade mit weißer Schokoladenfüllung; frisch hergestellt. **€**

He-Hua-Tempel

Amsterdams Chinatown

Kulturelle Festivitäten und Essen

Amsterdams kleines, lebhaftes Chinesenviertel konzentriert sich rund um **Zeedijk**, den Schauplatz der **Neujahrsfeiern** (Löwentanz am 2. Jan. und zum **Chinesischen Neujahr** im Jan. oder Feb.). Die chinesische Gemeinschaft ließ sich erstmals um 1911 hier nieder; 2000 wurde der **He-Hua-Tempel**, Europas größter buddhistischer Tempel im chinesischen Imperialstil, erbaut. Er ist ein Schrein für Kuan Yin, die Bodhisattva (Göttin) des Mitgefühls. Die klassischen Dachschnitzereien sind am Zeedijk 106–118 zu erkennen; der Zugang erfolgt durch Seitentore. Hier wimmelt es von chinesischen Lebensmittelläden (wie **Toko Dun Yong**) und Restaurants; zu den beliebtesten zählt **Nam Kee**, der kantonesische Klassiker wie Pekingente, und **New King**, der gedämpfte Austern und schwarze Bohnen nach Art des Hauses serviert.

GENEVER VERKOSTUNG & TRADITIONEN

Genever (holländischer Gin, auch Jenever geschrieben), im 16. Jh. für medizinische Zwecke kreiert, wird aus Wacholderbeeren gebrannt. Er wird gekühlt in einem tulpenförmigen Schnapsglas serviert – zum Trinken vorbeugen, Hände auf dem Rücken, und einen kräftigen Schluck nehmen. *Jonge* (junger) *jenever* ist weicher; *oude* (alter) *jenever* hat ein intensiveres Aroma.

Stimmungsvolle Orte im historischen Zentrum für einen Probeschluck sind z. B. **De Drie Fleschjes** (1650) mit einer Wand aus Fassholz, **Wynand Fockinks** eine Probierstube aus dem Jahr 1679 und das bewusst schräg gebaute **Proeflokaal de Ooievaar** (1782).

Das **Dutch Courage**, eine Bar einer neuen Generation, zelebriert *jenever* und alte holländische Liköre.

WOHIN ZUM FEIERN?

In 't Aepjen
Das Kleinod in einem der beiden noch erhaltenen Holzhäusern der Stadt ist seit 1519 eine Gastwirtschaft.

Brouwerij De Prael
Sozial eingestellte Brauerei und Schenke mit Führungen und Verkostungen; regelmäßig Livemusik.

Tales & Spirits
Cocktailbar mit Balken und Kronleuchtern; hausgemachter Sirup und kreative Drinks.

Westlicher Grachtenring, Jordaan & der Westen

ZAUBERHAFTE WASSERWEGE, SHOPPING, MODERNE BAUPROJEKTE

TOP TIPP

Zu Fuß kommt man im westlichen Grachtengürtel und im südlichen Jordaan am besten voran; beides ist auch mit der Tram (Linien 13 und 17) von Centraal Station zu erreichen. Die Trams am westlichen Rand von Jordaan (5 und 19) fahren nicht zur Centraal. Busse bedienen das nördliche Jordaan und den Westen, oder man steigt aufs Fahrrad.

Die schönsten Grachtenansichten und prächtige Giebelhäuser wie aus einem Gemälde des Goldenen Zeitalters sind im Westlichen Kanalgürtel zu finden. An der Westerkerk steht das Anne Frank Huis, in dem sich das junge Mädchen und ihre Familie im Zweiten Weltkrieg versteckten; es ist die Hauptsehenswürdigkeit des Viertels. Unbedingt empfehlenswert sind ein Spaziergang entlang der Wasserwege und ein Einkaufsbummel in den Negen Straatjes, den „neun kleinen Straßen", und Haarlemmerbuurt. Jenseits der Prinsengracht erinnern Jordaans Gassen, lauschige Kneipen, Galerien und Märkte an dessen Erbe: Vor der Gentrifizierung war es *volksbuurt* – ein Arbeiterviertel. Ebenso wie die Westlichen Inseln lässt es sich wunderbar zu Fuß erkunden. Der Westen zählt zu den aufstrebenden Stadtteilen, besonders rund um die früheren Gaswerke. Heute befindet sich hier der Kulturkomplex Westergas, angrenzend an den Westerpark. Rund um den ehemaligen Holzhafen entstehen laufend neue Bauprojekte.

Einkaufen in den Negen Straatjes (S. 68)

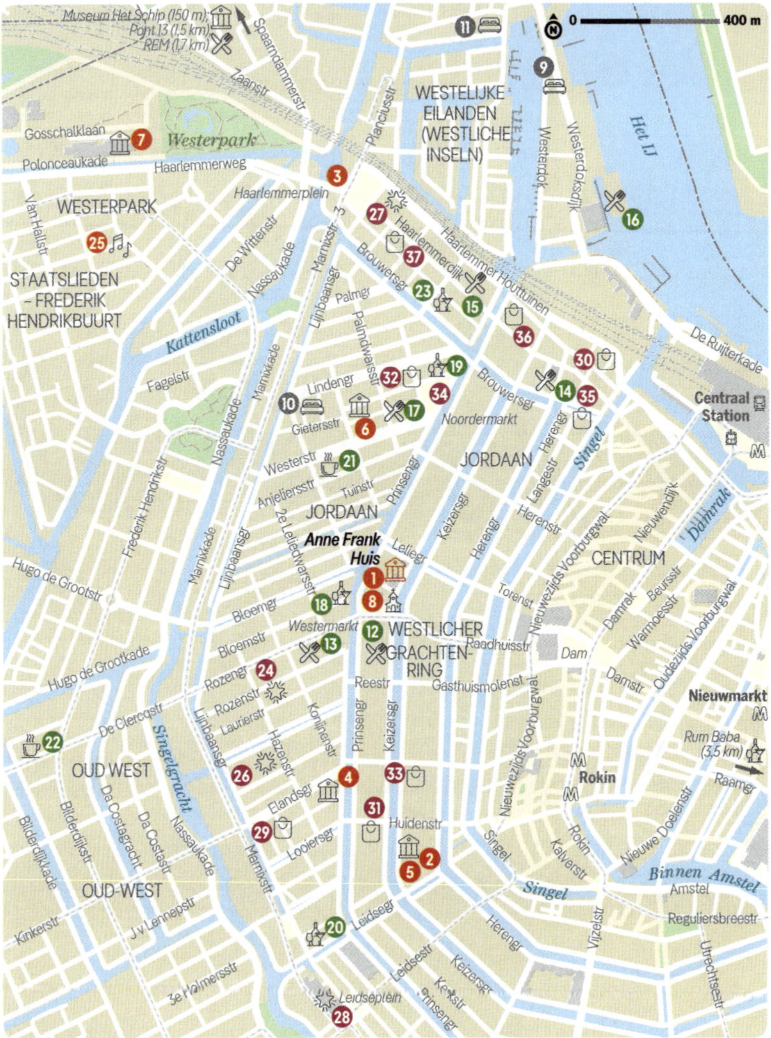

HIGHLIGHTS
1 Anne Frank Huis

SEHENSWERTES
2 Grachtenmuseum Amsterdam
3 Haarlemmerpoort
4 Houseboat Museum
5 Huis Marseille
6 Pianola Museum
7 Westergas
8 Westerkerk

SCHLAFEN
Houseboat Ms Luctor
10 Linden Hotel
11 YAYS Amsterdam Salthouse Canal

ESSEN
12 Bistro Amsterdam
13 Bonboon
14 De Belhamel
15 Jordino
16 MOS
17 Winkel 43

AUSGEHEN & FEIERN
18 Café Chris
19 Café Papeneiland
20 Café Pieper
21 Drupa
22 Monks Coffee Roasters
siehe 6 Sins of Sal
23 Vesper Bar

UNTERHALTUNG
24 Boom Chicago
25 Café de Pianist
26 Maloe Melo
27 Movies, The
28 Theater Amsterdam

SHOPPEN
29 Antiekcentrum Amsterdam
30 BrandMission Amsterdam
31 Darling
32 Lindengracht Markt
33 Negen Straatjes
34 Noordermarkt
35 Six & Sons
36 Sukha
siehe 6 Westermarkt

BLAZE PRO/SHUTTERSTOCK ©

Für Eintrittspreise und Öffnungszeiten den QR-Code scannen.

TOP-SEHENSWÜRDIGKEIT

Anne Frank Huis

Im Schatten des Westertoren ist das Anne Frank Huis eine herzzerreißende, historisch bedeutsame Sehenswürdigkeit. Dort hat die junge Jüdin Anne ein Tagebuch geführt, während sie und ihre Familie länger als zwei Jahre versteckt vor den Nazis in einem geheimen Hinterhaus auf dem Firmengelände ihres Vaters lebten, bis sie verraten und deportiert wurden. Der Besuch bleibt unvergesslich.

NICHT VERPASSEN

- Annes rotkariertes Tagebuch
- Hinterhaus
- Annes Zimmer
- Wochenschauen
- Peter van Pels' Zimmer
- Ehemalige Büros
- Video von Annes Schulfreundin Hanneli Goslar

Tagebuch eines jungen Mädchens

Anne Frank wurde 1929 in Frankfurt am Main geboren. Ihre Familie – Anne und ihre ältere Schwester Margot sowie die Eltern Otto und Edith – flüchtete, nachdem Hitler 1933 an die Macht gekommen war, und ließ sich in Amsterdam nieder. Hier gründete Otto Frank u. a. eine Firma, die mit Gewürz- und Kräutermischungen handelte und ihren Sitz in Büros und Lagerhäusern an der Prinsengracht hatte.

Die Wehrmacht brauchte 1940 nur fünf Tage, um die Niederlande, Belgien und einen Großteil Frankreichs zu besetzen. Annes Tagebuch beschreibt, wie den holländischen Jüdinnen und Juden nach und nach Beschränkungen auferlegt wurden: Sie durften beispielsweise die Straßenbahn nicht benutzen, mussten ihre Fahrräder abgeben und durften keine christlichen Freunde besuchen. Viele von ihnen tauchten unter. Otto und sein Mitarbeiter Hermann van Pels bereiteten im Frühjahr 1942 ein Versteck im Hinterhaus von Ottos Firma vor.

Zu ihrem 13. Geburtstag im Juni 1942 bekam Anne ihr Tagebuch mit dem rotkarierten Umschlag. Im folgenden Monat, als die 16-jährige Margot eine Aufforderung für ein Arbeitslager in NS-Deutschland erhielt, tauchte die Familie unter. Bald schlossen sich Hermann van Pels, seine Frau Auguste und ihr Sohn Peter an (in Annes Tagebuch Van Daans), dann der Zahnarzt Fritz Pfeffer (im Tagebuch Herr Dussel). Der achtköpfige Haushalt lebte mit verdunkelten Fenstern tagsüber in völliger Stille, um nicht entdeckt zu werden. Annes Tagebuch war das Ventil für ihre Ängste und Wünsche. Nachdem die Versteckten verraten worden waren, erschien im August 1944 die Gestapo. Alle acht wurden deportiert. Anne starb 15-jährig im März 1945 im KZ Bergen-Belsen wenige Wochen vor dessen Befreiung. Ihr Tagebuch wurde in dem verlassenen Hinterhaus gefunden und 1947 von ihrem Vater Otto, dem einzigen Überlebenden, veröffentlicht. Seither sind weltweit Millionen Exemplare verkauft worden.

Das Anne Frank Huis besuchen

Das Anne-Frank-Haus, das vom Westermarkt zugänglich ist, wurde 1999 nach einer Restaurierung neu eröffnet. Das Museum zeigt Wochenschaufilme aus dem Zweiten Weltkrieg in vielen Sprachen, passend zu Einträgen in Annes Tagebuch. Außerdem gibt es wechselnde Ausstellungen.

Zu besichtigen sind die ehemaligen Büros von Victor Kugler, Otto Franks Geschäftspartner, und den Angestellten Miep Gies, Bep Voskuijl und Johannes Kleiman, die die Versteckten u. a. mit Essen, Kleidung und Schulmaterial versorgten – oft auf dem Schwarzmarkt oder auf Rationierungskarten gekauft.

Wenn man im *achterhuis* durch einen Bücherschrank, der sich mittels Scharniere öffnen lässt, die nüchternen ehemaligen Wohnräume im Hinterhaus betritt, ist das wie ein Schritt zurück ins Jahr 1942. Auf Ottos Bitte hin stehen dort keine Möbel, aber in Annes kleinem Zimmer, das sie mit Fritz Pfeffer teilte, kleben noch ihre Fotos berühmter Filmstars und holländischer Royals an der Wand. Als das Museum 1960 öffnete, ließ Otto Modelle von dem Haus anfertigen, die Enge und Abgeschiedenheit der Räume verdeutlichen.

Im Vorderhaus kann man ein Video ansehen, in dem Annes ehemalige Schulfreundin Hanneli Goslar beschreibt, wie sie Anne in Bergen-Belsen begegnet ist, sowie Annes Tagebuch in einer Glasvitrine betrachten.

WIRKMÄCHTIGE DETAILS

Oft sind die kleinsten Details besonders bewegend, beispielsweise die Filmzeitschriften, die Victor Kugler für Anne kaufte und die in seinem Büro ausgestellt sind, Annes liebevoll gehütetes Kinder-Teeservice, das sie bei ihrer Nachbarin Toosje Kupers ließ, bevor sie untertauchte, und – im Elternschlafzimmer – die Markierungen für das Wachstum Annes – sie wuchs gut 13 cm, während sie im geheimen Hinterhaus lebte.

TOP TIPPS

- Die Kapazität ist begrenzt; Tickets müssen vorab für ein bestimtes Zeitfenster auf der Museums-Website gekauft werden. Änderungen oder Erstattungen sind nicht möglich.
- Ab dem gebuchten Zeitfenster kann man so lange bleiben wie nötig; meist dauert der Besuch etwa eine Stunde.
- Audioguides in vielen Sprachen sind im Eintritt inbegriffen.
- Es lohnt, das 30-minütige Einführungsprogramm (auf Englisch; nicht für Kinder unter 10 J. geeignet) mit Kontext zum Haus, Zweitem Weltkrieg und der Judenverfolgung zu buchen.
- Fotografieren ist verboten.
- Es gibt eine Reihe steiler Stufen.
- Abends ist es meistens am ruhigsten.

Huis Marseille

Huis Marseille

Einflussreiches Fotografiemuseum

Das älteste Fotografiemuseum in Amsterdam ist in zwei Grachtenhäuser aus dem 17. Jh. untergebracht. Zu sehen sind Exponate aus der Sammlung des **Huis Marseille** und größere Wechselausstellungen. Das Originalgebäude (Keizersgracht 401) entstand um 1665 für den französischen Kaufmann Isaac Focquier (die Karte an der Fassade beachten!). Stuck und Jacob de Wits Deckengemälde wurden im folgenden Jahrhundert hinzugefügt; das Gartenhaus aus dem 18. Jh. wurde 2003 rekonstruiert. Ausstellungsflächen und ein Depot füllen das Nebenhaus Keizersgracht 399.

Grachtenmuseum Amsterdam

Museum der Kanäle

Um die außergewöhnliche Technik hinter Amsterdams Grachtengürtel zu entdecken, ist ein **Grachtenhaus** aus dem 17. Jh. an der Herengracht der passende Ort. Bei einer Gruppenführung (12 Pers., alle 10 Min.) mit Audioguides wird mithilfe von High-tech-Hologrammen, Videos, Grafiken, einem maßstabgetreuen Modell der Stadt und anderen Exponaten verdeutlicht, wie die Grachten und die Häuser an ihren Ufern entstanden. Die Geschichte des symmetrischen Hauses im holländischen Barock, entworfen von Philips Vingboons wird in prächtigen Räumen im Stil der Zeit ausgebreitet. Mehrere Aufzüge ermöglichen Rollstuhlfahrern Zugang. Oft ist auch ein „stiller Garten“ voller Blumen und Grün zu besichtigen.

Westerkerk

Westerkerk & Westertoren

Kirche und Glockenturm sind Wahrzeichen

Amsterdams **Westerkerk und Westertoren** (Westkirche und Westturm) werden von den Einheimischen geliebt; Anne Frank beschreibt das Glockenspiel in ihrem Tagebuch. Entworfen von Hendrick de Keyser, wurde die kreuzförmige Basilika mit zwei Querschiffen 1631 eingeweiht. Die Hauptorgel, deren Gehäuse mit Instrumenten und biblischen Szenen verziert ist, stammt aus dem Jahr 1686. Als Rembrandt 1669 völlig verarmt in der nahen Rozengracht starb, wurde er hier in einem nicht identifizierten Armengrab beigesetzt.

Die blaue Kaiserkrone des Habsburger Herrschers Maximilian I., der im Jahr 1489 deren Übernahme in das Stadtwappen erlaubte, bildet die Spitze des 85 m hohen **Westertoren**. Im Anschluss an die Renovierung werden die Carillon-Konzerte wieder stattfinden und die Turmbesteigung – mit herrlichem Panoramablick wieder möglich sein.

SPAZIERGANG AUF DEN WESTLICHEN INSELN

Die Westlichen Inseln (frühes 17. Jh.) waren mal ein geschäftiger Hafen. Vom 1 **Fähranleger Centraal Station** geht es am Ufer des Ij nach Nordwesten. Dann überquert man die 2 **Westerdoksbrug** mit dem ehemaligen Brückenwächterhaus (eins von 28, die in Unterkünfte umgewandelt wurden und unter dem Namen SWEETS Hotel bekannt sind.) Am 3 **Westerdoksplein** sieht man südlich die Eisenbahndrehbrücke von 1920, darüber befindet sich das Restaurant Wolf Atelier; zur Rechten verhindert die Great Bubble Barrier, dass Plastikmüll in den Flüssen und Kanälen landet. Weiter geht es auf Westerdok nach Norden vorbei an Hausbooten und umgebauten Schuten zur 4 **Ravestijn Gallery** für moderne Fotografie. Auf der 5 **Silodam-Mole** stehen zwei Getreidesilos (1897) aus rotem Backstein, die zu Wohnungen umgebaut wurden. Gegenüber dem Oude Houthaven erhebt sich das mächtige Wohn- und Geschäftshaus Pontsteiger (ca. 2019). In dem Speicher aus dem 17. Jh. am Südrand des Hafens lagerten früher Salz, Bauholz und andere Waren. Dann geht es Richtung Westen zum Westerkanaal, danach südwärts über die Zoutkeetsgracht zur 6 **Galerie Onrust** mit modernen holländischen Bildern. Die Doppelbalken-Zugbrücke 7 **Sloterdijkerbrug** (mit schwimmendem Gartenzwerg) führt zur Prinseneiland. Am Südende liegt das Atelier von 8 **Iris Nijenhuis**, deren Schmuck Museen in aller Welt ziert. Über die Doppelzugbrücke 9 **Drieharingenbrug** gelangt man auf das Realeneiland. Die östliche 10 **Realengracht** säumen ehemalige Speicher und Kapitänshäuschen aus dem 17. und 18. Jh. Ein Bummel südwärts führt zum Bickerseiland, wo man historische Amsterdam-Fotos, Porträts und Aquarelle in der 11 **Moon Gallery** besichtigen kann (jeden 2. So gibt es Livemusik). Von hier sind es nur 300 m Richtung Süden zum **Haarlemmerdijk** (S. 71).

BOOT FAHREN AUF AMSTERDAMS WASSERWEGEN

Auf dem Wasser ist Amsterdam in seinem Element. Viele Firmen veranstalten geführte Grachtenrundfahrten, z.B. der Boutique-Anbieter **Pure Boats Amsterdam** mit kleinen Booten (Optionen sind u.a. ein 90-minütiger „Highlights“-Ausflug am Tag oder magische Abendfahrten mit Käseteller); oder die entspannten, frechen Angebote von **Those Dam Boat Guys. Miss G's Brunch Boat** kombiniert Wochenendfahrten mit tollem Brunch (inkl. Bloody Marys).

An Freizeitkapitäne vermieten Bootsverleiher wie **Eco Boats Amsterdam** Elektroboote für bis zu zwölf Personen, Mindestzeit sind zwei Stunden (kein Bootsführerschein erforderlich). Paddeltouren stehen bei **Kayak in Amsterdam** auf dem Programm.

Shoppen in den Negen Straatjes

Kleine Straßen, spezielle Boutiquen

Zu den interessantesten Shoppingmeilen in Amsterdam zählen die **Negen Straatjes** – „neun kleine Straßen“ im Westlichen Grachtengürtel zwischen Prinsengracht und Singel. Reestraat, Hartenstraat, Gasthuismolensteeg, Berenstraat, Wolvenstraat, Oude Spiegelstraat, Runstraat, Huidenstraat, Wijde Heisteeg sind jeweils nur einen Häuserblock lang.

Beliebte Adressen sind beispielsweise **Love Stories** (Wäsche, Bademode und Nachtwäsche), der Flagship Store der Amsterdamer Designerin Marloes Hoedeman, **Hester van Eeghen** (Lederschuhe, Gürtel, Geldbörsen und Taschen), der vintage-inspirierte Herren-Konzeptladen **Concrete Matter** und **Gast Art!**, die Galerie für alternative Kleidung und Kunst, sowie **Scotch & Soda**, die stylishe Filiale der Amsterdamer Erfolgsgeschichte. Weitere Läden sind **Smit Ouwerkerk** (exquisiter Schmuck), **Amsterdam Watch Company** (Restaurierung alter Uhren), **DR Wonen** (Haushaltswaren in holländischem Design) und **Waxwell Records** (Musik). Zudem gibt es einige einladenden Lokalitäten zum Essen und Trinken, z. B. **Fabel Friet** (fabelhaft knusprige Pommes frites).

Einzigartige Museen in Jordaan Museums

Nur in Amsterdam

Im Viertel Jordaans, das für sein hübsches Straßenbild ist bekannt ist, befinden sich auch einige ausgezeichnete Museen. Das wunderbare **Pianola Museum**, nahe dem Noordermarkt, zeigt ungefähr ein Dutzend seiner 50 Pianolas aus dem frühen 20. Jh. sowie etwa 40 000 Musikrollen und eine Pfeifenorgel. Bei Führungen bekommt man einige musikalische Kostproben; die selbstspielenden Klaviere werden auch in regelmäßigen Konzerten mit klassischen und Jazzmelodien eingesetzt. Was könnte typischer für Amsterdam sein als das **Hausbootmuseum**? Wer sich auf den 1914 gebauten, 23 m langen Segelkahn begibt, der in der Prinsengracht festgemacht hat, sieht, wie das Leben auf dem Wasser wirklich ist, und lernt die verschiedenen Schiffe und die gemütliche, funktionale Einrichtung kennen – frühe Vorläufer der Tiny Houses.

Kulturelle Energie im Westergas

Postindustrielle Kunst, Unterhaltung, Events und ein Park

Ausstellungen, Installationen, Gigs, Filme, Festivals und andere Events auf dem riesigen ehemaligen Industriegelände von **Westergas** sind Ausdruck von Amsterdams nachhalti-

ÜBERNACHTEN IM WESTLICHEN GRACHTENRING, JORDAAN & DEM WESTEN

YAYS Amsterdam Salthouse Canal
Helle Apartments mit Küchen in einem ehemaligen Salzlagerhaus aus dem 18. Jh. **€€**

Linden Hotel
Kleine Designerzimmer (mit winzigem Lift) in zentraler Lage an einer Gracht in Jordaan. **€€**

Houseboat Ms Luctor
Ruhiges B&B im mahagonigetäfelten Hausboot von 1913. Bio-Frühstück, kostenlose Fahrräder und Kanu. **€€**

gem kreativen Geist. Die Westergasfabriek, im späten 19. Jh. von Isaac Gosschalk im Stil der holländischen Renaissance entworfen, war das westliche Gaswerk der Stadt, bis die Produktion 1967 eingestellt wurde. Ab den 1990er-Jahren wurde das Gelände dekontaminiert, die Industriearchitektur blieb erhalten, als Künstler und Unternehmer deren Potenzial erkannten. 2003 entstand ein urbanes „Kulturdorf", 2018 verlieh ein Eigentümerwechsel der Location neue Energie. Die historischen Bauten beherbergen kreative Räume wie die digitale Kunstgalerie **Fabrique des Lumières**, die Werke von Künstlern wie Dalí an die Fabrikmauern projiziert, begleitet von Musik; das jugendorientierte **Theater De Krakeling** (wer kein Niederländisch kann, achtet auf LNP-Vorführungen – „Language No Problem" = „Sprache kein Problem"), und das Art-House-Kino **Het Ketelhuis**, das Filme mit englischen Untertiteln zeigt.

Orte zum Essen und Trinken gibt es zuhauf: Neben der **Brouwerij Troost Westergas** und der Kaffeerösterei **Espressofabriek** sind die Optionen sehr vielfältig, z. B. **Mossel En Gin** (Muscheln und Gin), **Raïnaraï** (algerisch), **Ton-Ton Club** (japanisches Streetfood und Retro-Arkadespiele) und die höhlenartige **Cantine de Caron** (französisch) mit unverputzten Ziegelwänden. Neben der Zugbrücke im alten

MÄRKTE IN JORDAAN

Seit 1895 gibt es den **Lindengracht Markt** (Sa); an rund 230 Ständen werden frisches Obst, Gemüse, Fisch und Meeresfrüchte, Käse, Brot und holländische Delikatessen wie mit Karamell gefüllte *stroopwafels*, Schnittblumen, Kleidung und Haushaltswaren verkauft. Der **Noordermarkt** existiert seit dem frühen 17. Jh. (die calvinistische Noorderkerk wurde 1623 vollendet). Samstag ist er der Schauplatz eines **boerenmarkt** (Bauernmarkt) mit Bio-Erzeugnissen; montags übernimmt ein Flohmarkt. An der nahen Westerstraat (nicht am gleichnamigen Platz) werden auf dem **Westermarkt** an rund 150 Ständen Kleidung und Stoffe verkauft. Das mit Kuriositäten gefüllte **Antiekcentrum Amsterdam**, veranstaltet am Samstag und Sonntag einen *tafelmarkt* (Tischmarkt).

Hausbootmuseum, Prinsengracht

WOHIN FÜR LIVE-UNTERHALTUNG?

Boom Chicago
Der Comedy-Club an der Rozengracht in Jordaan zeigt urkomische Impro-Shows auf Englisch.

Maloe Melo
Blues-Club, der alles von Funk und Soul bis Texas Blues und Rockabilly auf die Bühne bringt.

Café de Pianist
Akustik-Jazz wird in dieser intimen Bar gleich südlich des Westerpark regelmäßig gespielt.

BRUIN CAFÉS IN JORDAAN

In Amsterdams historischen *bruin cafés* (Kneipen, benannt nach dem dunklen Holz und jahrhundertealtem Nikotinbelag) herrscht *gezelligheid*. In Jordaan, einst ein Arbeiterviertel, gibt es besonders viele. Das älteste, **Café Chris**, mit Bleiglasfenstern, Keramikkrügen und silberner Registrierkasse, öffnete seine Türen erstmals 1624: Die Bauarbeiter des Glockenturms der Westerkerk holten hier ihren Lohn ab. Aus dem Jahr 1642 stammt das mit Delfter Kacheln verzierte **Café Papeneiland** („Papisteninsel"); der Name bezieht sich auf die in der Reformationszeit geheime katholische Kirche auf der Nordseite der Prinsengracht, die durch einen Tunnel zu erreichen war (der Eingang ist zu sehen). Das kleine **Café Pieper** mit Buntglasfenstern existiert seit etwa 1665.

Regulatorenhaus der Gaswerke befindet sich eine Filiale von **De Bakkerswinkel**. Im **Conscious Hotel Westerpark**, das seinen Strom vom eigenen Windrad auf dem IJ bezieht sind alle Speisen und Getränke vegetarisch und bio.

Neben dem früheren Gastank Gashouder befinden sich der Nachtclub **Westerunie** und die Bar **Westergasterras**, die sich zu einer großen Terrasse hin öffnet. Von März bis Oktober gibt es Sonntagsmärkte. Im vollen Kalender von Westergas stehen auch das **Amsterdam Coffee Festival** im April, **Rollende Keukens** (mit über 100 „rollenden Küchen") im Mai und im September das **Amsterdam Wine Festival**, außerdem über ein Dutzend Musikfestivals, darunter **Milkshake** (Juli) und **Amsterdam Dance Event (ADE)** im Oktober.

Der weitläufige **Westerpark** ist durch schattige Wege mit Westergas verbunden. Er geht zurück auf den ältesten städtischen Park von Amsterdam, der 1845 angelegt wurde, um Arbeitern einen Rückzugsort aus der industriellen Umgebung zu bieten. Nach 1891 wurde er umgestaltet, nachdem der Garten dem Westerkanaal weichen musste.

Haarlemmerpoort

WOHIN ZUM KAFFEE TRINKEN?

Monks Coffee Roasters
Zu den Kaffeespezialitäten im Café Monks in der Bilderdijkstraat zählt die Hausmischung. Fantastischer Brunch.

Drupa
„Farm to cup"-Kaffee, geröstet, gemahlen und aufgebrüht (inkl. V60, Chemex und Cold Brew).

Rum Baba
An der Elandsgracht, verkauft selbst geröstete Bohnen und brüht sie auf. Auch zum Mitnehmen.

Durch Haarlemmerbuurt bummeln

Essen, Film und nachhaltige Mode

Zwischen Centraal Station und Westerpark herrscht im Haarlemmerbuurt reges Treiben, ein Erbe der früheren Werften, Brauereien und Lagerhäuser der Brouwersgracht. Sein Zentrum erstreckt sich entlang der Haarlemmerstraat; hinter der Posthoornkerk (1863), entworfen vom Architekten von Centraal Station und Rijksmuseum P.J.H. Cuypers, überquert sie die Prinsengracht, wo ihre westliche Verlängerung Haarlemmerdijk bis zum großen Platz Haarlemmerplein führt; der klassizistische **Haarlemmerpoort** – einst ein Stadttor und Startpunkt der Reise nach Haarlem – wurde 1840 zur Amtseinsetzung von König Wilhelm II. vollendet.

Heute wird die lange Durchgangsstraße von unabhängigen, nachhaltigen Lebensmittel- und Modeläden gesäumt. Mode und Biokosmetik gibt es bei **BrandMission Amsterdam**, Kleidung und Haushaltswaren bei **Sukha** und **Six & Sons** („six" für sechs Grade der Trennung und „sons" für „Save Our Nature Story"), eine nachhaltige Storytelling-Plattform für Herren-, Damen und Lifestylebrands; des Weiteren handverlesene Mode und Accessoires im Conceptstore **Darling** und strapazierfähige Arbeits- und Freizeitkleidung bei **De Mof** (seit 1885, mit Königswappen an der Fassade). Vintage-Kleiderläden gibt es reichlich entlang der Straße.

Lebensmittelgeschäfte führen Käse, Kaffee, Backwaren sowie Schokolade und Eis (beides bei **Jordino**). Außerdem ist hier Amsterdams ältestes Kino zu finden, das Art-Deco-Juwel **The Movies** von 1912.

Die neue Richtung im Westen

Architektonische Innovationen alt und neu

Nordwestlich des Viertels Spaarndammerbuurt – das dortige schiffsförmige, 1921 vollendete Wohnprojekt für Eisenbahnarbeiter, **Museum Het Schip**, ist ein Meisterwerk der Amsterdamer Schule – entwickelt sich Houthavens („Holzhafen") am IJ zum Wohngebiet auf sieben künstlichen Inseln. Neben neu gebauten Wohn- und Dienstleistungsgebäuden zählt das glitzernde **Theater Amsterdam** zu den Annehmlichkeiten. Eine 1927 gebaute ehemalige Autofähre ist die Kulisse für das Bar-Restaurant **Pont 13**, das eine schwimmende Terrasse und eine Badeplattform besitzt. 22 m hoch ragt der ehemalige Piratensender REM-eiland aus dem IJ; **REM** ist von renommierten Amsterdamer Gastronomen neu gestartet worden. Die direkt am Wasser wieder aufgebaute Plattform verfügt über drei Terrassen.

GUT ESSEN IM WESTLICHEN GRACHTENRING, JORDAAN & DEM WESTEN

De Belhamel
Romantische Jugendstileinrichtung und Tische im Freien mit Blick auf die Herengracht. **€€**

MOS
Panoramafenster zum IJ und den dortigen Verkehr begleiten die mit einem Michelin-Stern ausgezeichneten vielgängigen Menüs. **€€€**

Winkel 43
Noordermarkt-Café, beliebt für *appeltaart* sowie Frühstück und Lunch. **€**

Bonboon
Vegane Vier- und Fünfgängemenüs im Speisesaal mit Boden im Fischgrätmuster, dazu passender Wein oder Tee. **€€**

Bistro Amsterdam
Klassiker wie *stamppot* (Kartoffel-Gemüse-Eintopf), *raasdonders* (Schälerbsen mit Speck) und *poffertjes* (süße Mini-Pfannkuchen). **€€**

WOHIN ZUM COCKTAIL TRINKEN?

Vesper Bar
Benannt nach Vesper Lynd in *Casino Royale* mit Signature-Martinis und James-Bond-Memorabilien.

Bar Oldenhof
Düstere Flüsterkneipe mit dunklem Holz, samtbezogenen Sesseln und monatlich wechselnder Cocktail-Karte.

Sins of Sal
Dunkle Latin-Cocktail-Höhle, die mit Zutaten wie Mezcal, Tequila, Kaktusblatt, Räucherchilis und violetten Mais mixt.

Südlicher Grachtenring

QUIRLIGES ZENTRUM FÜR SEHENSWERTES UND ZUM FEIERN

TOP TIPP

Der Südliche Grachtengürtel ist leicht zu Fuß oder mit dem Rad zu erkunden, hat aber auch eine gute Verkehrsanbindung. Von der Centraal Station fahren die Tramlinien 2, 4, 12 und 24 in Nord-Süd-Richtung, die Linien 1, 7, 14 und 19 von Ost nach West. Die Metrolinie 52 zwischen Amsterdam Noord und Station Zuid hält im Südlichen Grachtengürtel an der Vijzelgracht.

Amsterdams Südlicher Grachtenring, ein Bogen, der sich von der Leidsegracht zur Amstel erstreckt, ist Tag und Nacht ein Magnet für Besucher. Im Viertel liegen einige der schönsten Grachtenabschnitte der Stadt, darunter die herrschaftlichen Anwesen an der Goldenen Bucht. Sie haben sich seit dem Goldenen Zeitalter, als der Grachtengürtel nach Süden erweitert wurde und die wohlhabenden Kaufleute bei den Stadtplanern größere Gärten und doppelt breite Giebel durchsetzten, kaum verändert. Es gibt wunderbare Museen (nicht zuletzt die extravaganten Grachtenhäuser des Museum Van Loon und des Museum Willet-Holthuysen), Speisemöglichkeiten im Überfluss in den aufregenden Lokalen entlang der Utrechtsestraat und zahllose Einkaufsgelegenheiten vom Bloemenmarkt am Wasser bis zu Antiquitäten, Krimskrams und Kunst im Spiegelkwartier. Abends verlagert sich das Geschehen in die Bars, Clubs und Vergnügungsstätten rund um die großen Plätze Leidseplein und Rembrandtplein.

H'ART

Museum Van Loon

Herrenhaus, Remise und Garten

Leicht kann man sich das Leben im großen Stil im 19. Jh. vorstellen, wenn man diese opulente **Residenz** von 1672 besichtigt, die erst das Zuhause des Malers Ferdinand Bol, später das der wohlhabenden Familie van Loon war. In den üppig eingerichteten Räumen hängen etwa 150 Familienporträts der van Loons. Zu bewundern gibt es kunstvolle Stuckarbeiten und ein Gartenzimmer mit Blick auf den Garten im Innenhof, wo das Museumscafé Limonade und Apfelkuchen serviert. Es ist das einzige derartige Herrenhaus, das noch eine hintere Remise besitzt, in der einst Pferdekutschen standen.

Museum Willet-Holthuysen

Museum Willet-Holthuysen

Patrizierhaus aus dem Goldenen Zeitalter

Das Grachtenhaus wurde 1687 für den Amsterdamer Bürgermeister Jacob Hop erbaut und 1739 umgestaltet. Benannt ist es nach Louisa **Willet-Holthuysen**, die hier ab 1861 lebte und das Haus 1895 der Stadt vermachte. Im Untergeschoss befinden sich Spülküche und Küche mit Kachelofen und blau-weißem Porzellan. Weit großzügiger sind die Räumlichkeiten oben, u.a. ein Esszimmer im Louis XVI-Stil, Tanzsaal, Empfangszimmer, blaues Zimmer (mit Gemälden von Jacob de Wit) und Gartenzimmer. Eine Sonnenuhr schmückt den klassisch französischen Garten. Alle sechs Monate übernimmt ein anderer Künstler oder Sammler die Galerieräume im Obergeschoss.

H'ART

Künstlerische Allianzen

Bis Russland am 24. Februar 2022 in der Ukraine einmarschierte war der Monumentalbau von 1683 – ursprünglich ein Wohnheim für ältere Frauen – der Amsterdamer Zweig der staatlichen **Eremitage** in St. Petersburg. Tage später kappte das Museum die Verbindung, zeigte nun Kunstwerke größerer holländischer Institutionen und schloss Partnerschaften mit dem französischen Centre Pompidou, dem British Museum und dem Smithsonian American Art Museum. Jetzt unter dem Namen **H'ART** reichen die Wechselausstellungen von historischen Bibliografien bis zu wichtigen Einzelthemen. Für 2025 ist die Zusammenarbeit mit der Leiden Collection zu Amsterdams 750. Geburtstag geplant, bei der erstmals alle 17 Rembrandts gleichzeitig gezeigt werden. Im Innenhof gibt es samstags einen Lebensmittelmarkt, im Sommer Open-Air-Kino.

SÜDLICHER GRACHTENRING

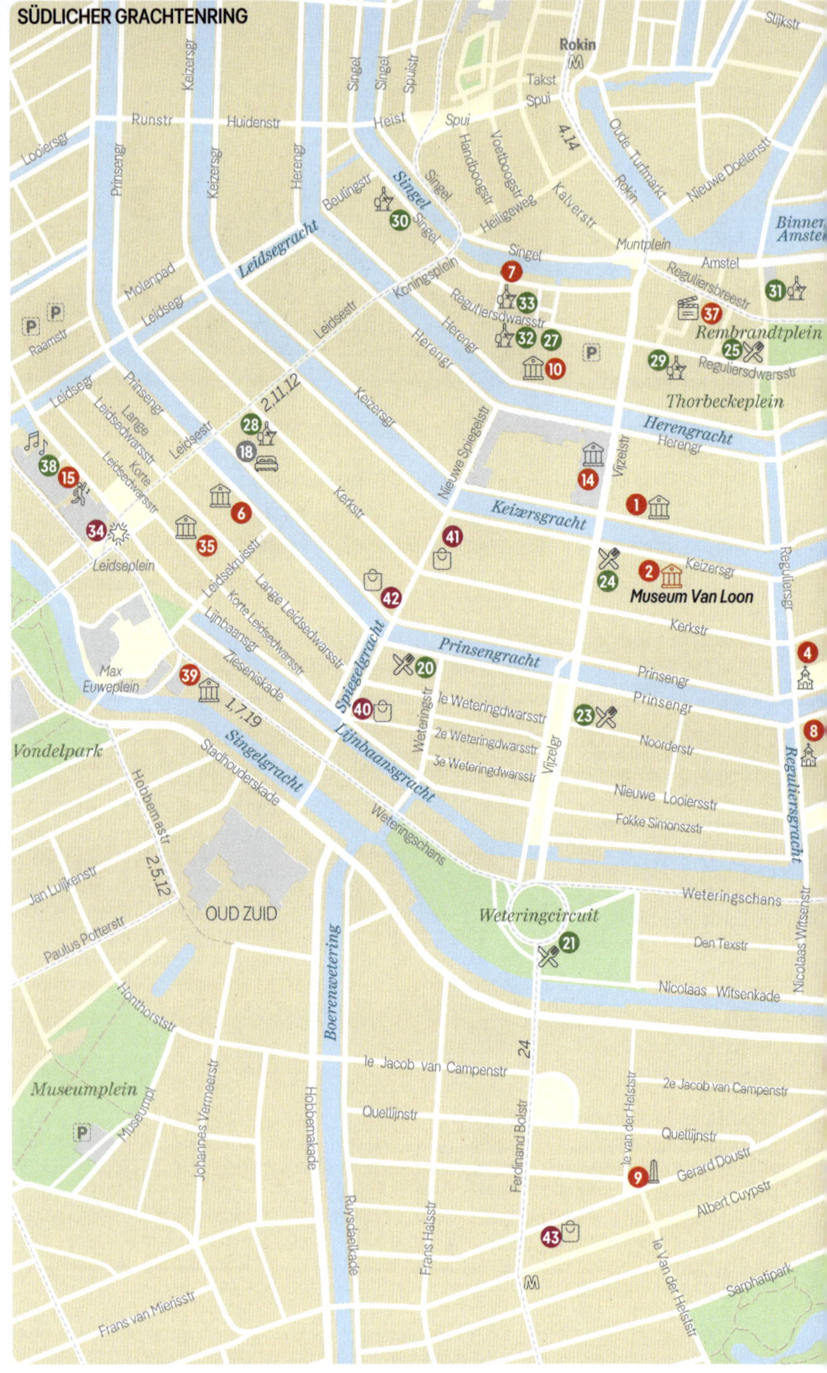

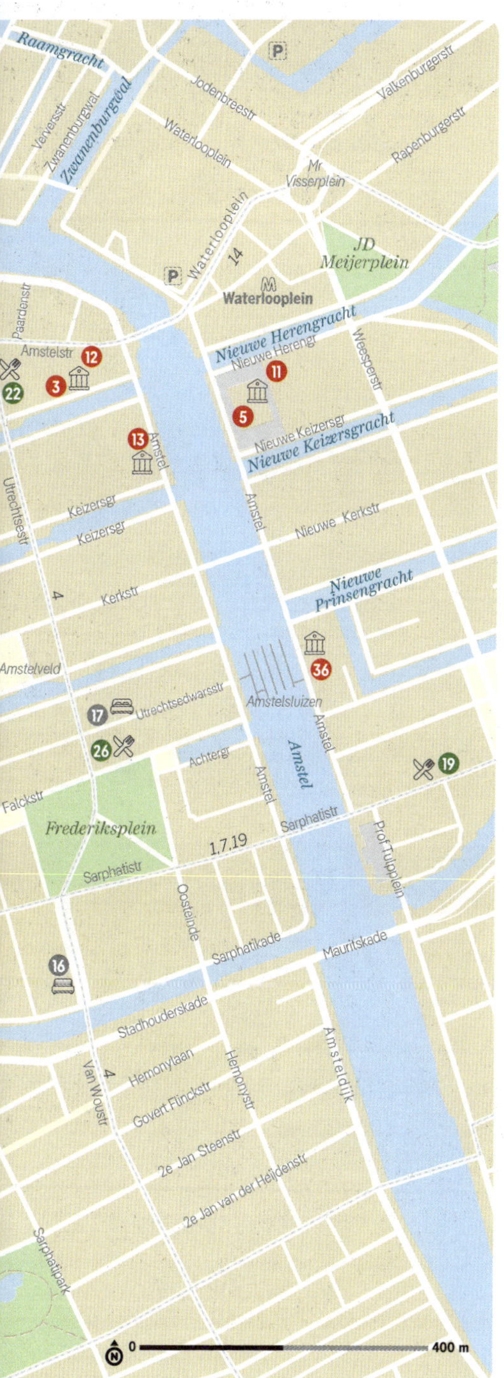

HIGHLIGHTS
1 Foam
2 Museum Van Loon
3 Museum Willet-Holthuysen

SEHENSWERTES
4 Amstelkerk
5 Amsterdam Museum
6 Amsterdam Pipe Museum
7 Bloemenmarkt
8 De Duif
9 Drie Zuilen
siehe 5 H'ART
10 Kattenkabinet
11 Museum of the Mind | Outsider Art
12 Our House
13 Six Collection
14 Stadsarchief

KURSE & TOUREN
15 Lovelee

SCHLAFEN
16 Cocomama
17 Hotel Dwars
18 Seven One Seven

ESSEN
19 Bakhuys Amsterdam
20 Buffet van Odette
21 De Carrousel
22 Klein Breda
23 Patisserie Holtkamp
24 Petit by Sam
25 Van Dobben
26 Zoldering

AUSGEHEN & FEIERN
27 B'Femme
siehe 27 Blend XL
28 Church
siehe 32 Club NYX
29 Door 74
30 Flying Dutchmen Cocktails
31 Montmartre
32 Secret Garden
33 Taboo Bar

UNTERHALTUNG
34 Internationaal Theater Amsterdam
35 Jazz Café Alto
36 Koninklijk Theater Carré
37 Koninklijk Theater Tuschinski
38 Melkweg
39 Paradiso

SHOPPEN
40 Hoogkamp Antiquariaat
41 Jaski Gallery
42 Kramer Kunst & Antiek
43 't Kaasboertje

MARK GRIEP/SHUTTERSTOCK ©

Fahrräder an der Keizersgracht

Unterricht in Stadtgeschichte

Amsterdams historisches Museum und Archive

In drei Museen – **Amsterdam Museum**, **H'ART** und Museum van de Geest – wird die Geschichte der Stadt erzählt; sie befinden sich in Amstel 51. In einem Flügel des Gebäudes ist das H'ART untergebracht. Die Hauptausstellung dieses Museums, Panorama Amsterdam, präsentiert neben den ältesten Stadtplänen (ab 1538) auch Porträts der Bürgerwehr aus dem 17. Jh. sowie moderne Straßenkunst. Es gibt hier auch Wechselausstellungen ebenso wie im **Museum Willet-Holthuysen** (S. 77) zu sehen, das ebenfalls vom Amsterdam Museum geleitet wird.

Auch im **Stadsarchief**, das in einem monumentalen ehemaligen Bankgebäude (1923) untergebracht ist, wird eingehend Stadtgeschichte beleuchtet; mit mehr als 50 Regalkilometern ist es das größte Archiv dieser Art weltweit. Eine Glastreppe führt zum Vorführraum und zur Schatzkammer mit Art-déco-Kacheln. Die wechselnden Ausstellungen reichen von Charles Darwin bis zum Artis Zoo 1868 und Fotos von John Lennons und Yoko Onos „Bed-in for peace" im Amsterdam Hilton 1969.

Unerwartete Kunst

Spezielle Museen und Galerien

Das **Museum of the Mind | Outsider Art** ist über den Innenhof des Gebäudes zu erreichen, in dem sich das H'ART befindet. Das gemeinsam mit dem Dolhuys Museum of the Mind in Haarlem und der Betreuungsorganisation Cordaan gegründete Haus engagiert sich für Künstler – oft mit psychischer oder intellektueller Beeinträchtigung –, deren Arbeit, unbeeinflusst von künstlerischen Bewegungen oder Kommerz, sehr individuell geprägt ist. Über der Galerie arbeiten etwa 15 Künstler in den Outsider Art Ateliers.

Was von außen aussieht wie ein prächtiges Haus an der Keizersgracht aus dem 19. Jh., öffnet sich zu den nüchternen, von Tageslicht erhellten Räumen des **FOAM** (Fotografiemuseum Amsterdam). Sie sind die Kulisse für internationale Fotoausstellungen (bis zu vier gleichzeitig), die sich auf neue Talente, Entwicklungen und Experimente konzentrieren. Die Galerie Foam Editions präsentiert etablierte und aufstrebende Fotografen und unterstützt die Bildungsprojekte des Museums.

Das einzige öffentlich zugängliche Herrenhaus im Goldenen Bogen an der Herengracht beherbergt das Museum, das der Finanzier Bob Meijer zur Erinnerung an seinen roten Kater John Pierpont Morgan III. gründete. Die Kunstsammlung des

SÜDLICHER GRACHTENRING UNTERHALTUNG

Veranstaltungsorte für Unterhaltung verleihen dem Viertel am Abend eine Partyatmosphäre.

Am Leidseplein steht der rote Ziegelbau der Stadsschouwburg (Stadttheater; errichtet 1894 am Standort des hölzernen Vorgängerbaus von 1774). Das heutige Internationaal Theater Amsterdam zeigt größere Dramen und Festivals.

Legendäre Orte für Livegigs und DJs sind u.a. **Melkweg** in einer alten Molkerei und **Paradiso** in einer ehemaligen Kirche mit Buntglasfenstern. Live wird abends im gemütlichen **Jazz Café Alto** gespielt. Das **Koninklijk Theater Tuschinski** im Art-déco-Stil mit einer Wurlitzerorgel zählt zu den schönsten Kinos der Welt. An der Amstel präsentiert das **Koninklijk Theater Carré** Kabarett, Konzerte, Opern und Musicals sowie seinen berühmten Weihnachtszirkus.

ÜBERNACHTEN IM SÜDLICHEN GRACHTENGÜRTEL

Cocomama
Umweltbewusstes Boutiquehostel mit Schlafsälen und Doppelzimmern; man trifft sich u.a. im Garten. €

Hotel Dwars
Rote Ziegelwände und ein Mix aus modernen und Vintage-Möbeln in individuell eingerichteten Zimmern. €€

Seven One Seven
Neun große Designerzimmer mit moderner und historischer Kunst und Blick auf Prinsengracht oder Garten. €€€

Kattenkabinet umfasst Werke renommierter Künstler wie Théophile Alexandre Steinlen und Hildo Krop.

In einem Haus aus dem 17. Jh. an der Prinsengracht hat das **Amsterdam Pipe Museum** in 40 Jahren Exponate aus rund 60 Ländern zusammengetragen. Dazu gehören präkolumbische Tabakspfeifen, die ältesten der Welt (um 550 v. Chr.), holländische Pfeifen aus dem 15. Jh., chinesische Opiumpfeifen, afrikanische Zeremoniepfeifen, Wasserpfeifen, Werkzeug zur Pfeifenherstellung und Zubehör.

Die **Collectie Six** zeigt Kunstwerke von Rembrandt, Ruisch und Paulus Potter sowie einen Tulpenkatalog aus dem 1630er-Jahren. Die Sammlungen sind in mehreren Jahrhunderten zusammengetragen worden. Besuche dieser Adelsresidenz sind nur auf Anfrage möglich (collectiesix.nl).

GUT ESSEN IM SÜDLICHEN GRACHTENRING

Zoldering
Bistro in einem Haus mit Staffelgiebel aus dem 17. Jh. in der Utrechtsestraat; französisch-niederländische Küche mit Michelinstern und tollem Preis-Leistungs-Verhältnis und großem Weinkeller. **€€€**

Van Dobben
Seit 1945 Institution im Diner-Stil für Roastbeef-Senf-Sandwiches und Fleischkroketten. **€**

Buffet van Odette
Hübscher, entspannter Ort fürs Mittag- oder Abendessen; mit Terrasse an der Prinsengracht. **€€**

Klein Breda
Drei- bis Fünfgängemenüs mit regionalen Zutaten, z.B. geräucherte Makrele mit Spargel und Sellerieeis. **€€€**

De Carrousel
Traditionelle holländische Pfannkuchen in einem Holzhaus mit altem Karussell. **€**

Einkaufsbummel im Südlichen Grachtenring

Blumenmarkt und Antiquitäten

Antiquitäten, Krimskrams, Sammelobjekte und kommerzielle Kunstgalerien bietet ein Besuch im Spiegelkwartier an der Nieuwe Spiegelstraat und Spiegelgracht. **Hoogkamp Antiquariaat** (Prints & Maps Hoogkamp) hat alte Pläne und Landschaften von Amsterdam. **Jaski Gallery** ist auf Kunst der CoBrA-Bewegung spezialisiert. **Kramer Kunst & Antiek** verkauft antike blauweiße Delfter Kacheln.

Am Singel, zwischen Muntplein und Koningsplein, ist der „schwimmende" **Bloemenmarkt** der Platz, an dem Züchter ihre Kähne festmachten, um Blumen zu verkaufen. Heute quellen die Stände über von kitschigen Souvenirs wie flauschigen Holzschuhen und Kühlschrankmagneten; in der Saison gibt es auch Blumenzwiebeln und Tulpen.

Himmlische Konzertkulissen

Historische Kirchen

Zwei restaurierte Kirchen im südlichen Grachtenring sind ein himmlischer Rahmen für Musik. Die Holzkirche **Amstelkerk** wurde 1670 als *noodkerk* (Notkirche) eingeweiht – Pläne, gleich daneben eine dauerhafte Kirche zu bauen, gab man später auf. Napoleon nutzte sie während der französischen Besatzung als Pferdestall. 1840 wurde der quadratische Innenraum einer neugotischen Überarbeitung unterzogen und erhielt eine Orgel; van Gogh lauschte hier 1877 der Predigt seines Onkels. Nachdem die von den Franzosen eingesetzte Regierung die Religionsfreiheit ausgerufen hatte, wurde 1796 **De Duif** nach über zwei Jahrhunderten die erste öffentlich

BÄCKEREIEN IM SÜDLICHEN GRACHTENRING

Patisserie Holtkamp
Gegründet 1886 und berühmt für cremige Torten und gefüllten Kroketten, z.B. mit Hummer. **€**

Bakhuys Amsterdam
Zusehen, wie Bäcker Sauerteig kneten und den Holzofen beschicken; in Bakhuys' Gewerberäumen. **€**

Petit by Sam
Vegane, milchfreie, glutenfreie Leckereien wie Schoko-Quinoa-Chips und Zitronenkuchen aus Mandelmehl. **€**

KIEV.VICTOR/SHUTTERSTOCK ©

Orgel der Amstelkerk

zugängliche katholische Kirche in den Niederlanden, allerdings wegen der instabilen Bauweise später wieder abgerissen. Ihr Ersatz wurde 1857 vollendet, die Smits-Orgel 1882 enthüllt. Veranstaltungen in beiden Kirchen sind auf der Website stadsherstel.nl zu finden.

Amsterdam House Party

Home of Electronic Dance Music

In der Mitte der Amstelstraat, nahe Rembrandtplein, ist **Our House** ein weiteres weltweit einzigartiges Museum, das sich mit Elektronischer Tanzmusik (EDM) befasst. Durch interaktive Installationen, von DJs kuratierte Ausstellungen und eindrückliche Shows mit Laser, Rauch und deckenhohen Projektionen rückt es die Entwicklung der EDM ins Licht. Highlight ist das Komponieren eines eigenen Tanzstücks auf dem meterlangen Sequenzer.

LGBTIQ+ FEIERN

Regenbogenfahnen flattern überall in Amsterdam, Heimat einer der größten Schwulenszenen weltweit.

Die **Pride Parade** auf dem Wasser am ersten Augustwochenende führt über die Prinsengracht und Amstel. Im Südlichen Grachtenring gibt es dazu viele Veranstaltungen, insbesondere an Reguliersdwarsstraat, Kerkstraat und Rembrandtplein.

Die Gäste der beliebten **Taboo Bar** – mit Drag-Shows, DJs, Happy Hour – feiern auch auf der Straße. **Blend XL** mit zahlreichen Räumen und einer Bar mit Neonlicht grenzt an die Lesbenbar **B'Femme** mit intimer Tanzfläche. **Club NYX** hat drei Etagen, jede mit anderem Musikstil.

Singalongs und Quizabende sind Teil des Vergnügens im **Montmartre**. Ein superheißes Publikum macht sich auf den Weg zum Gay Cruise Club **Church**.

WOHIN ZUM COCKTAILTRINKEN IM SÜDLICHEN GRACHTENRING?

Flying Dutchmen Cocktails
Die Bar (800 verschiedene Spirituosen) befindet sich im Nationaldenkmal Odeon (1662) am Singel.

Door 74
Flüsterkneipe hinter einer ungekennzeichneten Tür; dunkles Holz und Blechdecke; wechselnde Cocktailkarte.

Secret Garden
Dekor und Cocktails mit Tropischem-Regenwald-Motto (mit Zitronengras versetzter Rum, Kokosnuss und Ananas).

Vondelpark & der Süden

MONUMENTALE MUSEEN UND AUSGEDEHNTE PARKS

Der 47 ha große Vondelpark ist Herz und Seele dieses Viertels. Auf den weiten Rasenflächen mit Rosen, Skulpturen, Brunnen, Teichen und gewundenen Wegen halten sich die Amsterdamer an sonnigen Tagen sehr gerne auf. Wenige Schritte Richtung Südosten befinden sich rund um den riesigen, grasbewachsenen Museumplein Amsterdams wichtigste Museen: das monumentale Rijksmuseum, das Van Gogh Museum mit der weltweit größten Sammlung der Werke Vincent Van Goghs und das Stedelijk Museum mit modernen und aktuellen Meisterwerken. An der Nordseite des Vondelparks säumen Cafés, Restaurants, Geschäfte und Bars den Overtoom und die umgebenden Straßen, die in den aufstrebenden Stadtteil Oud West übergehen; umgebaute Straßenbahnremisen beherbegen das Kultur- und Gastrozentrum De Hallen. Luxusboutiquen und Lokale liegen in den Straßen im Süden des Vondelparks, rund um Zuid ragen glitzernde Bürotürme empor. Weiter südlich befinden sich das Cobra Museum mit moderner Kunst und dem Amsterdamse Bos.

TOP TIPP

Dank des ausgezeichneten ÖPNV sind Sehenswürdigkeiten und Unterkünfte im Viertel leicht zu erreichen. Tram 1 fährt entlang Overtoom, 3 bedient Concertgebouw, und 2, 5 und 12 halten am Museumplein. Tram 5 fährt weiter zur Station Zuid, dort besteht Anschluss an Metro 52 zum Centraal und zu den Zügen zum Centraal und Airport. Bus 397 (Nachtbus N97) verbindet Museumplein direkt mit dem Flughafen.

ALFIO FINOCCHIARO/SHUTTERSTOCK ©

Vondelpark

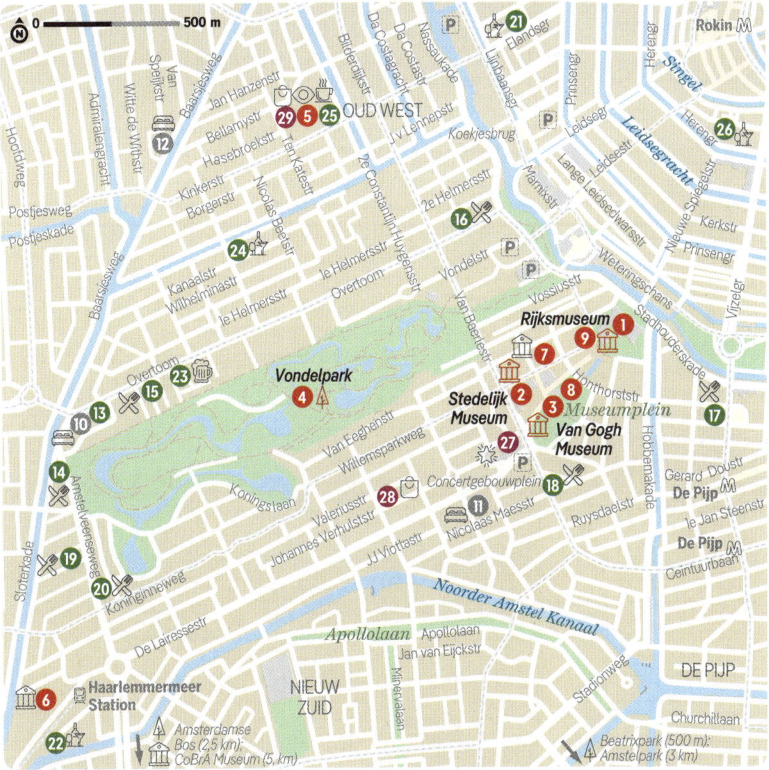

HIGHLIGHTS
1 Rijksmuseum
2 Stedelijk Museum
3 Van Gogh Museum
4 Vondelpark

SEHENSWERTES
5 De Hallen
6 Electrische Museumtramlijn Amsterdam
7 House of Bols
8 Moco
9 Royal Coster

SCHLAFEN
10 Conscious Hotel Vondelpark
11 De Ware Jacob Hotel
12 Hotel Not Hotel

ESSEN
13 Adam
14 Braai BBQ Bar
15 Focacceria
16 Hap Hmm
17 Kaasbar
18 Renzo's
19 Restaurant Blauw
20 Ron Gastrobar

AUSGEHEN & FEIERN
21 Bar Oldenhof
22 Butcher's Tears
23 Craft & Draft
24 Gebrouwen door Vrouwen
25 Lot61
26 Secret Garden

UNTERHALTUNG
27 Concertgebouw

SHOPPEN
28 NIXX
29 Ten Katemarkt

Vondelpark

Amsterdams beliebtester Spielplatz

Die lang gestreckte Grünfläche ist eine urbane Idylle. Selbst wenn sich hier massenhaft Picknicker, Jogger, Skater und unzählige Fahrradfahrer aufhalten, stellt sich kein Gefühl der Überfüllung ein.

Ursprünglich war es ein privater Park nur für die Wohlhabenden. Die weitläufigen Gärten im englischen Stil wurden auf Marschland angelegt und 1865 als „Nieuwe Park" eröffnet. Von 1875 bis 1877 wurde er auf die heutige Größe erweitert. 1867 schuf der Bildhauer Louis Royer eine Statue des Dichters und Dramatikers Joost van den Vondel (1587–1679). Die Einheimischen begannen vom Vondelspark zu sprechen, der dann auch formell umbenannt wurde. Der Rosengarten mit etwa 70 Sorten kam 1936 hinzu. Nachdem der Stadtrat den Park 1953 gekauft hatte, wurde er für alle zugänglich gemacht. In der Hippie-Ära der 1960er- und 1970er-Jahre, als Amsterdam Europas *magisch centrum* war, machten die Behörden den Park zeitweilig zum Freiluftschlafsaal, um den Hausbesetzungen entgegenzuwirken. Als der Vondelpark 1996 in die Liste der Nationaldenkmäler aufgenommen wurde, legte man ein Drainagesystem an, um das Absinken zu verhindern und das historische Erscheinungsbild zu erhalten.

Unter den 69 Skulpturen im Park ist Picassos 6 m hohe *Figure découpée* oder *l'Oiseau* (1965), allgemein „Der Fisch" genannt, die er dem Park zum 100-jährigen Jubiläum unter der Bedingung schenkte, dass sie dort blieb.

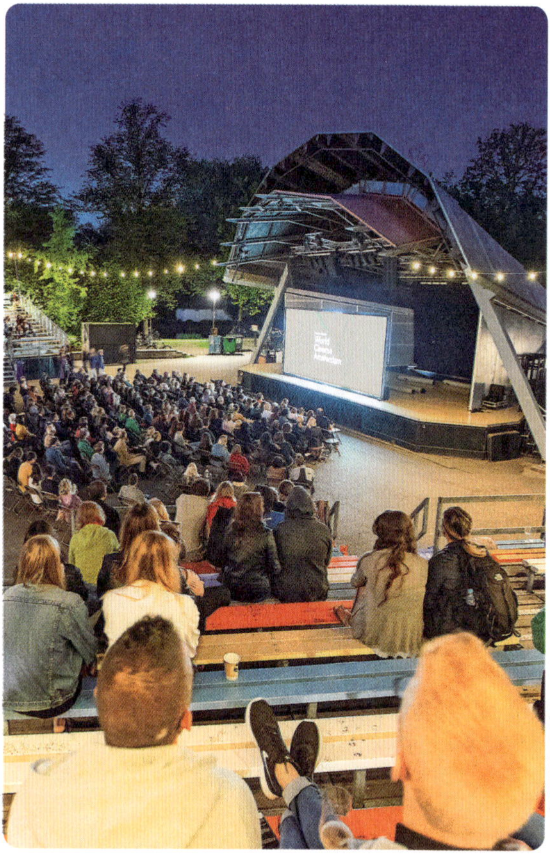

VERANSTALTUNGSORTE IM VONDELPARK

Wer im Park eine Erfrischung braucht, hat mehrere Optionen, z.B. das blauweiße, wie eine fliegende Untertasse geformte **Proeflokaal 't Blauwe Theehuis** mit Bier der Brouwerij 't IJ, das Gartencafé **Vondeltuin**, das an Hänsel und Gretel erinnernde Chalet **Het Groot Melkhuis** und das internationale Restaurant **Park Zuid** im Vondelparkpaviljoen im italienischen Renaissance-Stil.

Das Freilichttheater **Openluchttheater** zeigt von Juni bis September von Freitagabend bis Sonntagnachmittag kostenlos Weltmusik, Tanz, Dramen und mehr.

Unter der Brücke der le Constantijn Huygensstraat ist der ehemalige **Vondelbunker** ein Zentrum der Gegenkultur.

Amsterdams großer **Friday Night Skate** startet am Park.

MELANIE LEMAHIEU/SHUTTERSTOCK ©

Vondelpark Openluchttheater

Der „Badewanne" genannte neue Flügel des Stedelijk Museum

Stedelijk Museum

Eindrucksvolles Schaufenster moderner Kunst

Zwei Gebäude von dramatischer Gegensätzlichkeit bilden das **Stedelijk**, das über eine 90 000 Werke umfassende Sammlung moderner und aktueller bildender Kunst und Design von 1870 bis heute verfügt. Amsterdams Stadtarchitekt A. M. Weissman entwarf das Hauptgebäude mit Giebel aus rotem Backstein im Stil der Neo-Renaissance 1895. Unter den modernen Meisterwerken, die manchmal im Untergeschoss der Stedelijk Base ausgestellt werden, sind Henri Matisses Scherenschnitte, Yayoi Kusamas Stoffskulpturen, Picassos abstrakte Bilder und lebhafte Gemälde der niederländischen Künstler Willem de Kooning und Karel Appel. Eine Ausstellung ist normalerweise Kunst und Design von **De Stijl** gewidmet, gezeigt werden u. a. Werke von Piet Mondrian. Das Obergeschoss umfasst die Zeit von 1950 bis heute; zu besichtigen sind oft Skulpturen von Jeff Koons, Pop-Art-Kreationen von Niki de Saint Phalle, Installationen, avantgardistische Kurzfilme oder Fotoausstellungen.

Der 2012 eröffnete Flügel, „die Badewanne" genannt, ist ein radikaler architektonischer Kontrast. Er besteht aus Twaron, einer hitzebeständige Hochleistungsfaser, die für den Rumpf von Jachten verwendet wird.

Concertgebouw

Gefeierte Konzerthalle

Amsterdams großartiger **Concertgebouw** zählt neben dem Rijksmuseum und Stedelijk zum Trio der architektonischen Schönheiten aus dem späten 19. Jh. am Museumplein. Erbaut wurde das Gebäude 1888 von A. L. van Gendt, der auch die nahezu perfekte Akustik schuf. Der frühere Leiter des Koninklijk Concertgebouworkest, Bernard Haitink, bemerkte, die weltberühmte Konzerthalle sei das beste Instrument des Orchesters. Zusätzlich zum Grote Zaal mit 1974 Plätzen und dem Kleine Zaal (437 Sitze) wird der Koor Zaal mit 150 Plätzen oft als Jazzclub genutzt. Von September bis Juni (ab 12.30 Uhr) halbstündige kostenlose Konzerte (frühzeitig kommen), außerdem sonntags (11–12 Uhr) Konzerte zu ermäßigten Preisen.

Concertgebouw

WOLF-PHOTOGRAPHY/SHUTTERSTOCK ©

Für Eintrittspreise und Öffnungszeiten den QR-Code scannen.

TOP-SEHENSWÜRDIGKEIT

Rijksmuseum

RIJKSMUSEUM VON AUSSEN

Das Gebäude war als Tor zum südlichen Stadtrand geplant und sollte Amsterdams historischen Kern mit den neuen Wohngebieten im Süden verbinden. Zu Cuypers' Vorgaben zählte die Fahrraddurchfahrt in der Mitte des Gebäudes, die eine Nahaufnahme seiner Architektur ermöglicht. Es kostet nichts, durch die Museumsgärten mit Rosen, Hecken, Brunnen und Gewächshaus zu bummeln. Hier gibt es Skulpturenausstellungen.

Das Rijksmuseum, das mit den Türmen über der prächtigen roten Backsteinfassade einem Schloss ähnelt, zählt zu den großartigsten Museen der Welt und beherbergt eine reiche Kunstsammlung der Niederlande. Meisterwerke der bedeutendsten Künstler des Landes wie Rembrandt, Vermeer und Van Gogh sind neben rund 8000 anderen Kunstschätzen in den 1,5 km langen Galerien zu besichtigen.

Geschichtes des Museums & Gebäudes

Das heutige Rijksmuseum entstand in etwa zwei Jahrhunderten: Das erste Museum, das für die nationalen und königlichen Sammlungen konzipiert wurde, öffnete 1800 in Den Haag im Huis Ten Bosch (Jan Asselijns *Der bedrohte Schwan*, um 1650, war die erste Erwerbung). Unter französischer Herrschaft verlegte man die Sammlungen in die neue Hauptstadt und zeigte sie ab 1809 im obersten Stock des Amsterdamer Königspalastes, wo weitere Gemälde, darunter Rembrandts *Nachtwache,* hinzukamen.

Nach der Thronbesteigung König Wilhelms I. wechselten die Sammlungen die Standorte bis der Architekt P. J. H. („Pierre“) Cuypers beauftragt wurde, ein dauerhaftes Domizil für das Nationalmuseum zu entwerfen. Mit dem Bau des Gebäudes, das Gotik- und Renaissance-Elemente vereint, wurde 1876 begonnen. Eröffnet wurde es 1885. Später gab es einige Renovierungen und Umbaumaßnahmen.

Etage 2: Highlights

Am besten beginnt man den Besuch auf der zweiten Etage, der Ehrengalerie mit Meisterwerken des Goldenen Zeitalters (17. Jh.). Zu sehen sind u. a. Werke von Frans Hals – *Der fröhliche Trinker* (1628–30) zeigt seinen breiten, flüssigen Pinselstrich. Von Johannes (Jan) Vermeer, dessen Bilder fast fotografisch intime häusliche Szenen zum Inhalt haben, sind z. B. *Dienstmagd mit Milchkrug* (1660) und *Briefleserin in Blau* (1663) zu sehen. Jan Steen bildete chaotische Haushalte ab, um moralische Lehren zu übermitteln, wie in *Die fröhliche Familie* (1668).

Zu den Werken von Rembrandt gehören sein Selbstporträt als Apostel Paulus und *Die Judenbraut* (1665), geprägt von der intimen Zärtlichkeit eines Paares. Star des Rijksmuseums ist Rembrandts kolossale *Nachtwache* (1642).

Schätze aus dem Goldenen Zeitalter sind beiderseits der Ehrengalerie ausgestellt. Auf einer Seite befindet sich blau-weiße Delfter Keramik aus dem späten 17. Jh. Die andere präsentiert außergewöhnliche Puppenhäuser – Petronella Oortman, Frau eines Kaufmanns, beschäftigte Tischler, Glasbläser und Silberschmiede, um die Gegenstände aus demselben Material anfertigen zu lassen wie ihre großformatigen Versionen.

Cuypers Bibliothek

Vom Balkon im 2. Stock ist der hohe Raum von Cuypers Bibliothek zu sehen, eine der besten Kunstbibliotheken der Welt. Für den Lesesaal braucht man eine Reservierung.

Etage 1: Highlights

Zu den Highlights im 1. Stock, gewidmet der Zeit von 1700 bis 1900, gehören das größte Gemälde des Rijksmuseum, Jan Willem Pienemans *Die Schlacht bei Waterloo* (1824), Van Goghs berühmtes *Selbstporträt* von 1887 und ein vergoldetes, nachgebautes Zimmer in einem Grachtenhaus des 18. Jhs.

Etage 0: Highlights

Das Erdgeschoss deckt die Jahre 1100 bis 1600 ab; die Spezialsammlungen umfassen u. a. magische Laternen, Schiffsmodelle und Musikinstrumente. Der asiatische Pavillon zeigt Stücke aus China, Indonesien, Japan, Indien, Thailand und Vietnam.

Etage 3: Highlights

Die oberste Etage des Museums widmet sich der Zeit von 1900 bis 2000. Zu sehen sind u. a. Werke von Karel Appel, Constant Nieuwenhuys und anderen Mitgliedern der nach dem Zweiten Weltkrieg entstandenen Bewegung CoBrA sowie holländische Designermöbel.

NICHT VERPASSEN

- Rembrandts *Nachtwache*
- Vermeers *Dienstmagd mit Milchkrug*
- Jan Asselijns *Der bedrohte Schwan*
- Delfter Keramik
- Puppenhäuser
- Gärten
- Rijks – Restaurant mit Michelinstern

TOP TIPPS

- Auf der Website des Museums kann man Tickets kaufen und ein Zeitfenster wählen; Letzteres ist selbst dann obligatorisch, wenn man eine Eintrittskarte oder einen Museumspass hat.
- Die kostenlose App enthält eine Audiotour. Man kann auch Werke nach deren Nummer anklicken.
- Die Highlights kann man sich in wenigen Stunden ansehen; für die Sammlungen muss man viel mehr Zeit einplanen.
- Im Museum gibt es zwei Espresso-Bars (im Sommer auch eine im Garten), Café und Restaurant mit Michelinstern, das Rijks (auch ohne Museumsticket zugänglich).

UNIVERSALIMAGESGROUP/GETTY IMAGES ©

Für Eintrittspreise und Öffnungszeiten den QR-Code scannen.

TOP-SEHENSWÜRDIGKEIT

Van Gogh Museum

VAN GOGHS BRIEFE

Das Besondere an diesem Museum sind die persönlichen Dinge, die die Besucher hier erfahren können – neben Gemälden und Zeichnungen gibt es auch 700 Briefe, vor allem von Vincent und seinem Bruder Theo, aber auch Korrespondenz mit Künstlern wie Paul Gauguin und Émile Bernard. An zahlreichen Audiostationen kann man sich Aufnahmen anhören. Das Museum hat alle Van-Gogh-Briefe kategorisiert, online auf vangoghletters.org.

1973 am Museumplein als Domizil für die Sammlung von Vincent Van Goghs jüngerem Bruder Theo, seinem Wohltäter und Vertrauten, eröffnet, gelingt es dem Van Gogh Museum, eine persönliche und intime Atmosphäre zu vermitteln. Die weltweit größte Sammlung der Werke dieses komplexen Künstlers umfasst etwa 200 Gemälde und 500 Zeichnungen von Vincent und seinen Zeitgenossen, unter ihnen Gauguin und Monet.

Entstehung und Anlage des Museums

Vincent Van Gogh starb 1890 im Alter von 37 Jahren. Zu seinen Lebzeiten hatte er nur ein einziges Gemälde verkauft, seine reiche Sammlung hinterließ er seinem Bruder Theo, der im darauffolgenden Jahr starb. Theos Witwe, Jo Van Gogh-Bonger, vererbte sie nach ihrem Tod im Jahr 1925 ihrem Sohn Vincent Willem van Gogh, der sie an das Stedelijk Museum auslieh, bis die holländische Regierung ein eigenes Museum in Auftrag gab.

Das Gebäude von 1973 entwarf der De Stijl-Architekt Gerrit Rietveld. Kisho Kurokawas gläserner Ausstellungsflügel

(„die Muschel“) wurde 1999 vollendet, und 2015 kam das eindrucksvolle Foyer mit einer 800 m^2 großen Fläche hinzu.

Dank der chronologischen Anlage des Museums, verteilt über vier Ebenen (von Etage 0 bis 3), können Besucher erkennen, wie sich Van Goghs Werk von seinen ersten Darstellungen von düsterem Landvolk in den Niederlanden bis zu seinen lebhaften, wirbelnden Landschaften im südlichen Frankreich entwickelt hat. Die einzelnen Bilder werden oft umgehängt, je nach dem aktuellen Ausstellungsthema (z. B. Van Goghs Naturbilder).

Highlights der Sammlung

Van Goghs früheste Werke stammen aus seiner Zeit auf dem Land in Holland und in Antwerpen (1883–1885). Er würdigte das Leben der Bauern in Bildern wie *Die Kartoffelesser* (1885). *Stillleben mit Bibel* (1885), gemalt nach dem Tod seines Vaters, zeigt eine heruntergebrannte Kerze, die Bibel des Vaters, der protestantischer Pastor war, und ein kleineres, abgegriffenes Buch, *La Joie de Vivre*, das Van Goghs säkularere Weltanschauung repräsentiert. *Schädel mit brennender Zigarette* (1886) entstand während seiner Studienzeit an der Königlichen Kunstakademie in Antwerpen.

1886 zog Van Gogh nach Paris, wo sein Bruder Theo als Kunsthändler arbeitete. Da er kein Geld für Modelle hatte, malte Vincent zahlreiche Selbstbildnisse, um seine Porträttechniken zu verbessern. Er lernte auch einige Impressionisten kennen, und seine Farbpalette hellte sich auf.

Van Gogh reiste 1888 in die Provence, um die dortige farbenreiche Landschaft und das intensive mediterrane Licht zu malen. *Sonnenblumen* (1889) stammt aus dieser Zeit ebenso wie *Das gelbe Haus* (1888), das Van Gogh in Arles mietete; *Das Schlafzimmer* (1888) zeigt seinen Schlafraum im Haus. Paul Gauguin besuchte ihn, wobei ihre künstlerischen Differenzen zu heftigen Diskussionen führten. Hier war es, wo sich Vincent 1888 während einer psychotischen Episode einen Teil des Ohrs abschnitt.

Van Gogh ließ sich 1889 in eine Nervenheilanstalt in Saint-Rémy einweisen, wo er weiterhin mit wildem, expressivem Eifer malte. Die Olivenbäume und Zypressen der dortigen Landschaft tauchen in seinen Arbeiten auf, ebenso die berühmten *Schwertlilien*. 1890 kehrte er nach Norden zurück, nach Auvers-sur-Oise, um näher bei Theo zu sein. Eins seiner letzten Bilder, das ominöse *Weizenfeld mit Krähen* (1890; Abb. links), war eine der Arbeiten, die er kurz vor seinem Suizid schuf.

Andere Künstler

Das Museum besitzt auch Arbeiten von Vincents Künstlerkollegen, darunter Gauguin, Monet und Henri de Toulouse-Lautrec. Es gibt außerdem Bilder von Van Goghs Vorläufern wie Jean-François Millet und Gustave Courbet sowie Werke späterer Künstler, die Van Gogh beeinflusst hat.

NICHT VERPASSEN

- *Die Kartoffelesser*
- *Das gelbe Haus*
- *Weizenfeld mit Krähen*
- *Sonnenblumen*
- *Schädel mit brennender Zigarette*
- Selbstporträts
- Andere Künstler

TOP TIPPS

- Tickets vorab online kaufen und ein Zeitfenster reservieren; das Museum ist oft schon mehrere Tage ausgebucht.
- Auch Inhaber des Museumspass müssen ein Zeitfenster reservieren.
- Für den Besuch etwa zwei Stunden einplanen.
- Öffnungszeiten variieren je nach Saison. Im Sommer ist freitags bis spätabends geöffnet – eine gute Zeit für einen Besuch, um den Massen zu entgehen (ansonsten am besten vor 11 oder nach 15 Uhr kommen).
- An der Information nach Aktivitäten für Kinder fragen.
- Im Museum gibt es ein Café, das Suppen, Sandwiches und leichte Gerichte serviert.

Jenseits der großen Museen

Weniger bekannte Kunstmuseen

Das Viertel ist berühmt für die „großen Drei" – Rijksmuseum, Van Gogh Museum und Stedelijk Museum –, aber es gibt hier auch kleinere Kunstgalerien, die einen Besuch lohnen.

Die Villa Alsberg (1904) an der Honthorststraat, mit Blick auf die Nordwestecke des Museumplein, ist heute das **Moco** („Modern Contemporary"). Das unabhängige Museum wurde von Lionel und Kim Logchies gegründet und 2016 eröffnet. Die Sammlung umfasst moderne und aktuelle Kunst und Street Art von Künstlern wie Andy Warhol, Keith Haring, Damien Hirst und Banksy. Unter den Skulpturen im Garten sind ein riesiges rotes Gummibärchen des Künstlers WhIsBe und ein überdimensioniertes Schaukelpferd des holländischen Designers Marcel Wanders. Das ganze Jahr über gibt es Wechselausstellungen. Wer mag, kann ein Ticket kaufen, das auch für eine einstündige Grachtenrundfahrt gültig ist.

Foodhallen

GUT ESSEN IM VONDELPARK & SÜDEN

Ron Gastrobar
Die mit einem Michelinstern prämierte Nobel-Gastrobar des renommierten holländischen Küchenchefs Ron Blaauw serviert Gourmetgerichte im Tapas-Stil. **€€**

Adam
Gastronomisches Juwel, nachhaltige, mehrgängige Menüs wechseln mit den Jahreszeiten. **€€€**

Hap Hmm
Holländisches Wohlfühlessen (Huhn in Biersauce, Fleischklöße nach Großmutters Rezept). Seit 1935. **€€**

Restaurant Blauw
Amsterdams beste Adresse für indonesische *rijsttafel* und Gerichte wie Durian Crème brûlée. **€€€**

Braai BBQ Bar
Südafrikanische Rippchen vom Grill und *boerewors* (Bauernwurst); an einer Gracht gelegen. **€€**

ÜBERNACHTEN IN VONDELPARK & IM SÜDEN

Hotel Not Hotel
In Kunstinstallationen wie der Amsterdamer Tram 965 oder einem blau-weißen VW-Bus übernachten. **€€**

De Ware Jacob Hotel
Schönes Boutiquehotel mit 19 Zimmern in einer Villa von 1910; mit Wintergarten und Garten im Innenhof. **€€**

Conscious Hotel Vondelpark
Umweltbewusstes Haus mit einer Pflanzenwand, Bio-Frühstück und Tischplatten aus recyceltem Karton. **€€**

Kunstliebhaber werden auch die Fahrt zum **Cobra Museum** antreten. Es liegt an einem Kanal in Amstelveen, 7,5 km südlich des Museumplein. Das lichtdurchflutete zweistöckige Gebäude des niederländischen Architekten Wim Quist bildet den Rahmen für das Werk der nach dem Zweiten Weltkrieg entstandenen Bewegung CoBrA (benannt nach den Anfangsbuchstaben der Heimatstädte der Gründer: K(C)openhagen, Brüssel und Amsterdam). Die Mitglieder schufen hoch expressionistische Arbeiten, die für ihre kindlich-naiven Techniken bekannt sind. Unter den farbenfrohen, avantgardistischen Gemälden, Keramiken und Statuen sind viele von Karel Appel, dem berühmtesten Vertreter dieses Stils; seine 5 m hohe Arbeit *Der Brunnen* steht vor dem Haupteingang.

De Hallen entdecken

Gastronomisches und kulturelles Zentrum

Riesige Hallen aus rotem Backstein, ab 1901 zur Wartung der Amsterdamer Straßenbahnen gebaut, wurden ein Jahrhundert später zum Gastronomie- und Kulturkomplext, der das Gebiet nördlich des Vondelparks in Oud West elektrisiert. **De Hallen** umfasst holländische Design- und Modeboutiquen, einen Fahrradhändler mit Reparaturwerkstatt, einen Ausbildungssalon für Frisöre, Bibliothek, Galerien, ein Kino mit neun Sälen und ein Hotel. Ein Highlight sind die **Foodhallen** – ein luftiger, riesiger Speisesaal mit rund 20 Imbissständen, die alles von Street Food aus Mumbai bis zur holländischen Spezialitäten zubereiten. Regelmäßig gibt es Veranstaltungen wie Herstellermärkte, Nachhaltigkeits-Workshops und Pop-up-Ausstellungen.

Außerhalb von De Hallen befinden sich Stände mit frischem Obst und Gemüse, Nüssen, Käse, Blumen und anderen Grundnahrungsmitteln auf dem Straßenmarkt **Ten Katemarkt** (Mo–Sa). Wenige Schritte entfernt liegt an der Kinkerstraat **Lot61** – einer der besten Kaffeeröster in Amsterdam. Ein paar Blocks weiter westlich sind in der **Jan Pieter Heijestraat** zahlreiche coole Cafés, Bars und Läden zu finden.

Besuche hinter den Kulissen

Diamanten und Genever

Nah am Museumplein an der Paulus Potterstraat ist die 1840 gegründete **Royal Coster** die weltweit älteste noch bestehende Diamantschleiferei. Im Rahmen einer kostenlosen Führung kann man zusehen, wie Handwerker rohe Steine schneiden und polieren und sie in funkelnde Juwele verwandeln.

PARKS JENSEITS DES VONDELPARK

Rosen- und Rhododendrengärten, das gläserne Haus und Orangerie schmücken den **Amstelpark**. Am Südrand nahe der Windpumpe De Riekermolen (1636) steht eine Statue. Vorbild war eine Zeichnung von Rembrandt.

Im Sommer gibt es im Amstelpark jeden zweiten Sonntag einen Markt für Kunsthandwerk; für Kinder gibt es einen Minigolfplatz, einen Streichelzoo, einen Miniaturzug, Bumper Boats, Rennwagen und ein Heckenlabyrinth.

In dem von Grachten umgebenen **Beatrixpark** befinden sich viele Wege, Blumenbeete, Waldstücke und eine Kastanienallee. Zwei Steinlöwen bewachen den Heilpflanzengarten Artsenijhof. Es gibt einen Kinderspielplatz und ein Planschbecken.

Die Skulpturbiennale **ARTZUID** zeigt hier in ungeraden Jahren von Mai bis September 50 Werke von Künstlern wie Rodin, Dalí und Antony Gormley.

WOHIN FÜR PROVIANT ZUM PICKNICK IM VONDELPARK?

Focacceria
Genueser Focaccia aus dem Holzofen mit saisonalen Toppings (z.B. hausgemachtem Pesto oder Zucchiniblüten).

NIXX
Ausgezeichnete Auswahl an holländischen und internationalen Käsesorten, dazu Nüsse, Trockenfrüchte und Wein.

Renzo's
Warme und kalte Fertiggerichte (Pasta, Salate, Sandwiches und *cannoli* mit Ricottafüllung).

Außerdem erfährt man etwas über die Herkunft der Steine und die Bewertung von Qualität und Wert. Hier befinden sich die weltweit größte Sammlung ungefasster Diamanten und der Royal 201, der als der beste Diamant der Welt gilt. Die Firma unterhält auch das benachbarte **Diamant-Museum**, das sich eingehender mit der Geschichte der Diamanten in Amsterdam befasst.

Ebenfalls in der Paulus Potterstraat steht das Jenever-Museum **House of Bols**. Touren mit Audioguide führen in die „Hall of Taste", wo die Besucher Duft- und Geschmacksstoffe unterscheiden sollen, und den „Distillery Room", in dem der Vorgang der Extraktion erklärt wird. Die Besucher erhalten Gelegenheit, ihren eigenen Cocktail zu mixen und am Ende eine Bols-Mixtur eigener Wahl zu genießen. Eifrige Mixologen können sich zu Cocktail-Workshops anmelden.

TRAMMUSEUM IN BEWEGUNG

Das **Electrische Museumtramlijn Amsterdam** ist kein stationäres Museum, sondern gibt Gelegenheit, in historischen Straßenbahnen aus den Niederlanden, Österreich und Polen mitzufahren – die älteste stammt aus den 1890er-Jahren. Von April bis Oktober startet Linie 30 am Sonntag vom roten Backsteinbau der Haarlemmermeer Station nahe Vondelpark nach Amstelveen über Amsterdamse Bos. Die Fahrt hin und zurück dauert 1¼ Stunden; unterwegs kann man an den Haltestellen aussteigen.

Linie 20 fährt am ersten und dritten Samstag im Monat und jeden Sonntag ab Dam eine Route durch die Stadt, vorbei an Westerkerk, Rijksmuseum und Rembrandtplein. Die Rundfahrt dauert zwei Stunden.

Abenteuer im Amsterdamse Bos

Ländliches am Stadtrand

Der Stadtwald Amsterdamse Bos besitzt eine Fläche von etwa 1000 ha mit Wald, Wiesen und Wasserwegen; hier leben Eichhörnchen, Frösche, Salamander und mehrere Vogelarten. Am Haupteingang am Bosbaanweg gibt es einen Fahrradverleih und ein Besucherzentrum, De Boswinkel. Hier bekommt man nützliche Karten und Tickets für sommerliche Bootsrundfahrten. Am See Grote Vijver kann man Kanus, Kajaks, SUPs und Tretboote sowie elektrische Boote für Kinder ausleihen.

Über 50 km Geh- und Fahrradwege erstrecken sich durch den Wald, in dem es zwei Reitschulen gibt. Der **Klimpark Fun Forest** bietet einen Seil-Parcours und eine Seilrutsche.

Familien werden **De Ridammerhoeve** lieben, eine Bio-Ziegenfarm, wo Kinder in der Saison Babyziegen mit der Milchflasche füttern können. Der Laden verkauft Ziegenmilcheis und andere Produkte; es gibt auch Workshops zur Käseherstellung.

Den Sommer über zeigt das **Bostheater** unter freiem Himmel alles von Konzerten bis zu Shakespeare-Dramen (die Schauspieler pausieren, wenn Flugzeuge auf dem Weg zum oder vom nahe gelegenen Flughafen Schiphol über das Gelände fliegen). Restaurants und Cafés sind an vielen Stellen im Wald zu finden. Europarcs Amsterdamse Bos verfügt über Zeltplätze und Hütten, wo man übernachten kann.

Amsterdamse Bos, 4,5 km südwestlich vom Vondelpark, ist leicht mit dem Fahrrad zu erreichen. Busse fahren von der Station Zuid und Museumplein hierher; viel Spaß macht die Anfahrt mit einer altertümlichen Straßenbahn von **Electrische Museumtramlijn Amsterdam** (siehe Kasten).

WOHIN ZUM BIERTRINKEN?

Gebrouwen door Vrouwen (Gebraut von Frauen)
Biere der Schwestern Tessel und Do de Hey, serviert in einer Bar mit goldenen Kacheln.

Craft & Draft
Overtoom-Bar mit Terrasse im Freien. 40 Biere vom Fass und 60 Flaschenbiere.

Butcher's Tears
Die Kultbrauerei stellt ihre eigene Hefe her und nutzt offene Fermentierung; Schankraum im Industriestil.

De Pijp

LEBENDIGE MÄRKTE, GUTES ESSEN UND DORFATMOSPHÄRE

De Pijp hat einen ausgeprägt dörflichen Charakter, der es von den benachbarten Vierteln unterscheidet. Gleich südlich von Amsterdams Grachtengürtel gelegen, im Osten von der Amstel begrenzt, ist das Viertel über 16 Brücken mit der restlichen Stadt verbunden. Die Straßen (viele sind nach holländischen Malern benannt) erinnern an die Stiele alter Tonpfeifen, daher der Name, „die Pfeife". Hierher dehnte sich die Stadt im 19. Jh. aus, als in aller Eile Mietskasernen gebaut wurden, um den Druck auf das dicht bevölkerte Jordaan zu verringern. In den 1960er- und 1970er-Jahren, als viele Leute in größere Wohnungen zogen, richtete die Regierung die Häuser für Zugewanderte ein. Heute wohnen Menschen aller Altersstufen, Nationalitäten und sozialen Schichten in dem Viertel, das einen starken Gemeinschaftsgeist bewahrt, besonders in den Bars und Restaurants rund um den Albert Cuypmarkt.

TOP TIPP

De Pijp ist von Centraal Station mit der Metrolinie 52 in weniger als fünf Minuten zu erreichen. Tram 24 rollt in Nord-Süd-Richtung von Centraal die Ferdinand Bolstraat entlang. Tram 4 verkehrt von Centraal über Rembrandtplein, während Tram 3 De Pijp zwischen Vondelpark und Oost durchquert. Tram 12 durchschneidet De Pijp auf dem Weg vom Leidseplein nach Süden.

Albert Cuypmarkt (S. 93)

DE PIJP

HIGHLIGHTS
1 Albert Cuypmarkt
2 Heineken Experience

SEHENSWERTES
3 De Dageraad
4 Drie Zuilen
5 Hotel Okura Amsterdam
6 Huis met de Kabouters
7 Lijp in de Pijp
8 Pestana Amsterdam Riverside
9 Royal Asscher Diamond Company
10 Sarphatipark
11 Sir Albert Hotel
12 Wake Me Up When I'm Famous

SCHLAFEN
13 Amsterdam Houseboat Family
14 Arcade Hotel
15 Bicycle Hotel Amsterdam

ESSEN
16 Bakers & Roasters
siehe 5 Ciel Bleu
17 Coffee & Coconuts
18 Graham's Kitchen
19 Kaasbar
20 Little Collins
21 Massimo
22 Restaurant Zaza's
23 Scandinavian Embassy
24 Sir Hummus
25 Sugo
26 Surya
27 't Kaasboertje
28 Tjin's

AUSGEHEN & FEIERN
29 Bar Mokum
30 Bier Baum
31 Brouwerij Troost
32 Café Binnen Buiten
33 GlouGlou
34 Het Paardje

Heineken Experience

Albert Cuypmarkt

Amsterdams größter, lebhaftester Straßenmarkt

1904 eröffnet und benannt nach dem Landschaftsmaler Albert Cuyp (1620–1691), erstreckt sich dieser Straßenmarkt 700 m entlang der Albert Cuypstraat zwischen Ferdinand Bolstraat am westlichen und Van Woustraat am östlichen Ende. Etwa 260 Stände werden hier jeden Tag außer Sonntag aufgebaut. Sie quellen über von frischem Obst, Gemüse, Käse, Fisch, Krustentieren, Oliven, Ölen, Gewürzen und Blumensträußen. Außerdem kann man Stände und die Läden dahinter nach farbenfrohen Stoffballen, günstiger Kleidung, Ledertaschen, glasiertem Steinzeug, Fahrradschlössern, Handyhüllen, Kosmetik, Küchengeräten und mehr durchstöbern. Fertige Snacks gibt es in Hülle und Fülle, auch in den Straßen rundum.

Heineken Experience

Geschichte trifft Hightech-Brauerei

Seit es 1864 mit dem Brauen anfing, ist Heineken zu einem globalen Player geworden: Weltweit werden pro Tag schätzungsweise 25 Mio. Gläser dieses Biers geleert. Die Produktion in der alten De Pijp-Brauerei wurde 1988 eingestellt, das große Gebäude ist zur multisensorischen Heineken Experience, umfunktioniert worden. 90-minütige Audiotouren starten mit der Geschichte der Firma und der Entwicklung der charakteristischen grün-transparenten Flasche mit dem roten Stern. Dann sieht man die glänzenden Kupferbottiche und erlebt den Brauvorgang von innen heraus: Die Teilnehmer „verwandeln sich" durch irgendeine Multimediazauberei in Bier, werden aufgeschüttelt, erhitzt, mit Wasser besprüht und abgefüllt. Es gibt auch die Möglichkeit, eine Heineken-Flasche zu personalisieren. Zu den Touren gehören zwei Verkostungen.

Upgrade-Optionen sind u.a. eine 2½-stündige VIP-Tour mit persönlicher Führung, fünf Bieren zum Testen und passendem Käse. Zum Rooftop-Erlebnis gehören die Besichtigung des früheren Malzspeichers und ein Pils auf der Terrasse. Rock the City Touren schließen eine 45-minütige Grachtenrundfahrt ein.

NETT AUSGEHEN IN DE PIJP

Bar Mokum
Ode an Amsterdam mit Cocktails aus heimischen Spirituosen und Likören zum Soundtrack aus Funk, Soul, Hiphop und Jazz.

Café Binnen Buiten
Gemütliches *bruin café,* das sich bis auf De Pijps sonnigste Terrasse an der Gracht erstreckt.

Brouwerij Troost
Craftbier-Brauerei mit zehn Bieren vom Fass.

GlouGlou
Geschäftige Weinbar (der dazugehörige Laden verkauft auch Flaschen).

Het Paardje
Mit einer riesigen Terrasse am Gerard Douplein.

GER BOSMA/ALAMY STOCK PHOTO ©

Sarphatipark

Picknick im Sarphatipark

De Pijps Oase

Der beliebteste Aufenthaltsort im Viertel an sonnigen Sommertagen ist der **Sarphatipark**, der 1885 angelegt wurde (nachdem ein früherer Plan aufgegeben worden war, der vorsah, das Stadtzentrum nach Süden zu verlagern und auf dieser Fläche die Centraal Station zu errichten). Der Park im englischen Landschaftsstil hat eine Fläche von 4,5 ha mit Teichen, Wiesen und Waldstreifen. In der Mitte steht das tempelartige **Sarphati Memorial** (1886) mit Springbrunnen und der Büste des Arztes Samuel Sarphati (1813–66), nach dem der Park benannt ist.

Die sanft ansteigenden Rasenflächen sind ein idyllischer Ort für ein Picknick, den Proviant liefern der wenige Schritte entfernte Albert Cuypmarkt und Lebensmittelläden. Empfehlenswert sind z. B. **Tjin** für surinamesisch-chinesische Sandwiches, **Scandinavian Embassy** für Kaffee und Zimtwecken, Pizza *al taglio* (in Stücken) von **Sugo**, Hummus und Falafel von **Sir Hummus**, hausgemachtes Eis von **Massimo**, Käse, Knäckebrot, Cracker und Wein von **'t Kaasboertje** und gekühlte Craftbiere und Cider von **Bier Baum**.

ÜBERNACHTEN IN DE PIJP

Amsterdam Houseboat Family
Zwei Studios mit Bad, eigenem Eingang, Kitchenette und Gemeinschaftsgrillterrasse. €€

Bicycle Hotel Amsterdam
Umweltbewusstes B&B mit hellen Zimmern (einige mit Bad), vegetarischem Frühstück und Fahrradverleih. €€

Arcade Hotel
Unterhaltsamer Laden gegenüber dem Sarphatipark mit Retro-Spielkonsolen im Zimmer und in der Mini-Arkade. €€

Architektonisches Erbe

Wahrzeichen des Viertels

Entworfen von Piet Kramer und Michel de Klerk, zwei Gründungsmitgliedern der expressionistischen Amsterdamer Schule, war der Siedlungsbau **De Dageraad** („die Morgendämmering") bei seiner Vollendung 1922 eine bahnbrechende Neuerung. Entsprechend der neuen Bauverordnung der Stadt, die Armenviertel verhindern wollte, konstruierten die Architekten zugleich funktionale und künstlerische Gebäude, wie an den abgerundeten Ecken, fließenden Balkons und integrierten Skulpturen zu erkennen ist. Pläne von De Pijp, Skulpturen und Fotos sind im **Museum De Dageraad** ausgestellt; der Eingang ist an der Burgemeester Tellegenstraat. Im Ticketpreis ist eine Führung durch die Anlage inbegriffen.

Ein weiteres architektonisches Wahrzeichen ist das ehemalige Rathaus von Nieuwer-Amstel (spätes 19. Jh.) im Stil der Neo-Renaissance, das heutige Hotel **Pestana Amsterdam Riverside**. Das 78 m hohe **Hotel Okura** Amsterdam war bei seiner Einweihung 1971 das höchste Gebäude der Stadt; die weithin sichtbare Dacheinfassung dient als größtes Barometer der Niederlande: Farbige LED-Lichter zeigen die Wettervorhersage an (blau: Sonne, grün: Regen, Schnee oder Sturm, rosa-weiß: wechselhaft). Das **Sir Albert Hotel** war früher eine Diamantschleiferei. Der ehemalige Hauptsitz der **Royal Asscher Diamond Company** beherbergt jetzt Wohnungen. Das 1884 im neugotischen Stil errichtete **Huis met de Kabouters**, in dem sich ebenfalls Wohnungen befinden, ist nach den beiden *kabouters* (Kobolden) auf dem Holzgiebel benannt, die sich einen Ball zuwerfen.

Kreatives De Pijp

Outdoor Art

In dem Viertel mit den nach Künstlern benannten Straßen sind zahlreiche öffentliche Kunstwerke zu finden. **Wake Me Up When I'm Famous** (2013) von Jurriaan und Rinus van Hall an der Frans Halsstraat ist ein Street-Art-Wandbild, bei dem die Wörter in Weiß auf schwarzen Hintergrund schabloniert sind, davor steht eine für Selfies beliebte Bank. In der Hemonylaan sind Arbeiten im Stil der blau-weißen Delfter Kacheln des Schablonenkünstlers Hugo Kaagman zu sehen; **Lijp in de Pijp** (2018) bedeckt die Fassade eines Elektrizitätsgebäude. An der Gerard Doustraat besteht Henk Duijns Skulptur **Drie Zuilen** (1993) aus drei gedrehten Keramiksäulen mit Glas und Messing, die am Tag die Sonne und abends das Licht der Straßenlaternen reflektieren.

GUT ESSEN IN DE PIJP

Ciel Bleu
Das mit zwei Michelinsternen prämierte Restaurant liegt im 23. Stock. Serviert werden exquisite, saisonal beeinflusste Kreationen. **€€€**

Kaasbar
Unter Glasglocken fahren holländische Käsesorten und die passende Garnierung in einem *kaastrein* („Käsezug") nach Sushi-Art . **€€**

Surya
Herausragende indische Küche mit elegantem Speisesaal und einer Bar, die indisch inspirierte Cocktails serviert. **€€**

Graham's Kitchen
Küchenchef Graham Mees kreiert Gerichte wie Tomatentatar mit Meeresalgen. **€€€**

Restaurant Zaza's
Fantastische Meeresfrüchte und Steaks in intimer Atmosphäre (12 Tische). **€€**

WOHIN ZUM BRUNCH IN DE PIJP?

Bakers & Roasters
Neuseeländisch-brasilianisches Café mit *huevos rancheros*, Navajo-Eiern, Burritos und Milchshakes. **€€**

Little Collins
Von Panna cotta aus Hafermilch mit Rhabarber bis zu Kimchi-Ei mit geräuchertem Labneh und Dukkah. **€€**

Coffee & Coconuts
Ehemaliges Art-déco-Kino. Den französischen Toast mit Salz-Kokos-Karamell probieren. **€€**

Oost & östlich der Amstel

WELTKULTUR UND GRÜNFLÄCHEN

TOP TIPP

Wereldmuseum Amsterdam, Oosterpark und Dappermarkt sind mit der Tram 14 von Centraal Station über den Südlichen Grachtenring und Plantage zu erreichen. Praktisch sind auch die Linien 1 (vom Westen über Vondelpark und den Südlichen Grachtengürtel), 3 (von West, Vondelpark und De Pijp) und 19 (vom Westen und dem Südlichen Grachtengring).

Mit seinen breiten Boulevards, prachtvollen Häusern aus 19. Jh. und dem Oosterpark im englischen Stil ist das gentrifizierte Oost einer der kulturell vielfältigsten Stadtteile von Amsterdam. Ein klassizistisches Gebäude beherbergt das ethnografische Museum der Stadt, das Wereldmuseum Amsterdam. Östlich des geschäftigen Dappermarkts liegt Oosts belebte Hauptstraße, die Javastraat, ein pulsierender Mix aus multikulturellen Läden und Restaurants neben Boutiquen, Restaurants und Bars; noch mehr sind rund um die Transvaalkade auf der Südseite des Oosterparks zu finden. Der idyllische Park Frankendael war ein ehemaliges Landgut mit Wohnhaus (17. Jh.); auch der Flevopark liegt in diesem Viertel. Im Süden wurde De Bijlmer wieder errichtet, nachdem 1992 eine Boeing 747 in das Wohnviertel abgestürzt war. Dadurch wurde die frühere No-go-Zone zu einem Zentrum aktueller Architektur, Einkaufsmöglichkeiten und Unterhaltung einschließlich der Johan Cruijff ArenA (Heimat des Fußballclubs Ajax) und der Konzerthallen AFAS Live und Ziggo Dome.

Dappermarkt (S. 98)

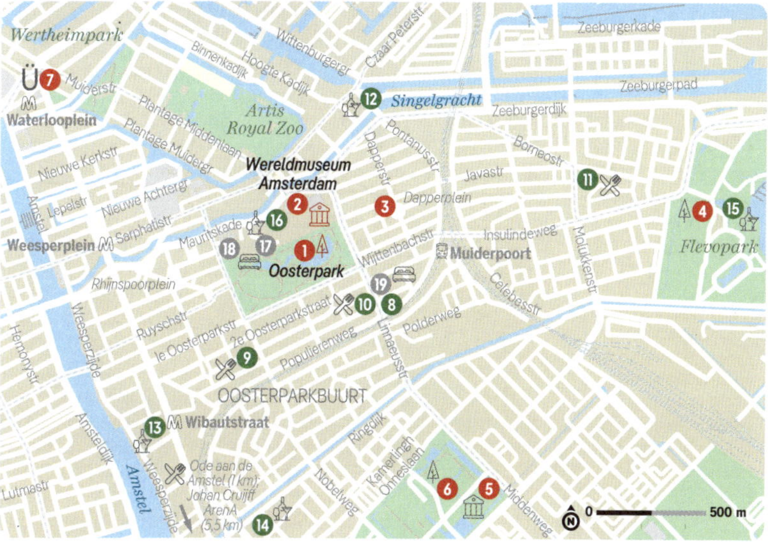

HIGHLIGHTS
1 Oosterpark
2 Wereldmuseum Amsterdam

SEHENSWERTES
3 Dappermarkt
4 Flevopark
5 Huize Frankendael
6 Park Frankendael
7 Portugiesische Synagoge

ESSEN
8 Baking Lab
9 Clos
10 Freddy Fryday
11 Wilde Zwijnen

AUSGEHEN & FEIERN
12 Brouwerij 't IJ
13 Canvas
14 Dakterras GAPP
15 Distilleerderij 't Nieuwe Diep
16 Fitz's on the Roof

SCHLAFEN
17 Generator Amsterdam
18 Hotel Arena
19 Manor Hotel

Oosterpark

Üppiger Park aus dem 19. Jahrhundert

Der elegante und weitläufige **Oosterpark** wurde 1891 als englischer Landschaftspark angelegt. Auf der 12 ha großen Grünanlage wachsen Platanen, Ahorne, Ulmen und Weiden. Es gibt hier Teiche und Skulpturen; das bronzene *Nationaldenkmal zur Sklaverei* (2002) des surinamischen Bildhauers Erwin de Vries erinnert an die Abschaffung der Sklaverei in den niederländischen Kolonien 1863; Jeroen Hennemans *De Schreeuw* (2007), ein riesiges, silbernes Gebilde, symbolisiert die Meinungsfreiheit und erinnert an den ermordeten Filmemacher Theo van Gogh. Es gibt Spielplätze, Plantschbecken und einen Skatepark. Im schmiedeeisernen Musikpavillon finden im Sommer an jedem zweiten Sonntag Tango-Sessions statt. Weitere Events sind das **Roots Festival** mit Weltmusik und das surinamische Festival **Keti Koti**, beide im Juli.

Oosterpark

Wereldmuseum Amsterdam

Museum der Weltkulturen

Amsterdams faszinierendes **Wereldmuseum** hat seine Ursprünge in einer Sammlung aus dem 19. Jh., die sich auf einem Dachboden in Haarlem befanden und die von niederländischen Missionaren, Seeleuten und Kaufleuten von ihren Reisen aus den Kolonien als Souvenirs mitgebracht hatten. Der Monumentalbau mit drei Ebenen rund um eine lichtdurchflutete große Halle mit Glasdach wurde 1910 in Auftrag gegeben. Als er 1926 eröffnet wurde, war er das größte Gebäude in Amsterdam (während der deutschen Besatzung im Zweiten Weltkrieg arbeiteten hier sowohl die Gestapo als auch die Resistance). Heute besitzt das Museum einen riesigen Fundus an Artefakten aus aller Welt. Die Hauptausstellung *Things That Matter* befasst sich mit universalen Themen, darunter persönliche Objekte, die Zugewanderte zur Erinnerung an ihre Heimat mitgebracht haben, und Ausstellungsstücke, die zeigen, wie der Klimawandel sich auf das kulturelle Erbe auswirkt. Die speziell für Kinder eingerichtete Abteilung hat Exponate zum Anfassen und bietet Aktivitäten wie Handwerk, Musik oder Tanz. Nachdenklich stimmende Wechselausstellungen zielen auf Themen wie kulturelle Aneignung (durch Symbole, Kleidung, Frisuren, Tanz, Musik und Sprache) oder die veränderte Beziehung zu Plastik rund um den Globus. Um Warteschlangen zu vermeiden, im Voraus buchen.

I AMSTERDAM CITY CARD

Die **I amsterdam City Card** gewährt Eintritt zu rund 70 größeren Museen und Attraktionen (zu den Ausnahmen zählt das Anne Frank Huis; auf der Website der Museen nachsehen). Für viele Sehenswürdigkeiten muss man ein Zeitfenster reservieren. Ebenfalls enthalten sind ein GVB-Pass für den ÖPNV, eine Grachtenrundfahrt, Fahrradverleih und Preisnachlässe bei Veranstaltungen und in Restaurants sowie eine Planungs-App. Es gibt Versionen von 24 Stunden bis zu fünf Tagen; sie müssen beim ersten Gebrauch aktiviert werden. Zu haben sind sie online, oder im I amsterdam Store an der Centraal Station. Tipp: Vor dem Kauf prüfen, ob andere Ermäßigungen gelten (für Studenten, Senioren usw.).

Auf dem Dappermarkt das multikulturelle Oost erleben

Aromen des Viertels

Von Montag bis Samstag findet der **Dappermarkt** statt, der sich auf einer Länge von 500 m an der Dapperstraat erstreckt. Er ist ein Spiegelbild der multikulturellen Zusammensetzung des Viertels. Es gibt Stände, an denen man *bara* (gebratenes Mungbohnenbrot aus Suriname), frittierte Kochbananen und *manakeesh* (orientalisches Fladenbrot mit Lammfleisch, Gewürzen oder Käse) bekommt; daneben stehen Stände, an denen es frisches Gemüse wie Yams und Maniok, Trockenfrüchte, Nüsse und Gewürze wie Ingwer, Safran und Nelken zu kaufen gibt. Außerdem findet man billige Kleidung, Schuhe, Taschen, Besteck und farbenfrohe Stoffe. Markt und Straße sind nach dem Arzt und Schriftsteller Olfert Dapper benannt, der im 17. Jh. lebte. Obwohl er nie außerhalb der Niederlande war, hatte sein Buch *Beschreibung Afrikas* großen Einfluss in jener Zeit.

ÜBERNACHTEN IN OOST & ÖSTLICH DER AMSTEL

Hotel Arena
Ehemaliges Mädchenwaisenhaus (1886) mit einer Kapelle mit Fresken und Marmorsäulen; 140 Zimmer. **€€€**

Generator Amsterdam
Cooles 564-Betten-Hostel (Schlafsäle, Pods und Zimmer mit Bad) plus Café, Bar, Nachtclub im Untergeschoss. **€**

Manor Hotel
In einem ehemaligen Krankenhaus von 1891 führen Flure mit Amsterdam-Motiven zu 125 Designerzimmern. **€€**

Besuch im Park Frankendael

Amsterdams letztes erhaltenes Landhaus

Im 18. Jh. verbrachten wohlhabende Amsterdamer den Sommer in prächtigen Herrenhäusern auf dem Land. Früher gab es hier mehr als drei Dutzend dieser Anwesen, heute ist nur noch das 1733 erbaute **Huize Frankendael** im **Park Frankendael** erhalten. Die Öffentlichkeit hat nur am letzten Sonntagnachmittag im Monat Zugang (oft werden hier Kunstausstellungen veranstaltet); dann öffnet auch der Kunsthandwerksmarkt **De Pure Markt** mit Ständen, die Speisen, Getränke, Kosmetik, Kleidung, Geschenkartikel und Kunst verkaufen. Der Landschaftspark mit weitläufigen Rasenflächen, Wasserwegen, Marschland und historischen Gärten kann jederzeit kostenlos erkundet werden. Das **Restaurant Merkelbach** (internationale Küche) ist im ehemaligen Kutschenhaus untergebracht. Die 1926 errichteten Gewächshäuser beherbergen jetzt das raffinierte holländische Restaurant **De Kas**, das sein Gemüse in einer Glaskonstruktion neben dem spektakulären Speisesaal und dem Gemüse- und Kräutergarten anbaut.

Genever nippen im Wald

Märchenhafte Flevopark-Brennerei

In einer malerischen Waldkulisse erzeugt die **Distilleerderij 't Nieuwe Diep**, die sich in einer Pumpstation aus den 1880er-Jahren befindet, rund 100 *jenever*, Liköre, Kräuterbitter und Obstdestillate in kleinen Chargen aus Bio-Zutaten, darunter Rosen- und Geranien-*jenever* und *Speculaas*-Likör (mit Spekulatiusgeschmack). Zum Anwesen gehören ein Obstgarten, eine Terrasse am See und ein Verkostungsraum. Die Brennerei darf alkoholische Getränke bis Sonnenuntergang verkaufen und ist an Sommerabenden länger geöffnet (Mo geschl.). Der nahe **Flevopark** wurde 1931 eröffnet und 1956 erweitert; im Sommer öffnet das Freibad.

Tour Johan Cruijff ArenA

Heimat der Fußballmannschaft Ajax

Amsterdams Fußballclub AFC Ajax trägt seine Heimspiele in der **Johan Cruijff ArenA** aus (2018 nach dem legendären Fußballer umbenannt). Tickets sind über die Stadionwebsite zu haben. An spielfreien Tagen kann das 1996 eröffnete Stadion (68 000 Pl.) im Rahmen einer Führung besichtigt werden (für Kinder gibt es eine separate Führung); das Museum World of Ajax zeigt Trikots, Trophäen und Spielerverträge. Auch große Konzerte werden hier veranstaltet.

GUT ESSEN IN OOST & ÖSTLICH DER AMSTEL

Wilde Zwijnen
Modernes holländi sches Restaurant, spezialisiert auf Wild, Fisch und heimisches Gemüse. **€€**

Clos
Kleine Teller zum Teilen, z.B. gebratene Täubchen mit Bitterballen; ca. 100 Naturweine. **€€**

Baking Lab
Sauerteigbrot aus dem holzbefeuerten Ziegelofen, dazu vegetarische Pasteten, Quiches, Sandwiches und Kuchen. **€**

Ode aan de Amstel
Restaurant aus Holz und Glas am Flussufer mit schwimmender Terrasse. **€€**

Freddy Fryday
Zweimal frittierte Pommes mit Toppings wie Pulled Pork vom Grill oder getrüffeltem Parmesan. **€**

WO GIBT ES ROOFTOP-BARS?

Canvas
Im 7. Stock des Volkshotels mit Rundumblick; DJs am Wochenende, Sommerkino und Hot-Tub-Sessions.

Dakterras GAPP
Holzbedeckte Terrasse und Kräutergarten im 8. Stock des Hotel Casa; 40 verschiedene holländische Biere.

Fitz's on the Roof
Meisterhafte Cocktails; Blick auf den Oosterpark von der Terrasse des Pillows Hotel Maurits.

Nieuwmarkt, Plantage & die Östlichen Inseln

GRÜNE GÄRTEN, FAMILIENFREUNDLICHE MUSEEN, FUTURISTISCHE BAUTEN

TOP TIPP

Außerhalb von Nieuwmarkt ist ein Fahrrad praktisch. Die Metrolinien 51, 53 und 54 bedienen Nieuwmarkt und Waterlooplein. Tram 14 fährt von Centraal Station über Waterlooplein zum Artis Zoo und nach Oost. Tram 7 verbindet die Östlichen Inseln mit dem Westen via Vondelpark. Tram 26 fährt von Centraal über die Östlichen Inseln nach IJburg.

Herzstück von Nieuwmarkt ist der geschichtsträchtige„neue Markt". Die burgartige Waag wurde 1488 als Stadttor errichtet; nach dem Abriss der mittelalterlichen Stadtmauer 1601 – Grund war die Stadterweiterung – wurde das Stadttor zur Waage von Amsterdam umgenutzt. Rembrandt malte hier die pittoresken Grachten; sein Wohnhaus und Atelier sind heute das Museum het Rembrandthuis. Historische Synagogen beherbergen Museen im alten Judenviertel mit wichtigen Gedenkstätten. Weiter östlich entstand im 17. Jh. auf dem Marschland die grüne Plantage; Grundstücke, die während einer Wirtschaftskrise nicht verkauft werden konnten, wurden zu Parks. Viel Grün bieten auch der Hortus Botanicus (der botanische Garten) und der Artis Zoo. Weiter östlich liegen die Östlichen Inseln (Oostelijke Eilanden) und deren Hafenbecken (Oostelijk Havengebied), wo historische Architektur wie Het Scheepvaartmuseum auf aktuelle Schaustücke trifft. Am östlichsten Rand des Gebiets wird auf künstlichen Inseln im IJmeer der Stadtteil IJburg gebaut.

Artis Zoo (S. 103)

HIGHLIGHTS
1 Joods Museum

SEHENSWERTES
2 Artis Zoo
3 Het Scheepvaartmuseum
4 Hollandsche Schouwburg
5 Hortus Botanicus
6 Museum het Rembrandthuis
siehe 4 National Holocaust Museum
7 NEMO Science Museum
8 Portuguese Synagogue
9 Verzetsmuseum

KURSE & TOUREN
10 Rederij Lampedusa

SCHLAFEN
11 Ecomama

ESSEN
12 Frank's Smoke House
13 Gebr Hartering
14 Mediamatic ETEN
15 Sea Palace

AUSGEHEN & FEIERN
16 Delirium Café Amsterdam
17 Hannekes Boom
18 HPS
19 LuminAir
20 Rosalia's Menagerie

UNTERHALTUNG
21 Amsterdams Marionetten-Theater
22 Conservatorium van Amsterdam
23 Muziekgebouw aan 't IJ
24 Nationale Oper & Ballett

SHOPPEN
25 Waterlooplein Flohmarkt

Museum het Rembrandthuis

Rembrandts früheres Haus und Atelier

In dem Grachtenhaus von 1606, in dem Rembrandt van Rijn von 1639 bis 1656 lebte, gewährt das **Museum het Rembrandthuis** einen intimen Einblick in sein Leben. Die Innenräume sind entsprechend dem Inventar rekonstruiert, das nach Rembrandts Bankrott erstellt wurde. Nach der jüngsten Renovierung ist mehr Platz für die Exponate geschaffen worden.

Multimedia-geführte Besichtigungen beginnen in der Küche (Untergeschoss); zu sehen sind kürzlich entdeckte Objekte. Rembrandts ehemaliger Ausstellungsraum im Erdgeschoss zeigt wiedererworbene Gemälde und von ihm erworbene Skulpturen. Der Nachbau einer Wiege im Schlafzimmer erinnert an seine Kinder. Das Kabinett enthält Sammelobjekte des Künstlers, z.B. Muscheln, Glas und römische Büsten. Ein Highlight ist Rembrandts Atelier mit vier nach Norden gerichteten Fenstern. Auf dem Dachboden werden Filme über sein Leben gezeigt, in einem Arbeitsraum können Besucher selbst ein Kunstwerk kreieren. Die Führung endet in der Galerie, in der Radierungen und Drucke von Rembrandt sowie Wechselausstellungen zu sehen sind. Vorab ein Zeitfenster reservieren!

JOE DANIEL PRICE/GETTY IMAGES ©

Het Scheepvaartmuseum

Het Scheepvaartmuseum

Seefahrtsgeschichte

Das eindrucksvolle **Het Scheepvaartmuseum** ist in einem imposanten Gebäude von 1656 untergebracht. Das einstige Magazin der Admiralität Amsterdam wurde von Daniel Stalpaert entworfen. Highlights der Sammlung sind Karten des Goldenen Zeitalters, Navigationsinstrumente, Seekarten, Schiffsmodelle und Fotos aus dem 19. Jh. von frühen Reisen sowie zwei kunstvolle Bildteppiche von Willem van de Velde d.Ä. (1611–1693), die an die Seeschlacht in der Solebay 1672 erinnern. Im Freien liegt ein originalgetreuer Nachbau des 700-Tonnen-Schiffs *Amsterdam* (1748; der Ostindienfahrer strandete auf der Jungfernfahrt nach Asien). Mit einem Museumsticket darf man an Bord gehen.

Verzetsmuseum

Niederländisches Widerstandsmuseum

Das Plancius-Haus (1876) im alten jüdischen Viertel beherbergt das **Verzetsmuseum**. 2022 modernisiert, verzeichnet die Dauerausstellung *Die Niederlande im Zweiten Weltkrieg* chronologisch die niederländische Resistance während des Krieges. Dazu gehören bewaffneter Widerstand, Bürger, die Unterschlupf gewährten, gefälschte Dokumente, Untergrundzeitungen und Radios sowie der Generalstreik von Mai 1940 bis Februar 1941. Persönliche Geschichten, Briefe, Artefakte, Filme und Fotos machen die Vergangenheit lebendig. Das ausgezeichnete Verzetsmuseum Junior setzt den Krieg durch die Augen von vier niederländischen Kindern in einen Kontext. Hinzu kommen regelmäßige Wechselausstellungen.

NEMO Wissenschaftsmuseum

Spannende Aktivitäten für angehende Forscher

Das mächtige schiffsähnliche Gebäude liegt direkt am Wasser auf den Fundamenten des IJtunnels. Drinnen wartet eine interaktive Reise in die Welt der Wissenschaften. In der Phenomena im 1. Stock können Besuchende mit Schallwellen und optischen Täuschungen experimentieren, um deren Bedeutung im täglichen Leben zu verstehen. Im Technicum im 2. Stock kann man die Entwicklung von Maschinen bestaunen und Strukturen, z.B. Dämme, bauen und die Kräfte testen, die auf sie einwirken. In der 3. Etage, Element genannt, erfährt man viel über die Atome, als Bausteine des Universums, und den Urknall. In Humania (4. Stock) dreht sich alles um den Menschen, das Leben und die DNA. In Energetica auf dem riesigen Dach (von der Straße frei zugänglich) kann man einen Regenbogen erschaffen und den eigenen Körper als Sonnenuhr nutzen. Das separate Studio, Marine Terrein, zeigt informationsbasierte Ausstellungen z.B. zu Energieabhängigkeit und Klimawandel oder die Ernährung in der Zukunft.

NEMO Wissenschaftsmuseum

Hortus Botanicus

Exotischer botanischer Garten

Der üppig grüne, 1,2 ha große botanische Garten wurde 1638 angelegt und ist damit einer der ältesten weltweit. Niederländische Handelsschiffe brachten tropisches Saatgut und Pflanzen aus den Überseegebieten mit. Diese sollten in den Kolonien in Plantagen (u.a. Ananas, Palmen, Kaffee, Zimt) angebaut werden. In den Heilkräutergärten wurden wichtige Wirkstoffe für Arzneimittel gewonnen. Insgesamt gedeihen mehr als 6000 Pflanzenarten im botanischen Garten, u.a. im Palmenhaus (1911), Schmetterlingshaus und Glashaus (mit drei Klimazonen), das seit 2024 als weltweit erstes völlig nachhaltiges, klimaneutrales Gewächshaus erneuert wird. In der Orangerie von 1875 ist ein nettes Café untergebracht.

Artis Zoo

Historisches Tierkönigreich

Der 1838 gegründet Artis Zoo ist einer der ältesten Zoologischen Gärten Europas. Auf einer Fläche von 14 ha leben mehr als 750 Tierarten, u.a. Löwen, Jaguare, Elefanten, Giraffen, Seelöwen, Gibbons, Leguane, Flamingos und Kasuare. Es gibt ein Reptilienhaus, mehrere Volieren und ein Aquarium (das zur Zeit der Recherche renoviert wurde). Im Pavillon flattern über 1000 Schmetterlinge. Im Planetarium mit 324 Sitzen können Besucher durch das Sonnensystem und die Milchstraße reisen (im Eintrittspreis inkl.). Für zwei andere Museen sind Kombitickets erhältlich. Im **Micropia** dreht sich alles um Mikroorganismen, z.B. Bakterien, Grünalgen, Bärtierchen, Viren und Kolonien von Organismen, die auf und im menschlichen Körper leben. Das 2022 eröffnete **Groote Museum** befasst sich mit der Verbindung zwischen Mensch und anderen Lebensformen. Jede der 14 miteinander verbundenen Zonen konzentriert sich auf einen anderen Teil des menschlichen Körpers; Besucher können z.B. herausfinden, wie die Stimmbänder Töne erzeugen und wodurch sich die menschliche Stimme von der eines Schimpansen unterscheidet.

DIE ARCHITEKTUR DER ÖSTLICHEN INSELN ERKUNDEN

Amsterdams Östliche Inseln sind eine Art Open-Air-Museum für die architektonische Entwicklung der Stadt. Der 4,7 km lange Spaziergang dauert zwei bis drei Stunden (kürzer, wenn man das Fahrrad nimmt).

Ein passender Startpunkt ist die Amsterdamer Architekturstiftung ❶ **ARCAM** in einem skulpturalen verzinkten Aluminiumbau, entworfen vom René van Zuuk. Ausstellungen haben die Stadtplanung in Amsterdam zum Schwerpunkt. Hinter Het Scheepvaartmuseum (S. 102) geht es über Kattenburg Eiland zum Java Eiland, einem ehemaligen Hafendamm, der im 19. Jh. zum Schutz der inneren Inseln und Hafenbecken geschaffen wurde. An seiner Westspitze kann man, genau wie die Statue ❷ **Zeeman op de Uitkijk** (Seemann auf dem Ausguck; 1950), Gebäude wie Centraal Station, Muziekgebouw (S. 106) und A'DAM Toren (S. 109) in Amsterdam Noord sowie ehemalige Speicher betrachten. Nach Südosten am IJ entlang führt der Weg zum ❸ **Crane by YAYS**, einem Hafenkran von 1957, in dem jetzt eine Designer-Hotelsuite untergebracht ist. Nach dem Überqueren des Ertshaven steht man am 2000 errichteten ❹ **Whale**, einem Wohn-, Geschäfts- und Bürohaus auf der Insel Sporenburg, dessen gekippte Dachlinie die Sonneneinstrahlung maximiert und den Wind minimiert. Weiter geht's auf der Wasserseite der Panamakade zur 90 m langen geschwungenen ❺ **Pythonbrug** aus rotem Metall (2001). Für Radfahrer gibt es 450 m westlich eine Brücke, die Lage Brug. Danach führt der Weg Richtung Westen zum ❻ **BAC** (Borneo Architectuur Centrum). Dieses kleine Museum zeigt u. a. die Stadtplanung und Architektur des BAC seit 1996 sowie künftige Projekte; es veranstaltet auch Touren zu Fuß und mit dem Fahrrad. Anschließend, etwa 1 km westlich im Rietlandpark, kommt man mit der Tram 26 zurück zur Centraal Station.

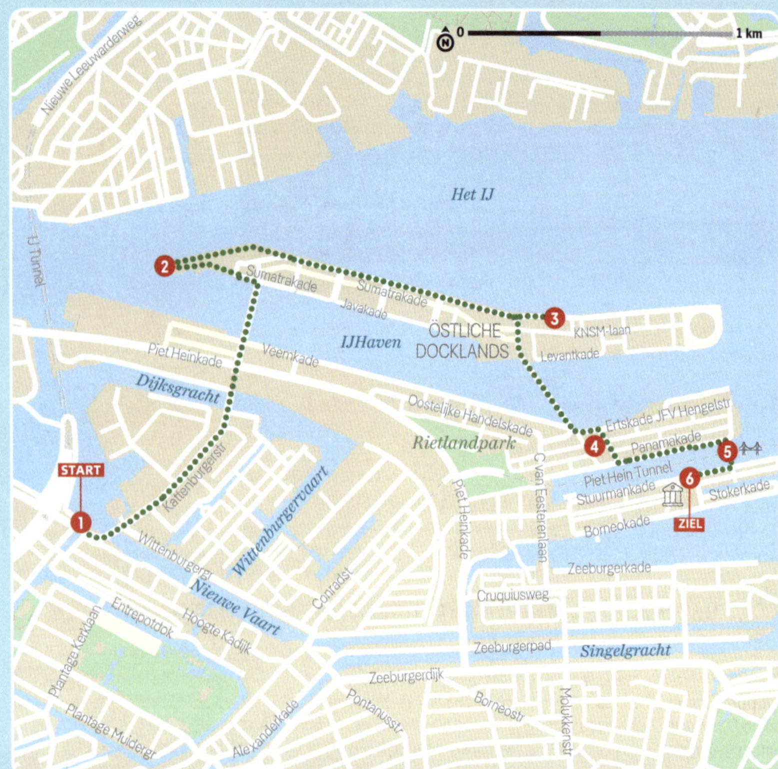

Jüdisches Amsterdam

Kulturerbe im jüdischen Viertel

Im Nieuwmarkt-Viertel rund um **Waterlooplein** entstand Amsterdams jüdisches Viertel, nachdem die Vertreibung aus Spanien und Portugal in den 1580er-Jahren eine große Zahl Sephardim (Juden mit spanischen, nahöstlichen oder nordafrikanischen Wurzeln) hierher gebracht hatte. Durch Gilden von zahlreichen Berufen ausgeschlossen, wurden einige Juden Diamantschleifer (die keine Gilde hatten), andere führten Handwerke wie das Drucken ein oder waren im Finanzbereich tätig. Die städtischen Behörden erlaubten Juden den Grundstückserwerb, weil sie deren Produktivität nicht beschränken wollten. Im 17. Jh. trafen Aschkenasim (mittel- und osteuropäische Juden) ein, die vor Pogromen in ihrer Heimat flüchteten. In Napoleonischer Zeit war Amsterdam das größte jüdische Zentrum Europas. Unter französischer Herrschaft wurden Gilden und verbliebene Beschränkungen aufgelöst, und Amsterdams jüdische Gemeinde erblühte im 19. und frühen 20. Jh.

Dann kam der Zweite Weltkrieg. Amsterdams jüdische Gemeinde wurde von den Nazis fast vollständig vernichtet. Vor dem Krieg lebten hier etwa 90 000 Jüdinnen und Juden (13 % der Stadtbevölkerung). Nur 5500 Juden überlebten den Krieg. Man nimmt an, dass es heute in den Niederlanden ungefähr 30 000 Menschen jüdischen Glaubens gibt, von denen etwa die Hälfte in Amsterdam lebt.

Auf 1 km^2 des alten jüdischen Viertels vereint das **Joods Cultureel Kwartier** vier bedeutende Stätten – **Joods Museum**, **Portugiesische Synagoge**, **Hollandsche Schouwburg** und das **National Holocaust Museum** – alle mit einem einzigen Ticket zugänglich.

Die Hollandsche Schouwburg, ein 1892 eröffnetes Theater, wurde im Zweiten Weltkrieg von den deutschen Besatzern beschlagnahmt und als Straf- und Deportationszentrum genutzt. Später richtete man hier eine Gedenkstätte ein, die bald wieder eröffnet werden soll; dasselbe gilt auch für das National Holocaust Museum in der ehemaligen Hervormde Kweekschool, in der Hunderte jüdische Kinder gerettet wurden.

In vier restaurierten Synagogen aus dem 17. und 18. Jh. erhellt das Joods Museum die Geschichte der Jüdinnen und Juden in den Niederlanden, einschließlich ihres Unternehmergeists, durch zeremonielle Gegenstände, Gemälde und Filme. Im Kindermuseum existiert eine rekonstruierte jüdische Familienwohnung, in dem die Kinder *mini-hallahs* (eine Art Zopf) backen, hebräische Wörter lernen oder Musik machen können.

MOKUM-MOTIVE

Amsterdams jüdische Einwohner gaben der Stadt ihren bleibenden Spitznamen Mokum – das jiddische Wort für „Stadt“ oder „sicherer Hafen“ (abgeleitet vom hebräischen *makom*, was „Ort“ bedeutet). Gebürtige Amsterdamer werden Mokummers genannt. Der Wahlspruch der Stadt, *heldhaftig, vastberaden, barmhartig* (heroisch, entschlossen, barmherzig), 1947 von Königin Wilhelmina verkündet. Dieses Motto wurde der Stadt wegen ihrer Haltung im Zweiten Weltkrieg zugesprochen. Es prangt auf dem Stadtwappen, dessen Schild die Grundlage der Amsterdamer Flagge ist: zwei horizontale rote, dazwischen ein schwarzer Streifen mit drei weißen Andreaskreuzen. Diese drei Kreuze standen einst für die drei Plagen der Stadt: Flut, Feuer und Pest.

ÜBERNACHTEN IN NIEUWMARKT, PLANTAGE & DEN ÖSTLICHEN INSELN

Ecomama
Öko-Hostel mit Schlafsälen, Doppelzimmern und todschicken Orten zum Abhängen, z. B. ein Indoor-Tipi. **€**

Hotel Jakarta
Deckenhohe Fenster, indonesische Holzschnitzereien, Palmen und Pool an der Spitze von Java Eiland. **€€€**

Camping Zeeburg
Farbenfrohe Hütten (Einzel, Doppel, Vierer), Zelt- und Camperstellplätze plus Fahrrad-, Kajak und SUP-Verleih. **€**

BOOTSTOUREN MIT ERKENNTNIS

Eine Fahrt mit der **Rederij Lampedusa** bietet einen einzigartigen Einblick in ihre Tätigkeit. Ihre Gründer schleppten 2015 zwei ehemalige Migrantenboote – die 6 m lange *Hedir* und die 12 m lange *Alhadj Djumaa* („Herr Freitag") – vom Mittelmeer bis nach Amsterdam; die Crew-Mitglieder der Rundfahrten kommen aus Eritrea, Somalia und Syrien.

Passagiere erfahren viel über persönliche Schicksale und etwas über die Geschichte der Boote, aber auch wie die Zuwanderung Amsterdam über die Jahrhunderte geprägt hat.

Eine Tour dauert rund 90 Minuten (Privatfahrten sind möglich). Die Boote legen an der Dijkgracht neben dem Kunstzentrum **Mediamatic** (S. 107) ab.

Bei ihrer Fertigstellung 1675 war die Portugiesische Synagoge die größte in Europa. Sie wird heute noch genutzt und weiterhin nicht elektrisch beleuchtet – sondern durch Kerzen in riesigen Kronleuchtern. Die unterirdischen Schatzkammern enthalten Manuskripte und golddurchwirkte Bildteppiche aus dem 16. Jh. Besichtigungen sind möglich, wenn kein Gottesdienst gehalten wird. Die Nebengebäude bergen die weltweit älteste aktive jüdische Bibliothek, Ets Haim (Baum des Lebens; nur Führungen auf Englisch).

Waterlooplein Flohmarkt durchstöbern

Secondhand-Schätze

Der Straßenmarkt auf diesem Platz reicht zurück ins Jahr 1880, als jüdische Händler ihre Waren verkauften. Heute hat der **Waterlooplein Flohmarkt** (Mo–Sa) etwa 300 Stände, wo man alles mögliche finden kann – Antiquitäten, Schallplatten, Vintagejeans und Retrolederjacken.

Eine atemberaubende Vorführung erleben

Hochkarätige Veranstaltungsorte

In diesem Viertel befinden sich ausgezeichnete Veranstaltungsräume. Über 250 Konzerte im Jahr, von Klassik bis Weltmusik und Electronica, finden im multidisziplinären **Muziekgebouw aan 't IJ** statt, einem Glas-und-Stahl-Bau direkt am IJ. Bewegliche Wände, Decken und Böden können die Resonanz der Haupthalle (725 Plätze) anpassen. Der kleine Saal fasst 100 Zuschauer, die renommierte Jazzbühne, Bimhuis, verfügt über 245 Sitz- und 139 Stehplätze; von September bis Juni gibt es am Dienstagabend kostenlose Jamsessions. Im Sommer werden auf der Terrasse des Café 433 am Wasser kleine Konzerte veranstaltet.

An der Amstel präsentiert die **Nationale Opera & Ballet** (früher Muziektheater) in einem Auditorium (1600 Plätze) im Jahr etwa 14 Opern- und elf Ballettproduktionen. Die Saison läuft von September bis Juni.

Amsterdams Kunsthochschule **Conservatorium van Amsterdam** veranstaltet Konzerte, Wettbewerbe, Meisterklassen, Festivals und Events. Sie liegt an der Oosterdokskade, neben der Openbare Bibliotheek Amsterdam (OBA).

Im bezaubernden **Amsterdams Marionetten Theater**, das in einer ehemaligen Schmiede in Nieuwmarket befindet, werden Märchen und klassische Werke in wunderschönen Kulissen aufgeführt.

WOHIN ZUM COCKTAIL TRINKEN?

Rosalia's Menagerie
Spektakulär gestylt wie eine Matrosenkneipe des Goldenen Zeitalters; u.a. Cocktails auf Likör- und *Jenever*-Basis.

LuminAir
Panoramabar und Terrasse im 11. Stock; Cocktails zu Licht- und Himmelsthemen (Light Bulb, Candle Light, Moonlight).

HPS
Die nicht gekennzeichnete Flüsterkneipe HPS (Hiding in Plain Sight) ist für saisonale Cocktails bekannt.

Strandbesuch in IJburg

Wassersport auf dem IJmeer

Inmitten des neu entstandenen Stadtteils von IJburg, das aus künstlichen Inseln besteht, existieren einige tolle Restaurants und Bars am Wasser, z.B. **NAP Amsterdam** mit Blick auf die Boote in der Marina, und auch neue Hotels.

IJburgs größte Attraktion für Besucher ist der **Strand Blijburg**, der schöne, helle Sandstrand wurde künstlich aufgeschüttet, und ein Veranstalter für Wassersport. Das **Surfcenter IJburg** verleiht Ausrüstung zum Windsurfen. **Amsterdam Watersports** vermietet Ausrüstung für Flyboarding, Wakeboarding, E-Foiling, Wasserski sowie SUP, Segel- und Motorboote.

IJburg Strand

GUT ESSEN IN NIEUWMARKT, PLANTAGE & DEN ÖSTLICHEN INSELN

Frank's Smoke House
Sandwiches mit Lachs, Makrele, Aal, Gans, Pastrami, Käse und mehr; vor Ort geräuchert. **€**

Gebr Hartering
Schlemmen an der Gracht mit modernen mehrgängigen Menüs (z.B. mit Carpaccio vom Texel-Rind mit Senf-Mousse). **€€€**

De Deli
Essen fürs Picknick mitnehmen oder vor Ort Bio-Frühstück, gefüllte Croissants und Flammkuchen verspeisen. **€**

Sea Palace
Schwimmendes, dreigeschossiges Chinarestaurant im Pagodenstil mit 600 Plätzen. Die Dim Sum sind einfach fantastisch. **€€**

Mediamatic ETEN
Kunst- und Kulturzentrum mit veganem Restaurant, das die Produkte aus dem eigenen Gewächshaus verarbeitet. **€€**

WOHIN ZUM BIER TRINKEN?

Brouwerij 't IJ
Amsterdams erste Craftbier-Brauerei (mit Führungen) im früheren Badehaus unter der De Gooyer-Windmühle (1725).

Hannekes Boom
Auf einem maritimen Wachtposten von 1662, gebaut aus Recyclingmaterial mit schattigem Biergarten.

Delirium Café Amsterdam
Bierspezialist am IJ mit über 500 Flaschenbieren und 20 Bieren vom Fass.

Amsterdam Noord

POSTINDUSTRIELLE ARCHITEKTUR UND URBANE KUNST

TOP TIPP

Passagier-/Fahrradfähren verbinden rund um die Uhr (gratis; alle 10–15 Min.) die übrige Stadt mit Noord. Hauptrouten sind NDSM von/nach Centraal Station und Pontsteiger (Houthavens) sowie Buiksloterweg von/nach Centraal. Zwischen Buiksloterweg und NDSM ist es oft schneller, zurück nach Centraal zu fahren und die Fähre zu wechseln als auf den Bus zu warten. Metro 52 bedient Noords Wohngebiete.

Auf der anderen Seite des IJ – vom Stadtzentrum aus gesehen – entwickelt sich das ehemalige Industriegebiet Amsterdam Noord rasch zum angesagtesten Viertel. Rund um den Buiksloterweg sind das faszinierende EYE Filmmuseum (2012) und die früheren Büros der Mineralölfirma Royal Dutch Shell, die zum A'DAM Toren mit vielen Attraktionen umgewandelt wurden. In den riesigen Hangars und Lagern der NDSM-Werften befinden sich heute Ateliers und Galerien. Zahlreiche Cafés, Bars, Brauereien und andere kreative Unternehmen, oft aus recyceltem Material, z. B. Schiffscontainern, zusammengesetzt, verfügen über Terrassen am Wasser. Nach einer kurzen Fahrt mit dem Fahrrad ist die idyllische Landschaft dahinter erreicht. Die Bautätigkeiten schreiten schnell voran, und da Platz in einer expandierenden Stadt sehr wertvoll ist, werden Pläne für eine Brücke über das IJ vorangetrieben, die Noord mit dem historischen Zentrum verbinden soll; so soll das Neubaugebiet für die zukünftigen Einwohner verkehrstechnisch erschlossen werden.

A'DAM Toren

EYE Filmmuseum

Nationales Filmmuseum

Wie ein Raumschiff, das am IJ gelandet ist, dominiert das weiße **EYE Filmmuseum** die Skyline des Stadtviertels. Die Dauerausstellung *Was ist Film?* rückt die Welt des Kinos ins Blickfeld: Besucher erfahren, wie die ersten Kameras arbeiteten, integrieren sich mit Hilfe der Greenscreen-Technik in einen Film oder erstellen einen Trickfilm. Für Kinder gibt es Rätselführungen. Wechselausstellungen befassen sich u.a. mit Biografien von Filmemachern, technischen Entwicklungen oder der Zukunft des Kinos. In den vier Kinos laufen alte Klassiker sowie aktuelle Blockbuster und Kinderfilme. Das EYE Bar-Restaurant verfügt über eine Terrasse am Fluss.

A'DAM Toren

Hochhaus am IJ voller Attraktionen

Amsterdam hatte nie eine Panorama-Aussichtsterrasse, bis 2016 der A'DAM Turm in einem Büroblock von 1971 eröffnet wurde. Ganz oben hat **A'DAM Lookout** eine Himmelsterrasse mit interaktiven Fernrohren, und Europas höchste Schaukel, 100 m über dem Erdboden. Eine Etage tiefer liegt die **Ma'dam Cocktailbar und Nachtclub**. Hier befindet sich auch der **Amsterdam VR Ride** – eine simulierte wilde Achterbahnfahrt durch die historische Stadt. Auf Etage 19 befindet sich das rotierende modern-holländische Restaurant **Moon** – eine volle Umdrehung dauert ungefähr eine Stunde. Das **Sir Adam Hotel** belegt die Etagen 1 bis 7; in den Zimmern hängen Vinylplatten und Gibson-Gitarren an den Wänden. Die Filiale von Amsterdams bestem Burgerrestaurant, **Butcher**, schmückt sich mit Retro-Accessoires, z.B. Telefone mit Wählscheibe. Im Untergeschoss liegt der 600 m² große **A'DAM VR Game Park** mit den aktuellsten VR-Games von Rennerlebnis bis Zombie Shooter. Ebenfalls im Keller findet man den Nachtclub **Shelter** (Fr & Sa), wo internationale Top-DJs auftreten.

INGEHOGENBIJL/SHUTTERSTOCK ©

IJ Hallen

GUT ESSEN IN AMSTERDAM NOORD

Helling 7
Oberhalb der Schiffswerft Damen wird in der offenen Küche auf offener Flamme gekocht. **€€**

Contrast
Nachhaltige gehobene Küche im ehemaligen Frachtschiff mit Kunstgalerie unter Deck. **€€€**

IJ Kantine
Meeresfrüchteplatten, auf denen sich Schwertmuscheln, Hering, geräucherter Heilbutt türmen. **€€**

Proeflokaal Kef
Degustationsteller mit holländischem und französischem Käse, dazu Wein oder Craftbier. **€€**

Café de Ceuvel
Oase am Kanal mit veganen Gerichten wie Linsenravioli. **€€**

Kunst erleben in Amsterdam Noord

Postindustrielle Kreativität

Die Schiffswerft NDSM wurde in den 1980er-Jahren stillgelegt, Hausbesetzer übernahmen die verlassenen Hangars, Speicher und Kräne. Heute sind die Räume Domizil einer blühenden Kunstgemeinschaft. Über 250 Künstler arbeiten in etwa 80 Ateliers in der gigantischen Kulturhalle **NDSM Loods** beherbergt; Kunstwerke hängen von den Aufbauten innerhalb des Hangars. Im oberen Ausstellungsraum **NDSM Fuse** bringen Wechselausstellungen verschiedene Diszipline zusammen, die durch ein Thema miteinander verbunden sind. Dazu kommen ein Veranstaltungsraum und die Bio-Sauerteigbäckerei **Bakkerij Solinger**.

Jedes zweite Wochenende im Monat wird der zweitägige Flohmarkt **IJ Hallen** veranstaltet. Bis zu 750 Stände verkaufen Vinyl, Vintage-Klamotten, Antiquitäten und Kunst. Außerdem gibt es ein Überangebot an Food Trucks.

In einer an **NDSM Loods** angrenzenden Halle ist **Straat**, das weltgrößte Museum für Graffiti und Street Art, zu Hause. Mehr als 150 Werke, die vor Ort geschaffen wurden, ver-

ÜBERNACHTEN IN AMSTERDAM NOORD

Lightship
Zwei B&B-Zimmer auf einem britischen Feuerschiff aus den 1950er-Jahren; Glaswände zeigen die Binnenstruktur. **€€€**

Bunk
Profanisierte Kirche von 1921, Pods im Kirchenschiff mit Ziegelgewölbe, Zimmer, hauseigenes Restaurant und Bar. **€**

Botel
NDSM-vertäutes Kreuzfahrtschiff mit Schlafsälen und Zimmern mit Bad (sogar in den riesigen BOTEL-Buchstaben). **€**

teilen sich im 8000 m² großen Speicher. Zu sehen sind u.a. Arbeiten der niederländischen Künstler Mr. June und Ox-Alien, des Brasilianers Binho Ribeiro, des US-Amerikaners Vyal One, des Spaniers Malakkai und des Argentiniers Alaniz. Führungen und Graffiti-Workshops werden angeboten. Im Kalender stehen die Daten der **Straatstukken** – das sind Abende, an denen sich der Raum für Livemusik und -malerei öffnet. Für das dynamische, 240 m² große vielfarbige Wandbild von **Anne Frank**, überlagert vom Karo ihres Tagebucheinbands, an der Außenwand, benötigte der brasilianische Straßenkünstler Eduardo Kobra mehr als 450 Spraydosen und 35 l Lack.

An zehn Tagen im Juli bietet das Theaterfestival **Over het IJ Festival** Crossover mit experimentellen Darbietungen von Gesang, Poesie, visueller und digitaler Kunst. Weitere Festivals werden ebenfalls auf dem NDSM-Gelände veranstaltet.

Knapp 2 km südöstlich der NDSM-Werft (1 km nördlich des A'DAM Turms), zelebriert die „Neue Medien Kunst" des **NXT Museums** in einer 1400 m² großen Lagerhalle eine radikale Abkehr von den traditionellen Kunstformen. Künstler, Wissenschaftler, Soundingenieure, Programmierer und Designer arbeiten zusammen, um mit Hilfe hochmoderner Technologien wie Robotik, Gesichtserkennung AI und VR ein Digitalerlebnis aus Licht, Ton und Bewegung zu schaffen. Zu den nächsten multisensorischen Installationen von NXT gehört *Econtinuum*, eine sich entwickelnde Datenskulptur, die wächst, wenn zwei AI-Programme untereinander und mit den Betrachtern kommunizieren. *Shifting Proximities* nutzt farbige rotierende Laserstrahlen, um bewegliche Formen in einem nebelerfüllten Korridor zu erschaffen.

Radfahren in Amsterdam Noord

Fluchten aufs Land

Jenseits der exzentrischen Kunst- und Industriearchitektur in Noord lockt eine Spritztour in die umgebende Landschaft. Vom Fähranleger Buiksloterweg, nahe A'DAM Toren, führt eine Fahrradroute 3 km nach Nordosten am Noordhollandsch Kanaal vorbei an Amsterdams jüngstem Park, dem 45 ha großen **Noorderpark**, zur **Krijtmolen d'Admiraal**, einer Windmühle aus dem Jahr 1772, die einst Kreide mahlte. Weiter Richtung Norden geht es am Kanaldeich entlang durch offenes Ackerland und Blumenfelder. Vom Noorderpark führt ein Abstecher nach Osten über den Noordhollandsch Kanaal und 800 m weiter zum **WH Vliegenbos**. Der rund 20 ha große Wald mit Ulmen, Eschen und Erlen ist der älteste in Amsterdam. Hier sind u.a. Spechte, Eisvögel, Falken und Amseln heimisch.

NETT FEIERN IN AMSTERDAM NOORD

Lowlander
Botanische Brauerei, die Lager und Lemongras oder Ale mit Orange und Drachenfrucht braut.

Pllek
Aus Schiffscontainern erbaut mit einer riesigen Terrasse am Wasser; DJs, Filme und Livemusik.

Pelusa
Bar mit grünen Fliesen, die 98 wildfermentierte Biere, 47 Ciders und 35 Naturweine serviert.

IJver Bar
Höhlenartiger Laden mit 34 holländischen Bieren vom Fass und 50 Flaschenbieren.

Chateau Amsterdam
Erste städtische Weinkellerei der Niederlande, die aus europäischen Trauben grenzüberschreitende Cuvées kreiert.

BÄCKEREIEN IN AMSTERDAM NOORD

Kometen
Focaccia mit Zwiebeln und Käse, Apfelstrudel, Aprikosenplunder und Zitronenbaiser-Törtchen. €

Dolzon
Versorgt viele Restaurants in Noord mit Sauerteigbrot; beim süßen Gebäck gibt es u.a. Lemon-Curd-Muffins. €

Broodbakkerij Ex
Früchtebrot, Walnussbrot, Fladenbrot, warme Käsebrötchen, Croissants, geeiste Zimtbrötchen und Lebkuchen. €

OLENA ZNAK/SHUTTERSTOCK ©

Oben: Zaanse Schans (S. 127); Gegenüber: Nationalpark Zuid-Kennemerland (S. 121)

Haarlem & Nordholland

DURCH UND DURCH HOLLÄNDISCH

Nördlich von Amsterdam liegt das Holland, das auf Delfter Porzellan zu sehen ist, mit Städten und Grachten, historischen Häfen und Windmühlen neben grasgrünen Weiden.

Haarlem, nur 20 km nördlich der Hauptstadt, ist eine wohlhabende Stadt mit Geschäften, die Kleidung und schicke Haushaltswaren führen, und Stadthäusern aus dem 17. Jh., die die Grachten säumen. Genau der Ort, in den man zieht, um eine Familie zu gründen, mit ruhigen Straßen und einem lebhaften Zentrum, mit Restaurants und Bars an den Straßen, die sich netzförmig um die große Kirche ausbreiten. Hier leben viele Menschen, die mit dem Fahrrad oder dem Zug nach Amsterdam pendeln. Zum Zuid-Kennemerland National Park fährt man eine Stunde mit dem Rad oder Bus; hier gibt es Badeseen, Rotwild, Ponys, rostbraune, Highlandrinder und einen langen Sandstrand.

Weiter im Norden locken die Jachthäfen von Hoorn und Enkhuizen. Nahe bei Amsterdam liegen die bekannte Käsestadt Edam und der touristische Hafen von Volkadam, hier zieht man Holzschuhe und eine traditionelle holländische Tracht – für ein Foto – an.

Zwischen diesen Städten erstrecken sich windgepeitschte Landstriche mit Poldern (eingedeichte niedrig gelegene Gebiete), zwischen Windmühlen grasen auf den Weiden Kühe und Schafe – wie auf einem Gemälde aus dem 17. Jh.

Vor der Küste liegt die ländlich geprägte Insel Texel, umgeben von Sanddünen und Stränden und durchzogen von Radwegen.

DIE WICHTIGSTEN ZIELE

HAARLEM
Mini-Amsterdam.
S. 116

NORDHOLLANDS KÜSTE & WATERLAND
Schiffe, Polder & historische Häfen.
S. 124

TEXEL
Sanddünen & Seehunde.
S. 133

Erste Orientierung

Der öffentliche Nahverkehr, dazu gehören auch Fähren nach Texel, ist gut ausgebaut. Aber alles dreht sich ums Fahrradfahren, es gibt zahlreiche Fahrradverleihe und Radwege.

Texel, S. 133
Grüne Felder umgeben von Sanddünen und Stränden – Texel ist ein beliebtes Ziel für Radtouren und zum Beobachten von Seehunden.

Nordhollands Küste & Waterland, S. 124
An der Küste Nordhollands liegen hübsche kleine Hafenorte, dazu gehören Hoorn, Enkhuizen, Medemblik, Edam und Volendam.

Haarlem, S. 116
Die hübsche historische Hauptstadt von Nordholland ist ein Mini-Amsterdam, mit sehenswerter Architektur, Museen und Grachten sowie Parks, Seen und Stränden nahebei.

BUS, ZUG & FÄHRE
Die Eisenbahn verbindet die großen Orte und Städte mit Amsterdam. Buslinien verbinden die meisten übrigen Orte. Die Auto-/Passagierfähre zwischen Den Helder und Texel benötigt 20 Minuten.

AUTO & FAHRRAD
Ein Auto oder ein Fahrrad ist ziemlich praktisch; die Parkplatzsuche gestaltet sich oft schwierig. Es gibt überall Fahrradverleihe; auf Texel lohnt sich auch ein E-Bike.

0 — 50 km

URDORASARES/SHUTTERSTOCK ©

Urk (S. 131)

Perfekte Tage

In dieser Region kann man in wenigen Tagen viel sehen. Und anschließend folgen ein paar Tage Erholung auf Texel.

Eine Woche Zeit

- Wer sich eine Woche Zeit nimmt, kann die fantastischen Museen **Teylers** (S. 118) und **Frans Hals** (S. 117) in Haarlem besuchen.

- Außerhalb der Stadt liegen die **Tulpenfelder** (S. 122), der große **Nationalpark** (S. 121) und lange **Sandstrände** (S. 122).

- Im **Museum BroekerVeiling** (S. 122), nahe Alkmaar, kann man eine Blumenauktion erleben. Für **Texel** (S. 133) und seine Sanddünen, Radwege und Strände sollte man ein paar Tage einplanen.

In zwei Wochen

- In zwei Wochen kann man auch die historischen Hafenstädte Nordhollands wie **Hoorn** (S. 127), **Enkhuizen** (S. 128) und **Medemblik** (S. 128) erkunden, die am Ufer der riesigen Inlandsseen liegen.

- Bezaubernd ist es in den Straßen der Käsestadt **Edam** (S. 124); **Volendam** (S. 126) ist für Fotos in Holländertracht bekannt. Danach erkundet man die verschlafene Insel **Marken** (S. 125), besucht den Nationalpark in **Flevoland** (S. 131) und genießt den historischen Ort **Urk** (S. 131).

Beste Reisezeit

FRÜHLING
Die Ablammsaison auf Texel im März und April ist herrlich; der Blumenumzug *(bloemencorso)* im April endet in Haarlem.

SOMMER
Zwischen Mai und September ist es ideal, um kleine Orte und Dörfer zu besuchen. In Alkmaar gibt es im Juni ein Bierfest.

HERBST
Der Herbst ist eine wunderbare Zeit, um die Nationalparks, inklusive Zuid-Kennemerland, zu erkunden.

WINTER
Nieuw Land National Park in Flevoland ist im Winter wunderschön. In Haarlem gibt es im Dezember einen Weihnachtsmarkt.

Haarlem

HISTORISCHE HAUPTSTADT | WEISSE DÜNEN | WILDPARK

Haarlem, die Hauptstadt von Nordholland, ist eine Stadt voll historischer Bauten, großer Kirchen und Grachten, alles nur eine 15-minütige Zugfahrt von Amsterdam entfernt. Direkt außerhalb der Stadt Richtung Westen liegen große Dünen, Sandstrände und ein Nationalpark mit Wildtieren.

Der Name Haarlem stammt von Haarloheim, das bedeutet „Waldhof auf einer Düne". Er stammt aus dem 10. Jh. als die Grafen von Holland am Fluss Spaarne einen Zollposten errichteten. Haarlem wurde der wichtigste Inlandshafen nach Amsterdam bis die Spanier 1572 die Stadt plünderten. Als die Spanier von Wilhelm dem Schweiger vertrieben wurden, blühte Haarlem wieder auf. 1658 wurde Harlem in New York nach der holländischen Stadt benannt.

UNTERWEGS VOR ORT

In Haarlems Jugendstilbahnhof (1908) halten regelmäßig Züge auf der Strecke Amsterdam – Rotterdam. Bus 300 verkehrt zwischen dem Busbahnhof hinter Haarlems Bahnhof und dem Flughafen Schiphol (40 Min.).

Am besten ist man mit dem Rad unterwegs. Die 20 km lange Strecke nach Amsterdam führt auf Radwegen durch die eher städtische Gegend.

Ein Konzert auf der Müller-Orgel in der Grote Kerk

Königin der Musik

Mehrmals in der Woche besteht die Möglichkeit, Musikern beim Spielen der fantastischen Müller-Orgel in der **Grote Kerk** („Große Kirche") zuzuhören. Die Orgel wurde 1738 vom Orgelbauer Christian Müller gemeinsam mit dem Bildhauer Jan van Logteren, beide stammten aus Amsterdam, errichtet und war damals die größte Orgel der Welt. Die 30 m hohe Orgel ist weltberühmt. Auf beiden Seiten befinden sich Türme mit bis zu 11 m langen Pfeifen, außerdem hat sie 62 Register. 25 Skulpturen zieren die Orgel. Händel kam zweimal hierher, um auf der Orgel zu spielen, ebenso der erst 10-jährige Mozart. Es ist ein unglaubliches Erlebnis, die gewaltige Musik unter den gotischen Bögen und dem Rippengewölbe zu erleben.

Auch wer hier kein Konzert erleben kann, wird von der Kirche beeindruckt sein. Sie dominiert mit ihrem 50 m hohen Turm das Zentrum von Haarlem. 1559–1578 war sie die Kathe-

TOP TIPP

Viele Sehenswürdigkeiten in Haarlem, z.B. die Museen Teylers und Frans Hals oder eine Grachtenfahrt, sowie der Nahverkehr zwischen den beiden Städten sind in der I Amsterdam Card inbegriffen. Daran sollte man denken, wenn man eine für den Besuch in Amsterdam gekauft hat.

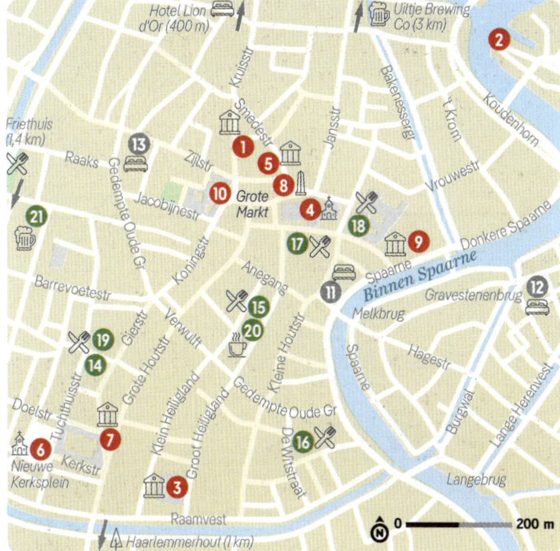

SEHENSWERTES
1 Corrie-ten-Boom-Haus
2 De Molen Adriaan
3 Frans Hals Museum
4 Grote Kerk
5 Hoofdwacht
6 Nieuwe Kerk
7 Proveniershuis
8 Statue of Laurens Coster
9 Teyler's Museum
10 Rathaus

SCHLAFEN
11 Brasss Hotel Suites
12 Hello I'm Local Boutique Hostel
13 MAF Haarlem Boutique Hotel

ESSEN
14 Brick
15 De Lachende Javaan
16 DeDakkas
17 Friethuis
18 ML
19 Native

AUSGEHEN & FEIERN
20 Brownies & Downies
21 Jopenkerk

drale des katholischen Bistums Haarlems, mit der Reformation sollte sich das ändern. Das Gebäude entstand im 13. Jh. und wurde im 15. Jh. umgebaut, behielt jedoch das gotische Aussehen. Die Kirche beherbergt auch einige schöne Kunstwerke aus der Renaissance.

Einstündige Orgelkonzerte (gegen eine geringe Gebühr) finden von Ende Mai bis Anfang Oktober Dienstag- und Donnerstagabend statt, manchmal auch am Wochenende.

Das 17. Jh. wird lebendig

Haarlems adoptiertes Genie

Frans Hals wurde 1582 in Antwerpen geboren. Seine Familie floh aus dem unruhigen Flandern als er ein Kleinkind war – der 80-jährige Krieg tobte und Antwerpen wurde ein Jahr lang belagert. Sie landeten in Haarlem und Hals verbrachte hier den Rest seines Lebens. Bei einem Besuch des ausgezeichneten **Frans Hals Museum** erkennt man, warum Maler wie Cézanne, Van Gogh und Courbet sein Werk verehrt haben. Hals' Pinselstrich war locker, so als wollte er schnell Momente einfangen, sie wirken sehr lebendig und realistisch. Seine Porträts fangen sowohl die Seele der Porträtierten ein als auch ihr Aussehen. Gruppenporträts der Schützengilde

ESSEN IN HAARLEM

Restaurant ML
Sterne-Restaurant mit einem glasüberdachten Hof; an den Wänden hängt Kunst. €€€

Brick
Eine offene Küche, Glasboden und tolle Bistro-Gerichte. €€

Friethuis
Zwei Filialen mit den besten Pommes in Haarlem. €

DAS GEHEIME, LEBENSRETTENDE VERSTECK

Wie das Anne Frank Haus (S. 64) in Amsterdam ist das **Corrie ten Boom Haus** ein außergewöhnlicher Ort – er erinnert an die leidvollen Ereignisse des Zweiten Weltkriegs, tröstet aber auch durch die Geschichte von Corrie ten Boom und ihrer Familie, die ihr Leben riskierten, um Menschen vor den Nazis zu retten.

Die fromme Familie ten Boom besaß ein gut gehendes Uhrengeschäft nahe Haarlems Hauptplatz. Bei einer Führung kann man den geheimen Verschlag im Haus sehen, in dem die Familie Hunderte von Juden und niederländischen Widerstandskämpfern versteckte.

1944 wurde die Familie verraten und in Konzentrationslager gebracht, wo drei Mitglieder umkamen. Später bereiste Corrie ten Boom die Welt, um sich für den Frieden einzusetzen. Es gibt Führungen (auch auf Deutsch).

zeigen die unterschiedlichen Persönlichkeiten der Mitglieder. Im Museum hängen auch Werke anderer großer Künstler, beispielsweise von Pieter Brueghel. Außerdem gibt es gibt ein riesiges Puppenhaus, das eher ein Miniaturmuseum ist als ein Spielzeug. Das Museum wurde 1913 gegründet, davor wurde das Gebäude als Altenheim und als Waisenhaus genutzt; eines der ausgestellten Bilder zeigt die vier strengen Verwalterinnen des Altenheims, Hals malte es im Alter von 80 Jahren.

Ein weiteres Teil des Museums, das Museum de Hallen, zeigt Moderne Kunst (das Ticket für das Frans Hals Museum ist hier auch gültig). Es besteht aus zwei historischen Markthallen: Die Vleeshal (17. Jh.) entstand während der niederländischen Renaissance und war vom 17. bis zum 19. Jh. der Fleischmarkt von Haarlem; das andere Gebäude ist die neoklassizistische Verweyhal (Fischhalle).

Teylers außergewöhnliches Museum

Prächtige Schatztruhe

Wer Museen mag, die so schön sind, dass sie selber in ein Museum gehören, wird diesen Ort lieben. Das **Teylers Museum** mit den hübschen Lichthöfen und Vitrinen aus poliertem Holz ist eines der ältesten Museen des Landes. Es wurde gegrün-

ESSEN IN HAARLEM

DeDakkas
Legendäres Dachterrassen-Café-Restaurant auf einem mehrstöckigen Parkhaus. **€€**

De Lachende Javaan
Indonesische Küche in einem alten Kaufmannshaus, mit einer leckeren *rijsttafel*. **€€**

Native
In dem modernen Bio-Café in der grünen Breestraat sind alle Gerichte vegetarisch, vegan und/oder glutenfrei. **€**

JOOST ADRIAANSE/SHUTTERSTOCK ©

Teylers Museum

det nachdem der Tuchhändler und Philanthrop Pieter Teyler ohne einen Erben starb und in seinem Testament verfügte, dass seine umfangreiche Sammlung wertvoller Objekte für die Nachwelt erhalten werden sollte.

Seine Nachlassverwalter gründeten das Museum voll faszinierender Exponate. Der Architekt Leendert Viervant wohnte in Pieter Teylers ehemaligem Haus, nahm ein Zimmer als Studio und entwarf von dort das Museum. Er designte den beeindruckenden Ovale Zaal inklusive der Ausstellungsvitrinen. 1784 wurde das Museum eröffnet. Ein Jahr später wurde Wybrand Hendriks als Kurator, Restaurator, Kunstsammler und -händler angestellt, er bewohnte ebenfalls Teylers Haus. Bei einem Besuch kann man das elegante Stadthaus besichtigen, in dem zuerst Teyler und dann die Begründer des Museums lebten. Es ist ein großzügiger Wohnsitz aus dem 18. Jh. mit wunderschönen Zimmern und Vitrinen voll mit Porzellan von Royal Copenhagen. Das Museum präsentierte die neuesten wissenschaftlichen Wunder und Kunstschätze. Zu den Besuchern des Ovale Zaal gehörten bereits Napoléon, Zar Alexander und Albert Einstein.

Das Museum wurde später um zwei Räume erweitert, zu den Highlights gehört eine Sammlung an Faksimiles von Zeichnungen von Michelangelo, Rembrandt und Piranesi. Man

PARKS & BOOTSTOUREN

Südlich der Stadt liegt der 60 ha große Park **Haarlemmerhout**, 1539 erstmalig auf Stadtplänen verzeichnet, wurde 1760 neu gestaltet.

Hier wachsen Buchen, Kastanien, Eichen, Linden, Silberahorne und Platanen – ein fantastischer Ort für einen Spaziergang oder ein Picknick. Ein kleiner Streichelzoo, Spielplätze und ein Pfannkuchenhaus sind bei Kindern beliebt.Im Sommer gibt es Kunstausstellungen, Konzerte und Festivals.

Oder man geht aufs Wasser, um Haarlem aus einer anderen Perspektive zu sehen. 75-minütige Bootsfahrten in finden alle 90 Minuten statt, vorbei an Sehenswürdigkeiten wie der Windmühle De Molen Adriaan. Free Movement (Spaarnwouderstraat 35) verleiht Kajaks und SUPs.

AUSGEHEN IN HAARLEM

Uiltje Brewing Co
Die Brauerei 4 km nordöstlich von Haarlems Zentrum bietet einen lebhaften Barbereich und einen sonnigen Hof.

Brownies & Downies
Ein geräumiges Café mit einer großen Auswahl Brownies.

Jopenkerk
Haarlems stimmungsvolle eigenständige Brauerei in einer Kirche von 1910 mit Buntglasfenstern.

kann sie im holzgetäfelten Saal besichtigen und im fantastischen Ovale Zaal, in dem auf zwei Ebenen naturhistorische Exponate in eleganten Glasvitrinen ausgestellt werden; hier steht auch die *elektriseermachine* von Martin van Marum.

LINNAEUSHOF: EUROPAS GRÖSSTER SPIELPLATZ

Südlich von Haarlem liegt der Linnaeushof – ein toller Tummelplatz für Kinder mit bunten Rutschen, Röhren, Klettergerüsten und einem Wasserpark; dazu kommen viele fantasievolle Spielbereiche, ein See mit Tretbooten, Gokarts, pilzförmige Spielhäuser und vieles mehr: ein lohnenswertes Ziel für einen Tag im Freien. Für die Größeren gibt es Bereiche mit anspruchsvolleren Spielgeräten und bei schlechtem Wetter lockt ein Indoor-Spielplatz.

Der Eintritt kostet 17 € pro Person. Man kann ein Picknick mitnehmen oder dort in einem Café essen.

Haarlems historisches Zentrum erkunden

Highlights im historischen Zentrum

Am Westende des zentralen Grote Markt steht das verzierte, mit Zinnen versehene **Rathaus** aus dem 14. Jh., von dessen Balkon die Gerichtsurteile verkündet wurden. Es ist nur am Tag des Offenen Denkmals (2. Wochenende im Sept.) für die Allgemeinheit geöffnet. In der Nähe steht die balkongeschmückte **Hoofdwacht** (Hauptwache) aus dem 13. Jh., das ehemalige Gefängnis.

Nördlich der Grote Kerk befindet sich die Bronzestatue des Druckers Laurens Coster, errichtet 1856. Haarlemer glauben, dass Coster, ebenso wie Gutenberg, der Erfinder des Buchdrucks war.

Bei der Grote Houtstraat, nur wenige Minuten südwestlich vom Grote Markt, steht eines der hübschesten Gebäude Haarlems, das **Provenierhuis**, drei Häuser rund um einen Innenhof. Ursprünglich war es ein *hofje* (Wohnhöfe für ältere alleinstehende Frauen), später einige Zeit das Hauptquartier von St. Joris Doelen (Bürgerwache St. Georg).

Über die hübsche Korte Houtstraat erreicht man die rote Backsteinkirche **Nieuwe Kerk** (neue Kirche) aus dem 17. Jh.

Die Windmühle **De Molen Adriaan** am Fluss Spaare kann besichtigt werden, sie wurde im 18. Jh. für die Produktion von Zement errichtet. Bei der 45-minütigen Führung steigt man die enge Treppe hoch und hat einen tollen Blick über Haarlem. Die beliebte Windmühle brannte 1932 nieder, aber die Haarlemer sammelten Geld für den Wiederaufbau.

ÜBERNACHTEN IN HAARLEM

Brasss Hotel Suites
Große, gekonnt eingerichtete Suiten im Stadtzentrum. €€

MAF Haarlem Boutique Hotel
Zentral gelegenes Schmuckstück mit Aussicht, Holzbalken und Kronleuchtern. €€

Hello I'm Local Boutique Hostel
Bekanntes Hotel-Hostel mit Zimmern und Schlafsälen. Gemeinschaftsbäder. €

Rund um Haarlem

Im Umland von Haarlem gibt es Strände, einen Nationalpark und mehrere historische Sehenswürdigkeiten und Museen.

Nur etwa 7 km nordwestlich der Stadt liegt der Zuid-Kennemerland National Park mit vielen Wildtieren, entlang der Küste erstrecken sich die langen Sandstrände von Zandvoort und Bloemendal aan Zee. Im Süden befinden sich Europas größter Spielplatz, Linnaeushof, und einige große Tulpenfelder, die im Frühling einen Besuch lohnen.

Eine Stunde Zugfahrt nördlich von Haarlem lockt Alkmaar mit einem fantastischen Kunstmuseum, hübschen Häusern und seinem berühmten Käsemarkt. Wenn man dort ist, lohnen sich ein Besuch des Museums BroekerVeiling mit der Möglichkeit, an einer Gemüseauktion teilzunehmen.

Orte

UNTERWEGS VOR ORT

Den Zuid-Kennemerland National Park erreicht man mit dem Fahrrad, Bus oder Auto. Alkmaar hat gute Zug- und Busverbindungen.

Nationalpark Zuid-Kennemerland

AB HAARLEM: 15 MIN.

Hügelige Landschaft, Seen und Wildtiere

Nur wenige Kilometer nordwestlich von Haarlem kann man durch lichte Tannenwäldchen und auf Sanddünen an der Küste entlangwandern. Ein guter Ausgangspunkt ist das Besucherzentrum De Zandwaaier, wo auch Fahrräder verliehen werden. Wenige Minuten mit dem Rad entfernt liegt Het Wed, ein idealer Badeteich. Nach weiteren zehn Minuten Fahrt erreicht man den beliebten Badesee Strand Oosterpas.

Der Nationalpark Zuid-Kennemerland ist ein fantastischer Ort, um Wildtiere zu sehen, hier leben Vögel, Reptilien, Shetlandponys, Konik-Pferde, Rehe und Schafe.

TOP TIPP

Am Strand von Bloemendaal aan Zee bekommt man bei Mifune Watersports Ausrüstungen und Unterricht für Kitesurfen, Surfing, Segeln und SUP.

ESSEN RUND UM HAARLEM

Oercap
Das angesagte Lokal am Fluss auf dem Weg zum Park erinnert an eine entspannte Strandbar. €€

Woodstock 69
Extrem coole Boho-Strandbar mit Sonnenliegen und gesundem Essen am Strand von Bloemendaal aan Zee. €€

De Zandwaaier Visitor Centre
Tolles Café fürs Mittagessen oder Snacks, es gibt Sitzplätze drinnen und draußen.. €

DIE GRÖSSTE BLUMENAUKTION DER WELT

In Aalsmeer kann man die weltweit größte *bloemenveiling* (Blumenauktion) besuchen, die von der Blumenkooperative Royal FloraHolland durchgeführt wird. Es scheint eher eine Fabrikbesichtigung zu sein. Am besten kommt man frühmorgens hierher: Ab 9 Uhr sieht man von der Besuchergalerie wie die blumenbeladenen Wagen zur Rückwärtsauktion gebracht werden, eine riesige Uhr zeigt das Startgebot. Nach der Startglocke sinkt der Zeiger bis ein Handel getätigt ist.

In der riesigen Halle wechseln Tag für Tag rund 43 Mio. Blumen und 5 Mio. Pflanzen die Besitzer.

Angeschlossen ist das **Boerma Institut**, das fachmännische Kurse im Blumenarrangieren anbietet.

Mit Bus 340 von Haarlem (45 Min.) nach Aalsmeer fahren oder mit dem Zug (15 Min.) von Amsterdam Sloterdijk bis zur Haltestelle Hoofddorp, von dort weiter mit Bus 340.

Sehenswert sind die scheuen, zotteligen rotbraunen gehörnten Highlandrinder, die 2016 hier angesiedelt wurden. Im Dünenbereich von Kraansvlak leben Bisons.

Mit 50 m Höhe ist Kopje van Bloemendaal die höchste Düne des Landes, sie liegt an der Ostgrenze des Parks und bietet Aussicht aufs Meer und bis nach Amsterdam. Niederländische Widerstandskämpfer wurden auf dem Friedhof Erebegraafplaats Bloemendaal, einige Kilometer westlich, beigesetzt.

Im Frühling sprießen in den Dünen Wüstenorchideen, dazu kommen die Rosetten des Dünengrases und weiß blühende Studentenröschen. Rotfüchse, Damwild und viele Vogelarten sind hier heimisch, Fledermäuse halten sich in den verlassenen Bunkern des Parks auf.

Man kann den Bus 81 ab Bahnhof Haarlem nehmen, die N200 Richtung Bloemendaal aan Zee fahren oder ab Haarlem über Brouwersvaart radeln.

Bloemendaal aan Zee

AB HAARLEM: 30 MIN. 

Strandleben

Etwa 7,5 km westlich vom Zentrum Haarlems liegt der lange, ruhige Sandstrand von Bloemendaal aan Zee. Ein wunderbarer Ort an heißen Tagen, allerdings ist die Nordsee weniger einladend als der weiche Sand. Es gibt einige Restaurants und Cafés, in denen man neben Essen und Trinken auch Sonnenliegen bekommt, z. B. im Woodstock 69. Die Atmosphäre ist entspannt, mehrere Einrichtungen bieten Wassersport, u. a. Kitesurfen, an. Ab Haarlem fährt die Buslinie 81 (alle 15 Min.) oder man fährt 30 Minuten mit dem Rad.

Alkmaar

AB HAARLEM: 25 MIN.

Eine schwimmende Auktion erleben

Ein Vergnügen für Jung und Alt ist eine schwimmende Auktion im **Museum Broeker-Veiling** nahe Alkmaar. Das Museum befindet sich rund um das Auktionshaus von 1877 im Zentrum einer wasserreichen Region – das Gebäude steht auf 1900 Pfählen. Bänke laden im Auktionsraum zum Sitzen ein, hier gaben die Händler einst ihr Gebot ab, während die

ANDERE TULPENORTE

Bollenstreek, 40 km von Amsterdam entfernt, ist bekannt für den Tulpenpark Keukenhof, man kann aber auch Tulpenfelder rund um Flevoland (S. 131) und südlich von Haarlem bei Lisse besuchen.

ÜBERNACHTEN IN ALKMAAR

Camping Alkmaar
Wohnmobile, Zelte und Holzhütten im Grünen mit eigenem Strand. Ganzjährig geöffnet. €

Grand Hotel
Geschmackvolle Zimmer in einem historischen Gebäude im Zentrum von Alkmaar. €€

Luttik
Das tolle Hotel an einer Gracht bietet Hängesessel, Schaffelle, frei stehende Badewannen. €€€

Bauern in Booten durch die Halle ruderten. Heute können Besucher an einer Auktion teilnehmen und per Knopfdruck bieten – der schnellste Bieter bekommt das Gemüse.

In den Feuchtgebieten nördlich von Alkmaar existierten einst 15 000 kleine Gemüseinseln, die Bauern kümmerten sich vom Ruderboot aus um die Felder. 45-minütige Bootstouren führen durch das reizvolle Puzzle der schwimmenden Felder, etwa 200 Inseln sind noch vorhanden. Man sieht auch einige der traditionellen Feldfrüchte. Und es gibt ein nettes kleines Café.

Zuhause ist die schwimmende Auktionshalle in Broek op Langedijk („Sumpf auf dem langen Deich"). Das friedliche Dorf ist umgeben von Wasserstraßen und vielen Tulpenfeldern – ein Besuch im Frühling lohnt sich. Von Alkmaar ist es mit dem Rad gut zu erreichen: Der hübsche 9 km lange Radweg führt an Grachten entlang durch das winzige alte Dorf Sint Pancras.

Ein Tag in Alkmaar

Wer Käse mag und gerne Leute beobachtet, sollte freitags (April–Sept.) nach Alkmaar fahren; dann findet hier der bekannte *kaasmarkt* („Käsemarkt") statt. Träger mit bunten Hüten der Käsegilde und Händler in weißen Kitteln nehmen eine Käseprobe. Sie schnuppern daran und zerkrümeln sie, um Fettgehalt und Feuchtigkeit zu prüfen. Sobald die Geschäfte getätigt sind, transportieren die Träger die Käselaibe auf Holzschlitten zur alten Käsewaage.

Selbst wenn man den Käsemarkt verpasst, lohnt sich der Tagesausflug. Das städtische Stedelijk Museum besitzt eine ausgezeichnete Sammlung, dazu gehört auch Charley Toorops ausgesprochen realistisches Gemälde der Käseträger sowie Gemälde anderer Mitglieder der Bergener Schule.

Wer weiter ins Zentrum geht, kommt zum gotischen Stadhuis, Alkmaars Rathaus wurde 1509–1520 erbaut, 1694 wurde ein klassizistischer Flügel angebaut. Ein paar Hundert Meter entfernt steht das zinnenbewehrte Waaggebouw (Waaghaus), eine ehemalige Kapelle (14. Jh.) wurde zwei Jahrhunderte später zur Waage der Stadt umgebaut.

In der Nähe liegt De Boom Brauerei, in der sich heute das Nationaal Biermuseum befindet. Hier erfährt man viel über den Gerstensaft, sieht Geräte zum Bierbrauen, Wachsfiguren und ein Video mit grotesken Bierwerbungen seit den 1950er-Jahren. Im Eintritt inbegriffen ist ein Getränk in der netten Bar, im Untergeschoss befindet sich Proeflokaal De Boom, eine hübsche historische Kneipe an der Gracht.

Man sollte sich Zeit für die Grachtentour nehmen, die von Mient, nahe der Waage, unter 22 Brücken durchführt.

ALS INSIDER IN HAARLEM

Martin Lloyd ist der Erfinder des Rollenspiels Amazing Tales für Kinder. Er wohnt mit seiner Frau und zwei Kindern in Haarlem. *amazing-tales.net*

Man beginnt den Tag mit einer Radtour zum Strand, um den Blick aufs Meer bei Bloemendaal aan Zee zu genießen. Mittagessen gibt es in einem der Strandcafés oder nach einer kurzen Fahrt durch die Dünen im Café Parnassia aan Zee.

Der Rückweg führt durch den Nationalpark Zuid Kennemerland, dabei folgt man den Schildern zum Vogelmeer – hier gibt es viele Vögel – und Het Wed – zum Baden und Sonnen.

Zurück in der Stadt trinkt man ein Bier im Jopenkerk oder Uiltje Brewing Co. und beendet den Tag auf der Dachterrasse bei DeDakkas.

ESSEN IN ALKMAAR

Abby's
Bistro mit Terrasse im Schatten einer Windmühle. **€€**

Cafe Restaurant De Buren
Restaurant an einer Gracht mit internationaler Küche und hübschen Plätzen im Freien. **€€**

De Vlaminck
Fantastische Pommes mit vielen verschiedenen Saucen. **€**

Nordhollands Küste & Waterland

ALTE GIEBEL | BERÜHMTER KÄSE | FRUCHTBARES BAUERNLAND

UNTERWEGS VOR ORT

Nordholland und Flevoland haben ein gutes ÖPNV-Netz. Die niederländische Bahn verbindet die großen Städte mit Amsterdam. Busse verkehren zwar in der Region, aber Auto und Fahrrad sind praktisch – Leihräder gibt es in jedem Ort. Große Autofähren bewältigen die Überfahrt von Den Helder nach Texel in 20 Minuten. Der Busverkehr auf Texel ist eingeschränkt.

TOP TIPP

Der Houtribdijk (N302) zwischen Enkhuizen und Lelystad ist eine der außergewöhnlichsten Strecken des Landes. Sie verläuft auf einem engen, dammähnlichen 30 km langen Deich, der 1976 als erster Schritt der Einpolderung von Markerwaard fertiggestellt wurde. Parallel zur Straße verläuft ein Radweg.

Nordholland spielte eine wichtige Rolle im langen Kampf gegen die spanische Herrschaft. Nach Kriegsende begannen die Küstenstädte aufzublühen, was man an den zahlreichen hübsch verzierten Häusern aus dem 17. und 18. Jh. erkennen kann. In diesem „Goldenen Zeitalter" florierten Seefahrt und Handel. Die Fischerei- und Handelshäfen Enkhuizen, Hoorn, Medemblik und Edam standen im Zentrum des Aufschwungs und in vielen Städten beruhte der Wohlstand auf dem heimischen Gold: Käse.

Nördlich von Amsterdam sieht man grüne Wiesen und Felder, Windmühlen, Wasserwege und Grachten: Das ist Waterland, eine Kombination aus Gewässern, Feldern und Sümpfen, mit tollen Möglichkeiten zum Radfahren. Es gibt hübsche Orte wie Monnickendam und Marken.

Im Osten, jenseits vom 700 km^2 großen Markermeer, der durch die Eindämmung des Ijsselmeers entstand, liegt die jüngste Provinz der Niederlande: Flevoland wurde erst 1986 gebildet und besteht hauptsächlich aus neu gewonnenem Land.

Käse & Kopfsteinpflaster

Hübsche Käsestädte

Edam steht für die gleichnamigen, weltbekannten goldgelben und mit Wachs beschichteten Käselaibe. Bevor man sich über Käse informiert und an Verkostungen teilnimmt, sollte man den hübschen Ort besichtigen. Einst war die Stadt ein bekannter Walfanghafen, in ihrer Blütezeit (17. Jh.) gab es 33 Werften. Es gibt alte Lagerhäuser, stille Pflasterstraßen, handbetriebene Drehbrücken und Balkonkästen spiegeln sich in idyllischen Grachten.

Unbedingt besuchen sollte man **Edams Museum** in einem historischen Stadthaus (1540). Auf drei Etagen befinden sich dicht gedrängt Möbel, Porzellan und Silberwaren. Der schwimmende Keller ist besonders interessant: Er steigt und fällt mit dem Wasserstand des Flusses, um eine Überschwemmung zu vermeiden. Auf der anderen Seite der Gracht,

in einem Anbau des Rathauses (1737), sind weitere Exponate untergebracht; unter anderem hängt dort das Bild *Großes Mädchen* eines unbekannten Künstlers, das die 1616 geborene, 2,80 m große Trijntje Keever zeigt, die angeblich schon mit neun Jahren 2 m groß war.

In dem wunderbaren, wenig kommerziellen **Gestam**, einem 1916 gegründeten Lagerhaus für heimische Herrsteller, gibt es 30 verschiedene Käsesorten zu probieren. Im amüsanten interaktiven Henri Willigs „The Story Of Edam Cheese" lernt man alles über Edam, kann eine Kuh-Attrappe melken und sich auf einem Käse fotografieren lassen – und im Geschäft gibt es noch mehr Kostproben.

Marken, Dorf auf der Insel

Museumsreife Insel in Waterland

Marken ist ein bezauberndes kleines Dorf mit holzgetäfelten Häusern auf einer einsamen Insel, die erst seit 1957 mit dem Festland verbunden ist. Sie hat ein autofreies Zentrum, einen Hafen mit einigen Restaurants, ein Holzschuh-Museum und einige Übernachtungsmöglichkeiten. Es lohnt sich hier eine Nacht zu verbringen, um die ruhige Atmosphäre zu genießen, wenn die Tagesgäste verschwunden sind. Aus einigen Aalräuchereien im Viertel Kerkbuurt entstand das **Marker Museum**, das die Dorfgeschichte erzählt. Das nachgebaute Interieur eines Fischerhauses mit Wachsfiguren ist voller persönlicher Details; der Shop verkauft regionales Handwerk.

Von Volendam (S. 126) wird eine Bootstour hierher angeboten – die Rederij Volendam Marken Express verkehrt mehrmals am Tag (Dauer 20 Min.) – oder man übernachtet hier und fährt mit dem Boot über den Kanal, um in holländischer Tracht für ein Foto zu posieren.

UNESCO WELTERBE FORT PAMPUS

Auf einer Insel vor Muidens Küste liegt **Fort Pampus**, die verfallene Festung ist Unesco-Weltkulturerbe.

Der massive Bunker aus dem 19. Jh. war ein wichtiger Teil der Stelling van Amsterdam (Verteidigungslinie von Amsterdam), einem Ring aus 42 Festungen, der im Luftkrieg des 20. Jhs. nutzlos wurde. Fähren nach Pampus legen im Hafen von Muiderslot ab (April–Nov.). Die Fahrt dauert 25 Minuten. Vom östlichen Amsterdamer Stadtteil IJBurg verkehrt auch eine Direktfähre (40 Min.)

BOOTFAHREN IN EDAM

Edams Grachten waren früher sehr wichtig für den Transport von Käse und anderen Waren. Heute dienen sie mehr dem Vergnügen. Anders als in Amsterdam sind die Wasserstraßen hier ruhig. Es ist ein faszinierendes Erlebnis mit einem kleinen Elektroboot, das man selbst steuern kann, durch das Wasser zu gleiten (Buchung über Fluisterbootjes). Die Boote bieten Platz für bis zu sieben Personen, man braucht keinen Führerschein. Bezahlt wird in der Touristeninformation, dort gibt es auch den Schlüssel (auch Online-Buchung möglich).

Die Touristeninformation organisiert auch einstündige Touren durch die Grachten in traditionellen, offenen *praam* („Kuhbooten").

JOLANDA AALBERS/SHUTTERSTOCK ©

Hoorn

Holländische Trachten in Volendam

Kitschiger Verkleidungsspaß

Volendam bedeutet der „volle Damm". Hier befand sich früher der Hafen von Edam, aber als von dort ein direkter Weg in die Zuiderzee gebaut wurde, wurde der alte Hafen eingedämmt und neues Land gewonnen. So entstand der Ort Volendam mit einem eigenen Hafen, einem Stützpunkt für Fischer und Seefahrer. Heute säumen pittoreske Giebelhäuser und Souvenirläden das Wasser; Touristen sitzen bei Bier und Muscheln in den Lokalen und genießen Meerblick. Schiffe verkehren von hier zur Insel Marken. Man kann eine einzigartige Erfahrung machen: Gekleidet in holländischer Tracht mit einem Akkordeon oder einem gewachsten Käselaib in der Hand wird man fotografiert. Aber auch die Einwohner selbst tragen bei Festen und zum Gottesdienst ihre Tracht. Ein Besuch von Voldendam lässt sich gut mit Edam, das nur 3 km entfernt liegt, kombinieren.

ÜBERNACHTEN, ESSEN & AUSGEHEN IN EDAM

L'Auberge Dam Hotel
Hotel mit Kunst und Antiquitäten in Edams romantischem Zentrum. €€

De Fortuna
Ölgemälde und Blick auf die Gracht, das nette Restaurant gehört zu einem Hotel. €€

Proeflokaal de Knijp
Gemütliche, traditionelle Brennerei mit Bar und poliertem Holz. Seit 1900. €

Windmühlen in Zaanse Schans

Bewegte Geschichte

Im schönen **Zaanse Schans**, das wie ein Freilichtmuseum wirkt, stehen sechs funktionierende Windmühlen am Ufer des Flusses Zaan. Der Anblick der Mühlen ist beeindruckend. Zaanse Schans ist ein einzigartiger Ort, halb Museum, halb echtes Dorf. Enthusiastische Guides betreiben die Windmühlen und erklären Besuchern gerne die Funktionsweise – eine tolle Chance, die riesigen, komplexen Teile im Inneren zu erkunden.

Anfang der 1960er-Jahre wurden verschiedene historische Gebäude hierher gebracht, um ein Dorf des 17. Jhs. nachzustellen. Es gibt einen frühen Albert-Heijn-Laden, eine Zinngießerei und eine Holzschuhwerkstatt, in der Holzschuhe geschliffen werden. Hinzu kommen mehrere Restaurants und ein Pfannkuchenhaus.

Zaanse Schans liegt nur 18 km nördlich von Amsterdam, die Strecke ist wunderschön. Es geht an der Centraal Station los mit der IJ-Fähre, anschließend weiter Richtung Nordwesten durch Amsterdam Noord, dann durch die Polder, die landwirtschaftlich genutzt werden. Zuerst erreicht man Zaandam. Die Strecke ist flach und eignet sich auch zum Radfahren.

Ein Bummel durch Hoorn

Hornförmiger Hafen aus dem 17. Jh.

In **Hoorn** ist vor allem die Hafengegend besonders hübsch, hier sieht man Häuser aus dem 17. Jh. und vor Anker liegende Großsegler, die an die ruhmreiche Vergangenheit erinnern. Hoorn war früher die Hauptstadt von Westfriesland und Sitz der Niederländischen Handelsflotte. Als Mitglied im Bündnis der sieben Städte trug Hoorn dazu bei, das Land von den Spaniern zu befreien, die die Stadt von 1569 bis 1573 besetzten. Hoorns berühmtester Sohn, der Seefahrer Willem Schoutens, benannte 1616 Südamerikas sturmgepeitschte Südspitze nach seiner Heimatstadt: Kap Hoorn.

Die beeindruckende **Statue von Jan Peterzoon Coen**, dem Gründer der Niederländischen Ostindien-Kompanie, wacht über dem **Rode Steen** (Roter Stein oder Festung), benannt nach dem Blut, das einst vom Galgen auf den Boden floss. An der Nordostseite des Platzes steht die **Waag**, das Waaghaus aus dem 17. Jh. – das Einhorn ist übrigens das Wappentier der Stadt. Am Hafen stehen viele Giebelhäuser, besonders an der Veermanskade. Das Wehrtor **Hoofdtoren** (1532) wird von einem kleinen Glockenturm gekrönt und beherbergt heute ein Restaurant. Einen Blick lohnen die alten Lagerhäuser am Bierkade, wo das Bier aus Deutschland abgeladen wurde.

VOLENDAMS MUSEUM

Ein fünfminütiger Spaziergang führt von Volendams Promenade zum netten **Volendams Museum** am Marktplatz. Es zeigt traditionelle Trachten, Malbücher für Kinder und Rekonstruktionen von beengten Schiffskajüten. Die außergewöhnliche Abteilung „Zigarrenbanderolen“ präsentiert rund 11 Mio. Banderolen, aus denen Mosaike mit berühmten Wahrzeichen entstanden. Geschaffen wurden sie vom einheimischen Aalhändler Nicolaas Molenaar (1894–1964), der mit dem Hobby in seinem Haus anfing und die Kunden nach dem Kauf eines Aals gestattete, die Sammlung anzusehen.

Nach seinem Tod übernahm dessen Nachbar Jan Sombroek die Sammlung und führte sie fort. 1993 kaufte die Touristeninformation das Museum.

ESSEN IN MARKEN & VOLENDAM

Taverne de Visscher
Am Hafen von Marken gibt es viele nette Restaurants; hier gibt es gute Pfannkuchen und jede Menge Schiffsmodelle. €

Smit Bokkum
Schon von der sechsten Generation in Volendam geführt (seit 1856). es gibt geräucherten Aal, Wolfsbarsch und Makrelen. €€

DAS HISTORISCHE DREIECK HOORN, MEDEMBLIK & ENKHUIZEN

Ein toller Tagesausflug startet mit der Dampfbahn von Hoorns kleinem Bahnhofsmuseum. Die Dampflok schnauft durch üppige grüne Felder von Hoorn nach Medemblik (22 km, 75 Min.), mit polierten Holzwaggons und Guides in historischen Uniformen.

Von Medemblik kann man mit dem Boot nach Enkhuizen übersetzen, ein erster Halt ist beim Freilichtmuseum Zuiderzeemuseum. Zurück nach Hoorn kann man mit der regulären Bahn fahren. Die Abfahrtszeiten variieren, man sollte im Voraus nachfragen.

Das **Westfries Museum** im einstigen Sitz des Staten-Colleges (Ständevertretung) hat eine wertvolle Sammlung historischer Gemälde, ist aber zurzeit wegen umfangreicher Renovierungen geschlossen. In der Übergangszeit gibt es eine audiovisuelle Ausstellung in der Scheepenen Kamer (Ratsherrensaal) des ehemaligen **Rathauses Hoorn** und einen Podwalk oder Rundgang zu Hoorns historischen Gebäuden.

In dem riesigen ehemaligen Gefängnis auf Oostereiland zeigt das **Museum van de Twintigste Eeuw** (des 20. Jhs.) Exponate aus jüngerer Vergangenheit. Ein Besuch lohnt sich, die Räume spiegeln verschiedene Dekaden und bieten Retro-Poster, Möbel und Technik.

Enkhuizens Zuiderzeemuseum: Buitenmuseum

Lebendige Geschichte im Freien

Das Zuiderzeemuseum ist ein wunderbarer Ort, an dem man einen ganzen Tag verbringen kann. Der Open-Air-Teil, das **Buitenmuseum**, bietet über 130 wiederaufgebaute Wohnhäuser und Werkstätten in toller Lage am Wasser.

Das 1983 erbaute Buitenmuseum zeigt das Leben in Zuiderzee zwischen 1880 und 1932. Es wirkt absolut authentisch, man darf auch die Häuser betreten, die liebevoll und detailliert eingerichtet sind. Guides in Trachten beleben die Szene (allerdings sprechen manche nur Niederländisch).

Es gibt Geschäfte, beispielsweise eine Bäckerei, eine Apotheke und einen Bonbonladen, in den Werkstätten wird zu Demonstationszwecken gearbeitet. Kalköfen aus Akersloot stehen wenige Meter neben dem Zuidende und den Monnickendam-Häuser, die ursprünglich außerhalb der Deiche errichtet wurden. Unbedingt sollte der Urk-Abschnitt besichtigt werden, der die Inselgemeinde widergibt bevor der Noordoostpolder trockengelegt wurde. Postkarten bekommen einen speziellen Stempel, wenn man sie im alten Postamt in Den Oever abgibt.

Der Marker Haven ist eine Nachbildung des Hafens, der 1830 auf der damaligen Insel Marken gebaut wurde. Zudem gibt es ein Café.

Am besten erreicht man das Museum per Schiff, entweder mit der Fähre ab dem Bahnhof

WEITERE NOSTALGIE-ZÜGE

Noch mehr historische Maschinen gibt es im **Spoorweg Museum** (S. 145) in Utrecht oder bei einer Fahrt mit der Oldtimerbahn im **Openluchtmuseum** (S. 228) in Arnhem.

ESSEN IN ZAANSE SCHANS

Het Zaanse Bakkertje
Ausgezeichnete Bäckerei um sich mit Backwaren und Sandwiches fürs Picknick zu versorgen. €

Brasserie-Restaurant Het Zaanse Hoekje
Familiengeführtes Restaurant mit Gerichten im Brasserie-Stil. €€

Hoop Doet Eten
Brauerei mit herzhaften Speisen und Snacks. €€

(ein kurzer, interessanter Weg führt durch den Ort) oder mit dem Boot ab Medemblik. Besucher sollten ihr Auto am Parkplatz an der N302 am Südrand des Ortes parken. Das Museum ist ganzjährig geöffnet, Aktionen finden nur von April bis Oktober statt.

Muiden & Muiderslot

Muidens große Festung

Das romantische **Muiderslot** mit seinen Rundtürmen ist ein sehr gut erhaltenes Backsteinschloss aus dem Mittelalter mit einem Wassergraben. Es ist nur eine kurze Spritztour von Amsterdam (I Amsterdam Card gültig).

Das Schloss erinnert an die Schlösser der Loire. Es wurde 1280 unter Graf Floris V., Sohn von Willem II., erbaut, der ein erfolgreicher und beliebter Regent war. Er war Fürsprecher der Armen und sympathisierte mit denFranzosen, zwei Faktoren, die unweigerlich zu Problemen führten; Floris wurde 1296 inhaftiert und bei einem Fluchtversuch getötet.

Im 17. Jh. lud der Historiker P.C. Hooft einige der größten Schriftsteller, Künstler und Wissenschaftler ein, eine Gruppe, die als Muiderkring (Muidenzirkel) bekannt wurde. Man

Muiderslot, Muiden

SCHIFFSHALLEN & FLASCHEN

Neben dem Peperhuis liegt das **Binnenmuseum**, das zu Enkhuizens Zuiderzeemuseum gehört. Es befindet sich im ehemaligen Wohn- und Lagerhaus eines niederländischen Kaufmanns.

Zu den Attraktionen gehört eine Schiffshalle mit historischen Booten: Gemälde, Drucke und andere Exponate zeigen den Aufstieg und Niedergang der Fischindustrie und den Bau der Deiche. Hier sind auch Trachten, Porzellan, Silber und Schmuck zu besichtigen.

Im Zentrum von Enkhuizens historischer Altstadt liegt ein weiteres sehenswertes kleines Museum, das **Buddelschiff Museum** mit einer herrlichen Sammlung von großen und kleinen Buddelschiffen.

ÜBERNACHTEN IN WATERLAND

Hof Van Marken
Das einzige Hotel in Marken hat ein Restaurant und sieben gemütliche, pastellfarbene Zimmer. **€€**

Art Hotel Spaander
Im 19. Jh. beliebt bei Künstlern; das Haus verfügt über Zimmer mit Aussicht und einen Pool. **€€**

Posthoorn
Das schön renovierte Hotel in Monnickendam stammt von 1697; mit Sterne-Restaurant. **€€€**

BOOTSAUSFLÜGE

Narden-Vestings Vestingmuseum (Festungsmuseum) bietet an den Wochenenden von April bis Oktober zweimal täglich Bootsausflüge an.

Die einstündigen Touren (max. 12 Pers.) bieten einen Blick auf die Festung. Die Fahrt führt durch den östlichen Graben und ist ideal, um die aus dem 17. Jh. stammenden Ringmauern und Bastionen zu sehen. Ein Muss für alle, die sich für Festungsarchitektur interessieren.

Ein erfahrener Kapitän teilt sein Wissen auf der Fahrt durch den Festungsgraben Naarden-Vestings und durch die Schilfgebiete (meistens nur auf Niederländisch).

kann das Schloss und den Park auf einigen Thementouren (Highlights, Wasser oder Familientour) erkunden; es gibt sogar eine Tast-Tour für Blinde und Sehbehinderte.

Von Muiden fahren regelmäßig Ausflugsboote die Hauptschleuse ins IJmeer, eine Bucht des Markermeers.

Naarden: Stadt & Festung

Sternförmiges Kunstwerk

Die **Festung Naarden-Vesting** ist eine typische Festungsstadt des 17. Jhs. mit einem doppelten Wassergraben. Sie ist eine der besterhaltenen Wehranlagen des Landes und wurde nach den Kriegen mit den Spaniern und Franzosen errichtet. Die Bastion wurde bis in die 1920er-Jahre von der niederländischen Armee genutzt, lange nachdem diese ihre strategische Bedeutung verloren hatte.

Die hübschen kleinen Häuser innerhalb der Festungsanlage stammen aus dem 16. Jh., 1572 wurden etwa 700 Einwohner von den Spaniern ermordet. Die Ortsmitte wird von der **Grote Kerk**, einer gotischen Basilika mit beeindruckenden Deckengemälden (16. Jh.) mit biblischen Szenen, dominiert. 235 Stufen führen auf den Turm, von wo aus man einen herrlichen Blick aufs grüne Gooi und den Fluss Vecht hat. Ganzjährig finden Orgelkonzerte statt.

Im **Vestingmuseum** wird die Geschichte der Festung erläutert. Die hügeligen Festungswälle laden zu einem Spaziergang ein, danach kann man in die engen Gänge hinabsteigen. Der tschechische Bildungsreformator Jan Amos Komensky (Comenius; 17. Jh.) ist in der **Waalse Kapel** (Wallonische Kapelle) im ehemaligen Kloster der Festung bestattet. Sein Le-

ben und Werk (er trat für die Schulpflicht für Arm und Reich ein) werden nebenan im **Comenius Museum** erzählt. Tickets gibt es nur bei der Touristeninformation und im Vestingmuseum, nicht aber im Comenius Museum.

In der Festungsstadt gibt es auch schöne Restaurants, Galerien und Antiquitätengeschäfte.

Ein Besuch auf Flevolands früheren Inseln: Urk & Schokland

Der jüngste Polder der Niederlande

Urk war bis 1939 ein Fischerdorf, dann wurde der umgebende Noordoostpolder, als Teil des Baus von Flevoland, trockengelegt. Urk ist nun von der Nordsee abgeschnitten; im Hafens dümpeln historische Boote.

Den 18,5 m hohen **Leuchtturm** (1845) kann man hinaufsteigen, er ersetzte einen kleinen steinernen Turm, auf dem ein Kohlenfeuer die Schiffe in den Hafen führte. Von oben bietet sich ein toller Blick auf den Ort und das IJsselmeer. Auch die **Kerkje aan de Zee** lohnt einen Besuch: Die Dorfkirche wurde zum Teil aus Schiffsmasten der VOC (Niederländischen Ostindien-Kompanie) errichtet, die Waren aus Ostindien in die Niederlande brachten. Im Innenraum sind Schiffsmodelle ausgestellt; gelegentlich gibt es Chorgesänge.

Das **Museum het Oude Raadhuis** in Urks ehemaligem Rathaus ist ein nettes kleines Museum; in dem Heimatmuseum gibt es Trachten, Schiffsmodelle, nachgebaute Fischerhütten und lokaler Kunst zu besichtigen.

Rund 14 km östlich von Urk ist ein Museum über die ehemalige Insel **Schokland**, heute eine Unesco Weltkulturerbestätte.

REMKE LUITJES/SHUTTERSTOCK ©

Naarden Vesting

MUSEUM SCHOKLAND

Die Bewohner Schoklands schlugen sich jahrhundertelang mühsam auf einem langen, schmalen Landstreifen in der Zuiderzee durch. Mitte des 19. Jhs. kam es zur Katastrophe: Aufgrund heftiger Stürme kam es zu Überschwemmungen. Nach der Trockenlegung der Zuiderzee entstand der Noordoostpolder, Schokland wurde im 20. Jh. Teil des neuen Festlands. Das Museum Schokland bietet Einblicke in diese Geschichte.

Ausstellungen und ein Film auf Englisch erzählen die Geschichte der Insel. Die Aussicht vom unteren Weg zeigt, wie hoch einst die Wellen an die bugförmige Barriere aus hohen Holzpfählen schlugen.

DER BAU VON FLEVOLAND

Flevoland wurde praktisch aus dem Nichts erbaut. Die jüngste Provinz der Niederlande (1986 eingeweiht) ist ein Meisterwerk holländischer Wasserbautechnik, über 1400 km² Land wurden zwischen 1927 und 1932 dem Meer abgetrotzt. Als der Afsluitdijk (Abschlussdeich) fertiggestellt war, bildete er einen Damm zwischen IJ und Wadem. Ringdämme wurden angelegt, damit das Wasser langsam herausgepumpt werden konnte. Die ersten Wohnrechte bekamen Arbeiter, die beim Bau beteiligt waren und Bauern, insbesondere aus Zeeland, die bei der großen Flut 1953 alles verloren hatten.

Im Frühling ist das Gebiet des Noordoostpolders einer der schönsten Orte für die Tulpenblüte.

Hier befand sich ein schmaler Landstreifen mit einer abgelegenen Gemeinschaft von Fischern und Bauern, die auf Warften lebten, die von Wind und Wetter abgetragen wurden. Die mutigen Einwohner hielten jedoch an ihrem Wohnort fest bis Willem III. 1859 ihre Umsiedelung anordnete. Ein 10 km langer Wanderweg führt rund um die alte Insel.

An Bord von Flevolands Batavialand

Historische Schiffe

Batavialand bietet die Möglichkeit, die Welt und den Schiffsbau zu erforschen. Man kann traditionelles Handwerk wie Seilerei, Nagelfertigung aber auch Stelzenlauf ausprobieren – bei Kindern sehr beliebt.

Das Museum erweckt das 17. Jh. zum Leben, u.a. mit einer Nachbildung der niederländische Handelsfregatte *Batavia*, (17. Jh.). Das Original war sozusagen eine *Titanic* des 17. Jhs. – groß, teuer und angeblich unsinkbar. Doch wie die *Titanic* ging sie 1629 bei ihrer Jungfernfahrt vor der Westküste Australiens unter – vollbeladen mit Waren für die niederländischen Kolonien. Der Nachbau segelte im Jahr 2000 ohne Missgeschick über den Pazifik.

In einem separaten Gebäude zeigt das **Netherlands Institute for Maritime Archaeology** neben 140 Schiffsmodellen die Überreste eines 2000 Jahre alten römischen Galeere, die bei Utrecht gefunden wurde.

Im benachbarten **Nieuw Land Museum** lernen Kinder alles über die Landgewinnung durch Eindeichung, können sie Schleusen bedienen, mit einer Kogge segeln und mithilfe von Jahresringen das Alter des Holzes bestimmen, das für den Bau eines Schiffes verwendet wurde. Das Museum befindet sich in Lelystad, der Hauptstadt von Flevoland.

Willkommen im Aviodrome

Luftfahrtmuseum

Der Eingangsbereich ist wie ein Check-in-Schalter am Flughafen gestaltet; das spannende Museum präsentiert 70 historische Flugzeuge, dazu gehören auch der Nachbau des *Flyer* der Gebrüder Wright von 1902, der Dreidecker von Baron von Richthofen aus dem Ersten Weltkrieg, ein Spitfire und eine KLM 747. Besucher können auch in einem nachgebauten Kontrollturm Fluglotse spielen oder im Mega-Kino Luftfahrtfilme anschauen. Das Museum befindet sich am Flughafen Lelystad, 8 km südöstlich des Bahnhofs; Bus 148 fährt dorthin (15 Min., alle 30 Min.).

ÜBERNACHTEN IN WATERLAND

Bed & Breakfast Grote Noord
Hoorns Rode Steen liegt nur wenige Meter entfernt von diesem B&B in einem Kaufmannshaus der Niederländischen Ostindien-Gesellschaft von 1592. **€**

Gevangis Hotel Hoorn
In Hoorns ehemaligem Gefängnis befindet sich jetzt ein schickes Hotel – mit vergitterten Fenstern. Dazu gehört eine Brasserie mit Hafenblick. **€€**

Texel

STRÄNDE | WÄLDER | WASSERSPORT

Texel (ausgesprochen Tessel), die größte Westfriesische Insel, ist breit, flach wie ein Pfannkuchen und umgeben von Sandstränden. Die Insel ist ein beliebtes Ferienziel – hier kann man Seehunde im Meer beobachten, am Strand entspannen, Naturschutzgebiete erkunden, durch lichte Wälder fahren und verschlafene Dörfer besuchen.

Texel liegt rund 3 km nördlich von Nordhollands Küste, ist 25 km lang und 9 km breit. Überall gibt es Schafe; die heimische Wolle wird hoch geschätzt und in zahlreichen Molkereien wird Käse hergestellt. In der Ablammsaison unternehmen die Inselbewohner gerne eine Lammetjes Wandeltrocht (Lämmerwanderung).

Texel hat mehr als 140 km gut ausgeschilderte Radwege. Schwimmen, Segeln, Kitesurfen, Fallschirmspringen und Reiten sind beliebte Sportarten. Es lohnt sich, hier einige Tage zu verbringen.

SARA WINTER/SHUTTERSTOCK ©

Leuchtturm von Eierland (S. 135)

UNTERWEGS VOR ORT

Fahrräder können für ca. 12 € pro Tag in allen größeren Orten Texels ausgeliehen werden.

Am Fährhafen in Den Hoorn verleiht Rijwielverhuur Veerhaven Fahrräder und E-Bikes: Letztere lohnen sich, wenn man die ganze Insel erkunden möchte.

Bus 28 von Texelhopper verkehrt ganzjährig. Tickets kann man online kaufen, am Bahnhof Den Helder, an Texels Touristeninformation oder in großen Supermärkten. Alternativ gibt es die OV-chipkaart. Die Firma betreibt auf Wunsch Minibusse für Strecken, die nicht von Bus 28 bedient werden (30 Min. vorher res.).

TOP TIPP

Die Fähre legt in Den Helder ab – besuchenswert ist das Marine Museums im großen ehemaligen Zeughaus der Königlich Niederländischen Marine.

SEHENSWERTES
1 Beaches
2 De Dennen
3 De Kroon
4 De Muy
5 De Slufter
6 De Zelfpluktuin
7 Ecomare
8 Kaap Skil Museum
9 Texel Dunes National Park

SCHLAFEN
10 Bij Jef
11 Boutique Hotel Texel
12 Stayokay Texel

ESSEN
13 Kaasboerderijk Wezenspyk

AUSGEHEN & FEIERN
14 Texelse Bierbrouwerij

MEHR STRAND-LEBEN

Andere schöne Strände:

Nr. 9
Nicht überlaufen, beliebt bei Einheimischen und Nudisten.

Nr. 12
Nicht überlaufen, mit einem überdachten Café.

Nr. 17
Texels Partystrand bietet tagsüber und abends viel Spaß.

Nr. 20
Direkt vor der Touristenenklave De Koog und ziemlich bebaut.

Nr. 27
Ein einsamer Strand, bei Nudisten beliebt.

Nr. 33
Baden ist verboten, es gibt viele Sportmöglichkeiten.

Seehunde & Strandgut

Küstenschutzzentrum und Strandräubermuseum

Ecomare ist Texels Küsten- und Naturschutzzentrum und wurde ursprünglich als Rettungsstation für kranke Seehunde aus dem Wattenmeer errichtet. Man erfährt viel Wissenswertes über die Geschichte und die Entstehung. In den großen Aquarien schwimmen Fische aus Wattenmeer und Nordsee (inklusive Haie). Highlight aber sind die verspielten *zeehonden* (Seehunde).

Während der regelmäßigen Fütterungszeiten kann man Seehunde, gerettete Tümmler und Fische sehen. Interessant sind die sechs Skelette von im Wattenmeer gestrandeten Walen, darunter eine 15 m lange Karkasse eines Pottwals mit 52 furchterregenden Zähnen.

Rund um das Zentrum gibt es viele markierte Wanderwege, sodass man die Dünen erkunden kann.

In Texel befindet sich auch das **Kaap Skil Museum Van Jutters & Zeelui** (Schifffahrts- & Strandräubermuseum), das sich in einem skulpturhaften Gebäude aus recycelten Materialien befindet. Zur außergewöhnlichen Sammlung an Ballast und Treibgut, u. a. von versunkenen Schiffen, gehört auch ein silbernes Hochzeitskleid aus dem 17. Jh. Vorführungen von Seilmachern, Fischräuchern und Schmieden finden im Freien statt, im Inneren wird alles Mögliche, von Unterwasserarchäologie bis Windmühlentechnik, erklärt.

Strandhüpfen auf Texel

Weißer Sand und Wassersport

Texels makellose weiße Strände säumen die Westküste wie eine Perlenkette. Der Sand ist weich und die Strände breit. Sie sind kilometerweise von Süd nach Nord durchnummeriert und mit einem *paal* (Pfahl) markiert. Dazu kommt das Rauschen der Nordsee – nicht immer einladend, aber an heißen Tagen ein großes Vergnügen.

Der beliebteste Strand der Insel ist Nr. 19, dicht an De Koog. Der Sand ist schön weich, es gibt gute Möglichkeiten zum Essen und Trinken.

An der Nordspitze der Insel liegt Sandstrand Nr. 31, der vom **Leuchtturm Eierland** dominiert wird (1864; nach 153 Stufen bietet sich eine tolle Aussicht. Online buchen). Baden ist wegen der gefährlichen Strömung verboten, aber der Strand eignet sich gut für diverse Sportarten.

Auch an anderen Stränden kann die Strömung gefährlich sein; im Juli und August sind Rettungsschwimmer von Nr. 9 nordöstlich von Den Hoorn bis Nr. 21 bei De Koog im Einsatz.

In den Dünen

Nationalpark Texelsche Dünen

Die wilde Dünenlandschaft an der Westküste der Insel ist einer der Hauptgründe für einen Besuch. Salzwiesen und Heide wechseln sich mit samtigen, grasbewachsenen Dünen ab; hier wachsen das Gefleckte Knabenkraut und der Sanddorn mit orangefarbenen Beeren. Ein Großteil des Areals ist Vogelschutzgebiet und nur zu Fuß zugänglich. Das Besucherzentrum im Ecomare bietet Programme und reserviert Plätze für die exzellenten zweistündigen geführten Dünenwanderungen (auf Niederländisch und Deutsch).

De Slufter ist heute ein Feuchtgebiet nachdem ein Versuch der Landgewinnung misslungen war; als Anfang des 20. Jh. bei einem Sturm die Deiche brachen, wurde das Gebiet überflutet und es entwickelte sich ein einzigartiges Ökosystem. **De Muy** im Süden ist für seine Löfflerkolonie bekannt, die von lokalen Naturkundlern überwacht wird.

Einen Steinwurf hinter dem windgepeitschten Strand liegt zwischen Den Hoorn und De Koog der Wald **De Dennen**, durch den heute zahlreiche Wander- und Radwege führen.

INSEL-ERZEUGNISSE

Weinproben bietet **De Kroon** an, ein kleines preisgekröntes Weingut. Führungen gibt es von Mai bis September, ganzjährig kann man die Weine verkosten und natürlich auch kaufen.

Wer mehr auf Bier steht, sollte an einer Führung (inkl. Bierprobe) in der Brauerei **Texelse Bierbrouwerij**, früher eine Molkerei, teilnehmen.

Auf den Feldern und Obstgärten des 3 ha großen De **Zelfpluktuin** kann man Gemüse und Obst ernten. Eine tolle Beschäftigung für Kinder; außerdem gibt es ein Café und einen Laden mit hausgemachten Erzeugnissen.

Käsefreunde besuchen die Käserei **Kaasboerderijk Wezenspyk** zwischen Den Hoorn und Den Burg; der Käse wird aus der Milch heimischer Kühe, Schafe und Ziegen hergestellt.

ÜBERNACHTEN AUF TEXEL

Boutique Hotel Texel
Skandinavisch angehauchte Zimmer, frei stehende Badewannen und toller Blick über Dünen und Watt. €€

Stayokay Texel
Gut geführtes Hostel mit hübschen Zimmern und Schlafsälen; mit Restaurant und Bar. €

Bij Jef
Aus einem ehemaligen Pfarrhaus entstand ein Boutiquehotel; mit einem Sterne-Restaurant. €€€

Utrecht

ÄLTER UND WEISER ALS AMSTERDAM

Die zweitälteste Stadt der Niederlande besitzt großen Charme mit historischen Kanälen, dem studentischen Flair und grünem Umland mit faszinierenden Befestigungen.

Die Provinz Utrecht ist klein, aber fein und bietet eine große Auswahl an Schlössern und Landgütern, das Utrechtse Heuvelrug ist der größte Waldpark in der Randstad und Amersfoort, Geburtsstadt des abstrakten Malers Piet Mondrian, ist eine lebendige Stadt. Doch Schwerpunkt ist natürlich Utrecht selbst. Mit den hübschen baumbestandenen Kanälen wird die Stadt manchmal als ruhigere Version von Amsterdam bezeichnet, trotz der vielen Studenten und der zahlreichen Bars und Cafés.

Utrechts Geschichte begann vor 2000 Jahren als Trajectum, ein *castrum* (Festung) an der Nordgrenze (Limes) des Römischen Reiches am Rhein. Der hl. Willibrord, Missionar aus Northumbria, gründete um 695 die Kathedrale und Utrecht entwickelte sich zu einem spirituellen Zentrum. Doch die politisch-religiösen Unruhen des 16. Jhs. trafen Utrecht heftig. Die Bischöfe verloren ihre weltliche Macht. 1579 bildete sich mit der Utrechter Union die Allianz der protestantischen, anti-spanischen Staaten, die zur Bildung der modernen Niederlande führte. Als das Schiff der Kathedrale beim großen Sturm 1674 einstürzte, betrachteten die Katholiken das als göttliche Vergeltung, während die Protestanten es als Wunder ansahen, dass der Turm verschont blieb. Wenig später überholte Amsterdam Utrecht in wirtschaftlicher Hinsicht.

Nichtsdestotrotz entwickelte sich Utrechts bedeutende Universität (1636 gegründet) und die Stadt gilt noch heute als das „Cambridge der Niederlande".

Oben: Amersfoort (S. 148); gegenüber: DomToren (S.140)

Erste Orientierung

Die Provinz Utrecht liegt im Herzen der Niederlande, sowohl historisch als auch geografisch. Die Stadt ist mit direkten Zugverbindungen sehr gut an den größten Teil des Landes angebunden.

Utrecht, S. 140
Das regionale Zentrum ist eine charmante Kombination aus Grachten, schrulligen Geschäften, studentenfreundlichen Cafés und historischen Entdeckungen.

SEAN PAVONE/SHUTTERSTOCK ©

ÖFFENTLICHER NAHVERKEHR

Utrecht ist mit dem Zug nur 30 Minuten von Amsterdam entfernt. Wer sein Holland-Erlebnis hier beginnen möchte, findet direkte Züge von Schiphol nach Utrecht und Amersfoort..

AUTO & FAHRRAD

In den größeren Stadtzentren Utrecht und Amersfoort kann das Parken schwierig (und auch teuer) sein, aber Räder (vier oder zwei) sind praktisch, um die Schlösser zu besuchen. Die Entfernungen sind überschaubar

KIEV.VICTOR/SHUTTERSTOCK ©

Spoorwegmuseum (S. 145)

Perfekte Tage

Egal, wie viel Zeit für Utrecht geplant ist, wahrscheinlich möchte man länger bleiben. Die Stadt macht süchtig und ist eine gute Basis, um andere niederländische Ziele zu besuchen.

Kurztrip

☒ Reservieren Sie online einen Termin für das Rietveld-Schröder-Haus (S. 145), vielleicht an einem Freitag, wenn es spät öffnet.

☒ So hast du tagsüber mehr Zeit für eine der großartigen Stadtführungen, eine geführte Besichtigung der römischen Ausgrabungsstätte DOMunder (S. 140) und auch noch für eine Minikreuzfahrt auf den Kanälen (S. 143).

Fünf Tage oder mehr

☒ Verteile das beim Kurztrip Genannte auf zwei oder drei Tage, dazu das Spoorweg Museum (Eisenbahn; S. 145), den Catharijneconvent (religiöse Kunst; S. 145) oder das Museum Speelklok (mechanische Orgeln; S. 145). Mit dem Rad oder Auto geht es zum Kasteel de Haar (S. 147) und mit dem Zug nach Amersfoort (S. 148).

☒ Dank guter Zugverbindung ist Utrecht als Basis für Amsterdam ideal, wenn dort die Hotels voll sind.

Beste Reisezeit

FRÜHLING
Dutzende Bars werden während des originellen Café-Theater-Festivals Anfang März in Utrecht zu intimen Mini-Theatern.

SOMMER
Ende August bietet das Holland Festival Oude Muziek eine Woche lang Musik aus dem Mittelalter und der Barockzeit.

HERBST
Das Niederländische Filmfestival präsentiert Ende September neun Tage lang das Beste des niederländischen Arthouse- und Independent-Films.

WINTER
Im Januar vertreibt das Sneeuwbal (Schneeball) Winterfestival den Neujahrsblues mit einem Techno-House-Festival im Transwijk Park.

Utrecht

HÖCHSTER GLOCKENTURM | KANALFAHRT | DE STIJL

UNTERWEGS VOR ORT

Utrechts Zentrum (die Binnenstad) ist gut zu Fuß zu erkunden. Reisende, die erstmalig am Bahnhof eintreffen, sind oft verwirrt, weil der Fußweg ins Zentrum durch die Hooge Catharijne Mall führt.

Alte Dieselautos dürfen nicht in die Umweltzone. Allgemein ist es einfacher und preiswerter, das Park-and-ride-System zu nützen (24 Std. für 6 € inkl. Bus).

Stürmische Leere

Römische Relikte und ein unsichtbares Kirchenschiff

Der **DomToren**, der ikonische Glockenturm der Stadt, ist mit 112 m der höchste Turm der Niederlande. Obwohl er von Gerüsten einer noch unbestimmt langen Restaurierung verdeckt wird, kann man ihn bei einer einstündigen Führung mit Stopps bei 11 m, 25 m, 49 m und 70 m besteigen, bevor die Treppe zum höchsten Punkt auf 95 m führt. Die Bauzäune sind mit Informationstafeln mit einem geschichtlichen Abriss versehen. Die riesige, seltsam geformte **Domkerk** (St.-Martins-Kathedrale) liegt auf der anderen Seite des Dompleins. Auf ihm markieren graue Achtecke die Stelle, an der einst das hoch aufragende Kirchenschiff stand, das 1674 durch einen Sommersturm zerstört und nie wieder aufgebaut wurde. Eine **DOMunder**-Führung (im Tourist Office gegenüber buchbar) führt zu einer unterirdischen archäologischen Stätte, die 2000 Jahre Geschichte zeigt, mit vielen römischen Artefakten, die noch dort liegen, wo sie gefunden wurden.

Eine weitere unterirdische Tour vom selben Ausgangspunkt aus erkundet die Relikte des **Paleis Lofen**, einer um 1020 n. Chr. erbauten Residenz der Kaiser, für deren Fußböden teilweise römische Mauersteine verwendet wurden. Bei einem Drink in der Kellerbar des **Café Walden** sieht man einige der Säulen.

Die Forschungen laufen noch und in den **Zelten** auf dem Platz diskutieren Archäologen die neuesten Funde. Dahinter befinden sich ein riesiger Runenstein und ein **Tor**, auf dem der heilige Martin reitet. Nach der Legende soll er einem Bettler seinen roten Mantel gegeben und

MEHR ÜBER DIE RÖMER IN DER REGION UTRECHT

Besuche das tolle neue Museum im **Castellum Hoge Woerd** (S. 149) am Weg von Utrecht nach Kasteel de Haar. In der Nähe von Fort bij Vechten gibt es ein weiteres Castellum (Fectio).

ÜBERNACHTEN IN UTRECHT

Mother Goose Hotel
Liebenswerte Mitarbeiter bezaubern in dem behutsam umgestalteten Herrenhaus aus dem 13. Jh. €€

Eye Hotel
Schöne Boutique-Option in der ersten Augenklinik der Niederlande (um 1858), mit Erinnerungen daran. €€

Grand Hotel Karel V
Fünf-Sterne-Luxus in einem ehemaligen Krankenhaus und Kloster, das Kaiser Karl V. 1543 besuchte. €€€

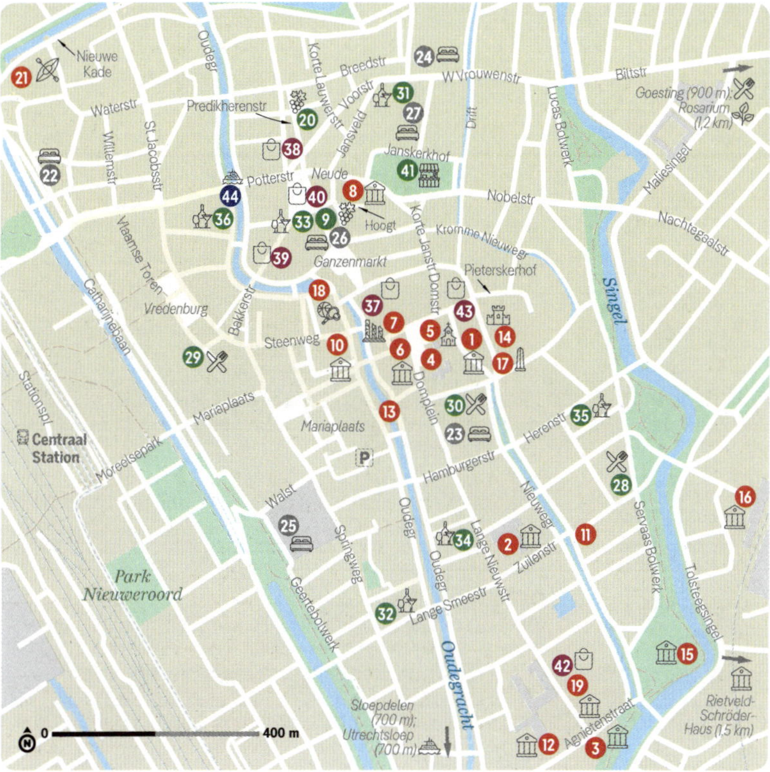

SEHENSWERTES

1 Achter de Dom
siehe 4 Archaeologists' Tents
2 Catharijneconvent
3 Centraal Museum
4 Cloister
5 Domkerk
6 Domtoren
7 DOMunder
siehe 4 Gateway
8 Kruideniersmuseum
9 Libre Cave
10 Museum Speelklok
11 Nieuwegracht
12 Nintje/Miffy Museum
13 Oudegracht
siehe 7 Paleis Lofen
14 Paushuize
15 Sonnenborgh
16 Spoorwegmuseum
17 Statue of Pope Adrian VI
18 Stromma
19 Universiteitsmuseum
20 VinVin

AKTIVITÄTEN, KURSE & TOUREN

21 KanoverhuurUtrecht

SCHLAFEN

22 Bunk Utrecht
23 Court Hotel
24 Eye Hotel
25 Grand Hotel Karel V
26 Mother Goose Hotel
siehe 40 StayOkay Utrecht Centrum
27 Strowis Hostel

ESSEN

28 Heron
29 Olivier
30 Zala's

AUSGEHEN & NACHTLEBEN

31 ACU
32 Café DeRat
33 Café le Journal
34 De Drie Dorstige Herten
35 Le Clochard
36 Oudaen
siehe 7 Walden

SHOPPEN

37 Betsies Kookwinkel
38 Blackfish
39 Boekhandel Interglobe
40 Drogisterij Woortmaan
41 Flower Market
42 HetFotoAtelier
43 Passementerie
siehe 7 RachManiNoff

TRANSPORT

44 Schuttervaer

MIKHAIL MARKOVSKIY/SHUTTERSTOCK ©

Oudegracht

Kreuzgang der Domkerk

nur noch seine weiße Wäsche getragen haben. Die rot-weißen Farben der Stadt – bis hin zu den Blumen der städtischen Blumenkästen – beziehen sich auf diesen Mythos.

Durch die Pforte gelangt man in einen sehr schönen **Kreuzgang**, der die Kathedrale mit der Universität verbindet. Eine der Kolonnaden hier diente ab 2004 als virtuelle Kulisse für die Harry-Potter-Filme.

Hinaus geht's auf die Straße **Achter de Dom**, wo ein rostfarbener Metallstreifen den Ostrand des römischen Kastells markiert, innerhalb dessen Mauern Utrecht später wuchs. In Richtung Süden führt die Linie zu einer **Statue** des Utrechter Papstes Adrian VI. vor dem **Paushuize**, einem prächtigen mittelalterlichen Palast, den er für sich errichten ließ. Er sah ihn nie, da seine Philosophie der Selbstverleugnung in Rom sehr unpopulär war. Er wurde innerhalb eines Jahres nach seiner Ankunft ermordet.

Um mehr über die Geschichten zu erfahren, die mit diesen Sehenswürdigkeiten verbunden sind, lohnt es sich, sich für eine der unterhaltsamen, zweimal täglich stattfindenden **„Free" Walking Tours** (freewalkingtourutrecht.com) anzumelden.

Doppeldecker

Kanäle, *kelders* und Kanus

Die beiden reizvollsten Grachten der Stadt – die quirlige **Oudegracht** und die ruhige **Nieuwegracht** – durchziehen das historische Viertel. Ungewöhnlich sind an beiden die doppelstöckigen Treidelpfade. Bevor Amsterdam Bedeutung erlang-

UTRECHTER CHARAKTER-PUBS

De Drie Dorstige Herten
Dieses Proeflokaal von 1687 bietet neun Biere vom Fass, serviert aber auch den lokalen Likörbitter Baliekluiver.

ACU
Diese „antikapitalistische Gemeinschaft" bezeichnet sich als „faulen Dorn" in dem boomenden Viertel. Eventuell kommt man nur mit Beziehungen hinein. Die Bar bietet stolz das „World's Worst Karaoke" an.

Café le Journal
Bestelle ein Neude Bier (ungefiltertes IPA) auf der Neude (dem Platz) in dieser klassischen Brasserie mit Spiegeln.

Café DeRat
Ungewöhnliche Auswahl seltener Biere, wie gereifte belgische Lambics.

Oudaen
Teils Restaurant, teils Grand Café, teils Mikrobrauerei in einem schick renovierten „Troubadour-Schloss" von 1280.

BUDGET-UNTERKÜNFTE IN UTRECHT

Strowis Hostel
Günstige Betten in einem Stadthaus aus dem 17. Jh., Garten, Küche und Fahrradverleih. €

Stayokay Utrecht Centrum
Gut geführte Unterkunft in super Lage über einem entspannten, stilvollen Café. €

Bunk Utrecht
Self-check-in-Pod-Bunks in einer hippen umgebauten Kirche, die teils Restaurant, teils Musiklokal ist. €

LOKALE TIPPS IN UTRECHT

Amanda Ackerman, Mitgründerin des Nachhaltigkeits-Start-ups Bloom ESG, verrät ihre Utrechter Geheimtipps.

Blumenmarkt
Anders als in Amsterdam werden hier wirklich Blumen verkauft. Beste Zeit ist samstags gegen 11 Uhr.

Rosarium
Entspannen inmitten schöner Rosen. Der Weg führt durch den Wilhelminapark mit dem Michelin-Stern-Restaurant

VinVin
Nette kleine Weinbar ohne Karte: Beschreibe den gewünschten Wein und schon kommt er.

Goesting
Restaurant-Café für Schnaps und Wein oder ein tolles Abendessen. In einem Park nahe Roberto Gelato, einem beliebten Eislokal.

Rietveld-Schröder-Haus

te, war Utrecht ein wichtiger Flusshandelsplatz, die Kaufleute luden ihre Waren in den Kelders (Lagerräumen) am Wasser ab. In der Zwischenzeit wurden oberhalb des Wasserspiegels Straßen gebaut. Heute sind in vielen der Oudegracht-Kelder Cafés und Restaurants, während an der Nieuwegracht einige Kelder als Touristenunterkünfte vermietet werden, vor allem durch das **Court Hotel**. Um auf der Oudegracht oder dem Kanal, der das Stadtzentrum umgibt, aufs Wasser zu gehen, kann man 12-sitzige elektrische „Partyboote" (über **Sloepdelen** oder **Utrechtsloep**), Kajaks und Kanus (**Kanoverhuur-Utrecht**) und Tretboote (**Stromma**) mieten, während **Schuttervaer** stündliche Lotsentouren in größeren Booten anbietet.

Stolz und unabhängig

Shops, die Bände sprechen

Utrecht ist stolz auf seine unabhängigen Einzelhändler. Es ist unmöglich, mehr als einen kleinen Überblick über die Vielfalt zu geben, aber selbst entlang des touristischen Vismarkts und der Oudegracht bekommt man einen Eindruck davon. Zwischen Cafés und Souvenirläden lohnt ein Blick in **Betsies Kookwinkel**, ein gut sortiertes Geschäft für Küchenutensilien, oder ins **Rachmaninoff**, das Möbel und Einrichtungsgegenstände in einem Grachtenraum ausstellt. **HetFoto-Atelier** ist eine Fundgrube für Fotografen und **Libre Cave**

ESSEN IN UTRECHT

Olivier
Belgische Kneipengerichte in der eleganten Umgestaltung einer großen ehemaligen Kirche mit Orgel. €

Heron
Macht aus 100 % lokalen Produkten fantasievolle und saisonale Gerichte €€

Zala's
Mehrgängige Gourmet-Überraschungsessen zu fairen Preisen in einem historischen Haus mit B&B. €€

ist ein Fachimporteur für naturbelassene Weine. Die **Passementerie**, die in einem Haus mit Seitenturm liegt, ist auf bunte Garne und Bänder spezialisiert. **Boekhandel Interglobe** bietet eine Auswahl an Reiseführern und Reisebüchern in Niederländisch und Englisch. **Blackfish**, eines von vielen coolen Vintage-Modegeschäften in Utrecht, hat auch ein eigenes Label mit speziell in Indien gefertigter Kleidung. Sie wird hinter der prächtig erhaltenen Fassade einer historischen Apotheke präsentiert. Die spannendste alte Apotheke der Stadt ist jedoch die **Drogisterij Woortman**, die seit 1851 im Wesentlichen unverändert ist. Es gibt unzählige Apothekengefäße, Kräuterschubladen und Verkaufsnotizen, die ein Jahrhundert alt sind. Obwohl der Laden noch in Betrieb ist, lassen die Mitarbeiter Besucher gerne einen Blick hineinwerfen. Sie ist sogar noch interessanter als das **Kruideniersmuseum**, ein kostenloses Mini-Museum, das die Geschichte von Lebensmitteln zeigt.

De Stijl Klassiker

Das einzigartige Rietveld Schröder Haus

Beim Vorbeigehen am Wohnhaus in der Prins Hendriklaan 50, würde man kaum zweimal hinschauen. Dabei handelt es sich um das **Rietveld-Schröder-Haus**, ein Unesco-Weltkulturerbe. Beim zweiten Blick wird klar, dass dieses Gebäude von 1924 seiner Zeit weit voraus war. Wenn man das Haus betritt, fühlt man sich wie in einem 3D-Bild von Piet Mondrian. Besonders interessant ist es, wenn sich die Wände bewegen: Für eine effiziente Raumnutzung hat der berühmte Utrechter Designer Gerrit Rietveld ein System entwickelt, mit dem sich die Raumaufteilung verändern lässt. Guides demonstrieren den Mechanismus in Aktion.

Da man sich einer (kleinen) Gruppe anschließen muss, ist eine Anmeldung im Internet unerlässlich. Es lohnt sich, circa 20 Minuten vor der zugewiesenen Einlasszeit einzutreffen, um ein informatives Video zu sehen. Das Haus liegt 2 km außerhalb des Zentrums: mit dem Bus 8 bis zur Haltestelle „Hoogstraat“ fahren. Mehr von Rietvelds Markenzeichen, den Möbeln, zeigt das beeindruckende **Centraal Museum** in Utrecht.

Spoorwegmuseum

Nicht nur für Eisenbahnbegeisterte

Für einen Besuch des **Nationalen Eisenbahnmuseums** in Utrecht reist man am besten mit dem stündlich verkehrenden Sonderzug ab Utrecht Central an. Man kommt am prunkvollen Bahnhof von 1874 mit seinen prächtigen Jugendstil-Kronleuchtern an und kann dann unzählige historische Lokomotiven, eine umfangreiche Sammlung von Modelleisenbahnen und eine Reihe Fahrgeschäfte und interaktive wissenschaftliche Angebote für alle Altersgruppen besichtigen. De Vuurproef ist eine Art Zeitreise, die sich von der Geschichte der Eisenbahn in eine preisgekrönte Simulatorfahrt verwandelt. Eine neue Ausstellung über die Zukunft der Bahn zeigt niederländische Prototypen für Hyperloop-Kapseln.

ANDERE TOLLE UTRECHTER MUSEEN

Museum Speelklok
Eine alte Kirche voller mechanischer Orgeln und anderer Instrumente sowie Spieldosen aus der Zeit ab dem 18. Jh. Stündliche Führungen zeigen sie in Aktion.

Catharijneconvent
Mittelalterliche religiöse Kunst im ehemaligen gotischen Kloster und einem Haus des 18. Jhs. am Kanal.

Sonnenborgh
Observatorium aus dem 19. Jh. auf den Stadtmauern mit Infos zu Astronomie und Meteorologie.

Nintje/Miffy Museum
Dieses interaktive Spielmuseum richtet sich vor allem an Kinder im Vorschulalter und beruht auf den Cartoonfiguren des lokalen Künstlers Dick Bruna (1927–2017).

Universiteitsmuseum
Nach mehrjähriger Renovierung präsentiert das Universitätsmuseum wieder Forschungsprojekte und bietet Zugang zu einem kleinen botanischen Garten.

Orte

Rund um Utrecht

In Utrechts grünem Hinterland mit seinen Provinzstädten gibt es Burgen, Landhäuser und sogar Hexenwaagen.

In der Gegend um Utrecht gibt es eine beträchtliche Anzahl mittelalterlicher und neuerer Burgen und Herrenhäuser sowie archäologische Relikte aus der Geschichte der Region als nördliche Grenze des Römischen Reiches.

Der Utrechtse Heuvelrug, ein 65 km langer Nationalpark östlich der Stadt Utrecht, eignet sich perfekt für Touren mit dem Fahrrad oder zu Fuß. Hier gibt es wildreiche Wälder, Wiesen und hohe Dünen, dazwischen liegen Siedlungen. Bis 1804 war es überwiegend Heideland, bis die typischen Buchen von den französischen Revolutionstruppen gepflanzt wurden, die hier ihr Lager aufschlugen und die Pyramide von Austerlitz errichteten. Amersfoort ist eine reizvolle historische Stadt mit Verbindungen zum Künstler Piet Mondrian.

UNTERWEGS VOR ORT

Ein Auto ist nützlich für Touren zu den Burgen. Es gibt auch schöne Radwege, wie den LF4 nach Kasteel de Haar und den LF9 nach Amersfoort. Nach Wijk bij Duurstede geht der Bus 41 ab Utrecht oder der Bus 56 ab Amersfoort über Doorn. Amersfoort ist mit dem Zug von Utrecht/Amsterdam aus in 26/35 Min. zu erreichen. In Oudewater hält der Bus 107 von Utrecht nach Gouda.

TOP TIPP

Die Hauptattraktionen gliedern sich in drei Tagesausflüge ab Utrecht: die westlichen Burgen, die südöstliche Schleife und einen Abstecher nach Amersfoort.

Kasteel de Haar

Kasteel de Haar

AB UTRECHT: 45 MIN.

Modernes Mittelalter

Westlich von Utrecht, bietet **Kasteel de Haar** alles, was eine mittelalterliche Fantasieburg haben sollte, vom Burggraben, der Zugbrücke und den Türmchen bis zu holzverkleideten Räumen voller Antiquitäten. Aber es ist nicht wirklich mittelalterlich – das Original aus dem 13. Jh. wurde 20 Jahre lang von Pierre Cuypers, dem Architekten des Amsterdamer Rijksmuseum, umgebaut. In der Gestalt von 1912 wuchs der Ruhm der Burg und in den 1960er- und 70er-Jahren trafen sich hier die Reichen und Schönen, wi Gregory Peck, Joan Collins, Roger Moore und Brigitte Bardot, zu rauschenden Partys. Bei einer Tagestour mit dem Fahrrad bieten sich **Slot Zuylen**, ein weiteres schönes Wasserschloss, und **Castellum Hoge Woerd**, mit einem römischen Schiff, als weitere Ziele an.

Amerongen, Wijk & Doorn

AB UTRECHT: TAGESTOUR

Ein Füllhorn von Burgen

Ein Tagesausflug führt von Utrecht in südöstlicher Richtung zum hübschen **Wijk bij Duurstede** mit seinem kompakten historischen Stadtkern und einer Burgruine, die man nur bewundern, aber nicht betreten darf. Dann geht es nach Osten zum idyllischen **Kasteel Amerongen**. Die Truppen Ludwigs XIV. brannten das ursprüngliche Gebäude aus dem 13. Jh. nieder; an seiner Stelle wurde 1680 das heutige Herrenhaus errichtet. In den prächtigen Salons zeigen Projektionen Szenen des 17. Jhs., gestaltet vom Filmemacher Peter Greenaway.

Nachdem verlorenen Ersten Weltkrieg unterzeichnete 1918 der deutsche Kaiser Wilhelm I. in Amerongen seine Abdankung. Die neutralen Niederlande weigerten sich, ihn auszuliefern, damit er für Kriegsverbrechen gehängt wurde. 1920 zog er in das etwas weniger prächtige **Huis Doorn**, etwa 10 km nordwestlich in Doorn. Er lebte dort bis zu seinem Tod im Jahr 1941. Die Gärten des Hauses sind einen Spaziergang wert, auch ohne an einer der Hausführungen teilzunehmen (meist auf Niederländisch). Über die N224 geht es durch die Wälder des **Nationalparks Utrechtse Heuvelrug** zurück nach Utrecht. Vom Parkplatz neben einem kleinen Vergnügungspark führt ein kurzer Waldspaziergang zur „größten Pyramide Europas“ – der grasbewachsenen **Pyramide d'Austerlitz**. Auf dem Weg nach Amersfoort liegt das **Nationaal Militair Museum**, eine Sammlung von Kriegsflugzeugen und Militärfahrzeugen auf einem ehemaligen Luftwaffenstützpunkt.

UTRECHTSE HEUVELRUG

1804 bewahrte die Aufgabe, einen 36 m hohen Hügel im Moor östlich von Utrecht zu errichten, etwa 18 000 Franzosen der napoleonische Truppen vor Unheil.

Heute ist die riesige **Pyramide d'Austerlitz** kaum zu erkennen, da sie in Buchenwäldern aus dem 19. Jh. versteckt ist. Sie sind Teil des wildreichen **Utrechtse Heuvelrug**, des zweitgrößten Waldgebietes der Niederlande, das einen 100 km² großen Bogen östlich von Utrecht bildet.

Im Nationalpark (seit 2003) gibt es auch Wiesen und Heideland, dazu einige unerwartete Sanddünen im Landesinneren, vor allem bei Soest nahe Amersfoort. Es gibt viele Gelegenheiten zum Wandern und Radfahren, aber auch die nächsten Siedlungen sind nie weit entfernt.

ESSEN NEBEN EINER BURG

Koetshuis de Haar
Das Schlosscafé serviert tagsüber Snacks und Getränke in einem historischen Stall. €

Restaurant Bentinck
Gourmet-Abenteuer auf dem Gelände des Kasteel Amerongen mit Produkten aus dem Schlossgarten. €€€

Restaurant 't Klooster
In einem Haus aus dem 16. Jh. in Wijk gibt es innovative organische Küche. €€€

BESTE ORTE FÜR DRINKS & SNACKS IN AMERSFOORT

Stadtsbrowerij Drie Ringen
Diese klassische, unprätentiöse Kleinbrauerei direkt an der Gracht nahe des Koppelpoort besteht seit 1626.

Corazon Coffee
Freundliches Café mit leckeren Kuchen, Sandwiches und veganen Mittagsgerichten. Oben gibt es einen Spielbereich für Kinder.

De Dikke Koning
Craftbier-Spezialist in der malerischen Altstadt.

Zuster Margaux
Stylishe Weinbar im historischen Kreuzgang.

Stadscafé Amersfoort
Eines der netten Cafés mit Tischen auf dem Platz mit Blick auf den Onze Lieve Vrouwe Toren.

Amersfoort

AB UTRECHT: 25–30 MIN.

Nicht nur Mondrian

Piet Mondrian (1872–1944), der Künstler von De Stijl, wurde in einem niedrigen Haus am Kanal in der charmanten Altstadt von Amersfoort geboren. Das **Mondriaanhuis** ist jetzt ein Museum, das seine künstlerische Entwicklung vom realistischen Landschaftsmaler über den Impressionismus bis zu den geometrischen Rechtecken in Rot, Blau und Gelb, die nach seinem Umzug nach Paris 1911 zu seinem Markenzeichen wurden, zeigt. Eines seiner Pariser Wohnstudios wurde nachgestellt, während im Obergeschoss Workshops die Möglichkeit bieten, sich selbst im Stil von Mondrian zu versuchen, u. a. mit Legosteinen.

In Amersfoort sollte man eine 45-minütige **Bootstour** auf den Kanälen unternehmen oder durch die Straßen des ovalen historischen Stadtzentrums bummeln. Mehr als 300 Häuser sind aus dem 17. Jh. oder älter. Amersfoort wird traditionell als geografischer Mittelpunkt der Niederlande betrachtet. Das erklärt die Karteninstallation mit Fadenkreuz am Sockel des bekanntesten architektonischen Wahrzeichens der Stadt – des Glockenturms **Onze Lieve Vrouwe Toren**. Über 346 Stufen kann man ihn besteigen. Eine Pulverexplosion zerstörte 1787 die Kirche, neben der der Turm ursprünglich errichtet wurde.

Nordwestlich am Spui, einer Straße am Kanal, steht die **Koppelpoort** von 1425, das fotogenste von Amersfoorts drei noch bestehenden Stadttoren. Wie so vieles in der Region wurde es in den 1880ern durch die gotische Restaurierung von Pierre Cuypers romantischer. Ein Kontrast ist hinter der Eisenbahnunterführung das **Eemhuis**, ein zeitgenössischer Bau mit einer metallischen Außenhaut. Darin ist ein Kulturzentrum mit der Galerie **KAdE**.

MEHR ZU DE STIJL
De Stijl beeinflusste auch Möbel und Architektur, wie man in Utrecht (S. 145) an den Werken von **Gerrit Rietveld** sehen kann.

Oudewater

AB UTRECHT: 40 MIN.

Furcht oder Fett?

Im 16. Jh. wurden fast eine Million Frauen in ganz Europa als Hexen hingerichtet. Wer als Hexe angeklagt wurde, hatte kaum eine Chance auf Gnade – aber an einigen Orten gab

UNTERKÜNFTE RUND UM UTRECHT

StayOkay Bunnik
Ländliches Hostel 5 km von Utrecht in einem prächtigen Herrenhaus aus den 1830er-Jahren. €

Leerhotel Het Klooster
Preiswerte karge Zimmer im pseudo-mittelalterlichen ehemaligen Kloster am Rand von Amersfoort. €€

Kasteel Sterkenburg
Luxuriöses B&B, bei dem die meisten Zimmer in einem Schloss mit Wassergraben liegen. €€€

es eine Hoffnung. Mit einer absurden Logik wurde argumentiert, dass eine Hexe auf ihrem Besen fliegen müsse, um ihre Untaten zu begehen, und dass „echte Hexen“ deshalb nicht übergewichtig sein dürften. Das Fehlen einer Seele könnte erklären, warum sie leichter waren, als ihr Körperbau vermuten ließ. Kaum zu glauben, dass einige relativ gnädige Städte „Hexenwaagen“ errichteten, um das zu überprüfen. Ein solches Gerät ist in der hübschen Kleinstadt **Oudewater** erhalten. Sie ist das zentrale Exponat des kleinen **Heksenwaag**-Museums in einem der historischen Häuser am Kanal. Oudewater war einst berühmt als Zentrum der Seilmacherei, deshalb gibt es ein kleines **Seilmuseum**. Vermutlich ist es der Heimatort des bedeutenden religiösen Künstlers des 15. Jhs. Gerard David (1455–1523). Das ist umstritten, doch Oudewater ziert trotzdem seine Stadtlandschaft mit Reproduktionen der Gemälde Davids.

'Hexenwaage', Heksenwaag Museum

LIMES & WATERLINES

Das **Castellum Hoge Woerd**, westlich von Utrecht, ist eine zeitgenössische Nachbildung eines römischen Kastells, die nicht vorgibt, antik zu sein. Die selbstbewusst nachhaltige Anlage umfasst ein Theater/ Musikzentrum (Podium), einen Bauernhof, ein Café und ein archäologisches Museum mit einem ungewöhnlich gut erhaltenen **römischen Lastkahn**. Entlang des **Limes**, der Nordgrenze des römischen Territoriums, die hier parallel zum Rhein verlief, liegen viele weitere Stätten, die auf der Unesco-Liste stehen.

Die meisten sind nur für Archäologen sichtbar, aber die Mauern des **Castellum Fectio** sind auf Feldern eingezeichnet und es gibt einen nachgebauten hölzernen Wachturm. Es liegt neben **Fort bij Vechten** aus dem 19. Jh., das ein Museum zur **Waterlinie** beherbergt – einem etwa 200 km langen militärischen Verteidigungssystems.

PETER DE KIEVITH/SHUTTERSTOCK ©

Oben: Depot, Museum Boijmans van Beuningen (S. 156); rechts: Grote Markt (S. 175)

Rotterdam & Südholland

PITTORESKE EIGENTÜMLICHKEITEN

Mit Stolz ein wenig ausgefallen! Von frecher urbaner Kunst bis zu exzentrischen Attraktionen bieten die kleinen Städte im Süden eine Mischung aus Kuriosem und Malerischem.

Mit zwei der größten Städte der Niederlande – Rotterdam und Den Haag – und vielen traditionellen, malerischen Ortschaften verdient Zuid-Holland (Südholland) Lob und Respekt. Obwohl die Region sehr populär ist, verströmen ihre kleinen urbanen Zentren authentisch unkonventionelles Flair und echte Gastlichkeit.

Zusammen mit den Provinzen Noord-Holland (Nordholland) und Utrecht bildet Südholland die Randstad, das wirtschaftliche Herz der Niederlande. Hier lebt die Hälfte der Landesbevölkerung. An und hinter der Küste bietet der Süden traumhafte Szenerien – Windmühlen (Kinderdijk), Tulpenfelder (Lisse), prächtige Paläste (Den Haag) und Sandstrände (Zeeland). Radtouren zwischen den von Grachten durchzogenen Orten – die Entfernungen sind kurz, meist nur eine oder zwei Stunden – führen zu denkwürdigen Stätten und Wahrzeichen.

Da locken zauberhafte Zeugen des Goldenen Zeitalters wie Delft und Delfshaven (das heute zu Rotterdam gehört) oder das malerische historische Zentrum der Käsestadt Gouda, aber auch Unkonventionelles und Modernes. Leiden wartet mit seltsam-wunderbaren Wissenschafts- und Astronomiedenkmälern auf. Und Rotterdam, zweitgrößte Stadt des Landes und Sitz des größten Hafens Europas, fungiert auch als eine Art Freiluftgalerie. Seltsam verwinkelte Würfelhäuser, Pop Art an Bürogebäuden und fröhliche Skulpturen akzentuieren heute die moderne Architektur.

Mit seinen zahlreichen Kontrasten ist Südholland alles andere als gewöhnlich.

DIE WICHTIGSTEN ZIELE

ROTTERDAM
Stadt für Nerds und Kunstliebhaber gleichermaßen.
S. 156

DEN HAAG
Moderne kulturelle Schrullen treffen auf historischen Charme.
S. 175

Erste Orientierung

In Zuid-Holland ifindet man sich leicht zurecht. Die Zentren sind klein und wahrscheinlich braucht man die öffentlichen Verkehrsmittel gar nicht.

Den Haag, S. 175

Der bürokratische Anschein täuscht: Die drittgrößte Stadt der Niederlande hat neben ihrer majestätischen Architektur und Regierungsinstitutionen eine erstaunliche kulturelle Vielfalt zu bieten – von Museen bis zur Gastronomie.

Rotterdam, S. 156

Die zweitgrößte Stadt des Landes (und der größte Hafen Europas) ist eine Meisterin der Stadtumgestaltung – nach dem Zweiten Weltkrieg keine kleine Leistung. Heraus kam eine faszinierende Mischung aus großartiger Architektur und Straßenkunst.

OBEN: NGCHIYUI/SHUTTERSTOCK ©, UNTEN: SEAN PAVONE/SHUTTERSTOCK ©

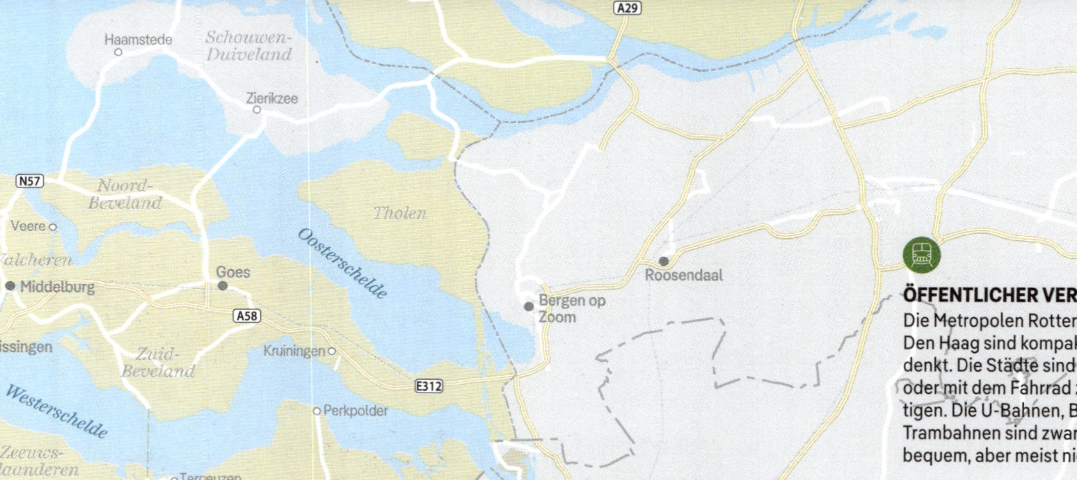

ÖFFENTLICHER VERKEHR

Die Metropolen Rotterdam und Den Haag sind kompakter, als man denkt. Die Städte sind gut zu Fuß oder mit dem Fahrrad zu bewältigen. Die U-Bahnen, Busse und Trambahnen sind zwar effizient und bequem, aber meist nicht nötig.

MIT DEM FAHRRAD

Für die schönen alten Städte Südhollands bietet sich der Drahtesel an. Die größte Distanz zwischen Städten beträgt gerade einmal 35 km (Gouda–Lisse). Unterwegs entdeckt man Windmühlen, Tulpenfelder und andere Schönheiten.

ZU FUSS

Südhollands Städte, vor allem kleinere wie Lisse und Leiden, lassen sich gut zu Fuß erkunden. Bequeme Sneakers sind aber ein Muss (das ist sowieso der Dresscode der Holländer). Fahrräder sorgen jedoch für mehr Freiheit.

Perfekte Tage

Für eine der kleinsten Provinzen (nur 8 % der Landesfläche) des Landes hat Zuid-Holland eine große landschaftliche und kulturelle Vielfalt zu bieten.

DUTCH_PHOTOS/SHUTTERSTOCK ©

Leiden (S. 187)

Kurztrip

- Ziel ist **Rotterdam** (S. 156), ein Architekturmuseum in Stadtgröße, das in jeder Jahreszeit ein *lekker* (herrliches) Angebot an Beschäftigungen hat.
- Man bewundert die urbane Kunst, bummelt durch Europas größten Hafen und besucht das **Museum Boijmans van Beuningen** (S. 156), das **Maritiem Museum** (S. 161) und die architektonisch eindrucksvolle **Markthal Rotterdam** (S. 162).
- In Delfshaven, einem Relikt aus dem Goldenen Zeitalter mit einem Flair zwischen Kleinstadt und Landleben, lässt es sich in schönen *bruin cafés* (traditionellen Kneipen) wie **De Oude Sluis** (S. 170) wunderbar entspannen.
- Mit dem Wasserbus geht es ins nahe gelegene **Kinderdijk** (S. 173) mit seinen Windmühlen, einem Weltkulturerbe.

Beste Reisezeit

Eine florierende touristische Infrastruktur – darunter viele Unterkünfte, Restaurants und Veranstaltungen – macht diese Region zum ganzjährigen Reiseziel.

MÄRZ

Der **Keukenhof** (S. 190) in Lisse wird auch als „Garten Europas“ bezeichnet. Er ist von Mitte März bis Mitte Mai geöffnet.

APRIL

Bei Rotterdams Musik-, Kunst- und Performance-Festival **Motel Mozaïque** kann man sich mit Künstlern auf Entdeckungsreisen begeben.

JUNI

Die Festivalsaison beginnt mit Leidens **Culinair** (Gastro) und **Bierfest** sowie Rotterdams **Architekturmonat** (im Bild) und **Bluegrass Festival**.

VASU4CHRIST/SHUTTERSTOCK ©, BEN HOUDIJK/SHUTTERSTOCK ©, EDWIN MULLER PHOTOGRAPHY/SHUTTERSTOCK ©

Länger Zeit

- Der erste Stopp an der südlichen Küste ist **Den Haag** (S. 175). Das dortige **Mauritshuis** präsentiert ein Who's Who niederländischer und flämischer Meister: Gemälde wie *Das Mädchen mit dem Perlenohrring* und *Der Distelfink* sind ein Muss, ebenso Eschers der Logik trotzende Grafiken im grandiosen **Paleis Noordeinde** (S. 183).

- Auf kurzen Bahnfahrten entfalten sich Südhollands vielfältige Landschaften, von den Sandstränden über die Tulpenfelder des **Keukenhofs** (im Frühjahr; S. 154) und **Leiden** (S. 187) mit seinen vielen Museen bis zu den von Grachten durchzogenen Straßen von **Delft** (S. 185).

- Weiter im Landesinneren lockt **Gouda** (S. 172) mit gutem Essen und Kultur. Und auch ein Tag in **Rotterdam** (S. 175) könnte auf dem Programm stehen.

Zwei Wochen

- Zeit genug für eine geruhsame Reise zu den berühmtesten Attraktionen. Man besucht die zweit- und die drittgrößte Stadt des Landes, das hochmoderne **Rotterdam** (S. 156) und den Regierungssitz **Den Haag** (S. 175), sowie ein paar kleinere Orte dazwischen.

- Von Rotterdam aus geht es zu **Kinderdijks** (S. 173) Windmühlen und zu herzhaften und süßen Genüssen in **Gouda** (S. 172).

- Von **Den Haag** (S. 175) aus locken Ausflüge nach Leiden mit seinem altmodischen Charme und nach Vermeers Heimatstadt **Delft** (S. 185). Ein Muss ist der **Keukenhof** (S. 190), der größte Zwiebelblumengarten der Welt.

- Bei der Fahrt nach **Scheveningen** (S. 183) lässt man die Menschenmassen hinter sich und genießt die Zeit bei den Dünen und breiten Stränden.

JULI

Beim **North Sea Jazz Festival** (S. 167) in Rotterdam, dem größten Jazz-Spektakel der Welt, treten Musiker von Weltformat auf.

SEPTEMBER

An Den Haags Stränden steigen zahlreiche Veranstaltungen, darunter das **Feest an Zee** mit Konzerten, Feuerwerk und Sandskulpturen.

OKTOBER

Leidens **Ontzet**-Fest erinnert an das Ende der durch die Spanier verursachten Hungersnot (1574) – mit *hutspot* (im Bild), Heringen, Weißbrot und viel Bier.

AUGUST

Der Museumpark wird zu Europas größtem Open-Air-Kino, **Pleinbioscoop Rotterdam**; **Duizel in Het Park** bietet Lesungen, Theater und Live-Musik im Vroesenpark.

Rotterdam

PARTYHAFEN | FESTIVALS | CAFÉKULTUR

UNTERWEGS VOR ORT

Der größte Teil von Rotterdam ist von der Centraal Station aus leicht zu Fuß zu erreichen. Aber auch Tram- und U-Bahnen sowie Busse und ein ausgedehntes Radwegenetz führen ans Ziel. Fahrten mit dem Wassertaxi sind eine unkonventionellere, coole Art des Sightseeings.

Mit der **Rotterdam Welcome Card** (ab 13,50 €/Tag) fährt man mit allen öffentlichen Verkehrsmitteln (außer Wassertaxis) kostenlos und erhält in Museen Preisnachlässe.

TOP TIPP

Eine Fototour durch Rotterdams Hafen ist obligatorisch – aber immer mit Bedacht. Die Decks alter historischer Kähne wirken einladend, aber viele sind bewohnt. Die Privatsphäre gilt es respektvoll zu beachten.

Die zweitgrößte Metropole der Niederlande und Europas größter Hafen ist eines der coolsten (und überraschend wenig besuchten) Reiseziele des Kontinents. Abgefahrene urbane Ästhetik, Innovationen und Happenings sind das lokale Mantra, und der Enthusiasmus und die Lebensfreude der Rotterdamer sind ansteckend. Und trotz des wachsenden Renommees für urbanes Design und Outdoor-Festivals ist das Flair liebenswert persönlich und zwanglos. Die Stadt bietet Top-Museen sowie eine florierende Kunstszene und Cafékultur. Entlang der riesigen Fahrrinne der Nieuwe Maas, der vielen Wasserwege und Tunnel herrscht ständig reges Treiben. Auf den eleganten Designerbrücken und in den Wassertaxis, die die malerischen städtischen Grachten befahren, sowie im kompakten Zentrum mischen sich Besucher unter die Einheimischen. Mit seinem authentischen (und weniger touristischen) großstädtischen Charme steht Rotterdam Amsterdam wirklich in nichts nach.

„Backstage" im Kunstmuseum

Die ganze Sammlung auf einmal

Das **Museum Boijmans van Beuningen**, eine der berühmtesten Kunstinstitutionen der Niederlande, blickt auf eine lange Geschichte zurück, die bis 1849 zurückreicht. Im Lauf der Zeit häufte das Museum einen sagenhaften Schatz von über 151 000 Meisterwerken an, aber wegen Platzmangels waren die meisten davon der Öffentlichkeit vorenthalten – bis jetzt.

Während das Museum einer umfassenden, sieben Jahre dauernden Renovierung unterzogen wird, dürfen Besucher eine ganz neue Erfahrung machen: Das **Depot** des Museums ist derzeit das weltweit erste zugängliche Kunstlager (mit Werken im Wert von 8 Mill. Euro). Hinter den nun offenen Türen verbirgt sich ein wahrer Schatz: ein temporäres Museum, in dem wertvolle Werke hinter weißen Gittern und Schutzwänden ausgestellt sind, die manchmal entfernt werden. Es werden Führungen angeboten.

Die Museumssammlung umfasst mehrere Epochen und Strömungen, mit Meistern wie Rubens, Rembrandt, Monet, Degas, van Gogh, Picasso, Miró und Bacon. Werke wie Jan van Eycks *Die drei Marien am Grab* (1425–1435), Hieronymous Boschs *Der Hausierer* (um 1500) und *Der Turmbau zu Babel* (um 1568) von Pieter Bruegel dem Älteren gehören zu den Highlights; sie werden im Rotationsverfahren an andere Institutionen verliehen und sind „backstage" meist nicht zu sehen.

Für das Depot und den Skulpturengarten ist ein ganzer Nachmittag einzuplanen. Das angrenzende Restaurant Renilde in einem Glaspavillon ist ideal für einen Espresso oder ein leichtes Mittagessen.

Reise durch Rotterdams Geschichte

Erinnerungen an den Krieg

Das schöne Timmerhuis, ein hoher Stapel aus weißen Glas-Beton-Würfeln, ist das Zuhause des **Museum Rotterdam** über die Vergangenheit, Gegenwart und Zukunft der Stadt. In der Zweigstelle am Coolhaven bietet die Ausstellung *'40–'45 NOW* tiefe Einblicke in die Zerstörungen der Stadt während des Zweiten Weltkriegs, die Bedrängnis und den Wiederaufbau in der Nachkriegszeit.

Im Timmerhuis sind alte Filmaufnahmen, Fotos und Gegenstände über die Kriegszeit zu sehen, wobei sich in den Geschichten Optimismus und Tapferkeit mit Tragik vermischen. Und die Ausstellung am Coolhaven ist ein Multimedia-Erlebnis rund um den 14. Mai 1940, als Rotterdam bombardiert wurde – in gerade einmal 13 Minuten warfen 54 deutsche Flugzeuge damals mehr als 1000 Bomben über der Stadt ab.

Ständig wechselnde Kunstausstellungen

So macht man das Beste aus einem Unglück

Ein Besuch in der **Kunsthal**, einer hochkarätigen Kultureinrichtung in Rotterdams Museumpark, ist immer eine Überraschung, weil die Ausstellungen ständig wechseln. Das ist nur zum Teil so beabsichtigt – die Kunsthal wurde 2012 Opfer eines großen Kunstraubs. Seitdem findet ein wechselndes Programm mit großen Namen von Andy Warhol bis Roy Lichtenstein statt.

Immer sind mindestens drei Ausstellungen zu sehen, die sich über die Ebenen des sehenswerten Museumsgebäudes verteilen. Das Bauwerk an einem Deich wurde 1988/89 von Rem Koolhaas und Fuminori Hoshino vom bekannten Rotterdamer Architekturbüro OMA entworfen.

DARUM LIEBE ICH ROTTERDAM

Barbara Woolsey, Lonely-Planet-Autorin. *@xo_babxi*

Rotterdam hat vom Fischerdorf bis zum größten Hafen Europas einen langen Weg hinter sich.

Liebe Freidenker, diese fantastische maritime Stadt kann eure Geistesverwandte werden! Die Kreativität läuft mit irrer Kunst und innovativer Architektur aus dem Ruder. Und doch ist die Stadt relaxt und unprätentiös – ein Glanzstück urbaner Coolness.

Rauschende Sommerfestvials, funky Jazzkneipen und Warehouse-Raves – findet ruhig selbst heraus, warum die Rotterdamer zu den Menschen gehören, mit denen ich am liebsten feiere.

SCHLAFEN IN MARITIMEM SCHICK

Hotel New York
Ein ehemaliges Büro der Holland-Amerika-Kreuzfahrtlinie bietet heute große, behagliche Gästezimmer. **€€€**

Pincoffs
Das Boutiquehotel in einem Zollgebäude von 1879 präsentiert Kunst aus mehreren Epochen und Komfort. **€€**

Mainport
In bester Hafenlage gibt es hier luxuriöses maritimes Dekor, Wellnessbereich und Suiten mit Sauna und Whirlpool. **€€€**

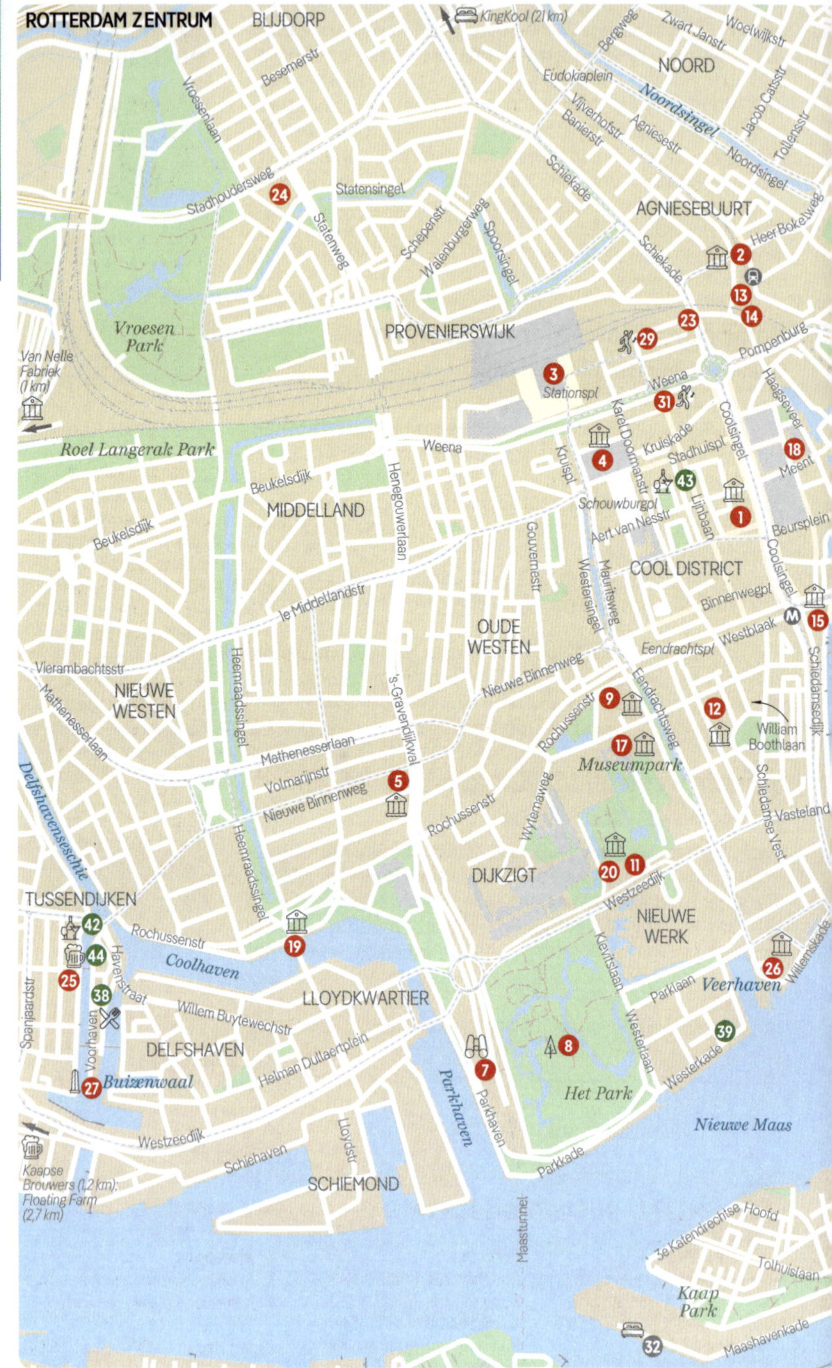
ROTTERDAM ZENTRUM
BLIJDORP
KingKool (21 km)
NOORD
AGNIESEBUURT
PROVENIERSWIJK
MIDDELLAND
COOL DISTRICT
OUDE WESTEN
NIEUWE WESTEN
DIJKZIGT
NIEUWE WERK
TUSSENDIJKEN
LLOYDKWARTIER
DELFSHAVEN
SCHIEMOND
Vroesen Park
Roel Langerak Park
Museumpark
Het Park
Kaap Park
Van Nelle Fabriek (1 km)
Kaapse Brouwers (1,2 km); Floating Farm (2,7 km)
Coolhaven
Buizenwaal
Parkhaven
Veerhaven
Nieuwe Maas
Noordsingel
Delfshavenseschie
Bergweg
Zwart Janstr
Woelwijkstr
Eudokiaplein
Jacob Catsstr
Tollensstr
Vijverhofstr
Banierstr
Agniesestr
Schiekade
Heer Bokelweg
Besemerstr
Vroesenlaan
Stadhoudersweg
Statensingel
Statenweg
Schepenstr
Walenburgerweg
Spoorsingel
Stationspl
Pompenburg
Weena
Karel Doormanstr
Kruiskade
Stadhuispl
Coolsingel
Hoogstraat
Meent
Kruispl
Schouwburgpl
Lijnbaan
Aert van Nesstr
Beursplein
Beukelsdijk
Henegouwerlaan
Gouvernestr
Westersingel
Mauritsweg
Binnenwegpl
Westblaak
Eendrachtspl
Schiedamsedijk
1e Middellandstr
Vierambachtsstr
Mathenesserlaan
Heemraadssingel
's-Gravendijkwal
Nieuwe Binnenweg
Rochussenstr
Eendrachtsweg
William Boothlaan
Volmarijnstr
Wytemaweg
Schiedamse Vest
Vasteland
Westzeedijk
Kievitslaan
Parklaan
Willemskade
Havenstraat
Willem Buytewechstr
Helman Dullaertplein
Spanjaardstr
Voorhaven
Westerlaan
Westerkade
Parkkade
Lloydstr
Schiehaven
Maastunnel
3e Katendrechtse Hoofd
Tolhuislaan
Maashavenkade
1
2
3
4
5
7
8
9
11
12
13
14
15
17
18
19
20
23
24
25
26
27
29
31
32
38
39
42
43
44

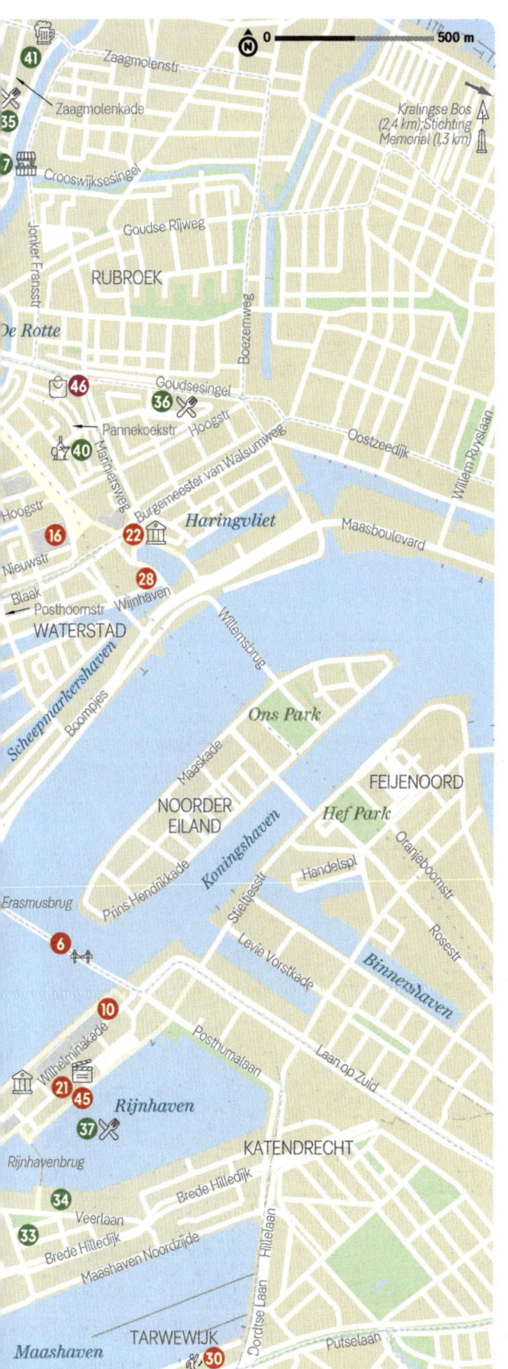

SEHENSWERTES
1 Bijenkorf
2 Bird Jazz Club
3 Centraal Station
4 De Doelen
5 Dizzy
6 Erasmusbrug
7 Euromast
8 Het Park
9 Huis Sonnenveld
10 KPN Telecom Headquarters
11 Kunsthal
12 Kunstinstituut Melly
13 Luchtpark Hofbogen
14 Luchtsingel
15 Maritiem Museum Rotterdam
16 Markthal
17 Museum Boijmans van Beuningen
18 Museum Rotterdam (Timmerhuis)
19 Museum Rotterdam (Coolhaven)
20 Naturhistorisches Museum
21 Nederlands Fotomuseum
22 Overblaak Development
23 Scheiblock
24 Stadswerkerij de Kas
siehe 12 TENT
25 Tovertunnel
26 Wereldmuseum
27 Windmill
28 Witte Huis

AKTIVITÄTEN, KURSE & TOUREN
29 Cultuurpodium Perron
30 Massilo
31 Toffler

SCHLAFEN
32 SS Rotterdam

ESSEN
33 De Matroos en Het Meisje
34 Fenix Food Factory
35 Fermin
siehe 13 François Geurds (FG)
36 Heroine
37 Putaine
38 Restaurant Frits
39 Zeezout

AUSGEHEN & FEIERN
40 Bokaal
41 Brouwerij Noordt
42 De Oude Sluis
43 Dr Rotterdam
44 Stadsbrouwerij De Pelgrim

UNTERHALTUNG
45 LantarenVenster

SHOPPEN
46 De Groene Passage
47 Rotterdamse Oogstmarkt

TTSTOCK/SHUTTERSTOCK ©

Van Nelle Fabriek

Eine aufpolierte Fabrik

Industrie-Schick neu definiert

Die zwischen 1925 und 1931 entworfene und erbaute modernistische **Van Nelle Fabriek** nordwestlich des Zentrums ist eine Ikone des Industriedesigns des 20. Jhs. und inzwischen Weltkulturerbe. In der häufig als Stahl-Glas-Palast bezeichneten Fabrik wurden bis in die 1990er-Jahre Kaffee, Tee und Tabak produziert, heute beherbergt sie jedoch einen Kulturbetrieb. Sie ist zwar nicht öffentlich zugänglich, aber **Urban Guides**, eine Agentur für Architektur-Touren, bietet einstündige Führungen durch das Gebäude.

Der Rundgang bietet Einblick in den Verwaltungsbereich und das Elektrizitätswerk (das zweite in Rotterdam gebaute) auf einer markanten diagonalen Brücke. Er endet in den lichtdurchfluteten Räumen der Tabakfabrik mit zwei Treppenaufgängen (damals nach Geschlechtern getrennt, um Kontakte zu vermeiden) und einer großen Cafeteria.

Östlich von der Fabrik steht das in den 1980er-Jahren erbaute De-Schie-Gefängnis, ein flacher Bunker mit auffälliger orange-blauer Fassade, die im Kontrast zur finsteren Funktion des Gebäudes steht.

Attraktives künstlerisches Paar

Zeitgenössische Kunst mal zwei

Zwei Museen für moderne Kunst, **TENT** und **Kunstinstituut Melly**, teilen sich ihr Zuhause in einer ehemaligen Schule.

Ersteres präsentiert zeitgenössische lokale Kunst, Letzteres experimentelle politische Ausstellungen. 2017 legte die Galerie ihren alten Namen (nach einem niederländischen Admiral) ab und nannte sich nach dem Plakat *Melly Shum Hates Her Job*, das der kanadische Künstler Ken Lum 1989 schuf und Kultstatus genießt. Einst hing es an der Ecke Boomgaardstraat/Witte de Withstraat, heute ziert es die Fassade der Galerie.

Spaß für Kids & Teens

Keine Chance für Langeweile

Familien werden von den unterhaltsamen und lehrreichen Angeboten begeistert sein. In interaktiven Museen haben auch schnell gelangweilte Kids ihren Spaß.

Das ethnografische **Wereldmuseum** ist eine grandiose Kultureinrichtung. Im ehemaligen Gebäude (19. Jh.) des königlichen Jachtclubs widmen sich Ausstellungen Themen wie Multikulturalismus, Identität und Immigration vor dem Hintergrund von Rotterdams unterschiedlichen Ethnien.

KUNSTRAUB IN DER KUNSTHAL

2012 machte Rotterdams Kunsthal Schlagzeilen. In den frühen Morgenstunden des 16. Oktober brachen Diebe ein und stahlen sieben von der Triton-Stiftung ausgeliehene Gemälde: zwei von Monet und jeweils eines von Picasso, Gauguin, Matisse, Freud und de Haan (im Wert von 50 bis 100 Mio. Euro). Innerhalb von zwei Minuten waren die Diebe wieder draußen. Zu dieser Zeit war kein Wachpersonal anwesend.

Ein Jahr später wurde dieser Krimi gelöst: Die Gemälde waren in Rumänien von der Mutter eines der Diebe im Ofen verbrannt worden. Die Räuber wurden verurteilt, ebenso die Mutter wegen Versteckens von Diebesgut.

Seitdem hat man die Kunsthal umfassend renoviert und die Sicherheitsmaßnahmen verbessert.

SCHLAFEN IN MODERNEN HOSTELS

citizenM
Hostel der neuen Generation: kapselähnliche Zimmer sowie stylische Gemeinschafts- und Coworking-Bereiche. **€€**

KingKool
Hippes Hostel im Partyviertel mit Schlafsälen (für Frauen und gemischtgeschlechtlich) und tollen Einrichtungen. **€**

Social Hub
Digitale Nomaden lieben das moderne Hostel mit Coworking-Bereich und Studios mit Kochnischen. **€**

BLITZANGRIFF AUF ROTTERDAM

Ein Ereignis hat das moderne Rotterdam maßgeblich geprägt. Am 14. Mai 1940 warf eine Schwadron aus 90 Fliegern der deutschen Luftwaffe über 1000 Bomben über der Stadt ab. Sie verursachten Brände, die das mittelalterliche Zentrum und andere Viertel in Grund und Asche legten. Als das Feuer erlosch, standen die Rotterdamer vor der nächsten gewaltigen Aufgabe: den Krieg zu überleben.

Die Deutschen kontrollierten die Stadt bis 1945, und Rotterdams Hafen wurde wiederholt von alliierten Luftstreitkräften angegriffen. Am 31. März 1943 ging ein solcher Angriff furchtbar schief, als die US Air Force irrtümlich ein Wohngebiet bombardierte und Hunderte Menschen tötete (das „Vergessene Bombardement"). Erst nach Deutschlands Niederlage 1945 konnten die Rotterdamer mit dem Wiederaufbau ihrer Stadt beginnen.

Auch das **Natuurhistorisch Museum** ist für alle Altersstufen geeignet. Hier ist eine kunterbunte Mischung von Tierpräparaten, Fossilien und Knochen ausgestellt, von Insekten bis zu riesigen Skeletten wie Ramo, dem asiatischen Elefanten. Danach können die Kids im angrenzenden **Het Park** an niedrigen Ästen baumeln und Klettergerüste erklimmen.

Das **Maritiem Museum** mit Blick auf den Leuvehaven kombiniert Hafengeschichte mit einem Spaziergang. Exponate wie etwa Kransimulatoren und Schiffe mit Joystick-Steuerung unterhalten die ganze Familie. Die davor vertäuten funktionierenden historischen Boote (viele können betreten werden) sind schöne Fotomotive.

Die Niederlande in der analogen Fotografie

Perfekte Aufnahmen

Die riesige Sammlung des **Nederlands Fotomuseum** besteht aus über 5 Mio. Fotos (und 120 000 Digitalaufnahmen) – darunter Werke berühmter niederländischer Fotokünstler wie Ed van der Elsken, Aart Klein und Cas Oorthuys.

Oben präsentieren große Ausstellungsräume Bilder über die gesellschaftliche, politische und kulturelle Geschichte der Niederlande; die Galerien im Erdgeschoss zeigen Wechselausstellungen bedeutender niederländischer und internationaler Fotografen.

Rotterdams Markt-Palette

Überdacht und unter freiem Himmel

Rotterdams 2014 eröffnete **Markthal** ist nicht nur architektonisch ein Hingucker (ein u-förmiger Bogen, der die typische Vorstellung eines „Marktplatzes" unter Büro- und Wohngebäuden umkehrt), sondern mit ihren modernen Restaurants auch eines der beliebtesten kulinarischen Zentren der Stadt.

Ein Schlemmerparadies ist auch die **Fenix Food Factory**. Alles, was in dieser Halle, einem umgebauten Hafenspeicher, verkauft wird, stammt von lokalen Erzeugern. Hervorzuheben sind hier die **Booij Kaasmakers** (Käse, Milch, Joghurt), **Jordy's Bakery** (sehr gute Sandwiches) und der **Soda Pop Shop** (Limonaden und Cocktails). In beiden Markthallen gibt es reichlich Sitzgelegenheiten.

Bei gutem Wetter ist der samstägliche **Rotterdamse Oogstmarkt** (Bauernmarkt) auf dem Noordplein wunderbar zum Bummeln geeignet, um sich mit Leckereien für ein Picknick an der Gracht einzudecken.

ESSEN IM STADTZENTRUM

Vessel 11
Britischer Gastro-Pub in einem feuerwehrroten Leuchtturm im alten Hafen. Leckere Bistrogerichte und Brunch. €€

Restaurant Bazar
Leckere, günstige orientalische Gerichte in hübschem Ambiente. €€

Tante Nel
Terrasse an der Straße, tolle Pommes mit Trüffelmayonnaise und *patat stoofvlees* (Pommes mit Fleischeintopf). €

Einkaufspassage für Hipster

Schöner shoppen im Zentrum

De Groene Passage ist mit Sicherheit kein gewöhnliches Einkaufszentrum. Die Shoppingpassage setzt sich mit ausschließlich umweltbewusst und nachhaltig produzierten Waren dem stumpfen Materialismus entgegen. Kleine Läden verkaufen beispielsweise Naturkosmetik, Fair-Trade-Kleidung und -Haushaltswaren.

Als Pause auf der Jagd nach einzigartigen, hochwertigen Souvenirs bieten sich vor Ort Tai-Chi- und Yogakurse an, oder man lässt sich im Beautysalon mit Bioprodukten verwöhnen. Restaurants servieren nachhaltige Küche, und die handwerkliche Metzgerei **Green Way** bietet Grillplatten und Würste von lokalen Bauern.

Übernachtung auf einem Schiff

Süße Träume in der Kajüte

Der ausgediente Ozeandampfer **SS Rotterdam** aus den 1950er-Jahren liegt nun permanent in Rotterdam und bietet als Hotelschiff etwa 250 kleine, aber typische Schiffkabinen im mittleren Preissegment. Das Dekor ist modern-kitschig

Naturhistorisches Museum

BESTE SIGHTSEEING-TOUREN

De Rotterdam Tours
Von Experten geführte Stadttouren für Architekturfans.

Urban Guides
Van-Nelle-Fabriek-Tour, Architekturführungen und eine sehr gute kolonialgeschichtliche Tour.

S'dam Gin Tour
Tour durch das historische Brennereiviertel, inklusive Genever-Lagerhäuser und Ginverkostung im Nationaal Jenevermuseum Schiedam.

Fluisterboot
Die Fahrt im Flüsterboot passiert Lagerhäuser, Brennereien und Windmühlen beim historischen Fischmarkt.

City Rotterdam Tours
Bei den Fahrradtouren stehen der Hafen, die Architektur oder die Bombardierung 1940 im Mittelpunkt.

AUSGEHEN IM STADTZENTRUM

Dr. Rotterdam
Speakeasy mit wechselnden „verschreibungspflichtigen" Cocktails. Online reservieren, um die Adresse zu erfahren.

Locus Publicus
Unglaublich gemütliches *bruin café* mit über 200 Bieren im Angebot, Flaschenbier oder vom Fass.

De Witte Aap
Das bei Anwohnern beliebte *bruin café* „Weißer Affe" steht für *gezelligheid*; DJs, Karaoke und mehr.

SOMMER IN DER STADT

Grafikdesignerin **Lotte Biesheuvel** und digitaler Finanz-Guru **Tim Hölscher** sind echte Rotterdamer – in Glitzer und Neon gekleidet sind sie auf Open-Air-Festivals oder beim Gassigehen mit ihrem Rettungshund Spike zu sehen. Hier sind ihre Top-Tipps für den Sommer:

iKapitein Boats & Bites
Bei großer Hitze ist nichts besser als ein Partyboot auf den Grachten.

Kralingse Bos
Nette, weitläufige Park-See-Kombi; hausgemachte Leckereien gibt es im **Eekhoorn**, Pfannkuchen im **Nachtegaal**.

Old Scuola West
Echt italienische Pizzas auf einer sonnigen Terrasse.

Parqiet
Gemütliches Café im Het Park; im Liegestuhl auf dem Rasen schmeckt der *borrel* noch mal so gut.

Wassertaxi, Nieuwe Maas

und reicht thematisch von historisch bis zu tropisch. Achtung: Einige haben keine Bullaugen.

Das Schiff liegt außerhalb des Zentrums und ist ideal für einen entspannten Aufenthalt am Hafen – am besten wie die Einheimischen ein Wassertaxi nehmen, um bequem von A nach B zu kommen.

Ahoi, Wassertaxi

Und allzeit gute Fahrt!

Eine Fahrt mit dem Wassertaxi (watertaxirotterdam.nl) ist ein typisch Rotterdamer Erlebnis. Mit 50 Anlegestellen an der Maas, die die Innenstadt umgibt, sind Wassertaxis ideal fürs Sightseeing. Besucher steigen entweder an architektonischen Wahrzeichen wie Erasmusburg (S. 166), Hotel New York (S. 157) oder Maritiem Museum (S. 162) aus oder lassen sich einfach bequem umherschippern, wie die Anwohner es tun.

DIE BESTEN CLUBS

Maassilo
Ein altes, industriell-cooles Getreidesilo ist heute Rotterdams größter Club mit massiven Electro-Raves.

Toffler
Schmaler Techno-Club in einem alten Fußgängertunnel unter der Weena-Straße.

Cultuurpodium Perron
In dem graffitiverzierten ehemaliges Postamt machen legendäre hiesige Musiker Indie Dance und Techno.

Einige Wassertaxis sind schneller als die anderen, und manche haben sogar Elektromotoren. Man kann sie an den Docks heranwinken oder telefonisch bestellen (010-403 0303). Bezahlt wird beim Skipper entsprechend dem Zonentarif.

Feiern im Freien

Trinken und essen an der Sonne

Rotterdams Außengastronomie ist grandios. Der **Biergarten Rotterdam**, ein echter Klassiker, ist ein von der Sonne gebleichtes Labyrinth aus Holzgarnituren für den Sundowner. Es gibt eiskaltes Pils, selbst gemachte Limonade und Grillgerichte, und am Wochenende sorgen DJs für Party-Vibes. Und im sonnigen **Bokaal** gibt es an Sommerabenden leckeres Essen vom Foodtruck und viel Craftbier.

Regenbogenszene

Das „Rosa Dreieck"

In Rotterdams frechem, spleenigem Flair gedeiht eine lebhafte LGBTIQ+-Szene. Den Headliner bildet Anfang Juni das zehntägige Festival **Rotterdam Pride**, bei dem die Feiernden in bunten Parade-Outfits – mit Fransen, Latex und viel Glitzer – auf den Putz hauen.

Im sogenannten „Rosa Dreieck" zwischen Churchillplein, Westblaak, Mauritsweg und Van Oldenbarneveldtstraat, bieten viele Bars und Clubs Drag-Performances, Kneipenquiz, Karaoke und Speed-Dating.

LGBTIQ+-Events gehören auch fest zum Koningsdag (27. April), und im Sommer präsentiert das Arthouse-Kino **Lantaren-Venster** im Rahmen des **Gay & Lesbian Summer Film Festival** (Termine variieren) dienstagabends LGBTIQ+-Filme.

Gay Rotterdam (gayrotterdam.nl/en) ist die beste Informationsquelle für Veranstaltungen. Eine Tour über Rotterdams LGBTIQ+-Geschichte bietet **Gaily Tours**.

Architekturwunder im Zentrum

Rotterdams Gebäude-Ikonen

Rotterdam ist eine Art riesiges Freiluftmuseum für die Architektur des 20. und 21. Jhs., von ultramodern bis retro. Überall stehen wichtige und spektakuläre Bauten, vor allem aber im kompakten, leicht zu Fuß erkundbaren Zentrum.

Die meistgenutzte – und wahrscheinlich beliebteste – Bau-Ikone ist die **Centraal Station**. Der 1999–2013 erbaute Bahnhof hat eine Passagierhalle mit dramatischen Winkeln und ein spitzes, edelstahlverkleidetes Dach.

WUNDERTÜTE DER BAUKUNST

Rotterdam ist schon lange Vorreiter in innovativer, nachhaltiger und spannender Stadtgestaltung. In dem modernen Stadtbild weiß man nie, welcher architektonische Hingucker um die nächste Ecke lauert. Auch Einheimische kennen ihre Skyline nicht aus der Westentasche.

Zu den Highlights gehören prächtige Bauten der Architekturbüros OMA und MVRDV, aber auch herrliche Missgeschicke, darunter der leuchtend rote Red Apple und DeWindas, das erschwinglichen Wohnraum in eine Windmühle integrieren sollte.

Rotterdams Skyline ist noch im Entstehen begriffen, und ständig werden neue Pläne ausgearbeitet. Einige sind Modelle für Nachhaltigkeit, manche scheinen ziemlich verrückt. Aber das ist eben so mit der Architektur in Rotterdam: Man akzeptiert voll und ganz, dass Innovationen und Experimente auch scheitern könnten.

DIE BESTEN MIKROBRAUEREIEN

Brouwerij Noordt
Braustube in einer alten Feuerwache mit riesigen Braukesseln im Lokal (Zugang über die Gasse in der Zaagmolenkade).

Stadsbrouwerij De Pelgrim
Vintage-Brauerei in Delfshaven; von der Grachtenterrasse blickt man auf die Oude Kerk.

Kaapse Brouwers
Der Schankraum ist für seine IPAs und Live-Jazz am Sonntag beliebt; in der **Fenix Food Factory** (S. 162).

BAUKUNST AUSSERHALB DES ZENTRUMS

NOORD

Luchtsingel (Luftkanal)
Die Fußgängerbrücke aus gelbem Holz war weltweit das erste per Crowdfunding finanzierte öffentliche Bauprojekt.

WESTEN

Euromast
Panoramablick vom 100 m hohen Aussichtsdeck und dem rotierenden Glasaufzug; Seilrutsche und Hotelsuiten.

Windmühle
Die rekonstruierte Mühle mahlt Getreide; nicht zugänglich.

ZUIDEN

De Rotterdam
Rotterdams beliebtestes modernes Bauwerk.

Erasmusburg
Die „Schwan"-Brücke spannt sich 802 m über die Maas.

KPN Tower
Das Gebäude ist wie der Schiefe Turm von Pisa um 6° geneigt. Entworfen von einem italienischen Stararchitekten.

Ein Wahrzeichen der Stadt ist auch die **Markthal**. Über der rund 40 m hohen Markthalle mit einem farbenfrohen Obst-und-Gemüse-Wandgemälde befinden sich begehrte Wohnungen mit Glaswänden.

In der Nähe steht das **Huis Sonneveld**. In dem modernen Gebäude, einem herausragenden Beispiel für den niederländischen Funktionalismus, ist noch das Originalinterieur aus den 1930er-Jahren zu sehen. Das eindrucksvolle Museum bietet eine Audiotour zur Geschichte des Bauwerks samt Hintergrundstorys über die Bewohner.

Das 1957 eröffnete Kaufhaus **De Bijenkorf** des legendären Bauhaus-Fans Marcel Breuer und niederländischer Architekten ist überraschenderweise eines der „älteren" Bauwerke der Stadt. Seinen Namen „Bienenkorb" verdankt es der Verkleidung aus sechseckigen Travertinplatten. Vor der Fassade an der Coolsingel steht die hohe Skulptur *Ohne Titel* des russischen Konstruktivisten Naum Gabo.

Und schließlich hat Rotterdam auch noch eine der coolsten **McDonald's**-Filialen überhaupt. Das Fastfood-Lokal in der Coolsingel besticht durch sein nobles Design mit einer perforierten goldenen, durchsichtigen Glasfassade und einer Wendeltreppe für den dramatischen Auftritt.

Kubushäuser

Berühmte Würfel

Die legendären Würfelhäuser, die im 55-Grad-Winkel über den Straßen thronen und miteinander verschachtelt sind, ziehen unweigerlich die Blicke der Passanten auf sich, die vom Blaak-Bahnhof im Zentrum abfahren.

In den 1970er-Jahren standen die Stadtplaner vor der Aufgabe, die Wohnblöcke an der Blaak-Straße zu verbinden. Die geniale Lösung des Architekten Piet Blom: kubische Häuser. Das resultierende **Overblaak-Projekt** besteht aus 38 farbenfrohen Wohnhäusern und zwei „Superkuben" auf sechseckigen Pylonen. Die ganze Anlage ähnelt einem urbanen Wald; einige Häuser befinden sich auf einer Fußgängerbrücke (Luchtsingel) mit weitem Blick über Rotterdams Zentrum.

Alle Würfelhäuser befinden sich in Privatbesitz. Sie sind rund 100 m² groß, und die einzelnen Etagen sind über steile Treppen verbunden. Eine Wohnung, die **Kijk-Kubus Museumwoning** (Kubushausmuseumswohnung), kann besichtigt werden.

Das südlichste Kubushaus, **Stayokay Rotterdam**, ist eine Jugendherberge, die Doppelzimmer und Schlafsäle mit wunderbarer Aussicht auf den alten Hafen, die angrenzenden Würfel und die Skyline von Rotterdam bietet.

DER BESTE HANDWERKLICH PRODUZIERTE KAFFEE

Urban Espresso Bar
Rotterdams populärstes Café – dank erfahrener Baristas und eigener Backstube; bei Laptop-Gästen beliebt.

Man Met Bril Koffie
Rotterdams erste handwerkliche Rösterei in hipper Lage unter einem Eisenbahnviadukt bei der Centraal Station.

Harvest Cafe and Bakery
Das von Melbourne inspirierte Café bietet hervorragenden Espresso, Frühstück und ein behagliches Interieur.

QIZAI00/SHUTTERSTOCK ©

Kubushäuser

Hochhaus aus der Vorkriegszeit

Ein unverwüstlicher Zeitzeuge

Nur 200 m von Overblaak entfernt steht eines von Rotterdams wenigen Gebäuden aus der Zeit vor den Kriegen. Das von 1897 bis 1898 erbaute elfstöckige **Witte Huis** war mit seinen 45 m Europas erster „Wolkenkratzer". Es ist eine Ikone des Jugendstils und wurde mit tragenden Ziegelmauern statt mit einem Stahlskelett erbaut.

Das Café im Gebäude entspricht mit seinen mehrfarbigen Buntglasfenstern, Glaslüstern und hohen Decken der prächtigen Fassade – ein eleganter Ort für leckere Cocktails bei Sonnenuntergang.

Europas Jazz-Kapitale

Szene der musikalischen Improvisation

Musik dominiert das ganze Jahr über Rotterdams Entertainmentprogramm, mit zahlreichen Festivals und Konzerten, aber das **North Sea Jazz Festival** ist der absolute Höhepunkt. Alljährlich im Juli finden hier Hunderte von Musikern auf 15 Bühnen zusammen, auch um zu improvisierten; genreübergreifende Gigs.

NOBELLOKALE

Fermin
Luxuriöse Gerichte vom Holzofen und Yakitori-Grill der offenen Küche. **€€€**

De Matroos en Het Meisje
Elegantes Nobelrestaurant mit tollem Ambiente – delftblaue Wände und karierte Tischtücher. **€€€**

François Geurds (FG)
Rotterdams berühmtester Koch kreiert in seinem Sternerestaurant Probiermenüs aus essbaren Kunstwerken. **€€€**

Héroine
Modern-schickes „Studio Dining"; Probiermenüs mit Austern und Kaviar. **€€€**

Putaine
Trendige Gerichte auf einem Ponton im Rijnhaven mit raumhohen Fenstern und sonniger Terrasse. **€€€**

Zeezout
Rotterdams raffinierteste Seafood-Küche mit üppigen Schäumchen und Garnierungen. **€€€**

BESTE BISTROKÜCHE

Louise Petit
Schnecken, Muscheln – oh là là! Elegante französische Brasserie mit tollem niederländischem Service. **€€**

Le Nord
Eines der vielen netten Bistros in Noord; klassische Wurst- und Käseplatten und eine lange Getränkekarte. **€€**

Bistro Zino
Bei Anwohnern beliebter Italiener mit einer kleinen, aber feinen Speisekarte und guter Weinauswahl. **€€**

BUMMEL DURCH DEN NORDOSTEN

Dieser 4,4 km lange Spaziergang im Nordosten Rotterdams bietet Einblick in eines der sich am schnellsten verändernden Stadtviertel. Vom Vorplatz der 1 **Centraal Station** (S. 165) geht es zunächst gen Osten zur Schiestraat und aufs Dach des 2 **Schieblock** (S. 169) mit Blick auf die Hochhausarchitektur der Stadt, ob hochverehrt wie **De Rotterdam** (S. 166) oder weniger gemocht wie der tiefrote **Red Apple** (S. 165). Vom Dachcafé aus ist schon das nächste Ziel zu sehen: die hölzerne Fußgängerbrücke 3 **Luchtsingel** (S. 166). Man durchquert den gelben „Luftkanal“-Tunnel (perfekt für Fotos) und steuert dann die 4 **Station Hofplein** an – in dem ehemaligen Bahnhof sind heute Läden und Restaurants untergebracht. Schon bald soll auch der Hofbogenpark auf einem früheren Eisenbahnviadukt, der größte Dachgarten der Niederlande, fertiggestellt sein.

Jetzt ist es Zeit für einen Koffein-Kick in einer der besten Kaffeeröstereien der Stadt, 5 **Man Met Bril** (S. 166) unterhalb der alten Hofplein-Gleisen. Vorbei am Noordsingel-Kanal geht es weiter zum hübschen 6 **Noordplein**, auf dem samstags ein Bauernmarkt stattfindet. Dann sucht man nach einem Ort, um die müden Beine auszustrecken. Zum Glück gibt es viele Möglichkeiten dafür. Der 7 **Biergarten** (S. 165) etwa liegt auf dem Weg zurück zur Schiestraat. Oder man bleibt in Noord und macht aus der Erkundungs- eine Degustationstour in einem der gehobenen Restaurants wie dem 8 **Fermin** (S. 167) am Noordplein. Eine noble gastronomische Erfahrung bietet aber auch das Flaggschiff-Restaurant 9 **François Geurds (FG)** (S. 167) an der Station Hofplein, ebenso die experimentellen „Food Labs“ nebenan (eine Tischreservierung ist für beide obligatorisch).

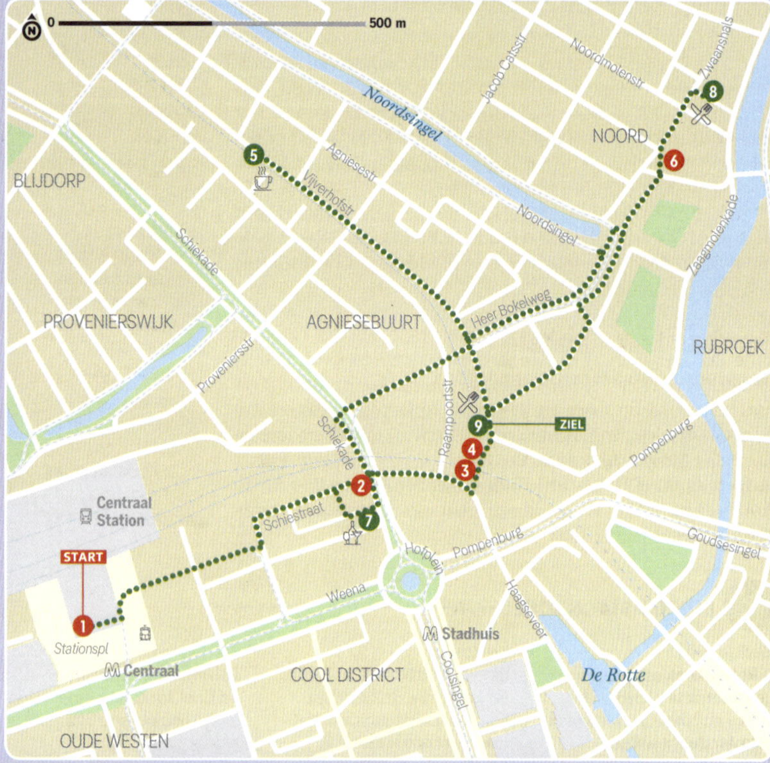

Bereits in den Wochen davor finden im Rahmen des Fringe-Festivals **North Sea Round Town** auf öffentlichen Plätzen und in Konzerthallen viele Jazzkonzerte statt. Eigentlich steigen das ganze Jahr über Performances – das vollständige Programm steht auf der Website northseajazz.com.

Die niederländische Jazzszene hat in den letzten Jahren einige Mainstream-Künstler hervorgebracht. Hierbei tut sich insbesondere Rotterdams **Codarts** hervor, eine der größten Kunstfachhochschulen des Landes. Zu den talentierten jungen Talenten gehören die Sängerinnen Fleurine und Ilse Huizinga. Die aus Surinam stammende Denise Jannah gilt schon seit Jahren als Königin des niederländischen Jazz.

Musikfans können ihren Jazzhelden am **Stichting-Denkmal** am östlichen alten Hafen Tribut zollen: Man spaziert durch den Oude Binnenweg, eine der wenigen noch erhaltenen Vorkriegsstraßen Rotterdams, wo seit 2014 riesige Wandgemälde lokaler Musikgrößen zu bewundern sind.

Ein großes Gemälde schwarzer Musiker ziert auch den Boomgaardhof 39, wo sich einst der legendäre Jazzclub Mephisto Palace befand. Den Eingang bildete einst ein von Fackeln umgebener Teufelskopf, der mit Stereotypen über schwarze Künstler und die von Schwarzen dominierte Musikszene des Goldenen Zeitalters spielte.

Monumentale Urban Art

Aus Grau wird Kunterbunt

Rotterdam wurde im Zweiten Weltkrieg vollständig zerstört und danach hastig mit langweiligen Betongebäuden wiederaufgebaut – die die heiteren, lebensfrohen Bewohnern offensichtlich nicht beeindruckten. Um der Stadt einen kreativen Impuls zu geben und sie zu verschönern, initiierte eine Gruppe niederländischer Pop-Künstler, Kunst en Vaarwerk, von 1979 bis 1992 Kunstinstallationen, um bestehende Gebäude auf geniale Weise umzugestalten. Heute spiegelt Rotterdams Stadtbild die Lebenslust der Anwohner wider.

Am bekanntesten ist die der Schwerkraft trotzende Installation **De Rode BMW**. Das Auto ragt aus der Glasfassade des Gebäudes 169 Weena heraus, als sei es im Unfall eingefroren. Es ist nur eine Straße von der Centraal Station entfernt, wird aber von anderen Bauwerken verdeckt.

Im Gordelweg peppt ein riesiges angepinntes **Polaroid** eine hässliche Autobahnüberführung auf. In dem absichtlich schräg aufgehängten Rahmen sind immer wieder andere Bilder von Rotterdams Hafen zu sehen – im Lauf der Jahre waren das etwa ein Schiffsdeck oder ein Hafenkran.

NACHHALTIGE (& INNOVATIVE) ATTRAKTIONEN

Schieblock
Einer der größten Dachgärten Europas mit Panoramacafé und nachhaltigen Kreativstudios.

Luchtpark Hofbogen
Dies wird der längste, schmalste Dachgarten der Niederlande: ein 2 km langer „ökologischer Korridor" mit Boutiquen, Cafés und viel Grün.

Floating Farm
Weltweit einzigartig: Auf einer Plattform im Merwehaven grasen Kühe und liefern täglich 700 l Milch; Joghurtherstellung.

Stadskwekerij de Kas
Eine Fraueninitiative verwandelte Treibhäuser in eine Gärtnerei mit Workshops zu ökologischem Gartenbau und nachhaltiger Wassernutzung.

BÜHNEN FÜR JAZZ SESSIONS

Bird Jazz Club
In Rotterdams Jazztempel steigen auch Soul, Hip-Hop und Funk – und die Afterparty nach dem Jazzfestival (S. 167).

De Doelen
Der um 1950 erbaute Konzertsaal des Philharmonischen Orchesters Rotterdam bietet auch Jazz und Weltmusik.

Dizzy
Jahrzehntealtes Jazzcafé mit Cool Jazz bis Latin und Funk – und einer namhaften Whiskysammlung.

TOLLE SKULPTUREN

Biopik
Im Garten des Museums Boijmans Van Beuningen (S. 156) liegt ein riesiger gelber Phallus aus Polyester.

Het Badkonijn (Badehäschen)
Der Gummihase im Vroesenpark-See wird abwechselnd von Kindern und Senioren bemalt.

De Reus van Rotterdam (Riese von Rotterdam)
Bronzestatue des mit 2,30 m zweitgrößten Niederländers aller Zeiten.

Fikkie
Dem Messinghündchen der ungarischen Künstlerin Joeki Simák werden Wassernäpfe und im Winter Schals geschenkt.

Sylvette
Die 7 m hohe Betonskulptur von Picasso zeigt seine Muse (ihr kleinerer Zwilling steht im New Yorker MoMA).

Erasmus-Statue
Die älteste Statue (1618) des Landes überstand die Bombardierung und 1996 ein mysteriöses Umkippen.

Der schräg im See des Vroesenpark treibende **Hoed van Lou Bandy**, der vom Strohhut eines niederländischen Schlagersängers inspiriert ist, stellt die Wahrnehmung von Maßstäben infrage. Und die dazugehörige **Hoedendoos** (Hutschachtel) ist ein runder Behälter mit roter Schnalle im Montrealweg. Am Zuidplein wird die U-Bahn-Trasse von einer **aufgerollten Zeitung** gestützt, die sich um einen langweiligen Betonpfeiler wickelt.

Auf der Website der hiesigen Stiftung **BKOR** (Beeldende Kunst & Openbare Ruimte; Bildende Kunst & Öffentlicher Raum; bkor.nl), befindet sich eine zoombare Karte mit diesen und weiteren Kunstinstallationen in der Stadt.

Hafen aus dem Goldenen Zeitalter

Unerwartete amerikanische Geschichte

Nur 3 km südwestlich von Rotterdams Zentrum liegt das historische **Delfshaven**, einst der offizielle Seehafen der Stadt Delft und ein wahres Spektakel aus malerischen Grachten und Giebelhäusern aus dem Goldenen Zeitalter.

Der im 14. Jh. erbaute Hafen am Ufer der Nieuwe Maas war 1620 ein wichtiger Ausgangspunkt für die Pilgerväter, die nach Amerika aufbrachen. Einst war Delfshaven zweigeteilt – mit Häusern der Arbeiterklasse und der Oberschicht am Hafen –, doch nach einer Rezession im 19. Jh. wurde es als Armutsviertel in Rotterdam eingegliedert.

Heute ist der Stadtbezirk Delfshaven mit seinen Kunstgalerien, Designerateliers und Restaurants ein gutes Beispiel für die neue urbane Coolness. Man nimmt an der Centraal Station eine historische Straßenbahn (oder ein Wassertaxi) nach Delfshaven, um den Nachmittag hier zu verbringen, um an Grachten entlangzuspazieren und im noblen **Restaurant Frits** oder im *bruin café* **De Oude Sluis** mit Blick auf eine Windmühle zu essen.

Nichts fängt Delfshavens Geschichte besser ein als der **Tovertunnel (Magischer Tunnel)**. Als eine der wenigen *Achterbuurt*(Elendsviertel)-Gassen, die einst das reiche und das arme Gebiet verbanden, galt der Abschnitt Schansstraat-Aelbrechtskolk nach der Rezession als unsicher. 1996 verzauberte die Rotterdamer Künstlerin Willij Vanderlinden die Unterführung mit farbenfrohen Bildern und Neonlichtern. Das Ergebnis, so sagt sie, ist eine symbolische Verbindung von Vergangenheit und Gegenwart, zudem wollte sie erreichen, dass Kinder keine Angst mehr in dem Tunnel haben. Der Tovertunnel ist nur tagsüber zugänglich.

DIE BESTE SURINAM-KÜCHE

De Kade
Surinamische und chinesische Reis- und Nudelgerichte im Fast-Food-Stil in schnörkellosem Ambiente. €

Warung Mini
Das kleine, einfache Lokal serviert preiswerte surinamische, javanische und indonesische Küche. €

Kiem Foei
Chinatown-Institution mit schnellem Thekenservice; Pfannengerichte, Currys, vegetarische Optionen. €

Rund um Rotterdam

Von Rotterdam aus bietet sich ein Tagesausflug zu den Windmühlen und windgepeitschten Deichen von Kinderdijk an. Und auf dem Weg nach Den Haag lohnt Gouda einen Zwischenstopp.

Rotterdams Nachbarregionen bieten reichlich von dem, was es in den Niederlande gibt: Windmühlen, Käse und Bier.

Die nahe gelegenen Ortschaften Gouda und Kinderdijk wecken mit ihrer Geschichte, reizenden Kulturevents und kalorienreichen Genüssen die Lust am Reisen. Einiges ist eher kitschig (wie wäre Goudas pantomimischer Käsemarkt anders zu bezeichnen?), aber bei einem Ausflug in den Biesbosch-Nationalpark mit seiner beschaulichen Natur entkommt man den Menschenmassen.

Wer Gouda aber näher unter die Lupe nimmt, stellt fest, dass die Stadt mehr ist als nur ihr namengebendes Exportprodukt. Neben Käse locken auch typisch niederländische Süßwaren. Und Kinderdijks Windmühlen und Polderlandschaft bilden einen Gegenpol zum quirligen Rotterdam.

PANI GAR▪YDER/SHUTTERSTOCK ©

Kinderdijk (S. 173)

Ziele

UNTERWEGS VOR ORT

Von Rotterdam führen Radwege und Zugverbindungen nach Gouda, das man zu Fuß kennenlernen kann.

Mit dem Fahrrad erreicht man Kinderdijk, Slot Loevenstein und den Nationalpark Biesbosch leichter. Für Kinderdijk ist der Wasserbus die schnellste Option (30–45 Min.); die beiden Letzteren werden von Passagierfähren und Wassertaxis angesteuert.

TOP TIPP

Von Gouda bietet sich eine Radtour auf der Krimpenerwaard-Route (42 km) durch das Grüne Herz mit Windmühlen, Kanälen und Milchfarmen an.

EINE KÄSE-ODYSSEE

Die Käseherstellung in Gouda reicht ins 12. Jh. zurück, als hiesige Bauern nach Wegen suchten, um ihre überschüssige Milch haltbar zu machen. Aus diesen bescheidenen Anfängen entstand ein florierender, ganz Europa umspannender Käsehandel.

Der Gouda besteht traditionell aus Kuhmilch und reift entweder vier Wochen (jung/*jong*), fünf bis zwölf Monate (alt/*oud*) oder mehrere Jahre (überjährig/*overjarig*), wobei sich die Konsistenz von halbweich zu hart verändert und der Geschmack intensiver und pikanter wird. Wie viele andere gereifte Käsesorten ist Gouda laktosearm und kann auch von Menschen mit Laktoseunverträglichkeit gut verzehrt werden.

Auch geräucherter Gouda ist noch so beliebt wie früher, als die Käselaibe am offenen Feuer reiften. Einst wurden die Laibe zum Reifen mit Wachs umhüllt, heute wird dafür meist Plastikfolie verwendet.

WJAREK/SHUTTERSTOCK ©

Gouda

Gouda

AB ROTTERDAM: 45 MIN.

Nicht nur Käse

Goudas Ruhm bemisst sich zwar weitgehend in Käselaiben, aber die Stadt hat noch mehr zu bieten.

Im historischen Zentrum in der Nähe des Bahnhofs findet ein Käsemarkt mit kostümierten Händlern und Mägden statt, ein Besuch lohnt sich aber auch der malerischen mittelalterlichen Bauwerke wegen. Ein Highlight ist die **Sint Janskerk** (Johanneskirche) mit schönen Mosaiken (dem weltweit größten Fundus an erhaltenem Buntglas aus dem 16. Jh.) und einer wechselvollen Geschichte: Vorgängerbauten brannten zwischen 1361 und dem 16. Jh. regelmäßig jedes Jahrhundert ab. Mit 123 m ist sie die längste Kirche der Niederlande.

Das **Museum Gouda** mit Artefakten und Kunstwerken in einem mittelalterlichen Krankenhaus ist kein absolutes Muss, ebenso das ehemalige Käsewaaghaus **Goudse Waag**. Der verlockendste (und aromatischste) von Goudas vielen Käseläden ist **'t Kaaswinkeltje** mit vielen leckeren unpasteurisierten Milchprodukten. Im Laden der **Kamphuisen Siroopwafelfabriek** (Sirupwaffelfabrik) gibt es knusprige *stroopwafels* (Waffeln mit Karamellfüllung) frisch vom Fließband zu kaufen. Diese traditionelle niederländische Süßigkeit stammt ebenfalls aus Gouda.

ESSEN (OHNE KÄSE) IN GOUDA

David's Gelato
Die beliebte Eisdiele bietet neben Milcheis auch laktosefreie Varianten. €

Miss Nice Banana
Gesundes veganes Frühstück und Mittagessen, alles auf Pflanzenbasis und glutenfrei – auch die Pfannkuchen. €€

Brownies & downieS
Sozial orientiertes Franchise. Menschen mit geistiger Beeinträchtigung servieren Kaffee, Süßes und Herzhaftes. €

Schmökern in der Schokoladenfabrik

Goudas bestgehütetes Geheimnis ist die **Chocoladefabriek**, auch wenn dieses Industriegebäude keine Schokolade mehr herstellt, sondern als Stadtbibliothek dient. Neben Archiven zur Region und einer Druckerei gibt es hier ein beliebtes Café, das **Kruim**, dessen Terrasse zum Relaxen bei Zitronen-Baiser-Kuchen oder Brownies und heißer Schokolade einlädt.

Kinderdijk

AB ROTTERDAM: 1 STD.

Windmühlen und Wasserwege

Die Unesco-Welterbestätte Kinderdijk ist eine schöne Polderlanschaft aus Marschen und Kanälen, über denen 19 historische Windmühlen (einige aus Ziegel, andere aus Holz) wie Wächter aufragen. Die Mühlen werden nach wie vor in Betrieb gehalten, und einige sind noch immer bewohnt. Im Sommer säumt hohes Schilf die zwei Kanäle, Seerosenblätter schwimmen im Wasser, und Vogelgezwitscher durchbricht die Stille. Die Szenerie ist wunderbar – und typisch niederländisch.

Eine Pumpstation wurde zum Besucherzentrum umfunktioniert, zwischen den Kanälen verläuft ein zweispuriger Fußgänger- und Radweg, und auch Bootsfahrten sind möglich.

Zwei Windmühlen – **Nederwaard** aus dem 17. Jh. und **Blokweer** – erzählen als Museen vom früheren Leben der Müllerfamilien. Hier sind mehrere Windmühlentypen zu finden, darunter Koker- und Turmwindmühlen. Letztere gehören zu den höchsten des Landes und fangen den Wind optimal ein.

Der Name Kinderdijk soll auf die verheerende Elisabethenflut von 1421 zurückgehen, während der angeblich ein Kind in einer Krippe auf den *dijk* (Deich) gespült wurde. Seitdem haben hier Hochwasserschutz und Management des Wasserstands höchste Priorität. Kinderdijk ist ein hervorragendes Beispiel für den Einsatz von Windmühlen und Deichen, um Land vom Wasser zurückzugewinnen.

Hollandse Biesbosch

AB ROTTERDAM: 30 MIN.

Wildes Wunderland

Als 1421 bei der Elisabethenflut ein großer Polderabschnitt überflutet wurde, entstand das 7100 ha große Feuchtgebiet Hollandse Biesbosch (Biesbosch-Nationalpark), Europas größte Süßwassergezeitenzone.

In einem der größten Naturgebiete der Niederlande gibt es entlang der Ufer der Nieuwe Merwede zahlreiche Lebensräume für wilde Tiere. Hier leben Biber (die 1988 wieder im

SUPERJACHTEN IM HIMMEL

Ist es ein Vogel, ein Flugzeug? Nein, eine Megayacht überquert die A12 auf dem **Gouwe-Aquädukt**. Am Stadtrand von Gouda, etwa 35 Autominuten von Rotterdam entfernt, ermöglicht dieses technische Wunderwerk den Kähnen und Segelbooten auf der Gouwe die Überfahrt über die stark befahrene achtspurige Autobahn.

Der 1975–1981 erbaute Aquädukt, 700 m lang und 45 m breit, war die Antwort auf die langen Staus auf der A12, als sich für die Schiffe noch eine Zugbrücke öffnete und schloss.

Wenn man mit dem Auto nach Gouda kommt oder die Stadt verlässt, kann es mit etwas Glück passieren, dass man unter einer Luxusjacht entlangfährt, die gerade in den verkehrsreichsten europäischen Hafen, Rotterdam, einläuft. Das ist ein ziemlich seltsames, atemberaubendes Schauspiel.

ÜBERNACHTEN IN DORDRECHT

De Luthiers
Zwei gemütliche B&B-Zimmer unterm Dach, über der Werkstatt der Besitzer (einem Geigenbauer-Paar). €€

Villa Augustus
Boutique-Seligkeit in einem Wasserturm von 1882 mit schönem Garten und Designer-Zimmern – absolut *gezellig*. €€

Hotel Dordrecht
Viktorianisch von der Fassade bis zum Interieur. Günstige Lage neben einem Einkaufszentrum. €€

GOUDA MIT KINDERN

Sophie van der Gugten-Verbree, Kinderpsychologin aus Gouda, ist frischgebackene Mutter. Sie hat Tipps für Familien mit Kindern:

Cafe Keck
Das Café am Bahnhof hat einen eigenen Spielplatz. Bei schönem Wetter den Kaffee in den Van Bergen IJzendoornpark mitnehmen.

Kinderboerderij De Goudse Hofsteden
Streichelzoo mit großem Spielplatz sowie Blumen- und Küchengarten.

Barista Cafe
Der Himmel für Eltern mit kleinen Kindern: starker Kaffee nach durchwachten Nächten und tolle Spielecke.

Restaurant 't Vaantje
Mit dem Leihboot auf dem Reeuwijkse-Plassen-See schippern.

Kiewie
Hübsche Secondhand-Kindersachen.

Playtoday Lego Shop
Traum aller Lego-Fans.

De Speeldoos
Authentisches Holzspielzeug und Häkeltiere.

Park eingeführt wurden), Hirsche, Wühlmäuse und viele Vögel. Ausgewiesene Wanderwege, die durch das Schilfmoor der Flussmündung und durch Wälder führen, bieten die Chance, Seeadler oder Blaukehlchen – deren Gesang Fahrradklingeln ähnelt – zu sehen.

Am besten fährt man von Rotterdam in die nächstgelegene Stadt Dordrecht (mit dem Zug 15 Min.) und radelt von dort aus die 25 km ins Marschland. Mit seinem ausgedehnten Netz aus Flüssen, Bächen und Inseln ist der Biesbosch-Nationalpark ideal für Outdoor-Abenteuer wie Kanu- und geführte Bootstouren.

UMSTRITTENE DÄMME

Die **Deltawerke** (S. 191) in Zeeland, eines der umstrittensten Umweltprojekte des Landes, wirken sich direkt auf den Nationalpark Biesbosch aus. Der Rückgang der Gezeiten vernichtet das Schilf, das hier seit Jahrhunderten wächst. Den Anwohnern ist die Rettung ihrer Bauernhöfe jedoch wichtiger.

Woudrichem

AB ROTTERDAM: 45 MIN.

Majestätische Festung

Nahe der kleinen, hübschen ummauerten Stadt erhebt sich **Slot Loevestein**, ein stimmungsvoller Bergfried aus dem 14. Jh., der einst als Gefängnis und Zollburg diente. Man erkundet auf einem Tagesausflug das Gelände der Festung mit dem Wassergraben, besucht eine Ausstellung über ihre Geschichte und verbringt eventuell im B&B die Nacht.

Am besten ist die Burg von Woudrichem aus mit der Passagierfähre oder einem Wassertaxi (vorbestellen!) zu erreichen. Wer mit dem Auto oder dem Fahrrad hinfährt, muss auf frei laufende Konik-Ponys und andere Tiere achten.

TJEERD KRUSE/SHUTTERSTOCK ©

Woudrichem

Den Haag

FRIEDEN & RECHT | MODERNE KÜCHE | PRÄCHTIGE KUNST

Den Haag hat weit mehr zu bieten, als man auf den ersten Blick sieht. Die drittgrößte Stadt der Niederlande (die „internationale Stadt von Frieden und Gerechtigkeit") gilt wegen der vielen Bürokraten und Geschäftsleuten als spießig – ein wenig mag das stimmen, ist aber dennoch ein Klischee. Den Haags kulturelle Szene ist von Alt und Neu geprägt: Paläste beherbergen spektakuläre Kunstmuseen wie das Mauritshuis und wichtige (nationale und globale) Regierungsstellen sowie die Königsfamilie. Und das neue Kulturzentrum Amare am Spuiplein zeigt modernen Elan. Entertainment bedeutet inzwischen weit mehr als Cocktailpartys in den Botschaften, die kulinarische Szene dominieren moderne Restaurants, es gibt musikalische Events für jeden Geschmack. Das Ausgehviertel Grote Markt beweist, dass die Anwohner wissen, wie man feiert. Den Haag ist gut zu Fuß oder per Straßenbahn zu erkunden und lohnt einen mehrtägigen Aufenthalt.

UNTERWEGS VOR ORT

Trams und Busse verbinden Den Haags Zentrum mit anderen Stadtteilen. Ein Nachtbus fährt vom Binnenhof in der Innenstadt nach Scheveningen und sogar bis nach Delft, aber Uber ist natürlich bequemer. Auch mit dem Fahrrad kommt man leicht (und schnell) voran.

Angesagte Kunst

Alte Meister bis Pop Art

2003 beziehungsweise 2019 wurden die niederländischen Meisterwerke *Das Mädchen mit dem Perlenohrring* (um 1665) von Vermeer und *Der Distelfink* (1654) von Fabritius zum Mittelpunkt gleichnamiger Hollywood-Blockbuster. Die Gemälde sind neben vielen weiteren in Den Haags hervorragendem **Mauritshuis** ausgestellt.

Das Museum in der im 17. Jh. errichteten Residenz eines Zuckerhändlers beherbergt eine 800 Werke umfassende Sammlung großer niederländischer und flämischer Meister des 15. bis 18. Jhs. Neben den zwei Leinwandstars hängen hier weitere faszinierende Gemälde wie Rembrandts *Die Anatomie*

TOP TIPP

Zur Zeit unserer Recherche plante die Stadt mit der University of Applied Sciences eine kostenlose App (ab 2024 verfügbar) für Stadtrundgänge über die Geschichte der legalen Prostitution in Den Haag – zusammengestellt von einer ehemaligen Prostituierten und Anwältin (S. 180).

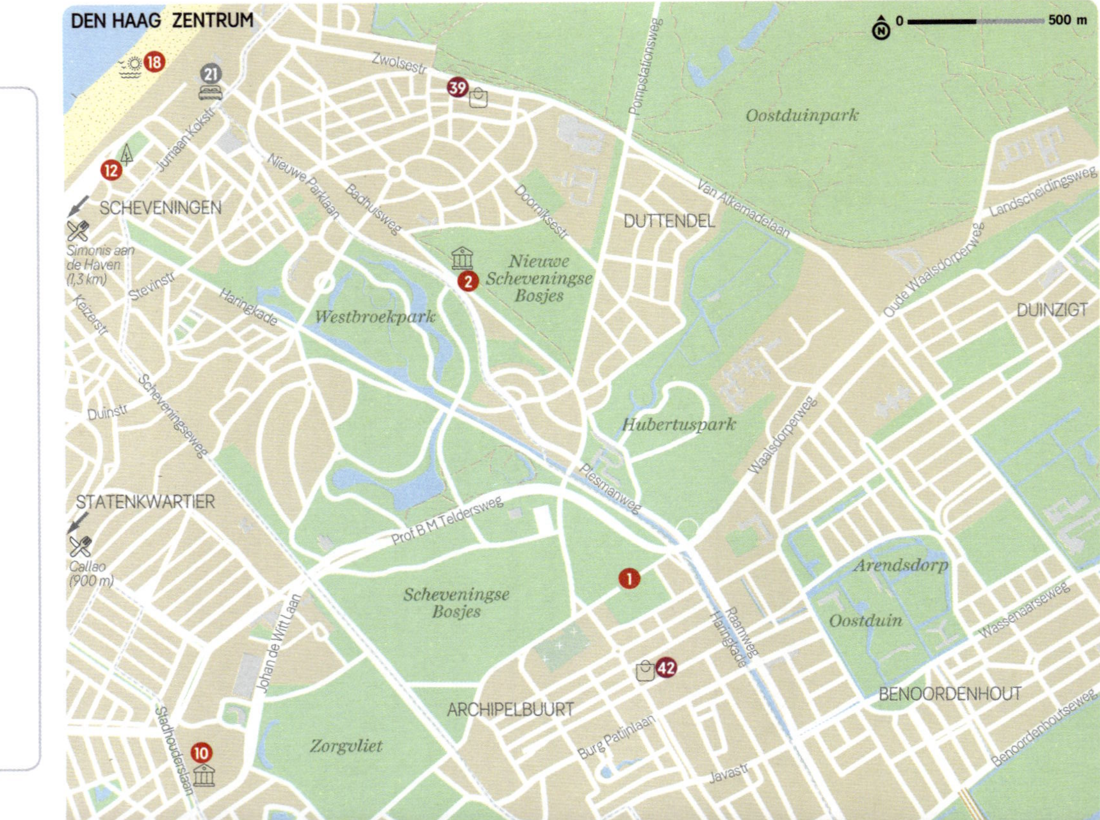

SEHENSWERTES
1 Haus der Scheintoten
2 Atlantikwall Museum
3 Binnenhof
4 Chinatown
siehe 10 Fotomuseum
5 Galerij Prins Willem V
siehe 5 Gevangenpoort
6 Grote Kerk
7 Grote Markt
8 Haagse Toren
9 Hofvijver
siehe 10 KM21
10 Kunstmuseum
11 Lange Voorhout Palace
12 Madurodam
13 Mauritshuis
14 Paleis Noordeinde
15 Paleistuin
16 Panorama Mesdag
17 Peace Flame
18 Scheveningen
19 Stadhuis
20 Vredespaleis
siehe 4 Yin Ju Peace Museum

SCHLAFEN
21 Grand Hotel Amrâth Kurhaus
22 Hotel Des Indes
23 Hotel Indigo

24 KingKool
25 Stayokay
siehe 24 Will & Tate City Stay

ESSEN
26 Hendriks Fish & Drinks

AUSGEHEN & FEIERN
27 Bar Bea
28 Bloem
29 Café De Oude Mol
30 De Paas
siehe 7 De Zwarte Ruiter
31 Hometown Coffee & More
32 Huppel The Pub
33 Lola Bikes & Coffee
34 Muziekcafé de Paap
35 Van Kleef
siehe 7 VaVoom!

UNTERHALTUNG
36 Amare
37 Filmhuis Den Haag
38 Paard

SHOPPEN
39 Bennies Fifties Hague
40 Bookstor
41 Het Rariteiten Kabinet
42 Ilka Vintage & Secondhand
43 Stanley & Livingstone
44 The Passage
45 ZUSJES Vintage Boetiek

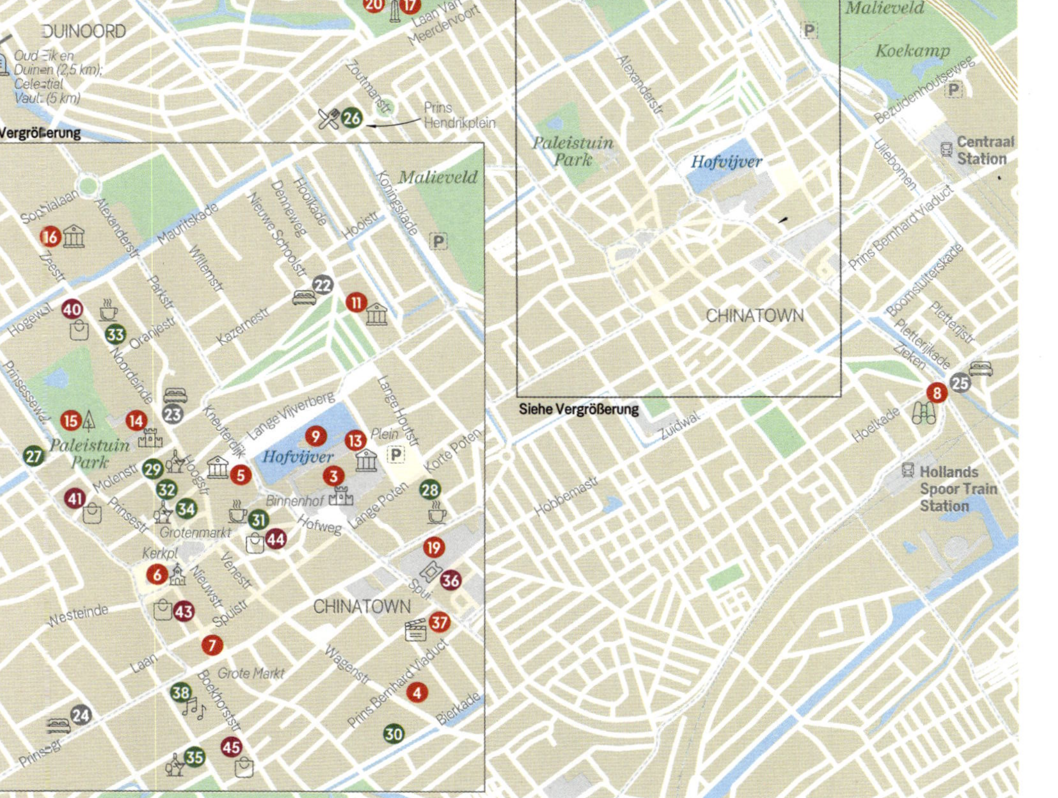

HAAGER GESCHICHTE

Den Haag, amtlich 's-Gravenhage (Haag des Grafen), ist Sitz der niederländischen Regierung und der Königsfamilie. Es war Hauptstadt, bis Louis Bonaparte 1806 seine Regierung nach Amsterdam verlegte. Acht Jahre später, als die Franzosen vertrieben wurden, kehrte die Regierung zurück, aber Amsterdam blieb Hauptstadt.

Im 20. Jh. wurde Den Haag Sitz mehrerer internationaler Rechtsinstanzen, darunter des Internationalen Gerichtshof der Vereinten Nationen. Hier werden weltweite Kriegsverbrechen, Verbrechen gegen die Menschlichkeit und Genozide verhandelt. Zu den Verfahren gehörten das Sondertribunal für den Libanon nach der Ermordung des libanesischen Premierministers Rafik Hariri 2005 und der Prozess gegen den Sohn des ehemaligen libyschen Staatschefs Muammar Gaddafi wegen der Unterdrückung von Protesten während des Bürgerkriegs 2011.

des Dr. Tulp (1632), Van der Weydens *Die Beweinung Christi* (ca. 1460–1464) und Vermeers *Ansicht von Delft* (1660/1661), die berühmteste Stadtansicht des Goldenen Zeitalters in den Niederlanden.

Die Liste wird noch lange fortgeführt: Neben weiteren Werken der genannten Meister hängen hier viele von Anthonis van Dyke, Rubens, Jan Brueghel dem Älteren, Hans Holbein dem Jüngeren, Frans Hals und Jan Steen sowie eine Abteilung für moderne Kunst. In App-Stores ist eine kostenlose Multimedia-Tour erhältlich.

Die Eintrittskarte gilt auch für die **Galerij Prins Willem V**. Das 1774 gegründete erste öffentliche Museum der Niederlande war nicht kontinuierlich geöffnet, weil die französischen Besatzer 1794 die ausgestellten Werke beschlagnahmten. Nach der Rückgewinnung seiner Schätze konnte das Museum 1977 mit der Kunstsammlung von Willem V. (Werke von Steen, Rubens, Potter und anderen Meistern des 18. Jhs.) wiedereröffnet werden.

Palast der Politik

Das Herz der niederländischen Regierung

Der **Binnenhof** neben dem Mauritshuis ist Sitz beider Kammern der niederländischen Regierung und eines der schönsten Ensembles in Den Haag. Der mittelalterliche Gebäudekomplex mit Blick auf den Hofvijver (Hofweiher) gruppiert sich rund um einen zentralen Platz, auf dem einst Hinrichtungen stattfanden. Der prächtige Ridderzaal (Rittersaal) stammt aus dem 13. Jh. Der Nordflügel aus dem 17. Jh. ist noch immer Sitz der Ersten Kammer der Generalstaaten, die Zweite Kammer tagt heutzutage jedoch im modernen Ostteil des Gebäudekomplexes.

Die hiesige demokratische Organisation **ProDemos** bietet Führungen über das Gelände und durch das Repräsentantenhaus, die die Geschichte des Binnenhofs und das politische System der Niederlande beleuchten.

Palast des Friedens

Urteile in Eleganz

Den 1913 fertiggestellten eleganten **Vredespaleis** (Friedenspalast), Sitz des Ständigen Schiedshofes und des Internationalen Gerichtshofes der UN, finanzierte der amerikanische Stahlmagnat Andrew Carnegie. Im Besucherzentrum erklären Multimedia-Exponate die Geschichte des Gebäudes und der darin untergebrachten Organisationen, die auf einer kostenlosen 30-minütigen Audioguide-Tour zu besichtigen sind.

SCHLAFEN IN HISTORISCHEN HOTELS

Hotel Des Indes
1858 als Residenz erbaut, seit 1881 jedoch Luxushotel und Den Haags nobelste Unterkunft. €€€

Hotel Indigo
Clevere Umwandlung der Zentrale von De Nederlandsche Bank (1884) im angesagten Noordeinde. €€€

Grand Hotel Amrâth Kurhaus
Schlossähnliches Hotel mit 270 Zimmern am Strand von Scheveningen. Historische Führungen mit High Tea. €€€

NGCHIYUI/SHUTTERSTOCK ©

Binnenhof

Am Wochenende gibt es nachmittags einstündige Führungen durch den Palast – am besten im Voraus über die Website buchen, aber auch ohne Anmeldung hat man eventuell Glück (wenn man bis 10 Uhr erscheint). Beim Eintreten ist ein Pass, Personalausweis oder Führerschein vorzulegen.

Ein UN-Modellgarten

... mit ewiger Friedensflamme

Zwischen dem Friedenspalast und dem Internationalen Gerichtshof brennt seit 2002 in einer Steinsäule eine kleine Flamme. Insgesamt sieben solcher Flammen, die von der 1999 in Wales feierlich entzündeten World Peace Flame ausgingen, sind stille Symbole der globalen Einheit.

Die **Friedensflamme** ist von einem kleinen Garten umgeben, in dem Steine aus jedem von der UNO anerkannten Land (2004 waren das 197 Länder) den sogenannten Weltfriedenspfad bilden. Jeder einzelne Stein ist mit Erklärungen zu seiner Herkunft versehen.

Hier kann man sich etwas nehmen, um über den globalen Frieden nachzudenken – dazu tragen u.a. ein Überrest der Berliner Mauer und ein Fragment des Gefängnisses auf Robben Island bei, in dem Nelson Mandela inhaftiert war.

ZUM GRUSELN

Haus der Scheintoten
In dem unauffälligen Friedhofshaus bestätigten einst „Todeswächter“, dass jemand wirklich verstorben war.

Oud Eik en Duinen
Kunstvolle Mausoleen, Grabkunst und Gräber von Künstlern, Sufi-Anführern, einem Spion aus dem Zweiten Weltkrieg und historischen koreanischen Persönlichkeiten.

Himmelsgewölbe
Kunstinstallation in Form eines Kraters. Auf der Bank liegend sieht man den Himmel als Gewölbe.

Het Rariteiten Kabinet
Bizarrer Vintage-Laden mit ausgestopften Tieren und anderen Kuriositäten.

Mauritstoren
Hier wurde das erste Fernrohr, eine damals umstrittene Kriegswaffe, vorgeführt; erst später wurde es in der Astronomie eingesetzt.

Atlantikwall Museum
Die Bunker an der Küste waren Teil von Hitlers angeblich größtem Bauprojekt, dem Atlantikwall.

PREISWERTE UNTERKÜNFTE

KingKool
Das Backpacker-Hostel nahe Paard und Grote Markt bietet gemischte Schlafsäle mit Etagenbetten. €

Stayokay
Keine Schnörkel, aber okay (wie der Name schon sagt). Gleichgeschlechtliche Schlafsäle, Bar und Terrasse. €

Will & Tate City Stay
Fröhliches, modernes Hostel. Die Doppelzimmer, gemischten und Frauenschlafsäle haben individuelles Flair. €

ROTLICHT-GESCHICHTE

Justine le Clercq ist die Prostituierten-Fürsprecherin hinter Taboeweg, der von der Regierung initiierten App für einen Rundgang durch die Rotlicht-Geschichte. *@justine.le.clercq*

Haagse Harry
Die Comic-Statue stellt den typischen Hagenaar (Einwohner Den Haags) dar, der vielleicht die Prostituierten in der Nähe aufsucht.

Koffiehuis de Laak
In Den Haag ist ein *koffiehuis* der Ort, wo Anwohner *bakkie pleur* (Filterkaffee) trinken. Dieses Hausboot ist traditionell Treffpunkt der Prostituierten und Arbeiter nach langen Nächten.

Gevangenpoort
Obwohl beim Thema Prostitution schon immer eher weggesehen wurde, wurden im Zweifel Prostituierte hier gebrandmarkt.

Meisterwerke in Schwarz-Weiß

Eschers rätselhafte Welt

Das im 18. Jh. erbaute **Palais Lange Voorhout**, einst Wohnhaus von Mitgliedern der Königsfamilie, präsentiert die gespenstischen Werke des niederländischen Grafikers M. C. Escher (1898–1972). Die Dauerausstellung zeigt Notizen, Briefe, Fotos, Holzschnitte und Litografien aus verschiedenen Etappen in seiner Karriere, vom anfänglichen Realismus bis zu den späteren Trugbildern. Multimedia-Exponate beschwören einen Alptraum herauf, in dem sich Schwarz-Weiß und Graustufen, Mathematik und „Was-zur-Hölle"-Momente vermischen. Besucher tauchen in Eschers dunklen Geist ein und können ihr eigenes Porträt in seinem Stil kaufen.

Gefängnis-Bosheiten

Im Zweifel gegen den Angeklagten

Der paradoxer- oder vielleicht auch passenderweise in Den Haag, der „Stadt von Frieden und Gerechtigkeit", angesiedelte **Gevangenpoort** (Gefängnistor) illustriert die einstigen fragwürdigen Ansätze, um Frieden und Gerechtigkeit zu erhalten. Warnhinweis: für Kinder ungeeignet.

Gevangenpoort

CAFÉS IN DEN HAAG

Lola Bikes & Coffee
Café und Fahrradwerkstatt in einem. Super Kaffee und Kuchen in nettem, shabby-schickem Ambiente.

Urban Café
Hier gibt es gute Kaffeespezialitäten in relaxter Atmospäre; leckere Kuchen, Sandwiches usw.

Bloem
Salon im Großmutterstil mit zusammengewürfeltem Geschirr, Vintage-Sesseln, Nippes und Stickereien.

In dem 1458 eingerichteten Gefängnis des Gerichtshofs von Holland saßen vor allem Schuldner und Delinquenten, die wegen Verschwörung und Verbreitung gefährlicher Ideen befragt wurden. Erst im 17. Jh. wurde die monatelange Inhaftierung in schummrigen, engen Zellen zur Bestrafung eingesetzt. Die bedrückende Atmosphäre erlebten berühmte Insassen wie Cornelis de Witt, der des Komplotts gegen den Prinzen von Oranien bezichtigt wurde. In einer Folterkammer sind zwischen dünnen Mauern, durch die die Schreie der Gefolterten drangen, Instrumente zur Erpressung von Geständnissen ausgestellt. Führungen werden angeboten.

Van Goghs Jenever

Hochprozentige Inspiration

Angeblich fand Vincent van Gogh in dieser Brennerei viel Inspiration auf dem Boden eines Jenever-Fasses.

Van Kleef, Den Haags letzter *Genever*-Produzent, arbeitet heute andernorts, präsentiert aber hier noch das traditionelle Brennereiverfahren. Da ist der schwere „alte" *genever*, vollgepackt mit Kräutern und Gewürzen (wie ihn van Gogh einst genoss), oder die „junge", billigere Variante aus dem Zweiten Weltkrieg. Mutige probieren den Bitter *Kruìde Baggâh*, dessen Name „schmutzige Kräuter" bedeutet. Er ist noch immer stark, wird aber heute mit sauberem Wasser hergestellt und lässt einen nicht mehr unmittelbar zur Toilette rennen.

Ausgestellt sind z. B. *drankorgels* (Schnapsorgeln), an denen sich die Gäste selbst bedienten, und Den Haags erstes Telefonbuch – vielleicht wählte Vincent auch mal die „1" für die „Mondschein-Hotline" der Brennerei.

Kunst-Fusionen

Über Genres und Generationen hinweg

Eine wunderbare Art-déco-Oase bietet drei kulturelle Highlights auf einen Schlag.

Das **Kunstmuseum** widmet einen Flügel dem spektakulären De Stijl (Neoplastizismus). Das wichtigste Werk ist Mondrians unvollendetes *Victory Boogie Woogie* (1942–1944). Die Ausstellung „Discover the Modern" umfasst Werke aus dem frühen 20. Jh. von van Gogh, Picasso, Kandinsky u. a., so auch Egon Schieles exquisites *Porträt der Edith* (1915).

Nebenan zeigen das **Fotomuseum** herausragende Aufnahmen (insbesondere aus dem Krieg) und das **KM21** multidisziplinäre Installationen aus dem 21. Jh.

KOREA IN CHINATOWN

In Chinatown lohnt der Besuch des kleinen, aber bedeutsamen koreanischen **Yin Ju Peace Museum.**

1907 starb hier im einstigen Hotel De Jong in der Wagenstraat der koreanische Richter Yin Ju. Er wollte die Zweite Weltfriedenskonferenz in Den Haag besuchen und für die Unabhängigkeit Koreas und die Wahrung der Menschenrechte unter japanischer Herrschaft eintreten, wurde aber nicht zugelassen. Das Rätsel um seinen plötzlichen Tod erregte in seiner Heimat große Aufmerksamkeit.

Heute ist das Hotel ein Museum für den Diplomaten und zeigt Friedensbotschaften und persönliche Gegenstände. Für Koreaner ist es ein wichtiger Ort des Gedenkens, und wenn davor gepanzerte Fahrzeuge geparkt sind, macht wahrscheinlich drinnen gerade eine hochrangige Delegation ihre Aufwartung.

FISCHRESTAURANTS IN DEN HAAG

Callao
Moderne peruanische *cevicheria* mit coolem Industrie-Chic. Tolle kleine Grillplatten sowie Menüs und Hauptgerichte. **€€€**

Simonis aan de Haven
In der Hafenkantine gibt es z. B. Hummer Thermidor und Hering auf Toast. Catch ist das elegantere Schwesterlokal. **€€**

De Dagvisser
Gehobenes Fischrestaurant mit gemütlichem Ambiente direkt am Jachthafen. **€€**

Haager Hotspots

Shoppen, feiern und schmökern

Die Partymeile **Grote Markt** und die umliegenden Restaurant- und Shoppingmeilen wie die trendige Moleenstraat und das noble Noordeinde sind immer voller Menschen. Die Straßen hier sind nicht so begrünt wie nördlich des Zentrums, sondern bunt und rund um die Uhr von Studenten, Rucksackreisenden und Bohème-Typen bevölkert – Botschaftervillen und Firmengebäude scheinen Welten entfernt.

Einen Besuch lohnen die im 15. Jh. errichtete **Grote Kerk** mit ihrem schönen Glockenspiel sowie das **Stadhuis** (auch „Eispalast" genannt). In dem riesigen, blendend weißen – und oft von Graffiti verzierten – Rathaus sind auch die Stadtbibliothek und das Touristenbüro untergebracht.

Im Sommer kann man in vielen Straßencafés chillen. Im Winter bieten *bruin cafés* wie **De Zwarte Ruiter**, die Live-Musik-Legende **Paard** und Den Haags einzige Tiki-Bar **VaVoom!** Musik, Bier und Kneipenkultur.

In **Chinatown** servieren viele Lokale preiswerte Suppen und Feuertöpfe, manche bis spät in die Nacht. Traditionelle Läden verkaufen auch chinesische Medizin und Lebensmittel, und beim chinesischen Neujahrsfest steigen in der Wagenstraat Feuerwerk und Drachentanz.

Ein Muss sind die stimmungsvolle Reisebuchhandlung **Stanley & Livingstone** und das jahrhundertealte Antiquariat **Bookstor** mit seinen farbenfrohen Bücherregalen.

Das **Filmhuis Den Haag** östlich vom Grote Markt lockt mit Arthouse- und ausländischen Filmen echte Cineasten an, die danach in der dazugehörigen Brasserie leidenschaftlich über das Gesehene diskutieren.

DIE BESTEN VERANSTALTUNGSORTE

Paard
Den Haags beste Bühne für Livemusik, von Jazz über Metal bis Reggae.

Café De Oude Mol
Gemütliches *bruin café* mit Rockshows am Montagabend.

Amare
Das Kulturhaus auf dem Spuiplein beherbergt das nationale Konservatorium und bietet Orchesterkonzerte und Tanztheater.

Muziekcafé De Paap
Von Donnerstag bis Samstag spielen in der herrlich energiegeladenen Kneipe Bands.

De Zwarte Ruiter
Am Wochenende tanzen die Gäste in dem *bruin café* zu Livemusik und DJs.

Kulturelles Herz

Treffpunkt für Künstler

Der neue Kulturkomplex **Amare** am Spuiplein hat die wichtigsten darstellenden Künste des Landes unter ein Dach gebracht.

Das große, moderne Gebäude mit einer Fassade, die an Theatervorhänge erinnert, ist als „Multiversum" konzipiert. In den 54 000 m² umfassenden Konzertsälen sind kulturelle Schwergewichte zu Hause: das **Nederlands Dans Theater**, das **Koninklijk Conservatorium** (Königliches Konservatorium) und das **Residentie Orkest** (Philharmonisches Orchester).

Auch zwischen den Aufführungen herrscht im Probensaal, in den Unterrichtsräumen und Studios reges Kommen und Gehen. Der Fokus liegt auf Nachhaltigkeit, so gibt es ein Bio-Restaurant und eine öffentliche Kantine (im Sommer geschl.)

VINTAGE-LÄDEN IN DEN HAAG

Ilka Vintage & Secondhand
Mit den wunderbaren Secondhand-Designerkleidern und -Seidenkreationen fällt man im Club definitiv auf.

Bennies Fifties Hague
Herrlicher USA-Showroom – Oldtimer-Devotionalien und Retro-Klamotten zwischen alten Jukeboxen.

ZUSJES Vintage Boetiek
Schicke Partykleider und alltägliche Bohéme-Artikel mit Spitzenrüschen und Wollfransen.

und Designelemente wie Solarpaneele, Bambuswände, fest eingebaute Vogelhäuser und Fledermausquartiere.

Arbeitsplatz des Königs

Heimlicher Blick durchs Tor

Die offiziellen Gemächer des Königs und der Königin im **Paleis Noordeinde** sind nicht öffentlich zugänglich, aber ein Blick durch das verzierte Tor lohnt sich.

Seit 1595 haben hier Mitglieder der Oranien-Nassau-Monarchie gelebt und gearbeitet. Anfang des 19. Jhs. wurde der Palast umgebaut, und heute dient er König Willem-Alexander als Amtssitz.

Durch das Tor kann mann die klassische Fassade bewundern. Die Reiterstatue (19. Jh.) davor zeigt Wilhelm von Oranien, eine der wichtigsten Figuren der Landesgeschichte. Er führte den Aufstand gegen die spanischen Habsburger an, der den Achtzigjährigen Krieg (1568–1648) auslöste und schließlich im Jahr 1581 zur formellen Unabhängigkeit der Vereinigten Niederlande führte.

Paleis Noordeinde

MIT KINDERN UNTERWEGS

Haagse Toren
40-sekündige Fahrt im Glasaufzug aufs Aussichtsdeck im 42. Stock mit herrlichem Panoramablick.

Hofvijver
Der von Binnenhof und Mauritshuis überblickte malerische Weiher ist ideal für einen Nachmittag im Freien.

Madurodam
Die Niederlande im Miniaturformat – maßstabsgetreue Modelle von Windmühlen, dem Rotterdamer Hafen etc.

Paleistuin
Hübscher Park hinter dem Paleis Noordeinde mit Blumenbeeten, Springbrunnen und Teich – ideal fürs Picknick.

Panorama Mesdag
Vor dem riesigen 360-Grad-Gemälde von Scheveningen glaubt man sich direkt am Meer.

Scheveningen
Rummelflair auf der Strandpromenade, Cafés und Clubs sowie herrliche Dünen im Süden.

De Passage
Prächtige Shopping-Arkade aus dem 19. Jh. mit Glasdach, Cafés und Boutiquen für einzigartige Souvenirs.

SPAZIERGANG IM PALASTVIERTEL

Start ist vor dem ❶ **Paleis Noordeinde** (S. 183), seit 1595 Wohnsitz von Mitgliedern der Oranien-Nassau-Familie und Amtssitz von König Willem-Alexander. Die Statue davor zeigt seinen Vorgänger Wilhelm von Oranien, auch bekannt als Wilhelm der Schweiger – seine würdevolle, stoische Haltung ist hier gut wiedergegeben. Nördlich liegt ❷ **Noordeinde**, eine der interessantesten Shopping- und Cafémeilen der Stadt. Nach dem ❸ **Bookstor** (S. 182) geht es für einen leckeren Espresso weiter zu ❹ **Lola Bikes & Coffee** (S. 180); dort kann man eventuell das Fahrrad auf Vordermann bringen und sich Tipps zu Radtouren in Südholland einholen. Die Leute hier sind echte Experten. Weiter die Straße hoch findet man viele interessante Läden, dann geht es über den Kanal zum ❺ **Panorama Mesdag** (S. 183), um vor dem magischen Scheveningen-Gemälde für Fotos zu posieren.

Von hier geht ihr zurück zum Hogewal und rechts (gen Westen) am Kanal entlang bis zum Prinsessewal, wo man links (gen Süden) zum ❻ **Paleistuin** (S.183) abbiegt. Der Park hinter dem Paleis Noordeinde, von Anwohnern „Geheimer Garten" genannt, ist im Gegensatz zum Paleis Noordeinde selbst ein öffentlich zugängliches wunderbares Areal mit Blumen, Springbrunnen, Hecken und einem Teich. Nächstes Ziel ist die ❼ **Molenstraat**, eine weitere beliebte Einkaufs- und Gastro-Meile.

An der Kreuzung mit Noordeinde geht man rechts (gen Süden) und dann am Plaats links auf die Lange Vijverberg, die zum ❽ **Hofvijver** (S. 183) führt. Dieser große Zierteich präsentiert den Binnenhof und das Mauritshuis als perfekte Rundumkulisse. Am schönsten ist es hier bei Sonnenuntergang. Ein paar Aufnahmen für die Instagram-Story runden den Spaziergang wunderbar ab.

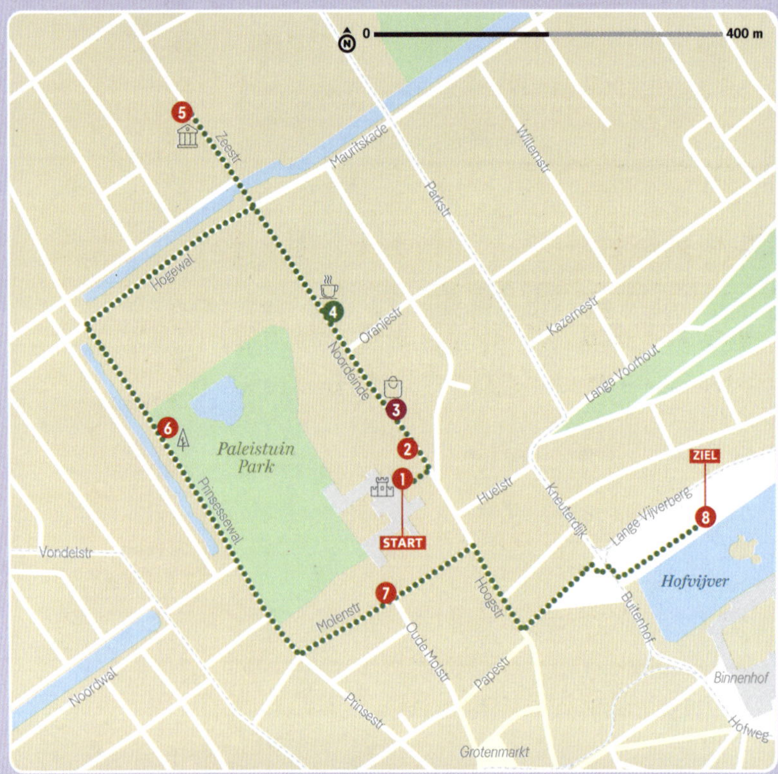

Rund um Den Haag

Zwei niederländische Kultstädte, Delft und Leiden, sind nur 15 Bahnminuten von Den Haag entfernt und bieten sich für tolle Tagesausflüge an.

Den Haag beweist, dass Tagesausflüge nicht anstrengend sein müssen. Die kleineren Nachbarstädte Leiden und Delft zeigen Südhollands Vielfalt anhand großartiger Attraktionen.

Delft bietet nüchterne mittelalterliche Mauern und die Pracht des Goldenen Zeitalters. Leiden ist zweifellos faszinierender und lohnt sogar einen mehrtägigen Aufenthalt, um zu erfahren, wie es zur „Stadt der Entdeckungen" wurde.

Lisse ist etwas weiter entfernt, von Den Haag ist es mit dem Zug etwa eine Stunde. Der hiesige Keukenhof ist die größte Tulpenschau der Welt – die kurze Blüte im Frühling lockt alljährlich über eine Million Besucher an. Den Rest des Jahres verbringt Lisse in einer Art Winterschlaf.

UNTERWEGS VOR ORT

Die Zentren von Delft und Leiden sind am besten zu Fuß zu erkunden, aber wie überall in den Niederlanden ist ein Fahrrad praktisch.

Lisse ist von Leiden und Haarlem gut mit dem Fahrrad zu erreichen, oder man fährt von der Keukenhof-Windmühle mit dem Boot durch die Blumenlandschaft.

Delft

AB DEN HAAG: 15 MIN.

Niederländische Ruhmesgeschichte

Bezüglich Fläche und Einwohnerzahl (etwa 100 000 Ew.) ist Delft im Vergleich zu anderen Städten des Landes winzig, aber es beweist, dass auch kleine Dinge mächtig sein können. Delft ist reich an Architektur und Kunst aus dem Goldenen Zeitalter und dem Mittelalter – mit Schätzen wie blauer Keramik.

Die kleinen Gassen mit ihren farbenfrohen Häusern und herrlichen Grachten sind eine wahre Fundgrube. Glanzvoller Mittelpunkt ist aber einer der größten **Marktplätze** Europas, an dem sich einige der kulturell bedeutendsten und opulentesten Wahrzeichen der Niederlande befinden – allesamt Zeugen von Delfts ruhmreicher Zeit.

TOP TIPP

Leidens Straßen und Gebäude sind voller historischer, künstlerischer Überraschungen – immer auf Schilder und Tafeln mit Geschichten achten!

MEHR ALS VERMEER

Delft hat sich seit der Zeit, als Johannes (Jan) Vermeer *Ansicht von Delft* (1660/61) malte, kaum verändert.

Die um 1100 gegründete Stadt florierte im 13. und 14. Jh. durch Weberei und Handel, ab dem 15. Jh. kurbelte ein Kanal, der Delft mit der Maas verband, die Geschäfte an. Die Produktion der typischen blau-weißen Delfter Keramik, inspiriert von chinesischem Porzellen, begann im 17. Jh. Noch immer stellen Firmen wie **Royal Delft** und **De Koninklijke Porceleyne Fles** (Königliche Porzellanflasche) Keramik her, aber heute ist Delft besser für die Architekturfakultät der Universität bekannt.

Das **Vermeer Centrum Delft** ehrt den hier geborenen Maler Johannes Vermeer. Zwar verblieb keines seiner Werke in Delft, aber das Zentrum bietet einen Einblick in seine Maltechniken. Das **Rijksmuseum** (S. 84) in Amsterdam besitzt die größte Vermeer-Sammlung.

DENNIS VAN DE WATER/SHUTTERSTOCK ©

Naturalis Biodiversity Center, Leiden

Die 1655 fertiggestellte **Nieuwe Kerk** (Neue Kirche) ist die grandiose letzte Ruhestätte jedes Mitglieds des niederländischen Königshauses seit 1584. Wilhelm von Oranien (der Schweiger) liegt hier in einem marmornen Mausoleum. Der Aufstieg auf den 109 m hohen Turm über 376 schmale Stufen wird mit einem herrlichen Panoramablick belohnt.

Der Turm der **Oude Kerk** wäre sogar noch schwindelerregender, ist aber derzeit nicht zugänglich. Dass der 75 m hohe, um 1350 erbaute Turm mit dem Spitznamen Scheve Jan („Schiefer Jan“) fast zwei Meter von der Senkrechten abweicht, liegt an Absenkungen aufgrund der Kanäle. Der ältere Teil der Kirche hat ein schlichtes Tonnengewölbe, das neuere Querschiff weist ein gotisches Deckengewölbe auf. In einem der Gräber in der Kirche ist Johannes Vermeer bestattet.

BERÜHMTE STADTANSICHT

Vermeers bekanntestes Landschaftsgemälde, *Ansicht von Delft*, ist eine brillante, sentimentale Darstellung seiner Heimatstadt. Entstanden ist das Bild auf der Hooikade am anderen Ufer des Kanals. Das echte Gemälde hängt im **Mauritshuis** (S. 175) in Den Haag.

ÜBERNACHTEN IN DELFT

Hotel Arsenaal
Delfts beste Adresse. Alte Artillerielager wurden in elegante moderne Gästezimmer umgebaut. **€€€**

Casa Julia
Boutique-B&B in einem Haus aus den 1920er-Jahren. Stilvolle, behagliche, aber kleine Zimmer zu guten Preisen. **€**

Collector
Zentrales Hotel mit viel Alte-Welt-Charme, elegantem Dekor und hübschem Renaissance-Innenhof. **€€**

Leiden

AB DEN HAAG: 15 MINUTEN

Wunderbare (und skurile) Wissenschaft

Das **Naturalis Biodiversity Center**, eine der wichtigsten wissenschaftlichen und kulturellen Institutionen der Niederlande, besitzt eine verblüffende Sammlung aus allen naturgeschichtlichen Epochen. Die ins frühe 19. Jh. zurückreichende Kollektion aus Fossilien, Mineralien und biologischen Exponaten trugen Forscher, Archäologen und Wissenschaftler aus den Niederlanden und anderen Ländern zusammen.

Der größte Besuchermagnet ist die Abteilung *Dinosauriererzeit*. Trix, das erste in Europa ausgestellte Tyrannosaurus-Rex-Skelett, ist das Glanzstück des Museums. Aber auch die anderen Abteilungen sind für Kinder aller Altersstufen unterhaltsam (und lehrreich). Die interaktive *Live-Science*-Galerie ist ein besonderes Juwel und bietet tolle Pop-up-Events.

Erwachsene erfreuen sich an skurileren Exponaten wie einem präparierten Riesenkalmar, dem Skelett eines Riesenfaultiers aus der Eiszeit und der *Parasitensammlung*.

Ein Muss in der *Live-Science*-Abteilung ist Herman, der erste transgene Bulle der Welt. Als einziger Überlebender eines niederländischen Experiments galt er 1996 als wissenschaftlicher Erfolg, weil er tatsächlich ein menschliches Gen in sich trug; letztendlich war das Forschungsergebnis aber enttäuschend. Die Öffentlichkeit bewahrte ihn vor dem Tod, und er graste allein auf einer Wiese hinter dem Museum. Nur manchmal besuchten ihn Schulklassen. Seit seinem Tod 2004 scheint er im Museum endlich in guter Gesellschaft zu sein.

Einsteins Schätze

Es überrascht nicht, dass das zugleich verrückte und intellektuelle Leiden ein Lieblingsort des berühmtesten aller exzentrischen Geistesgrößen war: Albert Einstein. Die **Universität Leiden** spielte in seiner Karriere eine wichtige Rolle, ehe er nach Amerika auswanderte, denn hier hielt er häufig Vorlesungen über theoretische Physik. Die Uni, ein Pilgerort für Wissenschafts-Nerds, ehrt ihn mit unschätzbaren Exponaten.

Seit Jahrzehnten ist das „Einstein-Spülbecken" in einer Ecke des De-Sitter-Raums (eines noch immer genutzten Physiksaals) eine verehrte Reliquie für rituelles Händewaschen. Davor ist auf der Signiertafel des österreichischen Physikers (und Professors) Paul Ehrenfest auch Einsteins Signatur zu finden.

Um Zugang zu erhalten, während der Bürozeiten am Schalter des Instituut-Lorentz nachfragen. Beim Betreten des Gebäudes erblickt man das Van-der-Wall-Teleskop, eines der größen der Welt. Schon Einstein kam auf dem Weg zur Vor-

WAHRZEICHEN VON LEIDEN

Burcht van Leiden
Die Anlage – ein Hügel mit einer Burg aus dem 11. Jh. – ist heute ein toller Park mit Blick über die Dächer der Stadt.

De Valk
Die Turmwindmühle von 1743, heute Museum, gilt als eine der schönsten des Landes.

Schwimmender Weihnachtsmarkt
Einer der wenigen schwimmenden Weihnachtsmärkte in Europa samt schwimmender Eisbahn.

Marekerk
Im achteckigen Innenraum der Kirche finden Konzerte und Theater statt.

Morspoort & Zijlpoort
Die einzigen verbliebenen Stadttore (von acht) aus dem 17. Jh.

ESSEN IN DELFT

Toko Idola
Authentische indonesische Küche zum Mitnehmen oder in einem kleinen, gemütlichen Gastraum. €€

Lakila
Das mediterran inspirierte Bistro serviert in klassisch-behaglichem Ambiente kleine Gerichte. €€

Ramen Nikkou
Beliebtes Lokal für traditionelle Ramen, aber auch ausgefallene Varianten (französische Butter und Muscheln). €€

WISSENSCHAFTLICHE HIGHLIGHTS

Bibliotheca Thysiana
Die öffentliche Bibliothek (17. Jh.) und ihre imposante akademische Büchersammlung – von einst umstrittenen wissenschaftlichen Werken bis zu alten Bibeln – ist zeitlos.

Rijksmuseum Boerhaave
Eine große Sammlung historischer wissenschaftlicher Geräte, medizinischer Instrumente und Erinnerungsstücke großer niederländischer Erfindungen.

Hortus Botanicus
Einer der weltältesten botanischen Gärten (von 1590) beherbergt eine Orangerie, ein tropisches Treibhaus und einen chinesischen Kräutergarten.

Sterrewacht Leiden
Eines der ältesten Observatorien in Europa dient bis heute der astronomischen Forschung.

Universiteit Leiden
Eine der ältesten und namhaftesten Unis Europas mit berühmten Absolventen.

lesung daran vorbei. Sein enger Freund, der Astronom Willem de Sitter, soll das Teleskop kurzerhand als Mantel- und Hutständer zweckentfremdet haben.

In der **Sterrewacht Leiden** erinnert der Einstein-Stuhl, ein eigenartiger, lederüberzogener Lehnstuhl, an die Besuche des jungen Albert in der Sternwarte, wo er mit de Sitter plauderte und sich von der Astronomie inspirieren ließ (obwohl er sich mit dem Thema nie aktiv beschäftigte).

Intellektuelle Gottesanbetung

Die von einem riesigen Turm gekrönte, inzwischen säkularisierte **Pieterskerk** wird häufig restauriert – eine gute Idee, da Leidens älteste Kirche seit ihrer Fertigstellung im Jahr 1121 einsturzgefährdet ist. Sie wird schon lange nicht mehr als Gotteshaus genutzt, sondern als öffentlicher Raum für Konzerte, Kunstmessen und andere Veranstaltungen (das Programm steht auf der Website).

Wenn die gotische Schönheit nicht für private Anlässe geschlossen ist, gibt es viel zu entdecken. Sie ist auch als Kirche der Pilgerväter bekannt (kurzzeitig war sie Zufluchtsstätte für Mayflower-Separatisten) und hat einen ungewöhnlichen Marmor-Stein-Boden. Das Interessanteste aber ist die in ihr „begrabene" wissenschaftliche Geschichte.

An einer Steinsäule in der Kirche befindet sich der Grabstein des niederländischen Mathematikers Ludolph van Ceulen, der 25 Jahre damit verbrachte, eine Methode zur Berechnung der Zahl Pi zu erarbeiten. Kurz nach seinem Tod im Jahr 1610 fand Isaak Newton eine neue Methode, die van Ceulens Lebenswerk obsolet und ihn zu einer vergessenen Figur im „Who's Who" der Mathematik machte. Die Pieterskerk ist auch die letzte Ruhestätte einer anderen Mathematikgröße: Willebrord Snellius, der das grundlegende Gesetz der optischen Brechung entwickelte. In der Nähe steht ein Gebäude mit abgestuftem Giebel, das einst – ehe es zum Geschäftshaus wurde – die Lateinschule beherbergte, die von 1616 bis 1620 ein Schüler namens Rembrandt besuchte.

Frontale Poesie

Im Zentrum von Leiden stößt man auf mehr als 100 kunstfertig auf öffentliche Mauern gepinselte Gedichte, beispielweise von Shakespeare, E. E. Cummings und William Butler Yeats.

Bei den in der Orignalsprache wiedergegebenen poetischen Werken (mit Übersetzung in Niederländisch/Englisch) handelt es sich um die **Muurgedichten** (Mauergedichte), ein in den 1990er-Jahren initiiertes Projekt, das Fassaden und Brücken verschönert.

ÜBERNACHTEN IN LEIDEN

D'Oude Morsch
Stilvolles Boutiquehotel im Wachhaus (1870) einer ehemaligen Kaserne; am gleichen Kanal wie die Windmühle De Put. **€€**

ExLibris
Über einer Buchhandlung nahe der Pieterskerk befinden sich am Ende einer steilen Treppe fünf nette Zimmer. **€€**

Huys van Leden
Vornehme Kanalhäuser mit charaktervollen Zimmern, elegantem Speisesaal, Sauna und Whirlpool. **€€**

Auf der Website muurgedichten.nl sind thematisch gegliederte Spaziergänge und Radtouren (Natur- und ausländische Gedichte – eine Route beinhaltet den ältesten bekannten niederländischen Text, den ein flämischer Mönch um 1100 niederschrieb, ein südsulawesisches Bugi-Gedicht und Osip Mandelstams *Leningrad* auf Russisch). Auf der hervorragenden Website sind alle Gedichte in Text- und Audioform sowie ihre Bedeutungen und Geschichten vorgestellt.

Mathematische Fassadenmalereien

Die Physiker Sense Jan van der Molen und Ivo van Vulpen wollten in Leiden die Poesie nicht allein stehen lassen und initiierten die **Muurformules** (Mauerformeln). Acht Formeln, von Einsteins Feldgleichung bis zum Snellius-Gesetz, zieren ästhetisch Fassaden in der Stadt. Alle haben etwas mit der Wissenschaft und Forschung an der hiesigen Universität zu tun und sind auf einem Rundgang zu besichtigen (muurformules.nl). Das Projekt hat inzwischen auch in anderen Städten wie etwa Utrecht Mauerformeln inspiriert, die Wissenschaft als Kunstform präsentieren.

Archäologische Wunder

In Leidens faszinierenden Museen gehen die Besucher auf eine Welt- und Zeitreise durch alte Zivilisationen.

Das **Wereldmuseum Leiden** (Weltmuseum Leiden; bis 2023 Museum Volkenkunde) präsentiert anhand von über 300 000 Artefakten kulturelle Errungenschaften verschiedener Zivilisationen. Dauerausstellungen widmen sich den Kulturen von Ozeanien bis zur Arktis, Highlights sind etwa der stimmungsvoll beleuchtete Buddha-Saal und der geschnitzte *Berg der Unsterblichen* in der China-Abteilung.

Im **Rijksmuseum van Oudheden** (Nationales Museum der Altertümer) sind griechische, etruskische, römische und ägyptische Artefakte zu sehen, die 300 000 Jahre archäologischer Geschichte umfassen. Vor allem ist es für seine ägyptischen Exponate bekannt, von Mastabas bis zu Mumien und insbesondere für den rekonstruierten Taffeh-Tempel (mit Ton-Licht-Show auf Englisch, tgl. 13.30 Uhr).

Durch Rembrandts Augen

Das **Museum De Lakenhal**, Leidens wichtigstes Museum in einem 1640 erbauten einstigen Tuchlager, präsentiert außergewöhnliche Dauerausstellungen. Die Stars sind zwei Meisterwerke von Rembrandt, der in Leiden zur Welt kam: *Der Brillenverkäufer (Allegorie des Sehens)* und *Lasset die Kinder*

AUFGEREGTES GEKRITZEL

In einem schlichten Raum im ältesten Gebäude der Uni Leiden ist die Verunstaltung von Schuleigentum beliebte Tradition.

In der sogenannten **Zweetkamertje** (Schwitzkammer) warteten einst nervöse Studenten darauf, ihre Dissertation zu verteidigen oder ihre Noten zu erhalten, und bekritzelten oder signierten währenddessen die Wände.

Die mit einer Glastür geschützte Kammer ist schlecht einzusehen – aber eine digitale Tour (universiteitleiden.nl) und Online-Videos zeigen Unterschriften von Berühmtheiten wie Winston Churchill, Nelson Mandela und Mitgliedern der Königsfamilie.

Noch immer können sich Absolventen nach Vereinbarung verewigen (wenn sie einen Platz finden). Es ist eine geheime Angelegenheit im Verborgenen – so wie Graffitikunst eben sein soll.

ESSEN IN LEIDEN

Proeflokaal 1574
Gemütliche Weinstube mit zugehörigem Laden und Weinakademie. Europäische Weine, gutes Essen. **€€**

Vet Gezond
Wie der Name („sehr gesund") schon verrät: holländische Hausmannskost, z. B. *kipsalon* in mehreren Varianten. **€€**

In den Doofpot
Erstklassige kreative Gourmetküche – etwa Ochsenschwanz oder Venusmuscheln –, dazu Sommelier-Weine. **€€€**

VERSTECKT & ORIGINELL

De Leidse Zeemijn (Leidener Seemine) Eine deutsche Seemine aus dem Zweiten Weltkrieg, die an Land gespült wurde, ziert das Haus Hartesteeg 2a.

Gebouw Leidsch Dagblad Das Zeitungsgebäude ist eine architektonische Hommage an die Presse. Wer findet das Abflussrohr mit Elefantengesicht?

Homunculus Loxodontus Humanoide See-Elefantenskulptur, die auf mysteriöse Weise in Russland viral ging.

Monumental Urinal Das Gebäude entstand 1930 und steht heute unter Denkmalschutz. Funktioniert noch, riecht aber übel.

Victoria Amazonica Im Juli werden Babys auf den Blättern der Riesenseerosen des Hortus Botanicus (S. 103) fotografiert.

Kabouterhuisje van Elmer (Elmers Wichtelhaus) Eine winzige rote Tür an einem Baum mit gepflegtem Gärtchen davor – der Urheber ist unbekannt.

zu mir kommen. Bedeutende Werke seiner Schüler wie Gerrit Dou (Rembrandts erstem Lehrling) und Ferdinand Bol bieten einen tiefen Einblick in die Malerei des Goldenen Zeitalters.

Das **Young Rembrandt Studio** in einem Haus aus dem 17. Jh. zeigt, wo der berühmte Sohn der Stadt Leiden zwischen 1606 und 1630 sein Handwerk erlernte.

Lisse

AB DEN HAAG: 1 STD.

Sieben Millionen Blumenzwiebeln

Das eine Zugstunde von Den Haag entfernte Lisse, einst ländlicher Rückzugsort für wohlhabende Kaufleute aus der Stadt, veränderte im 19. Jh. sein Gesicht, als die Villen mit ihren formellen Gärten und Wäldern verkauft und für das genutzt wurden, wofür diese Region Südhollands am besten bekannt ist: den Blumenanbau. Heute sind Blumen und der damit verbundene Fremdenverkehr Lisses Haupteinnahmequellen. Die Hauptattraktion, der **Keukenhof**, verzeichnet alljährlich in

Tulpen, Keukenhof

BRUIN CAFÉS IN DELFT

Jazzcafé Bebop Das gemütliche Lokal bietet Live-Jazz, im Sommer auch im beliebten Biergarten.

De Oude Jan In der Studentenkneipe gegenüber der Oude Kerk geben auf der Bühne im Innenhof häufig Bands Konzerte.

Locus Publicus Fröhliche Stammgäste, 200 Biere im Angebot, behagliches Ambiente und eine Terrasse zum Leutebeobachten.

der kurzen Blütezeit mehr als 1 Mio. Besucher. Den Rest des Jahres gibt es kaum Gründe, nach Lisse zu fahren, aber ein Ausflug im Frühling (vorzugsweise April) gehört zu den Highlights der ganzen Niederlande.

Der 32 ha große Keukenhof ist der weltgrößte Blumenzwiebelgarten mit über 7 Mio. Zwiebeln – insgesamt 800 farbenfrohe Tulpensorten, Narzissen und Hyazinthen.

Gegenüber erstrecken sich die Wälder, Wiesen und Blumengärten des **Kasteel Keukenhof** auf über 80 ha (im Gegensatz zu den Keukenhof-Gärten ist hier der Eintritt frei).

In der Nähe präsentiert das kleine **Museum de Zwarte Tulp** (Museum der Schwarzen Tulpe) – der Name geht auf einen Roman von Alexandre Dumas zurück, der in der Zeit der Tulpenmanie spielt – viele historische Informationen, etwa über die mythische Blüte, die 1636 zum Tulpenrausch beitrug.

Deltawerke

AB DEN HAAG: 1 STD.

Hüter der Niederungen

Die Errichtung von Zeelands Deltawerken zwischen 1958 und 2010 verschlang Milliarden von Gulden, Millionen von Arbeitsstunden und unermesslich viel Beton und Stein. Ziel war es, Flutkatastrophen wie 1953 zu vermeiden, als eine Sturmflut die Binnendeiche durchbrach. Dies zog damals mehrere Deichbrüche und schließlich die Überschwemmung der gesamten Provinz nach sich.

Der ursprüngliche Plan sah die Sperrung der Flussmündungen und die Schaffung eines riesigen Süßwassernetzes vor. Doch in den 1960er-Jahren war ein solcher umfassender Eingriff inklusive Zerstörung von Habitaten inakzeptabel, da die niederländische Bevölkerung zunehmend ein Umweltbewusstsein entwickelte. So wurden die Oosterschelde durch bewegliche Barrieren, die vor Sturmfluten heruntergelassen werden konnten, für die Gezeiten offen gehalten. Der spektakulärste Teil ist zwischen Noord Beveland und Schouwen-Duiveland.

Die Deiche in der Region wurden erhöht und verstärkt, und im Hafen von Rotterdam entstand ein bewegliches Sperrwerk, doch noch immer dauern die Arbeiten zur Bewältigung des durch den Klimawandel bedingten Wasserspiegelanstiegs an. Es wurden bereits große Wasserflächen aufgestaut und zu Süßwasserseen gemacht. Am Veerse Meer ist die Fischindustrie verschwunden, ersetzt durch Touristen und Segelboote.

Das frühere Besucherzentrum **Deltapark Neeltje Jans** ist heute ein Wasserpark mit Pool, Aquarium, Plansch-Spielplatz sowie Ausstellungen über die Flut und den Wiederaufbau.

RELIGIÖSE GEDENKSTÄTTEN

Museum Greccio
Katholisches Sammelsurium in einem Kirchenkeller: Kruzifixe, Weihwasserbecken, Mönchsgewänder etc.

Hooglandse Kerk
Gotische Kirche (15. Jh.) am Zusammenfluss von Oude Rijn und Nieuwe Rijin; das Highlight ist die tickende alte Uhr.

Leiden American Pilgrim Museum
Faszinierendes restauriertes Haus, in dem um 1610 künftige Pilgerväter wohnten.

Vrouwekerk (Frauenkirche)
Die verbliebenen Mauern (heute ein Denkmal) einer Kirche der Pilgerväter. Hier ist der Tulpenpionier Clusius bestattet.

Bagage
Sechs steinerne Koffer, ein Denkmal für die im Zweiten Weltkrieg ermordeten Leidener Juden, sind über die Stadt verteilt.

Loge La Vertu
Aktive (aber geheime) Freimaurerloge, eine der ältesten des Landes.

AUSGEHEN IN LEIDEN

Café de Vergulde Kruik
Gemütliches altes Leidener Lieblingslokal – hier wurde das Heineken-Logo, der Stern, entworfen.

Café L'Espérance
Das nostalgische *bruin café* hat holzvertäfelte Wände mit vielen Fotos und Blick auf einen stimmungsvollen Kanal.

Waag
Leidens bei Anwohnern sehr beliebte historische Waage bietet sonnige Tische an der Gracht und ein Gewölbe.

Friesland (Fryslân)

STOLZES SEENLAND

Die Küstenprovinz besitzt mit ihren Inseln im grenzenlosen Wattenmeer ein einzigartiges Ökosystem und historische Städte, die von idyllischen Seen umgeben sind.

Die fruchtbaren Felder Frieslands haben Menschen seit Jahrhunderten zur Besiedlung bewogen, wenn auch die Waddenzee (Wattenmeer) und die Zuiderzee (aus der das Ijsselmeer entstand) das Land regelmäßig unter Wasser setzten. Fleißige frühe Bewohner errichteten *terpen* (Warften), auf die sich Menschen und Vieh bei steigender Flut zurückziehen konnten.

Deiche wurden gebaut, um das Land zu vermehren und die wachsenden Lebensbereiche der Landwirtschaft, Fischerei, des Schiffbaus und Handels zu schützen, Kanäle dienten als Verbindungswege – jahrhundertelang verlief der Verkehr über sie schneller als auf dem Landweg.

Die Küstenorte sind beliebte Sommerferienziele, die Seen und Wasserwege, durch die sie verbunden sind, werden heute zum Vergnügen befahren. In jedem Fall sollte man sich in Friesland aufs Wasser begeben, um vom Boot aus den weiten Himmel zu erleben.

Die *friezen* sind ein stolzes, unabhängiges Volk mit eigener Sprache und eigensinnigem Humor, der im Wahrzeichen der Provinzhauptstadt Leeuwarden, einem schiefen Turm, Gestalt gewonnen hat. Im fußgängerfreundlichen Zentrum der Stadt lassen sich leicht mehrere Tage verbringen. Dabei dürfen die kostbarsten Naturschätze der Provinz nicht zu kurz kommen: die Waddenzee, Teil der größten Gezeitenlandschaft der Erde aus Sand- und Schlickwatt, und die vorgelagerten westfriesischen Inseln.

DIE WICHTIGSTEN ZIELE

LEEUWARDEN
Kreative Provinzhauptstadt.
S. 196

FRIESISCHE SEEN
Historische Städte und Spaß auf dem Wasser.
S. 204

MALOFF/SHUTTERSTOCK ©

Links: Nationaal Park De Alde Feanen (S.199); Oben: Brandaris-Leuchtturm (S. 201), Terschelling,

Erste Orientierung

Die nördliche Provinz wird im Norden und Westen von Wasser begrenzt und lässt sich in einer Stunde durchfahren. Die Reise zu den idyllischen Westfriesischen Inseln dauert ein wenig länger, doch es gibt regelmäßige Fährverbindungen.

Leeuwarden, S. 196
Eine gemütliche Provinzhauptstadt – und ein Ausgangspunkt fürs Wattenmeer und die Westfriesischen Inseln.

Frisische Seen, S. 204
Historische Städte und wunderbare Seen bilden eine ideale Ferienlandschaft.

0 – 40 km

NORD-SEE
Vlieland
Posthuys
Oost Vlieland
West Terschelling
Hoorn
Oosterend
Ameland
Hollum
Nes
Waddenzee
Holwerd
Ferwerd
Dokkum
GRONINGEN
Buitenpost
Harlingen
Franeker
Leeuwarden
Margriet Kanaal
FRIESLAND
Drachten
Grou
Makkum
Bolsward
Terkaplester Puollen
Sneek
IJlst
Snitser Mar
Workum
De Kûfurd
Joure
Heerenveen
Fluessen
Woudsend
Hindeloopen
Slotermeer
Stavoren
Sloten
Groote Brekken
Tsjûkemar
Wolvega

AUTO

Der bequemste Weg durch Friesland; mit dem Auto gelangt man auch in abgelegene Städte und ans Meer. Die Ladeinfrastruktur für E-Autos ist gut.

ÖPNV

Größere Städte wie Leeuwarden, Harlingen und Sneek sind gut mit der Bahn erreichbar, kleine Orte mit dem Bus. Manchmal sind die Fahrpläne im Winter eingeschränkt; das gilt auch für die Fähren zu den Inseln.

Eise-Eisinga-Planetarium (S. 199), Franeker

Perfekte Tage

Ein Städteausflug kann in dieser Provinz mit reizvollen Fahrten zu bezaubernden Seen und unberührten Inseln verbunden werden.

Zwei Tage mit dem Zug

- Die Zugfahrt führt nach **Leeuwarden** (S. 196) zu einem Spaziergang, auf dem die hervorragenden **Museen** (S. 197) der Provinzhauptstadt zu besichtigen sind. Bei sonnigem Wetter ist eine Bootsfahrt vom **Blokhuispoort** (S. 198), dem einstigen Stadtgefängnis, besonders schön.

- Nach einer erholsamen Nacht geht es zurück zum Bahnhof, um im Zug nach **Franeker** (S. 201) und **Harlingen** (S. 201) zu fahren; es bleibt noch genügend Zeit, um beide Städte kennenzulernen und die frische Meeresluft zu genießen.

Eine Woche am Wasser

- Nach einem oder zwei Tagen in der **Hauptstadt** (S. 196) führt die Weiterreise mit der Fähre von **Harlingen** (S. 201) nach **Vlieland** (S. 201).

- Auf den langsamen Lebensrhythmus der Insel stimmen lange Strandspaziergänge und Fahrradtouren ein; Cafés bieten Zuflucht vor Regenschauern.

- Auf dem Festland rundet eine Tour zu den historischen Orten im Gebiet der **Friesischen Seen** (S. 206) die Reise ab.

Beste Reisezeit

FRÜHLING
Ein Blütenmeer breitet sich aus, die historischen Städte sind besonders anziehend, aber weniger überlaufen als im Sommer.

SOMMER
Es ist Hochsaison mit den besten Chancen auf gutes Wetter und für Wassersport.

HERBST
Ruhig und häufig nass – die richtige Zeit für herzhaftes Essen in behaglichen Cafés und für Kultur und Geschichte in den Museen.

WINTER
Warm angezogen zum Spaziergang an stürmischen Stränden und stimmungsvollen Grachten.

Leeuwarden (Ljouwert)

GESCHICHTE | STREET ART | SCHIEFER TURM

UNTERWEGS VOR ORT

Das Stadtzentrum von Leeuwarden ist überaus fußgängerfreundlich – alles ist in 15 Minuten zu erreichen. Die einfachste Art, in die Stadt zu kommen, ist eine Zugfahrt, die von Amsterdam etwa zwei Stunden dauert.

QR-Code zur Buchung von Zugtickets.

Die Hauptstadt Frieslands besitzt eine kompakte, leicht begehbare Stadtmitte. Leeuwarden wurde auf drei *terpen* (Warften) errichtet; ein *terp* bezeichnet einen Siedlungshügel, einer davon war bereits in römischer Zeit bewohnt. Die reiche Geschichte der Stadt spiegelt sich in gemütlichen Gassen und zahlreichen alten Bauwerken rund um das Zentrum wider, z. B. De Waag (1597), in der die Händler ihre Waren abwogen, und der Oldehove von Leeuwarden, die ortstypische Variation eines Schiefen Turms. Heute beherrscht der schlanke 115 m hohe Achmeatoren die Silhouette der Stadt, daneben gibt es eine zunehmende Zahl moderner Bauten wie das Fries-Museum mit seiner imposanten Glasfront. Eine Welle der Verjüngung ging in den vergangenen Jahren durch Leeuwarden – in der Stadt sind mehr als 200 Street-Art-Werke zu finden; zahlreiche kreative Cafés und Boutiquen säumen die Grachten und Gassen.

TOP TIPP

Im Winter schwinden aufgrund des Klimawandels zunehmend die Aussichten fürs Schlittschuhlaufen auf zugefrorenen Grachten. Die Leute treffen sich zum eisigen Vergnügen in der modernen Eislaufhalle Elfstedenhal, mit einer großen Eisbahn und Schlittschuhen zum Ausleihen.

Het Fries Museum

SEHENSWERTES
1 Blokhuispoort
2 Het Fries Museum
3 Keramiek Museum Princessehof
4 Obe Paviljoen
5 Oldehove
6 Prinsentuin

AKTIVITÄTEN
7 Greenjoy

SCHLAFEN
siehe 1 Alibi Hostel
8 Boutique Hotel Catshuis
s. 12 Hotel Post Plaza
9 Hotel Via Via
10 Oranje Hotel

ESSEN
siehe 1 Proefverlof
11 Stek

AUSGEHEN & FEIERN
12 Post-Plaza Grand Café

Stadtspaziergang mit Ortskundigen

Ein kostenloser Rundgang

Die kurzen Spaziergänge von **A Guide to Leeuwarden** haben in den letzten zehn Jahren immer mehr an Zulauf gewonnen; sie sind eine fantastische Möglichkeit, die Stadt kennenzulernen. Der Gründer Henk Leutscher leitet noch viele Touren selbst, er hat über die Jahre ein kundiges Team einheimischer Stadtführerinnen und -führer aufgebaut. Manche legen den Fokus auf historische Ereignisse, andere begeistern sich für die Straßenkunst – in jedem Fall finden Gäste nach einer unterhaltsamen Tour von 1½ Stunden mühelos ihren Weg durch Leeuwarden. Eine kostenlose Free Tour findet jeden Samstag um 14 Uhr auf Deutsch statt. Der Startpunkt liegt vor der Touristeninformation im **Obe Paviljoen** (eine Anmeldung über die Website wird empfohlen). Eine Spende (Trinkgeld) ist erwünscht.

Zwei hochrangige Museen

Geschichte, Kunst und Keramik

Im Stadtzentrum sind zwei hervorragende Museen ansässig. Der belebte Marktplatz Leeuwardens, Zaailand, wird von der imposanten Glasfront des **Het Fries Museum** dominiert. Das

DIE BESTEN UNTERKÜNFTE IN LEEUWARDEN

Alibi Hostel
Hostel im früheren Stadtgefängnis Blokhuispoort. Die Gäste übernachten in den ehemaligen Gefängniszellen. **€**

Hotel Post Plaza
Ein Hotel mit urbaner Eleganz im alten Postamt und einem benachbarten Bankhaus aus dem 19. Jh.; eine perfekte Mischung aus alt und neu. **€€**

ESSEN & AUSGEHEN IN LEEUWARDEN

Stek
Brunch wird in diesem Café in einem alten Brückenwärterhaus serviert; mit einer Terrasse an der Gracht. **€**

Post-Plaza Grand Café
Ein nobles Restaurant in französischem Stil im ehemaligen Postamt, heute ein Raum auf der Höhe der Zeit. **€€**

Proefverlof
Schickes Restaurant im alten Stadtgefängnis; hier gibt es ausgezeichnete Cocktails. **€€€**

FRIESISCH SPRECHEN

Bei der Ankunft fallen sie sofort ins Auge: zweisprachige Ortsschilder, auf denen die Namen auf Niederländisch und Friesisch angegeben sind, z.B. Friesland und das friesische Fryslân, Leeuwarden und Ljouwert. Die friesische Sprache hat einen Sonderstatus. In Friesland ist Westfriesisch die zweite Amtssprache, sie ist auch ein Schulfach. Alle Einwohner Frieslands sprechen Niederländisch, die meisten beherrschen auch Friesisch. Einzelne Worte, beispielsweise *tankewol* (danke) sind leicht zu verstehen. Das Westfriesische besteht übrigens aus mehreren Hauptdialekten und einigen kleinen Dialekten.

Provinzmuseum birgt auf drei Ebenen Dauerausstellungen wie Ferhaal fan Fryslân, in der durch 100 Objekte aus allen Teilen der Provinz Geschichten über Friesland erzählt werden; Het Fries Verzetmuseum ist eine Ausstellung zum friesischen Widerstand im Zweiten Weltkrieg. Ein lohnendes Kombiticket gewährt auch Zutritt zum **Keramiek Museum Princessehof**. Das Landesmuseum für Keramik und Porzellan ist in einem Stadtpalast (17. Jh.) untergebracht und beherbergt die weltweit größte Sammlung von Kacheln, eine einzigartige Auswahl Delfter Keramiken und Arbeiten aus der ganzen Welt – die japanischen, chinesischen und vietnamesischen Abteilungen sind erstklassig präsentiert. Nicht versäumen: die Ausstellung im Untergeschoss zum berühmten Grafikkünstler M. C. Escher, der im Stadtpalast zur Welt kam.

Vom einstigen Gefängnis zum kreativen Kulturzentrum

Boote, Boutiquen und kuriose Unterkünfte

Der imposante Backsteinbau des **Blokhuispoort** – ein ehemaliges Gefängnis (1870) – ist sehenswert. Die beiden Innenhöfe und mehrere der einstigen Gefängniszellen sind frei zugänglich. Ein Teil des Zellentrakts H wurde als **Alibi-Hostel** einem neuen Zweck zugeführt.

Interessante Anekdoten aus der langen Gefängnisgeschichte erfährt man bei einer Führung; anschließend bietet das **Proefverlof** neben Speisen und Getränken auch einen Grachtenblick. Neben der Terrasse des Restaurants sind Elektro-Schaluppen *(sloepen)* von **Greenjoy** festgemacht, die über ein Online-Buchungssystem stundenweise ausgeliehen werden können.

Der schiefe Oldehove-Turm

Aufstieg auf steilen Stufen

In mittelalterlicher Zeit lagen mehrere niederländische Städte in einem Wettstreit um den höchsten Turm des Landes. Der Martinitoren (97 m) von Groningen kam dem Ziel ziemlich nahe, letztlich trug aber der Domtoren (112 m) von Utrecht den Sieg davon. Leider kam der **Oldehove** von Leeuwarden nie über 39 m hinaus. Kurz nach Baubeginn geriet der Turm bereits in eine Schieflage; er wurde nie vollendet. Jahrhunderte später begannen die Einwohner ihren schiefen Turm lieb zu gewinnen. Gegen eine kleine Gebühr können die 183 Stufen zum Turmdach bestiegen werden (ein Lift fährt zu halber Höhe hinauf). Oben ergibt sich ein Panoramablick über die Stadt und den Park **Prinsentuin**.

ÜBERNACHTEN IN LEEUWARDEN

Boutique Hotel Catshuis
Kleines Hotel in einem historischen Stadthaus mit schönen Zimmern und hervorragender Betreuung. **€€**

Oranje Hotel
Gegenüber vom Bahnhof gelegenes 130 Jahre altes Hotel; mit einer Brasserie. **€**

Hotel Via Via
Helle und farbenfrohe Zimmer; mit zeitgemäßem Lounge-Bereich. Self-Check-in. **€€**

Rund um Leeuwarden

Leeuwarden ist das Tor zu den Inseln, die wenige Kilometer vor der von Deichen begrenzten Küste der Waddenzee liegen.

Ein großer Teil der Landfläche rund um Leeuwarden wurde dem Meer abgerungen und ist fruchtbares Bauernland. Im Westen liegen zwei der elf Städte: Franeker, die einstige Universitätsstadt und Standort des ältesten funktionstüchtigen Planetariums der Welt, und Harlingen, der wichtigste Hafen der Provinz mit einer historischen Schiffsflotte. Im Norden begrenzen miteinander verbundene Deiche die Gezeitenwattflächen der Waddenzee, eines gewaltigen Ökosystems, das mit Wattführern bei Ebbe durchwandert werden kann. Am Rand dieser Weite liegen die Westfriesischen Inseln mit herrlichen Dünenlandschaften, malerischen Dörfern und weiten Stränden – beliebte Ferienziele für Einheimische und Gäste.

Nationaal Park De Alde Feanen

AB LEEUWARDEN: 20 MIN. 

Wasserwege im Nationalpark

Im Herzen der Provinz, 20 Autominuten südöstlich der Provinzhauptstadt, liegt ein Wasserwunderland. Der Nationaal Park De Alde Feanen war eine ehemals undurchdringliche Moorlandschaft, in der lange Zeit Torf abgebaut wurde. Heute ist es ein 2000 ha großes Erholungsgebiet mit Kanälen, kleinen Flüssen und Teichen. SUP-Boards, Kanus oder Elektroboote können geliehen werden, dazu gibt es eine kostenlose Streckenkarte bei De Twirre im Eernewoude (Earnewâld).

Ameland

AB LEEUWARDEN: 2 STD. 

Wassersport und Radtouren über die Insel

Bunte Gleitschirme schweben über den blauen Himmel – ein gewohnter Anblick, der Gäste bei der Ankunft auf Ameland

Orte

UNTERWEGS VOR ORT

Sowohl De Alde Feanen als auch Holwerd, von wo die Wagenborg-Fähre nach Ameland ablegt (eine Reservierung ist nicht nötig), sind mit dem Bus von Leeuwarden erreichbar, jedoch gewährt ein (Elektro-) Leihwagen mehr Freiheit, vor allem für Fahrten zu entlegenen Orten der Region. Wer ein Auto mit der Fähre nach Ameland mitnehmen will, muss zuvor reservieren. Franeker und Harlingen sind mit Zügen aus Leeuwarden zu erreichen. Von Harlingen Haven fährt die Doeksen-Fähre nach Vlieland oder Terschelling. Tickets sollten frühzeitig online gebucht werden.

TOP TIPP

Mehr Zeit übrig? Übernachtungen auf einer der Inseln in privat geführten Ferienhütten können unter opdewadden.nl gebucht werden.

WANDERUNG ÜBER DEN MEERESGRUND

Bei Ebbe fällt aufgrund des relativ großen Tidenhubs das Wattenmeer fast vollständig trocken – dieser Küstensaum kann durchwandert werden, z.B. nach **Ameland** (10 km) und **Schiermonnikoog** (18 km).

Wadlopen (Wattwandern) ist eine faszinierende Art, die hypnotische Weite des Wattenmeeres zu erleben, es darf nur mit einem kundigen Wattführer unternommen werden. Trittfeste Sandflächen wechseln sich mit morastigem Schlickwatt ab; Wasserrinnen (Priele) sind zu durchqueren. Lange Wattwanderungen finden im Sommer statt.

Die Touristeninfos geben gern Auskunft. Auf dem Festland gibt es Wattwanderzentren in Paesens-Moddergat in Friesland und Pieterburen in Groningen. **Oan 'e dyk** und **Landgoed Wilgenheerd** bieten exzellente Kurzwanderungen.

AEROVISTA LUCHTFOTOGRAFIE/SHUTTERSTOCK ©

Blokart (Kitebuggy), Ameland

empfängt; die Insel ist auf einer Fährüberfahrt (50 Min.) vom kleinen Hafen Holwerd auf dem Festland zu erreichen. Bei Flut ist der Streifen der Waddenzee an der Fähranlegestelle ein Revier für Kitesurfer – eine passende Vorbereitung auf diese westfriesische Watteninsel, die zu sportlicher Betätigung einlädt.

Ein Zweirad eignet sich dafür am besten; Fahrräder bzw. E-Bikes werden von Fietsverhuur Kiewiet verliehen. Zunächst geht die Fahrt auf Nes zu, das größte Dorf der Insel, eine charmante Ansammlung von Backsteinhäusern. Vor dem Ortseingang befindet sich eine Touristeninformation, die Infos über Robbenbeobachtungen und andere Naturausflüge bereithält.

Weiter nördlich führt die Tour durch das Dorf zum weiten Nordseestrand, wo sich Wassersportler mit Surfbrettern in die Wellen begeben oder in einem *blokart* (Strandsegler, Kitebuggy) von Ameland Adventure über die sandige Weite jagen. Die Radtour führt östlich durch die Dünen an Buren vorbei zum weiträumigen Naturschutzgebiet 't Oerd – oder westlich nach Ballum, wo manchmal der Betreiber der Bar Nobel anzutreffen ist. Am weitesten westlich liegt Hollum mit dem rot-weiß geringelten Bornrif-Leuchtturm. Wer noch Kraft hat, steigt die 236 Stufen hoch und genießt den Ausblick.

NOCH EINE INSEL IM WATTENMEER

Die stille Westfriesische Insel **Schiermonnikoog** (s. Kasten links), östlicher Nachbar von Ameland, ist mit der Fähre von Lauwersoog in Groningen erreichbar.

Franeker (Frjentsjer)

AB LEEUWARDEN: 15 MIN.

Das älteste funktionstüchtige Planetarium

Nur 15 Zugminuten von Leeuwarden entfernt liegt das malerische, kleine Franeker, Standort des ältesten funktionstüchtigen Planetariums der Welt. Das Eise-Eisinga-Planetarium, das 2023 in die Unesco-Welterbeliste aufgenommen wurde, ist nach seinem Erbauer benannt, einem Wollfabrikanten des 18. Jhs., der nebenher ernsthafte Studien in Mathematik und Astronomie betrieb. Inspiriert von Büchern aus der nahen Universität (die später von Napoleon aufgelöst wurde), baute Eisinga ein bewegliches maßstabgerechtes Modell des Sonnensystems, das von einer Pendeluhr in Gang gehalten wurde. Es arbeitet noch vollkommen exakt – zu jeder Tageszeit können die Mondphase, der Zeitpunkt des Sonnenaufgangs oder die Position der Planeten (außer Uranus und Neptun, die noch nicht entdeckt waren) bestimmt werden. Mehrere Räume in Eisingas einstigem Wohnhaus und einem Nachbargebäude beherbergen heute Ausstellungen über das Weltall; die größte Faszination geht jedoch vom Planetarium im Wohnzimmer des Erbauers aus. Führungen in englischer Sprache finden regelmäßig statt und sind im Eintrittspreis enthalten.

Harlingen (Harns)

AB LEEUWARDEN: 25 MIN.

Eine bildschöne Hafenstadt

Westlich von Franeker, nur eine kurze Zugfahrt (10 Min. oder 25 Min. von Leeuwarden) entfernt, liegt der einzige Hafen Frieslands, der nach dem Bau des Afsluitdijk mit dem Meer verbunden blieb. Harlingen (Harns) ist eine wunderbare Zwischenstation vor der Fährüberfahrt nach Vlieland oder Terschelling. Der denkmalgeschützter Stadtkern besitzt hübsche Grachtenhäuser, enge Gassen und historische Schiffe, die in mehreren Jachthäfen liegen. Der alte Handelshafen wird heute von vielen Cafés gesäumt.

Vlieland

AB LEEUWARDEN: 2 STD. 20 MIN.

Inselerlebnisse

Die westlichste der westfriesischen Inseln ist schon ein Schmuckstück. An der Hauptstraße des einzigen Ortes auf Vlieland reihen sich Boutiquen, gemütliche Hotels und Backsteinhäuser aneinander – manche gehen auf das 16. Jh. zurück. Die Fähre von Harlingen bringt im Sommer Gäste in großer Zahl auf die Insel; sie ist bei Amsterdamern beliebt, die ihr den Namen „Vliebiza" gaben. Vlieland besitzt vielleicht den schönsten Strand aller Westfriesischen Inseln. Hinter der

IM WATTENMEER SEGELN

Tsjerk Hesling Hoekstra ist Skipper auf dem holländischen Segelklipper *Willem Jacob*, der zur *bruine vloot*, der weltweit größten Flotte historischer Segelschiffe gehört. Er erklärt, warum das Wattenmeer so besonders ist. *@klipperwillemjacob*

Ich bin auf großen Schiffen von Norwegen bis nach Südafrika gefahren, doch das Wattenmeer ist einzigartig. Alles ist in einem stetigen Wandel begriffen – fast so schnell, wie sie gedruckt sind, sind die Seewetterkarten schon überholt. Wir haben einen hohen, hellen Himmel, und weil es ein flaches Meer ohne große Wellen ist, wird seine Fläche zum Spiegel oder zerfließt mit dem Himmel in 50 000 Grautönen. Ein Bild, in dem Himmel und Erde nicht zu unterscheiden sind.

AUSGEHEN AUF AMELAND

Sjoerd
Eine schöne Strandbar mit behaglichem Kaminfeuer und einer großen windgeschützten Terrasse.

Nobel
Die Spezialität dieses Bruin Cafés ist der Nobeltje-Likör, ein Likör mit Rum.

Sunset
Hoch an einem schmalen Sandstreifen gelegen, bietet diese Strandbar einen herrlichen Blick aufs Meer.

EIN WUNDERWERK DES DEICHBAUS

Vielleicht das imposanteste aller holländischen Bauwerke zur Abwehr der Fluten ist De Afsluitdijk, ein 32 km langer Schutzdamm von so gewaltigen Ausmaßen, dass er aus dem Weltall zu sehen ist.

Der Abschlussdeich wurde 1932 gebaut und verbindet Friesland mit Nordholland (er ist mit Fahrrädern, Bussen und Autos zu befahren). Der Deich trennte die Zuiderzee vom Wattenmeer ab, aus der in der Folge der Süßwassersee IJsselmeer wurde.

Auf der friesischen Seite des Deichs, 15 km von Harlingen entfernt, zeigt das Afsluitdijk Wadden Center eine interaktive Ausstellung zur Entstehung des Deichs und zu seinen massiven Auswirkungen auf das Ökosystem. Vieles zur faszinierenden Geschichte und Zukunft des Bauwerks ist auf einer englischsprachigen mobilen Audiotour zu erfahren.

Marina führt ein Weg durch weißen Sand zum Oost, einem Strandpavillon im modernen Stil einer Schuhschachtel, in dem mittags frische Fischgerichte serviert werden. Südlich führt der Weg durch Dünen an der Fortuna-Brauerei vorbei, die sich mit ihrer Holzbauweise perfekt in die Umgebung einfügt; sie ist täglich (nach Online-Reservierung) zu Führungen mit Kostproben geöffnet.

Auf der Insel bieten sich natürlich Radtouren an. Plötzlich auftauchende kuriose Sehenswürdigkeiten wie der Kaasbunker aus dem Zweiten Weltkrieg, der heute einer örtlichen Käserei als Reiferaum dient. Ein Bad am späten Nachmittag in der kühlen Nordsee und ein wärmendes Getränk bei sinkender Sonne in der Strandbar 't Badhuys.

Das westliche Ende der Insel ist ein wüstenartiges Ödland, das zum Teil als militärisches Übungsgelände dient. Es lässt sich auf einer Tour mit dem Vliehors-Express erkunden, der im Sommer – in Abstimmung mit der Fährabfahrt vom westlichsten Punkt der Insel nach Texel – zum Hafen fährt.

Terschelling

AB LEEUWARDEN: 2 STD. 45 MIN. 

Ein mitreißendes Inselfestival

An zehn Tagen im Juni verwandelt sich die ganze Insel **Terschelling** in eine Bühne. Theatervorstellungen finden zwi-

AUSGEHEN & ESSEN RUND UM HARLINGEN

Het Brouwdok
Eine behagliche Brauereikneipe mit Glasfront und Hafenblick. Hier wird Bier aus eigener Brauerei serviert. €

't Zilt
Ein Holzpavillon am Strand von Harlingen mit einer großen Terrasse – herrlich bei Sonnenuntergang. €€

Skom
Das Café im Afsluitdijk Wadden Center bietet Sandwiches und eine freie Sicht auf das IJsselmeer. €

schen Sanddünen statt, Strandstreifen werden zu Kunstwerken, in abgelegenen Scheunen wird Livemusik gespielt. Eine Karte für das **Oerol- Festival** gewährt Zutritt zu den Spielstätten und den meisten Konzerten; Theateraufführungen müssen online – möglichst frühzeitig, ebenso wie Übernachtungen – gebucht werden. Stayokay gehört zu einer landesweiten Hotelkette mit einfachen Schlafsälen und Einzelzimmern, teilweise mit Meerblick.

Auf Terschelling gibt es zahlreiche Hotels, Zeltplätze, Restaurants und belebte Bars. Die Fähre von Harlingen legt in West-Terschelling an, im Hauptort steht auch der **Brandaris-Leuchtturm** aus Backstein (er ist noch in Betrieb und nicht öffentlich zugänglich). Mit dem E-Bike – bei Thijs Knop Fietsverhuur gegenüber vom Fährhafen kann man welche leihen –lässt sich die Insel am besten erkunden.

Ein guter Startpunkt ist der Strandpavillon **De Walvis** mit Blick auf **De Noordsvaarder**. Von dort führen Radwege auf insgesamt 60 km kreuz und quer durch die Dünen. Alle Wege enden an interessanten Zielen: Die Spezialität im **De Bessenschuur** sind die wilden Moosbeeren, das **Bunker-Museum** ist in einem Bau aus dem Zweiten Weltkrieg untergebracht; in Midsland gibt es Restaurants wie Pura Vida (Burger und Bowls) und 't Golfje (exquisite Küche) sowie Beachbars am Nordseestrand (ZandZeeBar und Heartbreak Hotel).

MARCEL ROMMENS/SHUTTERSTOCK ©

Terschelling beim Oerol-Festival

WHY I LOVE VLIELAND

Sara van Geloven, Autorin

Ich habe herrliche Erinnerungen an die Sommer in meiner Jugend beim Zelten auf Vlieland, das Haar, struppig vom Salzwasser, zum Pferdeschwanz gebunden.

Meine Sorgen schienen in dem Augenblick zu verschwinden, sobald ich die Fähre in Harlingen betrat. Noch immer liebe ich die 1½-stündige Fahrt über das Meer, komme aber jetzt lieber im Winter hierher. Das Leben ist dann noch ruhiger.

Durchfroren nach einem Strandspaziergang, gehe ich gern ins Restaurant Gestrand, um mich aufzuwärmen und den faszinierenden Himmel zu betrachten.

ÜBERNACHTEN AUF VLIELAND

Stortemelk
Großer Campingplatz in den Dünen mit einer Bar, Leihzelten sowie Hütten und einem direkten Strandzugang. €

Badhotel Bruin
Mitten im Dorf erfreut dieses Boutiquehotel seine Gäste mit hellen, komfortablen Zimmern. €€

Seeduyn
Altes Luxushotel mit Meerblick und beheiztem Swimmingpool. €€€

Friesische Seen

GROSSE SEEN | WASSERSTRASSEN | WASSERSPORT

In der Region Friese Meren (Fryske Marren) zeigt sich das Land von seiner idyllischsten Seite. Etwa 20 Seen liegen verstreut zwischen fruchtbaren Feldern, den Flecken der schwarz-weißen Kühe nicht unähnlich, die hier so zahlreich sind. Die Seen sind durch Grachten und Wasserläufe miteinander verbunden, die einst fürd den Gütertransport wichtig waren und heute von Sportbooten befahren werden. In Städten gibt es Jachthäfen, einfache Restaurants (oft gibt es Fisch), Campingplätze und Ferienhäuser. In dieser Region dreht sich alles um *waterpret* (*wetterwille* auf Friesisch) – Spaß auf dem Wasser: Kitesurfen auf dem Ijsselmeer oder SUP in den Grachten von Sneek, Radtouren an Seeufern oder Fahrten im Elektroboot – auf dem Wasser lässt es sich gut leben.

UNTERWEGS VOR ORT

Sneek, Workum und Hindeloopen sind durch regelmäßig verkehrende Züge mit Leeuwarden verbunden. Außerdem gibt es eine Busverbindung von Sneek nach Woudsend, ein Mietwagen kann für ausgedehnte Fahrten zu den Dörfern und Seen praktisch sein.

TOP TIPP

2018 schufen elf internationale Künstler elf Brunnen für jede der elf Städte. In den Kunstwerken wurden Themen ihrer jeweiligen Standorte verarbeitet, z.B. die Löwen aus dem Stadtwappen von Workum oder Tiermotive von Hindeloopen. Sieben dieser einzigartigen Kunstwerke sind in der Region zu sehen.

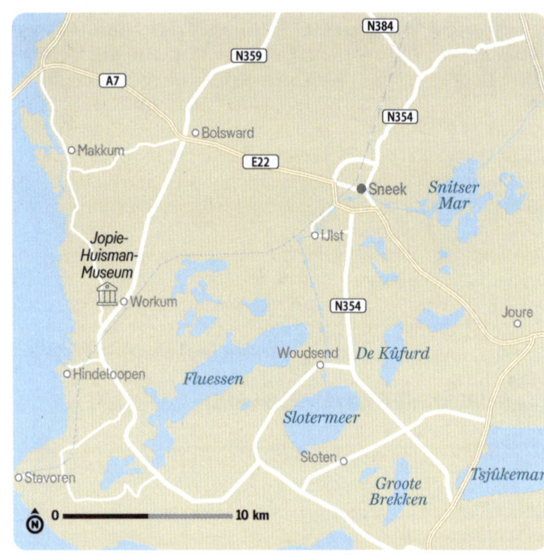

SSKH-PICTURES/SHUTTERSTOCK ©

Sneek

Fahrräder, Boote & Wacholderschnaps in Sneek

Das aquatische Herz Frieslands entdecken

Sneek (Snits) ist das aquatische Herz Frieslands. Nach Leeuwarden ist es die zweitgrößte der elf Städte und umgeben von Seen, es gibt mehrere Jachthäfen und Bootsbaubetriebe in der Stadt. Ein Wahrzeichen ist das einzige noch erhaltene Stadttor, **Waterpoort** (15. Jh.) in der Ortsmitte. Einen Katzensprung entfernt findet man das Café **Royaal Belegd**. Leihfahrräder gibt es bei **Profile Rodenburg**; mit dem Rad geht es dann zum **Fries Scheepvaart Museum**. Das herausragende Museum nimmt fünf monumentale Gebäude ein und zeigt schöne Schiffsmodelle, außerdem sehenswerte Ausstellungen zur friesischen Seefahrtgeschichte und zum berühmten Schlittschuhrennen – Elfstedentocht. Kinder können sich an Seemannsknoten üben.

Nur ein paar Häuser weiter liegt das zauberhafte Spirituosengeschäft **Weduwe Joustra** mit Brennerei. Seit mehr als 150 Jahren wird hier der würzige Kräuterbitter Beerenburg (auf der Grundlage des holländischen Genever und einer geheimen Kräutermischung) gebrannt und verkauft. Führungen durch die Brennerei müssen weit im Voraus gebucht werden, Kunden des Geschäfts können den hinteren Lagerraum voller antiquarischem Krimskrams besichtigen und zu einer Gratisprobe (Spenden sind erwünscht) aus der großen Auswahl von Beerenburg-Spirituosen zum Dachboden hinaufsteigen – und (vorsichtig!) wieder heruntergehen.

DIE BESTEN SEGELFESTIVALS

Sneekweek
Die Reiseplanung sollte auf das ultimativen Segelevent am ersten Samstag im August in Sneek abgestimmt werden. Sneekweek ist die größte Segelsportveranstaltung von allen Binnengewässern Europas. Tausende Segelboote, rasante Wettrennen auf dem Sneekermeer und Straßenpartys sind zu erwarten.

Skûtsjesilen
Alljährlich im Sommer findet diese friesische Regatta auf *skûtsjes*, historischen Frachtschiffen, statt. Die Flotte segelt von Stadt zu Stadt; es ist ein herrlicher Anblick die grazilen Schiffe mit den braunen und weißen Segeln zu beobachten.

EINE SOMMERLICHE BOOTSFAHRT

Das schöne Dorf Woudsend mit seinen Giebelhäusern und Windmühlen liegt zwischen zwei Seen, ein fantastischer Standort für einen Kurzausflug auf dem Wasser. Elektroboote können an der Marina 1 **De Rakken** geliehen werden, dazu ist keine Erfahrung in der Bootsführung nötig (rechtzeitig buchen und eigene Verpflegung mitbringen). Ein Hafenmeister gibt eine kurze Einführung zu den leicht lenkbaren, geräuschlosen und eleganten Schaluppen, die im Dorf im 3D-Druckverfahren gebaut werden – und schon geht es aufs Wasser. Nach dem Verlassen der Marina biegt man rechts in den Woudsenderrakken ein und kommt auf eine Kreuzung zu. Nach links geht es zum See Noorder Ee, dann wieder links in den Nauwe Wijmerts. An der Kreuzung zum Johan Frisokanaal fährt man geradeaus weiter (auf Gegenverkehr achten!).

Nach links geht es auf dem Hegemar Far an der Marina vorbei in das historische Dorf 2 **Heeg**. Im 3 **Restaurant d'Ald Wal** gibt es großartigen Kaffee – direkt an der Terrasse kann das Boot festgemacht werden; das geht auch ohne Seemannsknoten! In südöstlicher Richtung verlässt man das Dorf dem Kanal folgend zum Heegermeer. 4 **Eiland van Heeg** liegt mitten in dem großen See und ist ein schöner Ort zum Baden und Picknicken. Folgt man der markierten Fahrrinne südlich über den See, gelangt man zur Mündung des 5 **Woudsenderrakken**. Auf diesem Kanal erreicht man die Marina, wo man das Boot festmacht und die Schlüssel abgibt. Im 6 **Café de Watersport** kann man die Bootsfahrt gebührend feiern.

Kein Besuch in Sneek wäre vollständig ohne einen Ausflug aufs Wasser. Mit dem Rad sind es zehn Minuten zu **JFT Watersport**, einem Familienbetrieb, der SUP-Boards, Segel- und Motorboote verleiht.

Spaziergang durch Hindeloopen

Wo das Wasser den Takt angibt

Hindeloopen (Hylpen) ist das Idealbild einer Stadt am IJsselmeer. Der Kirchturm und die zahllosen Bootsmasten, die von Weitem zu sehen. Der historische Stadtkern mit schmalen, von Grachten durchzogenen Straßen, blumengeschmückten Gärten und einer Vielzahl von Brücken ist gut erhalten. Hinter jeder Ecke wartet ein neuer Ausblick, bildschön wie ein Postkartenmotiv.

Ursprünglich an der Zuiderzee gelegen, war Hindeloopen ein wichtiger Hafen an der Handelsroute von Amsterdam nach Skandinavien. Spuren dieser Vergangenheit sind überall in der Stadt zu finden. Der Familienbetrieb **Roosje Hindeloopen** ist ein Möbelgeschäft mit einer Schreinerwerkstatt, in der Möbel mit farbenprächtigen Blumen- und Tiermotiven kunstvoll bemalt werden. Das Restaurant **De Hinde** mit Blick auf den Hafen ist der beste Platz für ein schmackhaftes Essen, es gibt exquisite Fischgerichte und im Winter die beste traditionelle Erbsensuppe (*snert*).

Ein einzigartiges Museum

Bilder von abgelegten Dingen

Im historischen Stadtkern von **Workum** (Warkum) steht ein wunderbares Museum mit einer kirchenartigen Fassade, das dem im Jahr 2000 verstorbenen Maler Jopie Huisman gewidmet ist. Der Autodidakt war ein ideenreicher Künstler, er liebte das friesische Bauernleben. Am bekanntesten sind seine berührenden lebensnahen Gemälde. Nachdem drei seiner Werke aus einer Galerie gestohlen wurden, wollte der Maler nie mehr wieder etwas ausstellen. Das **Jopie-Huisman-Museum** ist der einzige Ort, an dem Originale zu sehen und die dazugehörenden Geschichten zu hören sind (eine Audiotour – auch auf Deutsch – ist im Eintrittspreis enthalten).

ELF-STÄDTE-TOUR

Eislaufen ist in den Niederlanden gleichbedeutend mit der **Elfstedentocht** (Elf-Städte-Tour). Das Langstreckenschlittschuhrennen führt auf einer Gesamtlänge von 200 km über gefrorene Wasserstraßen durch elf Städte. Die Rekordzeit eines absolvierten Rennens über die gesamte Strecke liegt bei 6 Stunden und 47 Minuten (1985). Allerdings gibt es immer seltener eiskalte Winter, die das Rennen möglich machen – es fand zuletzt 1997 statt. Zum Glück gibt es alternative Veranstaltungen, die von der Witterung unabhängig sind und jährlich stattfinden.

So gibt es einen Ruder- und einen SUP-Wettkampf, eine fünftägige Wandertour und ein Radrennen am Pfingstmontag. Das letztgenannte ist besonders beliebt, die Strecke kann auch ganzjährig mit dem Rad befahren werden.

ESSEN & AUSGEHEN MIT BLICK AUFS WASSER

De Koperen Kees
Eine moderne Brasserie mit leckerenGerichten; Terrasse mit Blick auf eine der Grachten von Sneek. **€€€**

Café de Watersport
In diesem Lokal in Woudsend kommen großzügige Portionen auf den Tisch; Terrasse mit herrlicher Aussicht. **€€**

De Hinde
Ein feines Fischrestaurant mit Gästezimmern. Blick auf den Jachthafen von Hindeloopen. **€€€**

Oben: Forum (S. 214), Groningen; gegenüber: Schiermonnikoog (S. 215)

Der Nordosten

DER STILLE REIZ DES NORDOSTENS

Eine der lebendigsten Städte des Landes wird im Norden von der Waddenzee und im Süden von wunderbar einsamen Nationalparks begrenzt.

Das ländlich gelegene Groningen besitzt eine der ältesten Universitäten des Landes, der kulturelle Einfluss der Stadt reicht noch heute weit über ihre Grenzen hinaus. Ein historischer Stadtkern hat in Verbindung mit einer jungen, studentischen Einwohnerschaft eine Mischung aus wohlbewahrten Traditionen, urbaner Erneuerung und einer blühenden Kulturszene hervorgebracht.

In der Stadt liebt man Feste – am 28. August erinnert eine Feier mit Feuerwerk an die erfolglose Belagerung Groningens durch den Fürstbischof von Münster, Bernhard von Galen („Bommen Berend"), im Jahr 1672. Daneben nehmen neue Festivals viel Raum im Kalender ein.

Das scheinbar menschenleere Umland der Provinzhauptstadt ist eine Schatzkammer voller Überraschungen. Am Rand der Waddenzee liegt die idyllische Insel Schiermonnikoog mit Wäldern, Dünen und Stränden, die für Radtouren wie geschaffen sind. An der Grenze zu Deutschland im Osten liegt eine der am besten erhaltenen Festungen des Landes,Bourtange (16. Jh.).

Die ländliche Provinz Drenthe, südlich von Groningen, besitzt drei Nationalparks, unterbrochen von Weiden, mittelalterlichen Städten und alten Wäldern. Das Land war vor 100 000 Jahren von Gletschern bedeckt; am Ende der letzten Eiszeit formten Schmelzwasser die Landschaft.

Das weiträumige Gebiet ist heute ein globaler Geopark der Unesco. In der Jungsteinzeit wurden zahlreiche *hunebedden* (Hünengräber) errichtet.

DIE WICHTIGSTEN ZIELE

GRONINGEN
Lebhafte Studentenstadt.
S. 212

DRENTHE
Das Gartenland.
S. 219

Erste Orientierung

Mitten in der nördlichsten Provinz Groningen liegt ihre gleichnamige Hauptstadt. In 40 Minuten ist die Waddenzee und auch die Grenze zu Deutschland erreichbar. Die ländlich-abgeschiedene Region Drenthe lässt sich leicht bereisen; die meisten Sehenswürdigkeiten liegen nicht mehr als 45 Autominuten voneinander entfernt.

Groningen, S. 212

Die attraktive Hansestadt mit jugendlichem Herzen und kreativem Schwung ist die beste Ausgangsbasis für Entdeckungstouren in beide Provinzen.

AUTO

Ein Auto ist ideal für Fahrten in entlegene Orte und Parks der Provinz Drenthe und ins Umland von Groningen – am besten elektrobetrieben; die Infrastruktur der Ladesäulen ist in beiden Provinzen hervorragend.

ÖPNV

Groningen und Assen sind gut an das Bahnnetz angebunden, regelmäßige Busverbindungen sind auf die Abfahrtszeiten der Fähre nach Schiermonnikoog abgestimmt. Regionale Zug- und Busverbindungen sind weniger gut getaktet.

Drenthe, S. 219

Ein Gartenland mit Schafweiden, Marschland und faszinierenden Hünengräbern.

MARC VENEMA/SHUTTERSTOCK ©

SIMLINGER/SHUTTERSTOCK ©

DOT (S. 215), Groningen

Perfekte Tage

Für Groningens sollte man sich reichlich Zeit nehmen; das nächste Ziel kann Schiermonnikoog im Norden oder Drenthe im Süden sein.

Drei Tage mit Zug, Bus & Fähre

- Nach der Ankunft am Bahnhof **Groningen** (S. 212) von 1896 spaziert man durch das **historische Stadtzentrum** (S. 212). Dann gilt es die Dachterrasse des modernen **Forums** (S. 214) und die **besten Bars** (S. 214) zu besuchen.

- Am nächsten Tag bietet sich – je nach Wetterlage – ein Besuch im **Groninger Museum** (S. 214) oder eine Fahrt mit dem **Boot oder Fahrrad** (S. 215) an, anschließend eine Busfahrt nach **Lauwersoog** (S. 217) mit Fährüberfahrt zur Insel **Schiermonnikoog** (S. 217).

Eine Woche unterwegs

- Nach einigen Tagen in **Groningen** (S. 212) führt die Weiterfahrt zum Park von **Lauwersoog** (S. 217) und mit der Fähre für ein oder zwei Tage nach **Schiermonnikoog** (S. 217).

- Auf dem Festland beginnt ein Roadtrip an der Küste entlang: von der Festungsstadt **Bourtange** (S. 217) nach Drenthe, wo die **Hunebed-Route** (S. 219) verläuft.

- Eine schöner Abschluss der Reise ist das **Dwingelderveld** (S. 221), eine Heidelandschaft.

Beste Reisezeit

FRÜHLING

In Drenthe werden die Felder leuchtend grün, in Groningen werden die Terrassen geöffnet, in den Stadtgärten blühen die Blumen.

SOMMER

Groningen zeigt sich von der geschäftigsten und schönsten Seite; Radfahrer und Wanderer zieht es in die Natur nach Drenthe und Schiermonnikoog.

HERBST

Nass und windig, ist der Herbst eine gute Zeit für Entdeckungstouren ohne Menschenmassen.Zum Aufwärmen geht man in ein behagliches Café.

WINTER

Weihnachtliche Lichter und Feiern hellen dunkle Tage in der Stadt Groningen auf, in den Nationalparks von Drenthe glitzert es vom Frost.

Groningen

KNEIPEN | KULTUR | CAFÉS

UNTERWEGS VOR ORT

Einer umsichtigen Stadtplanung ist es zu verdanken, dass die Innenstadt Groningens fast vollständig autofrei ist – in 15 Gehminuten kann sie durchquert werden. Außerhalb gelegene Ziele sind mit dem Mietwagen oder Bus besser zu erreichen. Am einfachsten kommt man mit dem Zug hierher (2 Std. von Amsterdam).

QR-Code zum Buchen von Zugtickets.

TOP TIPP

Im Sommer ist die Stadt am reizvollsten: ein Picknick unter Bäumen im Nooderplantsoen oder ein entspannter Abend auf einer sonnenbeschienenen Terrasse. Ruhig ist es hier während der Sommersemesterferien.

Auf einer Karte der Niederlande wirkt Groningen weit weg von allem – aber diese lebendige, jugendliche Stadt gehört zu den modernsten Metropolen des Landes. Die fast 50 000 Studenten bringen viel kreative Energie in die lebhaften Cafés, die lässigen Bars und die blühende Kulturszene.

Die Hansestadt wurde an einer günstigen Lage – an den Hängen des Hondsrug und jahrhundertelang auch direkt am Meer – gegründet. Im späten Mittelalter war sie ein unabhängiger Stadtstaat und bedeutender Handelsplatz.

Trotz massiver Zerstörungen im Zweiten Weltkrieg blieben viele historische Gebäude bewahrt, darunter der Martinitoren, das höchste Bauwerk der Stadt. Er darf von keinem Neubau überragt werden, dennoch ist die Silhouette der Stadt in den letzten Jahren moderner geworden, neue Wahrzeichen wie das Forum sind entstanden.

Ein Spaziergang durch die Altstadt

Das historische Stadtzentrum entdecken

Ein einstündiger Spaziergang führt an historischen Sehenswürdigkeiten vorbei und ermöglicht eine erste Orientierung. Startpunkt ist der Marktplatz, **Grote Markt**, der von dem 96 m hohen mittelalterlichen **Martinitoren** und der benachbarten **Martinikerk** dominiert wird. Beide sind erstaunlich unbeschädigt aus den Zerstörungen des Zweiten Weltkriegs hervorgegangen. Westlich führt der Weg am imposanten **Stadhuis** (Rathaus) und am schmuckvollen **Goudkantoor** aus dem 17. Jh. vorbei zum **Academiegebouw**, dem Hauptgebäude der Universität, das in nächtlicher Beleuchtung besonders sehenswert wirkt.

Über den **Vismarkt**, den zweiten Marktplatz, mit geschäftigem Markttreiben (Di, Fr und Sa) geht es weiter an der klassizistischen **Korenbeurs** vorbei, die dem Kornhandel diente und heute einen Supermarkt der niederländischen Kette **Albert Heijn** beherbergt. Hinter der **Akerk**, einer mittelalterlichen Kirche, führt der Weg über die Brugstraat zur **Hoge**

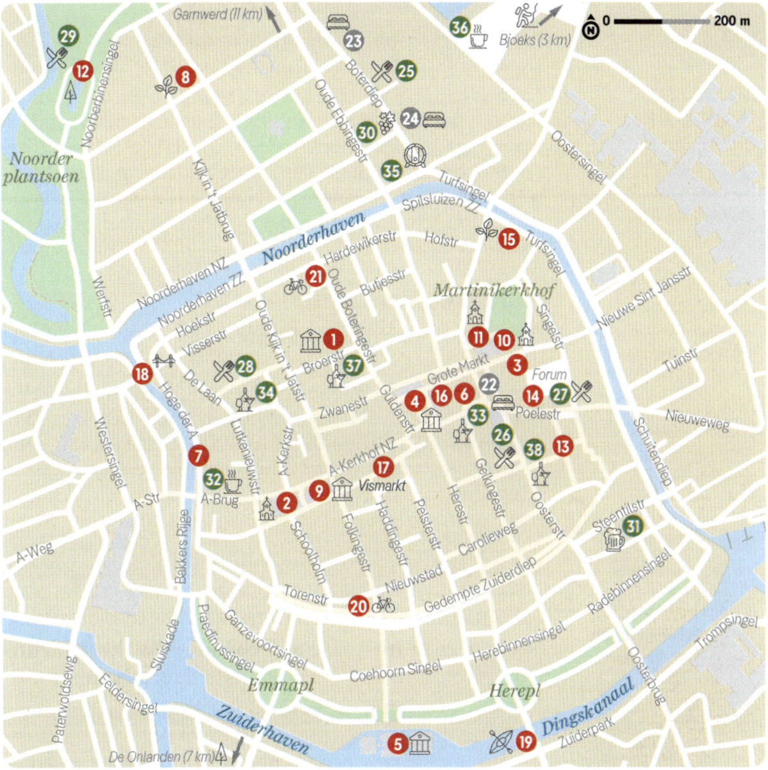

SEHENSWERTES
1 Academiegebouw
2 Akerk
3 Forum
4 Goudkantoor
5 Groninger Museum
6 Grote Markt
7 Hoge der A
8 Hortusbuurt
9 Korenbeurs
10 Martinikerk
11 Martinitoren
12 Noorderplantsoen
13 Peperstraat
14 Poelestraat
15 Prinsentuin
16 Stadhuis
17 Vismarkt
18 Visserbrug

AKTIVITÄTEN, KURSE & TOUREN
19 beDRIJFNAT
20 Fietsverhuur Groningen
21 Spaak

SCHLAFEN
22 Market Hotel
23 Simplon Hostel
24 Social Hub

ESSEN
25 Florentin
26 Gustatio
27 Het Concerthuis
28 Uurwerker
29 Zondag

AUSGEHEN & FEIERN
30 Barrel
31 Brouwerij Martinus
32 Café de Sigaar
33 De Drie Gezusters
34 De Pintelier
35 De Toeter
36 DOT
37 Mr Mofongo
38 Stockroom

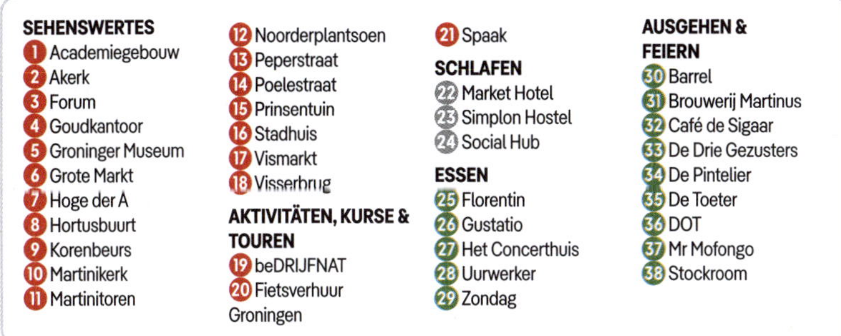

der A zu, die an einer der Grachten entlang verläuft. Das gegenüberliegende Ufer liegt deutlich tiefer – ein Überbleibsel aus jener Zeit, als der Wasserstand in der Stadt von den Gezeiten der Waddenzee abhängig war. Von der **Visserbrug** hat man einen schönen Blick auf die Silhouette der Stadt. An den Hausbooten von Noorderhaven vorüber führt der Weg zum **Noorderplantsoen**, einst Befestigungsanlagen, heute erstreckt sich hier ein beliebter Park. Die Terrasse von **Zondag** ist ideal für einen Kaffee. Weiter geht es südlich durch die **Hortusbuurt** mit hübschen Häusern und stillen Gärten, dann an den Grachten nach links zum **Prinsentuin** – eine von Mauern umgebene Gartenoase. Die Sintwalburgstraat führt zum Grote Markt.

DIE BESTEN FESTIVALS IN GRONINGEN

Noorderzon Performing Arts Festival
An zehn Tagen im August ist der Noorderplantsoen-Park eine Kunstbühne mit Sommerfest. Mit Livemusik und Foodtrucks.

Winterwelvaart
Ein zauberhafter Weihnachtsmarkt findet an einem Wochenende im Dezember statt. Es gibt Imbissstände, Glühwein und historische Schiffe, auf denen Musiker und Bands auftreten.

Eurosonic Noorderslag
Das Popmusikfestival findet im Januar statt. Tickets sind heißbegehrt, überall in der Stadt gibt es aber auch kostenlose Konzerte.

Ein freier Blick über die Stadt

Zu Besuch in einem modernen Kulturzentrum

Unmöglich zu übersehen ist der moderne 45 m hohe, sandfarbene Bau, der wie ein riesiger Keil nahe beim Grote Markt aufragt. Das **Forum** ist das Kulturzentrum der Stadt und beherbergt die Touristeninformation, eine Bibliothek, ein Kino, das Storyworld-Museum, das Restaurant Nok und eine Dachterrasse mit spektakulären Ausblicken über die Stadt und auf den nahen Martinitoren. Über Rolltreppen ist die Dachterrasse zu erreichen.

Durch die Bars bummeln

Betriebsame Bars und eine Mikrobrauerei

In einer holländischen Studentenstadt gehört ein Bummel durch die Bars am Abend einfach dazu. **Café de Sigaar** ist ein Bruin Café an der Hoge der A mit einer schönen, in Groningen seltenen Grachtenterrasse. Als Nächstes geht es ein paar Seitenstraßen weiter zum kleinen belgischen Café **De Pintelier**, in dem es 23 Biere vom Fass und eine einladende Sommerterrasse gibt. Das studentische **Uurwerker** ist für köstliche Holzofenpizzas bekannt. Whiskyfans fühlen sich bei **De Toeter** heimisch, wo es eine überwältigende Auswahl von 350 Single-Malt-Whiskys gibt. Weinliebhaber finden im gefeierten **Barrel** bei einer *kleine proeverij* (kleinen Verkostung) preiswerten Genuss. Zurück zum Bier: Die kleine **Brouwerij Martinus** liegt versteckt in einer Seitenstraße, ebenso das **Stockroom**, die beste Adresse für gut gemachte Cocktails. In der Nähe liegen die **Poelestraat** und die **Peperstraat**, wo mehrere Cafés auf Gäste warten.

Ein Kunstmuseum als Kunstwerk

Aufsehenerregende Architektur und gefeierte Ausstellungen

Der auffallende Bau des **Groninger Museum** sorgt bei Besuchern für Staunen. Die vier psychedelisch anmutenden Pavillons wurden unter der Leitung von Alessandro Mendini von jeweils anderen Architekten entworfen. Daraus erklärt sich die, wie viele meinen, fehlende Einheitlichkeit. Innen ergibt sich jedoch ein anderes Bild: Helle Pastelltöne sorgen für ein lebendiges, frisches Ambiente. In die Säle mit großartigen Dauerausstellungen fällt aus allen Richtungen natürliches Licht herein. Die wechselnden Ausstellungen sind oft große internationale Publikumserfolge (von Versace bis zu den Rolling Stones) – online kann man sich über das aktuelle Programm detailliert informieren.

ESSEN IN GRONINGEN

Het Concerthuis
Der Brunch am Sonntag in diesem Restaurant mit sonniger Terrasse ist sehr beliebt. €

Gustatio
Beliebter Italiener mit kreativen Gerichten und hausgemachter Pasta. Rechtzeitig reservieren. €€

Florentin
Orientalisch und mediterran inspirierte Tischgerichte werden in einer schicken ehemaligen Fabrik serviert. €€€

Sommerliche Unternehmungen

Auf dem Wasser, auf Rädern und auf einem Turm

Studenten und *stadjers* (Bewohner Groningens) lieben sommerliche Ausflüge ins Freie; mit dem Fahrrad ist man schnell außerhalb der Stadt in ländlicher Umgebung. Räder (oder E-Bikes) gibt es bei **Fietsverhuur Groningen** zu leihen; dann führt eine Radtour in das nahe gelegene Naturschutzgebiet **De Onlanden** oder weiter in das malerische *wierdedorp* (Hügeldorf) **Garnwerd**. Sportlicher geht es im Fietscafé **Spaak** zu, wo jeden Samstag und Sonntag Rennradtouren (Start um 9.30 Uhr) organisiert werden. Wer hoch hinaus will, findet bei **Bjoeks** einen der größten Klettertürme der Welt – Mutige können oben im Zelt übernachten. Ein sanftes Dahingleiten ermöglicht **beDRIJFNAT** im Stadtzentrum; hier kann man SUP-Boards, Kanus und E-Boote leihen, es werden auch Rundfahrten auf den Grachten angeboten. Mit etwas Proviant und einem heimischen Bier lässt sich die Zeit auf dem Wasser genießen.

Turm der Akerk (S. 210)

GROSSE BARS IN GRONINGEN

DOT
In einem großen weißen Kugelbau wurde der Dome-Kinosaal mit einem Hightech-3D-Soundsystem eingerichtet; inzwischen gibt es auch eine Gastro-Bar mit Terrasse und einen Strand – im Sommer ein beliebter Badeplatz.

Mr. Mofongo
Die Räume dieser Bar mit Restaurant sind voller Kuriositäten, z.B. Tische, auf denen Reiseerinnerungen gestapelt sind, oder ein Roboterarm, der Gin, Whisky und Rum ausschenkt.

De Drie Gezusters
Als größtes Café Europas werden diese historischen Gasthäuser auf südlicher Seite des Grote Markt beworben.

ÜBERNACHTEN IN GRONINGEN

Simplon Hostel
Ein Budget-Hostel mit einem einfachen, aber kreativen Design; freundliche Mitarbeiter. €

Social Hub
Einladendes Hotel mit komfortablen Zimmern und einer modernen Bar. Am Rand des Stadtzentrums. €€

Market Hotel
Ein Luxushotel auf der Höhe der Zeit, die Lage ist sehr zentral – das elegante Hotelcafé liegt am Grote Markt. €€€

Ziele

Rund um Groningen

Der erste Eindruck vom Norden und Osten Groningens mag der einer großen Leere sein; dabei steckt die Gegend voller Überraschungen.

Bevor Deiche errichtet wurden, um die Fluten der Waddenzee fernzuhalten, bauten frühe Bewohner des fruchtbaren Landes *wierden* (Siedlungshügel), um Gehöfte bzw. Dörfer in sicherer Höhe anzulegen. Einzelne dieser Hügel erheben sich auf dem sonst flachen Bauernland, das in die Waddenzee hineinragt. Im Nordwesten werden die Fluten der früheren Lauwerszee seit 1969 durch einen Deichbau begrenzt, wodurch das Lauwersmeer entstand, heute ein Nationalpark und Vogelparadies. In Lauwersoog legen die Fähren nach Schiermonnikoog ab – der kleinsten der Westfriesischen Inseln. In anderen Orten der Provinz sind stilvolle Herrenhäuser und eine imposante Festungsstadt aus dem 16. Jh. zu entdecken.

UNTERWEGS VOR ORT

Von Groningen fährt ein Bus nach Lauwersoog, wo die Fähre nach Schiermonnikoog ablegt. Regionalzüge verbinden die Orte miteinander; ein Mietwagen ist dennoch sehr nützlich.

National Park Lauwersmeer

AB GRONINGEN: 30 MIN. 

Paradies für Vogelkundige und Sternbeobachter

Der **Nationalpark Lauwersmeer** liegt eine halbe Autostunde von Groningen entfernt und ist eine Welt für sich. Fruchtbares Grasland, Baumbestände und mit Schilfdickicht bestandene Inseln liegen um einen großen See und bilden ein Schutzgebiet für mehr als 100 Vogelarten, die zum Brüten hierherkommen – ein Paradies für Vogelfreunde. Das Besucherzentrum Lauwersnest bietet eine kostenlose Vogelausstellung, Führungen mit Rangern und mehrere Touren an – darunter Nacht-

TOP TIPP

Für Schiermonnikoog sollte man mehrere Tage einplanen. Im Hotel Van Der Werff gibt es etwas altmodische Zimmer zu guten Preisen. Viele private Vermieter bieten Ferienhütten an (op-schiermonnikoog.nl).

wanderungen unter dem Sternenhimmel: Lauwersmeer ist der jüngste Dark-Sky-Park des Landes.

Lauwersoog

AB GRONINGEN: 45 MIN.

Festessen mit frischem Fisch

Im Hafen- und Fischerort **Lauwersoog** legt die Fähre nach Schiermonnikoog ab. Vorher lohnt sich ein Zwischenstopp zum Fischessen im 't Ailand; es wird von heimischen Fischern geführt. Auch der Fischimbiss Vishandel Sterkenburg ist empfehlenswert. Einige Beachtung wird das neue Weltnaturerbezentrum Wattenmeer finden, das 2025 mit einer Schutzstation für kranke und verletzte Seehunde eröffnet werden soll.

Schiermonnikoog

AB GRONINGEN: 2 STD.

Ein Inselrefugium

Die kleinste der Westfriesischen Inseln ist vergleichsweise unberührt. Viele holländische und deutsche Gäste besuchen Schiermonnikoog immer wieder. Schiermonnikoog ist eine autofreie Insel, deshalb müssen die Gäste ihr Fahrzeug in Lauwersoog abstellen (der Parkplatz befindet sich unweit vom Fährterminal). Auf der Insel verkehrt ein Elektrobus, aber am besten ist man mit dem Rad unterwegs (bei Soepboer Rijwielverhuur kann man welche leihen). Der Name des Insel („Insel der grauen Mönche") leitet sich von den *schiere monniken* (graue Mönche) ab, die hier in einem kleinen Kloster lebten. Es gibt ein gutes Radwegenetz, um die Insel zu erkunden. Seit 1989 existiert der 5400 ha große Nationalpark, der einen großen Teil der Insel ausmacht. Viele Gäste suchen den Strand zum Baden auf, wandern, fahren Rad oder beobachten die Vogelwelt. Das hervorragende Besucherzentrum, das 2021 eröffnet wurde, gibt Auskünfte zu Wanderungen und Führungen; es beherbergt eine kostenlose Ausstellung zur Insel.

ABENTEUER IN DER WADDENZEE

Zu den Westfriesischen Inseln gehören auch **Texel** (S. 133), **Vlieland** (S. 201), **Terschelling** (S. 202) und **Ameland** (S. 199), zur letztgenannten führt eine Wanderung mit einem Wattführer bei Ebbe. Das ist auch nach Schiermonnikoog möglich.

Von Noordpolderzijl bis zur Festung Bourtange

AB GRONINGEN: 30 MIN.

Ein Roadtrip entlang der Küste

Im Norden und Osten der Stadt Groningen erstreckt sich ein nur dünn besiedelter Landstrich. Eine Tagesfahrt führt entlang der Küste bis zur niederländisch-deutschen Grenze. Die erste Station ist **Noordpolderzijl**, ein kleiner Sielort. Im Gasthaus 't Zielhoes werden Kaffee und Gebäck serviert. Das nächste Ziel ist das von einem Wassergraben umgebene Her-

INSELHOPPING IM SOMMER

Von April bis September ist der umweltfreundliche Eilandhopper zwischen den Watteninseln unterwegs.

Zwei alte Klipper segeln zwischen den Inseln umher. Neben einer Überfahrt, kann man hier auch übernachten. Ein Koch bereitet bis zu drei köstliche Mahlzeiten am Tag vor, von der Besatzung lernt man die Arbeit an Bord (Erfahrung im Segeln ist nicht nötig). Es ist eine wunderbare Art, das Unesco-Welterbe Wattenmeer zu erleben. Bei Ebbe erlebt man des *droogvallen*: ein absichtliches Auf-Grund-Laufen, um mehrere Stunden auf dem trockengefallenen Meeresboden zu verbringen.

Die *Willem Jacob* (eilandhopper.nl) legt in Lauwersoog ab, die *Minerva* in Harlingen.

QR-Code scannen für Infos zu Fahrplänen & Tickets.

VON NORD NACH SÜD DURCHS LAND

Die berühmteste mehrtägige Wanderroute der Niederlande, Pieterpad, hat ihren Startpunkt im winzigen Pieterburen und verläuft von Groningen südwärts bis Sint-Pietersberg in Limburg. Die Wanderstrecke geht auf die Idee zweier Freundinnen zurück: Bertje aus Groningen und Toos aus Tilburg befanden, dass dem Land ein Fernwanderweg fehlte. Gemeinsam legten sie zwischen 1978 und 1983 die gesamte Wegstrecke zurück, um die ideale Route zu finden, und stellten einen Wanderführer für Freunde und Angehörige zusammen, der zu ihrer eigenen Überraschung äußerst populär wurde. Nach über 40 Jahren sind alljährlich zehntausende Wanderer auf der 500 km langen Route unterwegs.

Festung Bourtange

renhaus **Menkemaborg** (14. Jh.), das im frühen 18. Jh. barock umgebaut wurde. Von dort ist es eine 40-minütige Fahrt südöstlich nach **Punt van Reide**, wo Robben in ihrem natürlichen Habitat hinter einer Sichtwand (Mai–Sept.) zu sehen sind. Dann geht die Fahrt an die deutsche Grenze, wo am Außendeich die Vogelwarte **De Kiekkaaste** zu finden ist. Dort hat man einen weiten Blick über den **Dollart**.

An der Grenze entlang verläuft die Fahrt südlich an wogenden Getreidefeldern vorbei nach **Bad Nieuweschans**, wo sich in schönen, ehemaligen Dampflokschuppen die innovative Graanrepubliek gegründet hat. In dieser Kooperative heimischer Landwirte und Hersteller wird gebacken, gebraut und gebrannt; es gibt einen Probierraum (Fr–So). Eine halbstündige Fahrt in südlicher Richtung endet an der imposanten **Festung Bourtange**, einer sternförmigen Festungsstadt aus dem 16. Jh. mit Wehrmauern, Wassergräben und Zugbrücken.

ESSEN AUF SCHIERMONNIKOOG

Wad Anderz
Spektakuläre Sicht auf das Wattenmeer. Für die kreativen Gerichte werden heimische Zutaten verwendet. **€€**

De Marlijn
Gemütliche Strandbar mit einer großen Terrasse in den Dünen – der richtige Platz nach einem Bad im Meer. **€€**

Ambrosijn
Tagsüber gibt es hausgemachtes Eis aus frischer Inselmilch, abends ein Menü von Meisterhand. **€€€**

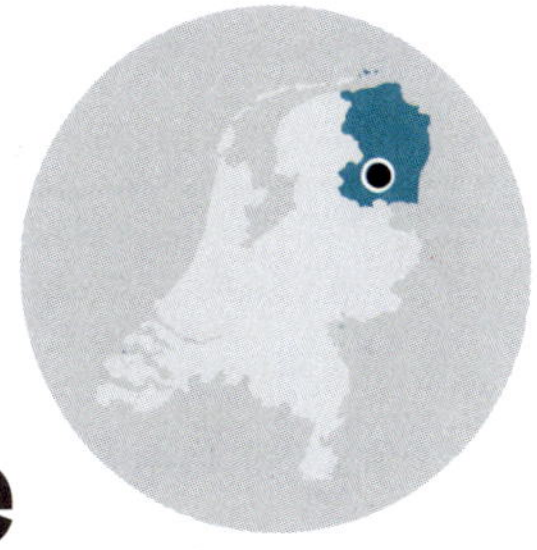

Drenthe

NATIONALPARKS | ALTE STÄDTE | GESCHICHTE

Seltener als in die nördlichen Nachbarn Friesland und Groningen zieht es Besucher in die Provinz Drenthe, ein wahrhaft verborgenes Juwel. Ohne Zugang zum Meer und ohne größere Städte, trifft auf Drenthe immer noch zu, was Vincent van Gogh 1883 einmal schrieb: „Hier herrscht Frieden."

Es gibt drei Nationalparks und gut erhaltene mittelalterliche Orte wie Orvelte. Die Wälder, die die Höfe vor Sandverwehungen schützten, haben immer noch Bestand, auf den Heideflächen weiden Schafherden.

In dieser Region ist die jüngere Geschichte überaus präsent, vor allem in der bewegenden Westerbork-Gedenkstätte, einem Durchgangslager aus dem Zweiten Weltkrieg, und in der Armenkolonie der WohltätigkeitsgesellschaftMaatschappij van Weldadigheid, wo Zehntausende im 19. Jh. angesiedelt wurden. Im hügeligen Osten sind 52 *hunebedden* zu entdecken, Dolmen aus der Jungsteinzeit.

UNTERWEGS VOR ORT

Um diese Region zu erkunden, benötigt man schon einen Mietwagen. Lediglich Assen ist leicht mit dem Zug aus Groningen und Zwolle zu erreichen, Busse sind nur unregelmäßig unterwegs. An den Nationalparks sowie den Startpunkten der Wanderwege gibt es Parkplätze. In den größeren Orten an den Grenzen der Nationalparks gibt es Fahradverleihe, z.B. in Dwingeloo, Ruinen und Appelscha. Bei der Orientierung helfen die *fietsknooppunten* (nummerierte Wegweiser).

TOP TIPP

Drenthe ist für viele Besucher der Niederlande eher unattraktiv, aber damit tut man der Provinz unrecht. Ausgedehnte Radtouren und längere Aufenthalte in der Natur ermöglichen einen schönen Aufenthalt.

Vorgeschichte an der Hunebed-Route

Ein Roadtrip zu eiszeitlichen Dolmen

Entlang der N34 weisen Schilder mit Piktogrammen zwischen grünen Feldern und Wäldern auf die Hünengräber hin, nach denen die **Hunebed-Route** benannt ist. Die 60 km lange Megalithroute verläuft durch den **Hondsrug**, einen in der Eiszeit entstandenen Höhenzug, auf dem sich 47 *hunebedden* (Hünengräber) befinden, die in der Jungsteinzeit aus riesenhaften Findlingen errichtet wurden. Auf einem Roadtrip sind die steinzeitlichen Wunderwerke zu entdecken, obwohl

SEHENSWERTES
1 Drents Museum
2 Drents-Friese Wold National Park
3 Hunebed Hwy
4 Hunebedcentrum
5 Kamp Westerbork
6 Nationaal Park Dwingelderveld
7 National Park Drentsche Aa

SCHLAFEN
8 Camping Buitenland
9 D'Olde Kamp
10 Landgoed Mariahoeve

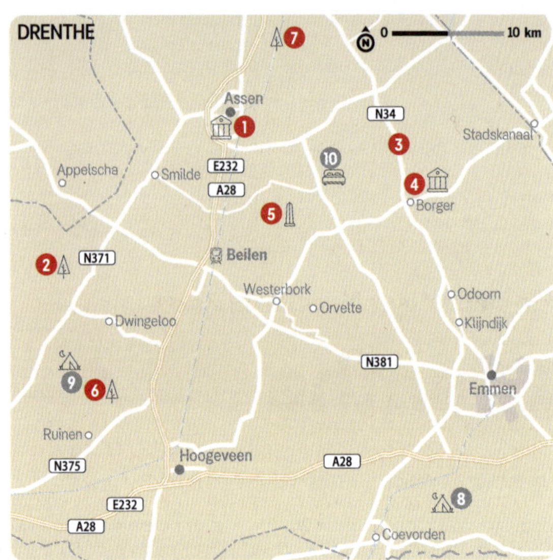

NOCH ZWEI NATIONALPARKS

Neben **Dwingelderveld** gibt es in Drenthe zwei weitere Nationalparks. Im **NP Drentsche Aa** fließt der namengebende Fluss durch eine abwechslungsreiche Landschaft aus Feldern, Heideflächen und alten Wäldern. Zeugen einer prähistorischen Besiedlung sind die *hunebedden* (Hünengräber).

Radwege führen durch malerische Dörfer; es gibt außerdem wunderbare Wanderwege.

Der **NP Drents-Friese Wold** liegt an der Grenze zwischen Drenthe und Friesland und zählt zu den größten Parks des Landes. Die dichten Wälder sind beliebt bei Wanderern und Radfahrern.

Im August wird die Heide in ein kräftiges Violett getaucht.

sie eher abseits der Route zu finden sind. Das eindrucksvolle **Hunebedcentrum** in Borger bietet eine hervorragende Einführung; es besitzt das größte *hunebed* des Landes.

Dwingelderveld: das wilde Heideland von Drenthe

Niedermoore, Wälder und Schafe

Der **Nationaal Park Dwingelderveld** ist das größte nasse Heidelandgebiet Europas. Wanderwege von rund 60 km Länge sowie mehrere wunderschöne Radwege winden sich durch neblige Torfmoore, dichten Wald und Heide (die im August purpurfarben blüht). Das mittlere Parkgebiet ist eine weite, offene Fläche, deren Stille nur vom gelegentlichen Blöken der Schafe unterbrochen wird – im Park gibt es zwei Schafställe, die Schäfer führen ihre Herden täglich ins Freie; einer liegt auf südwestlicher Seite des Dwingelderveld, wo sich auch das **Besucherzentrum** mit einem großen, grünen Dach und einem Naturspielplatz für Kinder befindet. Wander- und Radwegekarten gibt es zum Mitnehmen.

Dunkle Zeitgeschichte im Kamp Westerbork

Ein bedeutendes und bewegendes Zeitzeugnis

107 000 Juden, hunderte Sinti und Roma und zahlreiche Angehörige des Widerstands wurden aus dem NS-Durchgangslager **Kamp Westerbork** in der Zeit des Zweiten Weltkriegs deportiert. Von all jenen, die mit Zügen nach Auschwitz, Sobibor und in andere Konzentrations- und Vernichtungslager verschleppt wurden, unter ihnen auch Anne Frank, blieben nur 5000 am Leben. Wenig ist davon noch sichtbar – nach dem

Krieg dienten die Baracken 20 Jahre lang zur Unterbringung von Flüchtlingen und wurden später abgerissen. Aber es gibt einige berührende Denkmäler; verstörende Berichte vom Leben im Durchgangslager und der gefürchteten Bekanntgabe der Transportlisten sind zu erfahren – entweder über eine Audiotour in englischer Sprache oder auf einer Führung. Beides wird von einem exzellenten Museum bereitgestellt, das 2 km von der Gedenkstätte entfernt liegt und mit einem Shuttlebus (in der Eintrittskarte enthalten) oder auf einem Spaziergang durch den Wald zu erreichen ist.

Ein vielseitiges Museum in Assen

Zwischen Malerei und Moorleichen

Die kleine Provinzhauptstadt Assen ist vor allem für zwei Attraktionen bekannt: das jährliche TT-Motorradfest und das **Drents Museum**. Mehrere historische Gebäude, darunter ein ehemaliges Kloster und ein herrschaftlicher Backsteinbau, beherbergen Ausstellungen zu Archäologie und Kunst mit einem Bezug zur Provinzgeschichte. Die Sammlungen aus dem späten 19. und frühen 20. Jh., u. a. mit Gemälden von van Gogh ist herausragend. Viel beachtete Sonderausstellungen mit dem Focus auf internationale Kunst sind in einem strahlend weißen, modernen Gebäudeflügel mit einem Dachgarten zu besichtigen (Infos gibt es online).

NATUR ERLEBEN

Renate Sanders vom Besucherzentrum Dwingelderveld (natuurmonumenten.nl) beschreibt ihre liebsten Naturerlebnisse in Drenthe.

Wir haben drei bedeutende Nationalparks in einer kleinen Provinz. Es gibt ein großes Radwegenetz, aber ich persönlich gehe lieber wandern, um meine Eindrücke langsam zu genießen. Wie im **Dwingelderveld**. Beim Gehen erlebt man die Weite und die Stille viel besser.

Obwohl sie nahe beieinanderliegen, ist jeder Park einzigartig. Ich wohne in der Gegend der **Drentsche Aa** und liebe es, an den Feldern am Fluss entlangzugehen. **Drents-Friese Wold** ist vor allem in der Mitte ursprünglicher und wilder. Dies ist ein Geschenk der Natur – wir sollten sie bewahren.

ÜBERNACHTEN IN DER NATUR IN DRENTHE

Landgoed Mariahoeve
Ein großer Campingplatz im Wald mit glockenförmigen Gruppenzelten und Zirkuswagen zum Mieten. **€€**

Camping BuitenLand
Originelle Unterkünfte, z. B. ein Schulbus oder kleine Hütten, finden sich auf dem belebten Campingplatz. **€€**

D'Olde Kamp
Ein weitläufiger Campingplatz am Rand des Dwingelderveld mit Torfhütten und frei laufenden Hoftieren. **€€**

Zentrum der Niederlande

HERRLICHE NATUR, SPANNENDE KULTUR

Die Provinzen Overijssel und Gelderland im östlichen Mittelteil der Niederlande verdienen Beachtung. Immerhin glänzen sie mit historischen Städten, einer der größten Kunstsammlungen der Welt und einigen der schönsten Landschaften des Landes.

Die Schönheiten von Gelderland und Overijssel sind eine Entdeckung wert. Abseits ausgetretener Pfade hüten die beiden Provinzen historische Handelszentren, Kultur- und Naturreichtum. Mitten im bewaldeten Nationalpark De Hoge Veluwe befindet sich das Kröller-Müller Museum. Das Kunstmuseum besitzt nach Amsterdam die beste Van-Gogh-Sammlung, außerdem Gemälde großer Künstler des 20. Jhs. sowie einen charismatischen Skulpturengarten. In den Hansestädten Deventer, Zwolle und Kampen erinnern Verteidigungskanäle und prächtige Gebäude aus dem 17. Jh. an das Erbe der Hanse. Quirliges Leben bringen Studierende in das malerische Nijmegen mit seinem mittelalterlichen Zentrum. Wie die „Brücke von Arnheim" spielte Nijmegens Brücke über die Waal im Zweiten Weltkrieg eine tragische Rolle. Gedenkstätten und Museen erinnern an diesen schmerzlichen Teil der Stadtgeschichte.

Die Flüsse Waal und IJssel sowie deren Nebenflüsse durchziehen die Region. Ihre Ufer sind ideal geeignet für Radtouren, z. B. entlang der Waal östlich von Nijmegen oder des IJssel-Deltas nördlich von Kampen..

DIE WICHTIGSTEN ZIELE

GELDERLAND
Kunst und Schicksalsorte des Zweiten Weltkriegs.
S. 226

OVERIJSSEL
Historische Städte, malerische Landschaften, Flüsse und Kanäle.
S. 233

RABI MU/SHUTTERSTOCK ©

Linke Seite: Kröller-Müller Museum (S. 230); oben: Giethoorn-Kanal (S. 237)

Erste Orientierung

Die Bahnverbindungen nach Amsterdam und anderen großen Städten sind ausgezeichnet. In den ländlichen Gebieten verkehren Busse.

ZUG

Gelderland ist nur eine Stunde von Amsterdam entfernt. In Overijssel ist Zwolle ein Bahnknotenpunkt.

FAHRRAD

Die nationale Radroute LF3 (230 km) verbindet viele der größeren Städte. Mehr Infos unter: www.hollandcyclingroutes.com

Overijssel, S. 233

Die Provinz Overijssel mit ihren Hansestädten Kampen, Deventer und Zwolle erstreckt sich östlich der Ijssel.

Gelderland, S. 226

Weite Wald- und Heidelandschaften, historische Städte wie Arnheim und Nijmegen, Highlights wie der Nationalpark Hoge Veluwe mit dem Kröller-Müller Museum.

John Frostbrug (S. 228), Arnhem

Perfekte Tage

Die Entfernungen sind gering. So lässt sich innerhalb weniger Tage viel Sehenswertes erkunden und die Landschaft entspannt genießen.

Wenig Zeit

- Arnhem ist der passende Ort zum Erkunden der historischen Stätten der Operation Market Garden. Die **John Frostbrug** in Arnhem (S. 228) und das **Airborne Museum Hartenstein** (S. 232) in Oosterbeek vermitteln ein eindrucksvolles Bild von den tragischen Kriegsereignissen im Mittelteil der Niederlande.

- Nur wenige Kilometer von Arnhem entfernt liegt der **Nationalpark De Hoge Veluwe** (S. 229). Mitten in diesem bewaldeten Park verbirgt sich eines der besten Kunstmuseen der Welt.

Ein paar Tage Zeit

- Ein schöner Ausgangspunkt für Erkundungstouren durch die ländliche Gegend sind die malerische Hansestadt **Deventer** (S. 233) oder die Provinzhauptstadt **Zwolle** (S. 234).

- Ein Ausflug Richtung Norden führt zum **Naturpark Weerribben-Wieden** (S. 237). Seine Landschaft wurde im Lauf der Zeit vom Torfabbau geformt.

- Highlight: Bootstour im Kleinvenedig des Nordens – in **Giethoorn** (S 237).

Beste Reisezeit

FRÜHLING
Frühlingsblumen schmücken die Landschaften der Region. In der Regel beginnt im April die Kanu- und Kajaksaison.

SOMMER
Die Felder sind grün, das Wasser warm, die Nächte lang. Tausende Wanderer nehmen im Juli am Vierdaagse (Viertage-Distanzmarsch Nimwegen) teil.

HERBST
Der Kanu- und Kajakverleih erfolgt meist bis September. Die Nationalparks faszinieren mit ihren herrlichen Herbstfarben. Die Unterkünfte sind preiswert.

WINTER
Der Winter ist *gezellig* (gemütlich), z. B. mit Schlittschuhlaufen auf Kanälen. In Arnhem findet ein hübscher Weihnachtsmarkt statt.

Gelderland

UNIVERSITÄTSSTADT | WÄLDER | MUSEEN

Violette und ginstergelbe Heidelandschaften, uralte Wälder, wogende Weizenfelder und mäandernde Deiche kennzeichnen Gelderland. Es ist die größte Provinz der Niederlande. Im Zweiten Weltkrieg wurde ihre damals besetzte Hauptstadt Arnhem während der katastrophalen Operation Market Garden schwer bombardiert. Heute ist Arnhem eine lebendige Universitätsstadt mit einem schön wiederaufgebauten Stadtzentrum.

Die schönsten Attraktionen der Region finden sich nördlich von Arnhem, z. B. das herrliche Openluchtmuseum (Freilichtmuseum). Highlight ist der Nationalpark De Hoge Veluwe mit seinen weiten Wäldern, Wander- und Radwegen. Mitten im Park versteckt sich das großartige Kröller-Müller Museum und sein Skulpturengarten. Im Süden der Provinz, nahe der deutschen Grenze, liegt an der Waal die Großstadt Nijmegen mit ihren Studierenden und Festen voller kreativer Energie.

UNTERWEGS VOR ORT

Die Bahnverbindungen zwischen den Provinzen Gelderland und Overijssel und Amsterdam sowie dem Rest des Landes sind hervorragend (z. B. Fahrtzeit Amsterdam–Arnhem 60 Min.). Zwolle (Overijssel) ist ein Eisenbahnknotenpunkt und die Umsteigestation für Züge Richtung Norden. Busse verbinden kleine Städte und Dörfer. Zwischen Marken und Volendam finden Schiffstouren statt.

Einen Fahrradverleih gibt es an vielen Bahnhöfen und fast in jeder Stadt.

TOP-TIPP

Kostenloser Verleih von tradionellen Fahrrädern gleich hinter dem Eingang zum Nationalpark De Hoge Veluwe. E-Bikes verleiht die Fahrradwerkstatt Geerts Tweewielers im nahe gelegenen Dorf Otterlo.

Fröhliche Tage in Nijmegen

Die älteste Stadt der Niederlande

Nijmegen hat römische Wurzeln und ein gut erhaltenes mittelalterliches Stadtzentrum. Die Stadt sprüht vor Energie, wozu die Studierenden ihrer Universität sicher einiges beitragen. Ob Straßencafés, ein tolles Flussufer, historische Bauwerke, die Stadt steckt voller Lebenslust und Erkundungspotenzial.

Ein guter Startpunkt ist der **Grote Markt**, auf dem samstags und montags ein Markt unter freiem Himmel stattfindet. Das verschnörkelte Gebäude im niederländischen Renaissancestil heißt **De Waagh** (1612). Darin befand sich einst die Stadtwaage, auf der Kaufleute ihre Handelswaren vor dem Verkauf wiegen lassen mussten. Heute ist es ein Café. Der gotische **Kerkboog** (Kirchenbogen; 1542) verbindet den Marktplatz mit der **Sint Stevenskerk** (erbaut im 13. und 14. Jh.). Früher sicherte ein Viehgitter den Durchgang, damit die Schweine vom Marktplatz nicht in den Kirchhof gelangten.

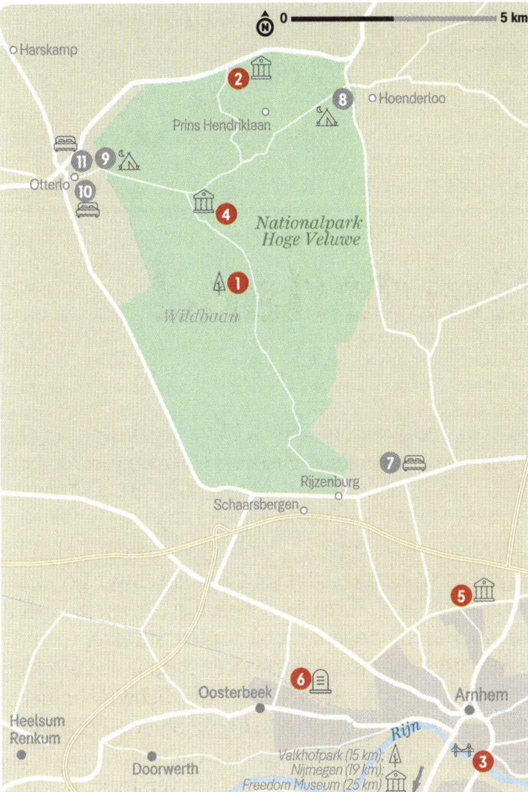

SEHENSWERTES
1 Nationalpark De Hoge Veluwe
2 Jachthuis Sint Hubertus
3 John Frostbrug
4 Kröller-Müller Museum
5 Nederlands Openluchtmuseum
6 Soldatenfriedhof in Oosterbeek

SCHLAFEN
7 Buitenplaats Petersburg
8 Campingplatz im De Hoge Veluwe
9 De Houtkamp
10 De Wever Lodge
11 Hotel de Sterrenberg

Die im Zweiten Weltkrieg schwer beschädigte Kirche wurde vollständig restauriert. Ein Aufstieg über die 183 Stufen des Kirchturms wird mit einem herrlichen Stadtpanorama belohnt.

Östlich vom Grote Markt prangt das wunderschöne, aufwendig restaurierte **Stadhuis** (Rathaus) aus dem 16. Jh. Kunstvolle Holzschnitzereien zieren seinen Eingang. Das achteckige Türmchen mit Zwiebelkuppel stammt aus den 1950er-Jahren.

Am Flussufer beeindruckt das **Nationaal Fietsmuseum Velorama** mit seiner großen Fahrradsammlung. Sie reicht von hölzernen Zweirädern aus dem 19. Jh. über handbetriebene Fahrräder bis hin zu einem ganzen Raum voller Hochräder.

Eines der zahlreichen Kunstfestivals in Nijmegen einzuplanen, lohnt sich immer. Die größten Events sind das **Vierdaagse** (Wanderfestival) und das Musikfestival **Zomerfeesten**.

VRIJHEIDSMUSEUM, GROESBEEK

Das neue ***Vrijheidsmuseum*** (Freiheitsmuseum) liegt nahe der deutschen Grenze (von Arnhem 30, Nijmegen 20 Zugminuten). Das Bauwerk ähnelt einem Fallschirm.

Interaktive Displays vermitteln persönliche Erfahrungen von Zivilisten und Soldaten in der Zeit der Besatzung und Befreiung. Diese lebendige Darstellung stellt die Frage in den Raum: Wie hätte ich damals gehandelt? Beeindruckend sind auch die Wechselausstellungen.

ÜBERNACHTEN IN NIJMEGEN

Boutique Hotel Straelman
Schicke Zimmer in einem Stadthaus aus dem 19. Jh. Ausgezeichnetes Frühstück mit hausgemachten Zutaten. **€€**

Hotel Credible
Witzige Zimmer mit gemalten Blättern und poppigen Sprüchen an den Wänden. Liegt gegenüber vom Valkhofpark. **€**

Manna Nijmegen
Piekfeine, teils ziemlich große Zimmer, einige mit frei stehender Badewanne. **€€**

VALKHOFPARK: RÖMER & KARL DER GROSSE

Der **Valkhofpark** in Nijmegen hütet die Überreste einer Pfalz (Königssitz). Den Bau hat Karl der Große im 8. Jh. begonnen. Fortgesetzt hat ihn erst Kaiser Friedrich Barbarossa ab 1155. Die Pfalz wurde 1796 zerstört. Zu sehen sind heute nur noch die 16-seitige **Sint Nicolaaskapel** (ein seltenes Beispiel byzantinischer Architektur in den Niederlanden) und die Ruine der **Sint Maartenskapel**. Im gegenüberliegenden Museum zeigt ein Gemälde von Jan van Goyen die ursprüngliche Pfalz.

Das moderne Glasgebäude neben dem Park hat der Architekt Ben van Berkel entworfen. In dem Bauwerk befindet sich das **Museum het Valkhof** mit Artefakten aus Nijmegens Römerzeit. Wegen Restaurierungsarbeiten ist es bis 2025 geschlossen. Bis dahin werden am Keizer Karelplein (Hausnr. 33) Wechselausstellungen zur antiken Geschichte und Archäologie der Stadt gezeigt.

Arnhem und seine Schicksalsbrücke

Operation Market Garden

Markante Orte erinnern an das Schicksal der Stadt während des Zweiten Weltkriegs, der **Arnhem** in Trümmern hinterließ. Heute ist es eine wohlhabende Stadt mit schönen Museen, Parks und Stadthäusern. Von der im Lauf der Zeit zerstörten mittelalterlichen Stadtmauer ist nur noch ein Stadttor, das Sabelspoort, das von 1357 stammt, erhalten geblieben.

Im September 1944 fand an den Ufern des Nederrijn die Schlacht um Arnhem statt (1977 verfilmt als das Kriegsdrama „Die Brücke von Arnheim“). Die 1948 wiederaufgebaute Rijnbrug (Rheinbrücke) wurde 1978 nach dem britischen Generalmajor **John Frost** (1912–1993) benannt. Er befehligte die britischen Truppen, die in der Schlacht um Arnhem die Brücke verteidigten. Nahe der Brücke befindet sich das **Airborne at the Bridge**. In dem kleinen Museum erzählen persönliche Dokumente und Interviews die Geschichte der Schlacht aus der Sicht niederländischer, britischer und deutscher Soldaten. Am Ufer westlich der Brücke bilden breite Granitstufen einen guten Aussichtspunkt und beliebten Treffpunkt.

Die Attraktion der **Eusebiuskerk** ist der Panoramaaufzug. Er fährt bis zur Turmspitze mit verglasten Balkonen auf 73 m Höhe. Dort fasziniert der Ausblick auf die Stadt und die Sicht auf Europas größtes Glockenspiel (54 Glocken). Die Kirche (Bauzeit 1452–1570) wurde nach den schweren Bombardements in der Arnhem-Schlacht sorgfältig restauriert. In der Krypta ruhen die Skelette dreier Neffen von Wilhelm von Oranien.

Die Stadt verfügt über eine florierende Bekleidungsindustrie, die aus dem Mode- und Designinstitut **ArtEZ** hervorgegangen ist. Im Juni findet hier jedes Jahr die maßgebliche Modeausstellung des Landes statt.

Lebendige Geschichte im Freilichtmuseum

Nederlands Openluchtmuseum

Im wohl besten Freilichtmuseum der Niederlande gibt es viel zu erleben, z. B. Innenräume von Häusern verschiedener Epochen erkunden, in einer Windmühle die Treppen bis zur Spitze hinaufsteigen und in einer Papiermühle zuschauen, wie Papier hergestellt wird. Eine Dampfbahn kutschiert Groß und Klein durch das 44 ha große, bewaldete Gelände.

Freiwillige in historischen Kostümen bewohnen einige der Gebäude. Gerne erklären sie, wie die von ihnen dargestellten Menschen in ihrer Zeit lebten. Zudem demonstrieren sie traditionelle Tätigkeiten, z. B. Flachsspinnen, Weben, Mehlmahlen, Schmieden, Bierbrauen und Kochen in Bauernküchen.

ÜBERNACHTEN IN IN ARNHEM

Hotel Modez
Boutiquehotel mit 20 Zimmern, jedes individuell und wunderschön von Modedesignern gestaltet. €€

StayOkay
Hostel auf einem bewaldeten Hügel, 2 km nördlich der Stadt, liegt nahe am Nationalpark De Hoge Veluwe. €

Foodhall Arnhem
Stände mit Essen unterschiedlichster Küchen, z. B. indisch, chinesisch und thailändisch, befindet sich am Flussufer. €

STÄTTEN DES ZWEITEN WELTKRIEGS

Informativ und sehenswert: in Arnhem die **John Frostbrug** mit dem kleinen Museum Airborne at the Bridge sowie in Oosterbeek das **Airborne Museum Hartenstein** (S. 232) und der **War Cemetery** (Kriegsgräberstätte, S. 232).

Alle Gebäude sind Originale. In Einzelteilen wurden sie herbeigeschafft, wieder aufgebaut und zeitgemäß eingerichtet. Darunter sind z. B. Arbeiterhütten aus dem 16. Jh., Plattenbauten des 20. Jhs., alte Wohnmobile und ein altes Eisenbahndepot. Klassische Straßenbahnen mit poliertem Holzinterieur fahren auf einem weiten Rundweg mit mehreren Hop-on-/Hop-off-Stationen. Vor Ort ist ein großer, kostenpflichtiger Parkplatz. Vom Bahnhof Arnhem Centraal fahren die Busse Nr. 3 und Nr. 8 (15–20 Min. Fahrt plus 5–10 Min. Fußweg) zum Freilichtmuseum.

Unterwegs im Nationalpark De Hoge Veluwe

Dünen, Wald und Heide

Bei einer Fahrradtour durch Kiefernwälder und Dünenlandschaft lässt sich die Weite und Schönheit des 55 km² großen Nationalparks **De Hoge Veluwe** genießen. Der Kaufmann Anton Kröller und seine Ehefrau Helene Kröller-Müller kauften dieses Gebiet 1909 als Jagdrevier. Am nördlichen Rand errichteten sie an einem künstlich angelegten See ein extravagantes Jugendstilbauwerk: ihr **Jachthuis Sint Hubert** (S. 231, Jagdhaus St. Hubertus).

Rothirsch, Nationalpark De Hoge Veluwe

ARNHEM – INSIDERTIPPS

Jari Holmes Holmes ist Student und lebt in Arnhem. Seine Tipps quer durch die Stadt.

Sehenswert im Zusammenhang mit dem Zweiten Weltkrieg ist die **John Frostbrug**. Besonders berührend ist der **Arnhem Oosterbeek War Cemetery**, eine Kriegsgräberstätte, die den Gefallenen des Krieges gedenkt.

Der **Park Sonsbeek** ist ein entspannender Ort mit malerischen Ausblicken und ein paar guten Restaurants, wie **Brasserie de Borderij** und **De Palatijn**.

Die **Eusebiuskerk** verfügt über einen gläsernen Aufzug, der während der Fahrt tolle Ausblicke über die Stadt gewährt.

Het Arnhemsje Bakkertje ist ein Backshop im Zentrum.

De Watermolen ist ein Restaurant in einer historischen holländischen Wassermühle. Serviert wird köstliche französische Küche.

Unzählige Radwege und 42 km Wanderwege durchziehen den Park. Zwei Wege sind mit *paddenstoelen* (Pilzsymbole) markiert. An gekennzeichneten Aussichtspunkten lassen sich die Wildschwein- und Rotwildpopulationen gut beobachten.

Helene, passionierte Kunstsammlerin mit Gespür für Talente, begann 1908 Werke von Vincent Van Gogh zu kaufen. Ihre Sammlung bildete die Grundlage für das hervorragende **Kröller-Müller Museum** im Zentrum des Parks.

An den Ticketschaltern der drei Eingänge – Schaarsbergen (Süd), Hoenderloo (Osten) und Otterlo (West) – sind Basisinformationen und hilfreiche Karten (2,50 €) erhältlich.

Im Besucherzentrum (mit Restaurant) im Herzen des Parks informieren interaktive Displays über die Flora, Fauna, Landschaftsstruktur und die Bodenbeschaffenheit des Nationalparks. Angeboten werden auch geführte Wanderungen.

LEIDENSCHAFT FÜR KUNST

Helene Kröller-Müller (1869–1939) stammte aus einer deutschen Industriellenfamilie. Ab 1905 besuchte sie in Den Haag die Kunstkurse des Malers und Kunstpädagogen Henk (HP) Bremmer. Mit seiner Unterstützung begann sie Kunstwerke zu sammeln. 1907 engagierte sie ihn als persönlichen Berater. Ihr erstes Van-Gogh-Gemälde, *Am Waldrand*, kaufte sie 1908. In den folgenden 20 Jahren erwarb sie 91 Gemälde und mehr als 180 Zeichnungen des Malers. Zu seinen Lebzeiten tauschte Van Gogh häufig Gemälde gegen Unterkunft und Farbe ein. Anerkennung für seine Kunst erhielt er erst kurz vor seinem Tod (1890).

Meisterwerke inmitten eines Waldes

Die wunderschöne Kröller-Müller-Sammlung

Das **Kröller-Müller Museum** besitzt rund 90 Gemälde und 180 Zeichnungen von Vincent Van Gogh. Größer ist nur die Van-Gogh-Sammlung (und Besuchermasse) im Van-Gogh-Museum in Amsterdam. Dafür bietet das Kröller-Müller Museum

ESSEN IM DE HOGE VELUWE

De Wever Lodge Bistro
Bistro mit hübsch bepflanzter Terrasse, befindet sich in einem kleinen Hotel, serviert Bistrogerichte. €€

Cèpes
Terrasse mit Sonnenschirmen und Blick auf Blumengärten und Felder, serviert kreativ zubereitete Biokost. €€€

Ijs van Co
Eisdiele, die seit 1938 in Hoenderloo besteht, 10 Fußminuten vom Parkeingang entfernt. €

mehr Ruhe und Muße, sich mit Van Gogh zu beschäftigen. Spannend ist insbesondere seine Entwicklung von seinen eher spröden Frühwerken bis zu den leuchtenden, expressionistischen Farben seiner späteren Meisterwerke. Die Sammlung umfasst z. B. *Weber am Webstuhl* (1884), *Die Kartoffelesser* (1885) und *Caféterrassen am Abend* (1888, in Südfrankreich, gemalt) sowie einige hervorragende Porträts. Zu den weiteren wundervollen Schätzen des Museums zählen Werke von Impressionisten wie Renoir, Sisley, Monet und Manet sowie von exzentrischen modernen Meistern wie Picasso und Mondrian.

Spektakulär ist auch der Skulpturengarten des Museums. Etwa 160 Werke, z. B. von Barbara Hepworth und Henry Moore, sind zu bestaunen. Verteilt sind sie auf einem 25 ha großen Gelände mit Rasen, gepflegten Blumenbeeten und schattigen Wegen. Spannend und zum Nachdenken anregend ist der *Jardin d'émail* von Jean Dubuffet. Über eine Innentreppe gelangt man auf das monumentale Kunstwerk und darf dort herumgehen. Von November bis April und am letzten Montag des Monats ist der „Emaillegarten" geschlossen. Hinweis: Keines der anderen Kunstwerke darf berührt werden!

Erreichbar ist das Museum zu Fuß, mit dem Fahrrad und Auto (Entfernung vom Eingang: Otterlo 3 km, Hoenderloo 4 km, Schaarsbergen 10 km). Es gibt ein Café mit Garten.

VCG WILSON/CORBIS VIA GETTY IMAGES ©

Die Kartoffelesser **(Studie), Vincent van Gogh, Kröller-Müller Museum**

JACHTHUIS SINT HUBERTUS

Die Führungen im Jagdhaus des Ehepaars Kröller-Müller finden auf Niederländisch statt. Mehrsprachige Audioguides sind aber vorhanden.

Der Entwurf für das extravagante Jugendstilgebäude stammt vom niederländischen Architekten Hendrik Petrus Berlage (1856–1934). Großen Wert legte er auf den Zusammenklang aller Elemente. Ob Bodenfliesen oder die Buntglasfenster des V-förmigen Herrenhauses, bis hin zum Besteck plante er akribisch jedes Detail. Vorbild für die Raumaufteilung, z. B. separate Räume für Familienmitglieder, Billardzimmer, Raucher- und Damensalon, war das klassische englische Landgut. Die Bauzeit dauerte von 1915 bis 1920. Ein hoher Turm wurde auf Wunsch des Ehepaars hinzugefügt, um den Blick auf den See und den Park aus der Vogelperspektive zu ermöglichen.

Als Helene Kröller-Müller ihm ständig in seinen Entwurf und die Ausführung reinredete, verließ Berlage wütend das Projekt.

ÜBERNACHTEN IN DE HOGE VELUWE

Buitenplaats Petersburg
Zimmer in schickem skandischen Design, liegt im Wald nahe dem südöstlichen Winkel des Parks. **€€**

Hotel de Sterrenberg
Hotel (nur für Erwachsene) mit Pool und gutem Restaurant, ca. 500 m vom Parkeingang Otterlo entfernt. **€€€**

De Wever Lodge
Historisches Hotel in einer Lodge aus dem frühen 20. Jh., sehr schöne Lage. **€€**

SOLDATENFRIEDHOF OOSTERBEEK

Der Friedhof liegt 500 m östlich des Bahnhofs von Oosterbeek. Hier stehen 1691 weiße Grabsteine von alliierten, größtenteils britischen Soldaten, die während der Operation Market Garden ums Leben kamen.

Am 17. September 1944 begann westlich von Arnhem die Mission der 1. Luftlandedivision. Von Anfang an traten große Probleme auf: unerwartet starker Widerstand deutscher Streitkräfte, schlechtes Wetter, Versorgungsmängel und fehlende Verstärkung. Die Folge waren schwere Verluste. Die alliierten Truppen wurden nach Oosterbeek abgedrängt. Nach heftigen Kämpfen mussten sie am 25. September den Rückzug antreten.

Auf dem Friedhof ruhen überwiegend britische Soldaten, die bei den Gefechten im September gefallen sind, sowie viele andere Kriegsopfer aus der Umgebung. Friedhof ist in Oosterbeek ausgeschildert..

MAURICE SAVAGE/ALAMY STOCK PHOTO ©

Airborne Museum Hartenstein

Oosterbeek – ein historischer Ort

Ein Museum zum Gedenken an den Zweiten Weltkrieg

Oosterbeek ist eine Gemeinde 5 km westlich von Arnhem. Ihre Parks und Villen repräsentieren das bürgerliche Flair, das auf das 19. Jh. zurückgeht. Während der Operation Market Garden im September 1944 war auch Oosterbeek Schauplatz schwerer Gefechte. Diesen Ereignissen und ihren Hintergründen widmet sich das **Airborne Museum Hartenstein**.

Das hervorragende Museum befindet sich in einem Herrenhaus aus dem 19. Jh. Während der Operation Market Garden diente es den britischen Streitkräften als Hauptquartier. Ein unterirdischer Bunker unter der Caféterrasse ist der Schauplatz der Airborne Experience: Hier werden Szenen aus der Schlacht um Arnhem (17.–26. Sept. 1944) so simuliert, als sei man selbst live dabei. Dafür kommen Aufnahmen aus dem britischen Kriegsfilm *Theirs is the Glory* (1946) zum Einsatz.

Der Film wurde ein Jahr nach der Schlacht in den Kriegsruinen von Oosterbeek und Arnhem gedreht. Er zeigt u. a. Veteranen der Schlacht und ihr bedrückendes Leid.

Der Museumsshop verkauft Karten und Bücher zu den Ereignissen, z. B. das Buch von Antony Beevor, *Arnheim: Die Kampf um Brücken über den Rhein 1944* (2019). Erhältlich sind aber auch Karten für Radtouren in die Umgebung. Im Erdgeschoss finden in eleganten Räumen mit hohen, gewölbten Decken informative Wechselausstellungen statt.

ÜBERNACHTEN IN DE HOGE VELUWE

De Houtkamp
B&B mit Trampolin, frei laufenden Hühnern, Pfauen und Ziegen sowie Weiden mit Milchkühen. €

Landgoed Groot Warnsborn
Hübsches Schlosshotel, nahe am Park, umgeben von grünen Parkanlagen mit gepflegtem Rasen. €€

Veluwe camping 't Schinkel
Nahe am Eingang Hoenderloo, große Stellplätze und Schwimmbad mit Rutsche, kinderfreundlich. €

Overijssel

HANSESTÄDTE | FEUCHTGEBIETE | RUDERBOOTE

Die majestätische IJssel, ein Nebenfluss des Rheins, schlängelt sich entlang der Westgrenze der Provinz Overijssel (wortwörtlich „Über die IJssel"). Die Landschaft der Region ist flach wie Pfannkuchen. Nur nahe der deutschen Grenze überrascht sie mit Hügeln.

Zur Attraktivität der Provinz tragen ihre drei großartigen Hansestädte bei: Zwolle, Deventer und Kampen sind hübsche Orte mit monumentalem Waaghaus und prächtigen Giebelbauten aus dem 16. und 17. Jh. Herrlich sind auch die Sumpflandschaften des Nationalparks Weerribben-Wieden und die ländlichen Weiten von Twente. Ein Highlight ist das Dorf Giethoorn, das „Das Venedig des Nordens", wo altmodische Ruderboote zu beschaulichen Touren einladen.

UNTERWEGS VOR ORT

In Overijssel ist das kleine Zwolle ein wichtiger Knotenpunkt für den Zugverkehr Richtung Norden. Deventer hat auch einen Fernbahnhof. Für Giethoorn ist Steenwijk der nächstgelegene Bahnhof. Von hier fährt ein Bus (15 Min.). Busse verbinden provinzweit kleine Städte und Dörfer. In allen größeren Städten gibt es einen Fahrradverleih, inkl. passender Apps.

Geisterjagd in Deventer

Reizvolle Hansestadt an der IJssel

Deventer ist eine bezaubernde Stadt. Ihre pastellfarbenen Gebäude wirken mit ihren Zinnen wie Lebkuchenhäuser. Angeblich könnte es sogar bei nächtlichen Streifzügen durch die verwinkelten Altstadtstraßen zu einer Begegnung mit hanseatischen Geistern kommen. Der Grusel beschränkt sich eher auf seltsame Details an den alten Fassaden, inkl. Fehlanzeige. Der gruselige Riss in der Mauer z. B. entpuppt sich als winziger Durchgang zur IJssel.

An dem großen, lang gestreckten Stadtplatz, dem **Brink**, steht **De Waag**, eines der ältesten und prächtigsten Waaghäuser des Landes. Heute ist es das Stadtmuseum. An der

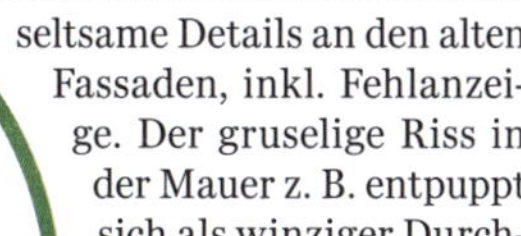

HANSEATISCHE PRACHT

Weitere Architekturbeispiele aus der Hansezeit sind in **Zwolle** und **Kampen** (S. 234) zu finden. Die Hanse, eine Liga von Handelspartnern, führte ab dem 12. Jh. zu einer Periode beispiellosen Wohlstands.

TOPP-TIP

Eine Unterkunft in einer der Hansestädte als Ausgangspunkt ist praktisch für entspannte Abstecher in andere Hansestädte. In Twente ermöglicht Campen, die schöne Landschaft hautnah zu genießen.

DEVENTER – STRASSEN MIT GESCHICHTE

Polstraat
Gebäude mit jahrhundertealten Ornamenten an Fassaden und Fenstern.

Walsstraat
Im Zentrum des Bergkwartier. Das Haus Nr. 20 war früher ein Frauengefängnis. Daran erinnert eine Frauenfigur, die sich an einem Laken an der Hauswand abseilt. Zudem zeigen Wandmalereien Szenen aus Romanen von Charles Dickens.

Bergstraat
Ist von hanseatischen Häusern gesäumt. Die Hausnr. 29 ist ein sehr schönes Gebäude im gotischen Stil.

Kleine Poot
In der kleinen Gasse steht das älteste Haus der Stadt. Es stammt aus dem 11. Jh.

Roggestraat
Die Straße war ab dem 18. Jh. ein Zentrum der jüdischen Gemeinde in Deventer. In der ehemaligen Synagoge befindet sich heute das Etty Hillesum Centrum. Es ist der namensgebenden, außergewöhnlichen Tagebuchschreiberin gewidmet, die 1943 im KZ Auschwitz starb.

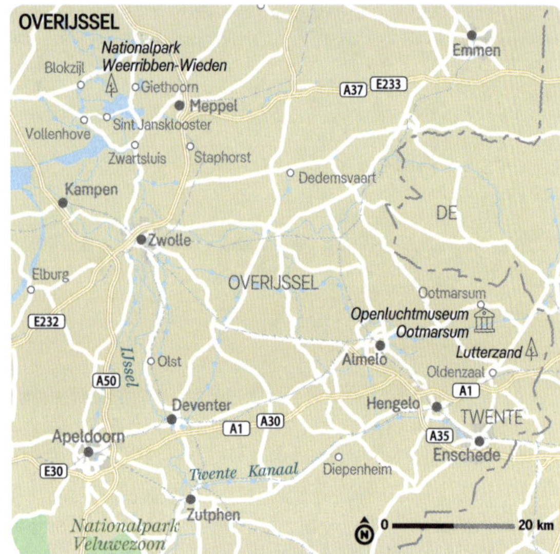

Fassade hängt ein Kessel, in den im 15. Jh. Falschmünzer in heißes Öl getaucht wurden. Östlich vom Brink erstreckt das **Bergkwartier**, ein malerisches Viertel mit wunderschönen, restaurierten Gebäuden aus der Hanse-Ära. Die Grote of Lebuïnuskerk hat der angelsächsische St. Lebuinus 768 gegründet. Der heutige gotische Bau stammt aus dem späten 15. Jh. Die 1580 von Calvinisten übertünchte Wandmalerei mit Szenen aus dem Jüngsten Gericht wurde restauriert. Der Ausblick vom Kirchturm auf die Stadt und die IJssel lohnt sich.

Deventer war bereits um 800 n. Chr. ein geschäftiger Handelshafen. Im 15. Jh. bildete die Stadt ein wichtiges Zentrum des Druckhandwerks. Bis heute gilt sie als die „Stadt der Bücher". Im **Havenkwartier** mit seiner Fülle an Bars, Geschäften und Restaurants sind junge Kreative aller Couleur im Vormarsch.

Streifzug durch Kampen

Gut erhaltene hanseatische Architektur

Kampen liegt 15 km westlich von Zwolle an der IJssel. Der Dammbau an der Zuiderzee (heute Teil des IJsselmeers) begrenzte die Ausdehnung der Stadt. Vermutlich blieb auch dadurch der historische Stadtkern bemerkenswert gut erhalten.

GUT SCHLAFEN & ESSEN IN DEVENTER

Finch Hotel
In einem historischen Gebäude im Stadtzentrum, viel Kunst an den Wänden und Gags wie Plattenspieler im Zimmer. €€

Bouwkunde
Stilvolles Restaurant im Erdgeschoss eines Theaters, Bistrogerichte im Stil der französischen Küche. €€

Brood van Joop
Sandwiches aus *Ambachtelijk brood* (traditionell gebackenes Brot), Verzehr im Café oder auf Bänken im Freien. €

Von den ursprünglichen sieben Stadttoren, sind nur noch drei erhalten. Das massive **Koornmarktpoort** stammt aus dem 14. Jh., die Türme wurden im 15. Jh. hinzugefügt. Das **Broederpoort** mit vier schlanken Türmen und das **Cellebroederpoort** sind im Westen der Stadt zu finden. Beide wurden 1465 erbaut und um 1615 im Renaissancestil umgebaut.

Die **Kamper Kogge** ist der voll funktionsfähige Nachbau eines mittelalterlichen Frachtschiffs. Dieser Schiffstyp diente in den glorreichen Tagen der Hanse zum Transport u. a. von Salz, Holz, Getreide, Hering, Wein und Bernstein. Beim Nachbau zum Einsatz kamen Eichenholz aus Dänemark, Frankreich und den Niederlanden sowie sage und schreibe 10 000 handgeschmiedete Nägel. Der 22,4 m hohe Mast besteht aus dem Stamm einer Douglasfichte. Führungen finden an dem Liegeplatz der Kogge, der Koggewerft, an der IJssel statt. Auf dem Gelände zu erkunden sind auch ein mittelalterliches Fischerhaus, eine Schreinerei und eine Schmiede.

Von jedem Ort der Stadt sichtbar ist der **Nieuwe Toren**, ein Glockenspielturm aus dem 17. Jh. Hoch aufragend steht er an der Oudestraat. Sein Glockenspiel (1659–1662) bestand ursprünglich aus 30 Glocken, später wurden 18 Glocken hinzufügt. Der Carillonneur (Glockenspieler) der Stadt gibt regelmäßig Glockenspielkonzerte. Während des Sommerfestes baumelt eine Kuhattrappe am Turm. Sie erinnert an den legendären Bauer, der seine Kuh an einem Strick am Turm hochzog, um sie auf dem Plateau an der Turmspitze grasen zu lassen.

Das kleine **Stedelijk-Museum** im Rathaus zeigt informative Ausstellungen. Eine thematisiert das Verhältnis der Stadt zum Wasser. Eine andere zeigt Werke des Landschaftsmalers Hendrick Avercamp (1585–1634). Weithin bekannt sind seine Winterszenen mit schlittschuhlaufenden Menschen. Avercamp kam taub zur Welt und lernte niemals sprechen. Darauf geht sein Beiname „de Stomme van Kampen“ (der Stumme von Kampen) zurück.

Eines der markantesten Wahrzeichen der Stadt ist die moderne Brücke mit Hubtürmen und goldenen Zahnrädern. Von einer Fußgängerplattform lässt sich aus nächster Nähe der mittlere Teil der Brücke beobachten, wo eine Hubbrücke großen Schiffen und Booten die Durchfahrt ermöglicht.

EIN TAG IN ZWOLLE

Zwolle, die Hauptstadt von Overijssel, ist ein schöner Ort. Wie Zacken eines Sterns umgibt ein Kanal ihr mittelalterliches Zentrum.

Von ihrer großen Geschichte als Handelshafen der Hanse zeugen heute noch monumentale Bauwerke. Dazu zählt die **Grote Kerk** (1370–1452). Bis zu dem Blitzeinschlag von 1682 war ihr Turm der höchste des Landes.

Das **Sassenpoort** mit seinen Zinnentürmen entstand im 15. Jh. Später diente das Torhaus dieses Stadttors als Gefängnis. Zu sehen sind noch die Falltüren, durch die damals Gefangene mit kochendem Öl übergossen wurden.

Die markanteste Kirche ist die **Onze Lieve Vrouwetoren** (1394–1452). Im Volksmund heißt sie ***Peperbus*** (Pfeffermühle). Der Aufstieg über die 234 Treppen ihres 75 m hohen Turms wird mit tollen Ausblicken belohnt.

Neben der **Nieuwe Havenbrug** kann man sich Boote aller Art, Kanus, SUPs und sogar Schwimmringe (Donuts) leihen.

Die Region Twente

Ländlich und urban

Die Region Twente liegt am südöstlichen Rand von Overijssel. Die schönste Aktivität ist hier ein Streifzug durch die Natur. Idyllische Wander- und Radwege durchziehen die Landschaft. Sie animieren zu Ausflügen durch Wiesen, vorbei an Torfmooren und Sümpfen. Sogar das Campen am Rand blühender Heidefelder und an Fluss-

GROSSE KUNST ...
ist auch im **Kröller-Müller Museum** (S. 230) nahe Arnhem zu bewundern.

KUNST- & EIN MIT-MACH-MUSEUM

Die Universitätsstadt **Enschede** (26.000 Studierende) ist die größte Stadt der Region Twente. Alteingesessene nennen sich auch *Twentenaren* oder *Tukkers*.

Die hervorragende Kunstsammlung des **Rijksmuseum Twenthe** umfasst Werke vom Mittelalter bis zur Gegenwart. Das Museum befindet sich in einer schönen Villa aus den 1930ern. Im Museumscafé gibt es delikates *Twentse krentenwegge* (Johannisbeerbrot).

De Museumfabriek ist ein tolles Familienmuseum. Es umfasst Geschichte, angewandte Kunst, traditionelles Handwerk, Naturgeschichte und Technik. Seine Xylothek (Holzsammlung) hat Napoleon III. gestiftet. Ob Fossile selbst gestalten oder vom Turm des museumseigenen Observatoriums Sterne beobachten – Langeweile kommt hier nicht auf..

ufern mit goldschimmerndem Sandstrand ist möglich. Unterwegs trifft man auf Gehöfte, die in vierter Generation bewirtschaftet werden, und Dörfer, in denen die Zeit anscheinend stehen geblieben ist.

Ein hübsches Dorf mit Windmühlen ist z. B. **Ootmarsum**. In seinem kleinen **Openluchtmuseum** (Freilichtmuseum) stehen gute Nachbauten malerischer Bauernhäuser.

Im Osten von Twente, nahe der deutschen Grenze, liegt das Naturschutzgebiet **Lutterzand**. Es erstreckt sich am Fluss Dinkel, an dessen Ufern sich spektakuläre Sandverwehungen erheben und duftende Wachholdersträucher wachsen. Das ca. 750 ha große Gelände umfasst Kiefernwälder und Moorlandschaften. Das kleine Dorf De Lutte ist der Ausgangspunkt für einen 35 km langen Rundwanderweg (bei zu hohem Wasser-

Fahrrad fahren in Overijssel

GUT SCHLAFEN & ESSEN IN KAMPEN

Boetiek Hotel Kampen
Moderner Rückzugsort am Fluss; in einem prachtvollen Gebäude mit dekorativen Keramikfliesen und Flussblick. €€

Banketbakkerij Smit
Teestube im alten Stil, eine der Spezialitäten ist Kamper *slof* (reichhaltiger Karamell-Biskuitkuchen mit Walnüssen). €

Herberg De Bonte Os
Köstliche Steaks, als Sinnbild steht ein lebensgroßes Kalb aus Pappmaché auf der gepflasterten Terrasse. €€

stand gesperrt) durch das Lutterzand. Zusätzlich vorhanden sind fünf markierte Wanderwege (3 bis 7 km).

Touren zu Wasser und Land im Nationalpark Weerribben-Wieden

Einzigartiges Feuchtgebiet

Für Vogelbeobachter und Naturliebhaber ist der **Nationalpark Weerribben-Wieden** ein herrlicher Ort. Nordwesteuropas größtes Feuchtgebiet ist eine malerische Landschaft aus Kanälen, Teichen und Seen. Seine 10 000 ha große Fläche umfasst jahrhundertealte Torfgebiete, Moore, Schilfgebiete mit verschiedenen Orchideenarten und Wälder. Zu der reichen Vogelwelt zählen Rohrsänger, Rohrdommeln, Grasmücken, Rohrweihen und Purpurreiher. Zu einem günstigen Beobachtungsposten gelangen Vogelbeobachter ganz einfach auf einem traditionellen *vlet* (Stocherkahn) oder auf einem der vielen idylischen Rad- und Wanderwege des Parks.

Die Dörfer **Sint Jansklooster** und das venezianisch anmutende **Giethoorn** sind ideale Ausgangspunkte für Erkundungstouren. Im Besucherzentrum von Sint Jansklooster informieren anschauliche Tafeln über die Landschaft und die Tierwelt der Region. Das Zentrum betreibt auch ein Teehaus mit einer schönen Terrasse. Von hier aus starten zahlreiche Wander- und Fahrradrouten, außerdem ist es eine wichtige Haltestelle des EcoWaterLiner. Direkt hinter dem Zentrum führt ein schöner 1 km langer Promenadenweg durch das Schilf, ein guter Ort, um Seeschwalben zu beobachten.

BOOTSTOUREN

Der EcoWaterLiner vermittelt einen herrlichen Überblick über die einzigartige Landschaft des Nationalparks Weerribben-Wieden. Jeweils ein Boot startet in Giethoorn und Blokzijl und steuert das Besucherzentrum des Parks in Sint Jansklooster an (Fahrtzeit jeweils 1,5 Std.). Rückfahrt bzw. Weiterfahrt zu beiden Startpunkten möglich.

Zwischen den Seen fahren die Boote lautlos durch Kanäle mit Seerosen und einer reichen Vogelwelt. Fahrradmitnahme erlaubt – ideal um Bootsfahrt und Radtour zu kombinieren.

Bootstouren in Giethoorn

Strohgedeckte Häuser, von Blumen gesäumte Kanäle

Die Schönheit des Dorfes **Giethoorn** zieht Reisende an. Wie aus dem Bilderbuch wirken seine strohgedeckten Häuser mit ihren Blumengärten. Schmale, per Hand angelegte Kanäle (Grachten) durchziehen die dörfliche Idylle, was den Beinamen des Dorfes – „Venedig der Niederlande" – erklärt. In der Ortschaft gibt es weder Straßen noch Autos, nur Fuß-, Rad- und Wasserwege. Selbst ihre Kühe tranportieren die Bauern mit dem Boot. Der Name Giethoorn geht vermutlich auf den alten Begriff „Geytenhoren" (Ziegenhörner) zurück.

Ausflüge mit dem Boot sind in vielen Varianten möglich. Für private Bootstouren mit 4 bis 12 Personen eignet sich die traditionelle *sloep* (Schaluppe). Spaß macht eine Fahrt mit dem traditionellen *vlet* (Stocherkahn).

GUT SCHLAFEN & ESSEN IN DER REGION TWENTE

Het Meuleman
Ruhiger Campingplatz (7 ha) nahe dem Naturschutzgebiet Lutterzand, in Strandnähe, auch Unterkünfte in Hütten. €

Twentsche Foodhall
Enschedes Imbisshalle bietet alles vom Leberwurst-Sandwich über regionale Kost bis hin zu surinamischem Soulfood. €

Paviljoen Lutterzand
Cottage im Naturschutzgebiet Lutterzand, bietet Sandwiches, Pfannkuchen, Apfelkuchen und herzhafte Mahlzeiten. €€

ANDREAS HERMANSPANN/SHUTTERSTOCK ©

Oben: Den Bosch (S. 242); rechte Seite: St. Servaasbasiliek (S. 252) in Maastricht

Südosten der Niederlande

„BURGUNDISCHE" LEBENSFREUDE

Ein Hoch auf diese berauschende Mischung aus historischen Schönheiten und postindustriellen Städten inmitten von Feldern und Wäldern.

Dem überwiegend katholischen Süden der Niederlande wird eine eher landesuntypische euphorische Fröhlichkeit zugeschrieben, vor allem im Karneval. Andere Merkmale sind greifbarer: Große Industriegebiete und postindustrielle Städte wie Eindhoven und Tilburg kontrastieren mit dem künstlerischen Flair von Den Bosch, dem Partyort Breda und der alten Römerstadt Maastricht.

Die Menschen in der Region haben den Ruf, Feinschmecker zu sein. Synonym dafür ist der Begriff *bourgondisch* (burgundisch), der für reichhaltiges Essen und gute Laune steht. Zum Ursprung des Begriffs führt die langwierige Geschichte der Niederlande: Im 15. Jh. war Burgund eine europäische Großmacht, die den größten Teil der „Niederen Lande" umfasste. Die alten Grafschaften Brabant und Limburg gehörten zu den „Burgundischen Niederlanden", einem Machtzentrum des Habsburger Reiches. Im frühen 16. Jh. brachte Heinrich III. von Nassau Macht und Reichtum nach Breda, dem dynastischen Zentrum des späteren niederländischen Königshauses Oranien-Nassau. Während des Achtzigjährigen Krieges (Spanisch-Niederländischer Krieg) wurde der Südosten völlig verwüstet. Damals wogten die Machtverhältnisse in den von den Spaniern und den Niederländern kontrollierten Gebieten hin und her. Oft hart umkämpft war Den Bosch.

Ab 1830 versuchte das neu gegründete Belgien, ganz Limburg an sich zu reißen. Maastricht hielt jedoch stand, sodass den Niederlanden davon zumindest ein kleines Hügelgebiet blieb.

DIE WICHTIGSTEN ZIELE

DEN BOSCH
Ein Sinnbild für mittelalterlichen Surrealismus.
S. 242

MAASTRICHT
Lebensbejahender Genuss überlagert romanische Wurzeln.
S. 251

Erste Orientierung

Die wichtigsten Zentren der Region sind gut von Den Bosch oder Tilburg aus erreichbar. Günstig gelegen ist auch Breda zwischen Rotterdam und Antwerpen (Belgien). Maastricht liegt näher an Lüttich (Belgien) und Aachen (Deutschland) als an niederländischen Großstädten.

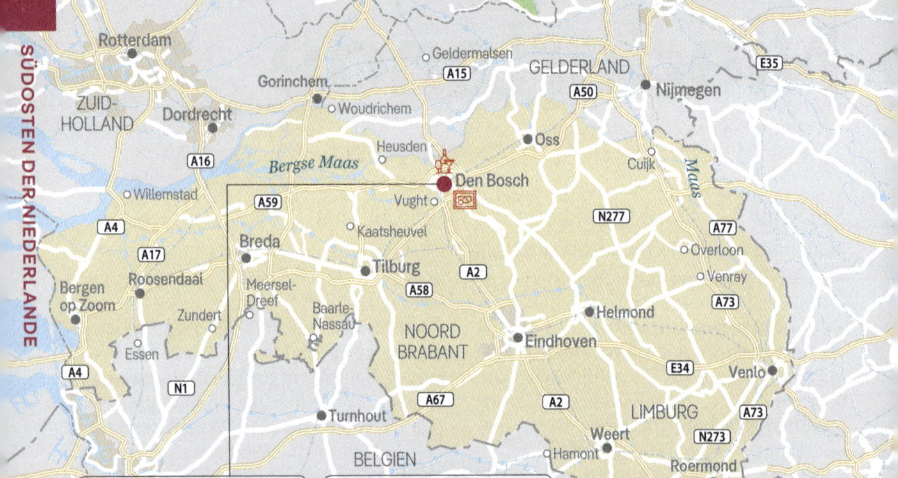

Den Bosch, S. 242

Die älteste Stadt des Landes fasziniert mit ihrer Lebensfreude sowie römischem und romanischem Erbe, Tunneln und Hügeln.

Maastricht, S. 251

Auf einer Bootstour durch ober- und unterirdische Kanäle erwacht die surreale Kunst von Hieronymus Bosch zum Leben.

AUTO

Ein Auto ist praktisch für Abstecher zu den attraktiven Dörfern und Kleinstädten (z. B. Thorn) der Region. Industriekomplexe oder monotone landwirtschaftliche Flächen kann man so schnell hinter sich lassen.

ZUG & BUS

Maastricht liegt relativ weit ab von den Knotenpunkten der Region. Doch es gibt schnelle Zugverbindungen von Den Bosch und Utrecht über Eindhoven und Roermond. Ab Den Bosch und Tilburg fahren regelmäßig Busse nach Efteling.

0 50 km

MATYAS REHAK/SHUTTERSTOCK ©

Den Bosch (S. 242)

Perfekte Tage

Wenig Zeit

- Für Kunstfans: **Den Bosch** (S. 242). Gut für Gourmets und historisch Interessierte: **Maastricht** (S. 251).

- Für Familien ist die Hauptattraktion der Freizeitpark **Efteling** (S. 246) mit spektakulären Fahrgeschäften (inkl. Adrenalinkick), Märchenwald und vielen tollen Aktivitäten.

- Gute Partylocations gibt es in **Breda** (S. 249). Tipp für Bierkenner: das Trappistenbier in der Brauerei **La Trappe** (S. 247) nahe Tilburg.

- **Eindhoven** (S. 250) ist spannend für Technologietypen – ebenso wie für Fußballfans, wenn der PSV spielt.

Eine Woche Zeit

- Eine Woche reicht aus für eine Erkundungstour durch die Region: Ein praktischer Startpunkt ist **Den Bosch** (urige, gut ausgestattete Unterkünfte; S. 244) oder auch **Tilburg** (gute Hostels; S. 247). Dann folgen Abstecher nach **Breda** (S. 249) und **Efteling** (S. 246).

- Ein Ausflug mit dem Fahrrad oder Auto zu den reizvollen Dörfern **Heusden** und **Woudrichem** (S. 247) nimmt ein oder zwei Tage in Anspruch.

- Weiter geht es nach Eindhoven und anschließend über Roermond oder Thorn nach Maastricht (S. 251). Dort lohnt sich ein mehrtägiger Aufenthalt.

Beste Reisezeit

FRÜHLING

Maastricht, Tilburg, Den Bosch und Eindhoven behaupten, ihr **Carnaval** sei der beste. Dann gibt es dort übermütiges Chaos.

SOMMER

Drei Wochen lang finden im Juli in Maastricht auf dem Hauptplatz die jährlichen **Sommerkonzerte von André Rieu** statt. Die Konzertgäste belegen fast alle Hotelzimmer der Stadt.

HERBST

Die Laubwälder bei Breda und Maastricht zeigen ihre goldene Herbstfärbung. In Eindhoven findet im Oktober die **Dutch Design Week** statt.

WINTER

Am **elfde van de elfde** (11. 11.) beginnt die Karnevalssaison und es ist der Krönungstag von „Prins Carnaval". Üppiger Alkoholgenuss begleitet die Festivitäten.

Den Bosch

SURREALE KUNST | STATUEN | STADTENTWICKLUNG

VOR ORT UNTERWEGS

Bahnhof und Busbahnhof, liegen nur ein paar Schritte westlich des Ausgehviertels Uilenburg. Am Bahnhof hält der kostenlose, achtsitzige Kleinbus De Blauwe Engelen (Die Blauen Engel). In einer Schleife mit zehn Haltestellen fährt er durch das Stadtzentrum. Dabei hält er nahe der meisten Attraktionen und der wichtigsten Hotels. Eine Rundfahrt mit dem Kleinbus eignet sich gut als erste Orientierung. Er verkehrt alle halbe Stunde (Di–Sa 10–17 Uhr; So 11–16 Uhr). Rad- und Wanderwege führen in das 202 ha große Naturschutzgebiet.

TOP TIP

Kombitickets für mehrere Attraktionen der Stadt sind erhältlich. Auch Grachtentouren lassen sich einbeziehen.

Genau genommen heißt die historische Stadt 's-Hertogenbosch (des Herzogs Wald), wird aber landläufig Den Bosch genannt. Sie ist der Geburtsort des berühmten Malers Jheronimus van Aken (um 1450–1516), der sich selbst Hieronymus Bosch nannte. Er malte unverwechselbare surreale Höllenszenen. Viele Attraktionen der Stadt sind mit seinem Vermächtnis verbunden. Sehenswert sind auch die gigantische Sint-Janskathedraal (St.-Johannes-Kathedrale) mit ihren vielen Figuren sowie der dreieckige Marktplatz. Einst umgaben Festungsanlagen und ein Wassergraben die Stadt. Um Platz für die zunehmende Bevölkerung zu gewinnen, wurden kleine Wasserstraßen überbaut. Mit der Zeit entstand so ein ganzes Netz aus unterirdischen Kanälen. Vor Angriffen blieb die Stadt jedoch nicht verschont. Im Achtzigjährigen Krieg war Den Bosch hart umkämpft. Heute ist es ein freundlicher, einladender Ort. Die mit Graffiti überzogene Tramkade (ehemalige große Fabrikanlage) ist auf dem besten Weg, sich zum Hotspot für Design, Kultur, Gastro und Start-ups zu entwickeln.

Ein Surrealist des 15. Jahrhunderts

Geburtsstadt von Hieronymous Bosch

Hinter der **Statue des Hieronymus Bosch** auf dem Marktplatz steht das **Het Huis van Bosch**. Als Boschs Familie 1462 das Haus bezog, war er 12 Jahre alt. Das damals bereits hundert Jahre alte Gebäude blieb gut erhalten. Seit 2022 ist es ein Museum, in dem eine Multimedia-Mixtur Boschs Leben und das der Stadtbewohner im 15. Jh. veranschaulicht. Das ist ein unvergessliches Museumserlebnis. Ein Gemälde im Obergeschoss zeigt den Blick aus dem Fenster auf den Marktplatz im Jahr 1545. Im Vergleich mit dem heutigen Ausblick hat sich der Marktplatz in fast 500 Jahren erstaunlich wenig verändert.

Mit 30 Jahren heiratete Bosch und zog in ein luxuriöseres Haus am **Markt 61** (heute Levi's Shop). Seine Frau war

SEHENSWERTES

siehe 5 Historisches Brunnenhaus
1 Het Huis van Bosch
2 Jheronimus Bosch Art Center
3 Korenbrugstraat
4 Korte Putstraat
5 Markt
6 Markt #61
7 Noordbrabants Museum
8 Oeteldonks Gemintemuzejum
siehe 5 OLV Huisje
9 St. Janskathedraal
10 Bosch-Skulptur: Erzengel Gabriel isst Kind
11 Bosch-Skulptur: Ertinkender Junge
12 Bosch-Skulptur: Ohren mit Schreibfeder durchbohrt
siehe 8 Bosch-Skulptur: Reiher
13 Bosch-Skulptur: Gehörnte Giraffe
14 Bosch-Skulptur: Zauberer
15 Bosch-Skulptur: Schwein in Nonnengewand
16 Bosch-Skulptur: St. Christoph
17 Bosch-Wandgemälde: St. Christoph
18 Tramkade
19 Zwanen-Broedershuis

AKTIVITÄTEN, KURSE & TOUREN

20 Binnendieze-Kanal (Tour-Tickets)
21 Binnendieze-Kanal-Touren (H.-Bosch-Route), Startpunkt
22 Binnendieze-Kanal-Touren, Startpunkt
23 Bolwerk Sint Jan

SCHLAFEN

24 't Keershuys
25 Hotel The Stamp
26 Uylenhof

ESSEN

27 Auberge De Veste
28 De Garage
29 Dit
30 Jan de Groot Bakery

AUSGEHEN & FEIERN

siehe 21 Anne & Max Café

KIRCHE & MARKT

Die riesige **Sint Janskathedraal** (um 1550) ist eine der schönsten Kirchen der Niederlande. Sie besitzt herrliche spätgotische Buntglasfenster und eine hochverehrte Madonnenstatue, die im Mai Mittelpunkt großer Wallfahrten ist. Auf dem nach wie vor geschäftigen Marktplatz findet mittwochs und samstags ein großer Markt statt. Freitags gibt es einen kleineren Markt mit regionalen Bioprodukten.

Highlights des Platzes sind die originalgetreuen Nachbildungen eines historischen **Brunnenhauses** und eines mittelalterlichen **Onze-lieve-Vrouwe Huisje**. Das Huisje ist eine Säule, die ein käfigartiges Gehäuse mit einer Madonnenstatue trägt. Die Kosten für die Mariensäule und die Entscheidung, die Madonna originalgetreu einarmig anzufertigen, führten zu deftigem Pressespott.

die Tochter eines reichen Mitglieds der Zwanenbroederschap (Schwanenbruderschaft). In dem prunkvollen Palais der bis heute einflussreichen Institution, dem **Zwanenbroedershuis**, findet an vier Tage die Woche um 14 Uhr eine Führung statt.

Nur wenige Museen übertrumpfen das **Jheronimus Bosch Art Center**. Es befindet sich in einer jahrhundertealten Kirche. Zu sehen sind Reproduktionen aller 29 bekannten Bosch-Gemälde, Skulpturen, eine astronomische Uhr und eine Rekonstruktion des Ateliers des Künstlers. Etliche Elemente der Monty-Python-Filme sind inspiriert von surrealistischen Details auf Boschs Triptychon *Im Garten der Lüste* (1510 fertiggestellt und heute im Museo del Prado in Madrid). Zahlreiche Figuren des Triptychons stehen heute als Skulpturen in der ganzen Stadt verteilt und in einigen der Kanäle.

Burgundische Lebenslust

Ein Ort mit genussvollen Facetten

In Den Bosch schlägt die Partystimmung nicht ganz so hohe Wellen wie in Breda. Hoch im Kurs steht jedoch ein Erbe der burgundischen Vorfahren, den Herzögen von Brabant: die traditionelle *gezelligheid* (gemütliche Geselligkeit). Auf den ersten Blick spiegelt sich dieses Lebensgefühl nicht immer in den gepflegten, teilweise nüchternen Straßen wider. Der Freitagabend jedoch, wenn Scharen an Gästen die Kneipen in der **Korenbrugstraat** füllen, gleicht einer ohrenbetäubenden Kakophonie. Gespickt mit Restaurants ist die **Korte Putstraat**, der kulinarische Hotspot der Stadt. Allein der überwältigende Trubel ist einen Besuch wert, auch wenn man zum Essengehen vielleicht einen ruhigeren Ort bevorzugt. Vom **Hotel The Stamp** mit seinem fast schon komisch übertriebenen bohemehaften Dekor bis hin zum phänomenal großzügigen Frühstück im **'t Keershuys** heißt die Parole: Genuss! Typisch dafür ist eine markante kulinarische Kreation der Stadt – der *Bossche bol*. Es ist ein kugeliges Gebäck in Grapefruitgröße, mit süßer Sahne gefüllt und mit Schokolade überzogen. Hergestellt wird es von der **Bäckerei Jan de Groot**, die ein Café in Bahnhofsnähe betreibt. Die Leckerei steht auch in zahlreichen lokalen Restaurants auf der Dessertkarte.

Fröhliches Chaos bringt an Pfingsten das viertägige Festival **Jazz in Duke Town** mit sich. Wie im Karneval sind nun die Brabanter Farben (Rot, Weiß, Gelb) allgegenwärtig. Ein Besuch im **Oeteldonks Gemintemuzejum** (Karnevalsmuseum) lohnt sich zu jeder Zeit. Der Geschichte der Stadt widmet sich das einfallsreiche **Noordbrabants Museum**. Es besitzt auch eine hervorragende Kunstsammlung, deren zehn Van-Gogh-Gemälde nur einen Bruchteil der Highlights bilden.

ÜBERNACHTEN IN DEN BOSCH

't Keershuys
Lupenreine Unterkunft über einem Bistro in einem Fachwerkhaus (ca. 1450) in der Ausgehmeile der Stadt. **$$**

KASerne
Modernistisch gestylte Zimmer, bequeme Betten; 10 Fußminuten bis zur Altstadt; kostenlose Parkplätze. **$$**

Uylenhof
Gut ausgestattete Luxusapartments mit Verwöhncharakter in zwei historischen Gebäuden. **$$$**

Bootstouren durch unterirdische Grachten

Grachtenfahrten quer durch die Stadt

Nicht ganz so hübsch wie Amsterdams Grachten sind die Binnendieze-Kanäle von Den Bosch. Stattdessen sind sie außergewöhnlich. Viele Kanalabschnitte verlaufen unterirdisch unter Gebäuden und Straßenzügen. Die Bootstouren (nur April–Okt.) der drei Hauptrouten beginnen an zwei Ausgangspunkten (Infos: dagjedenbosch.com). Die **Historische Route** startet mehrmals stündlich. Die verwendeten Boote sind aber etwas zu lang, um den denkwürdigsten Teil des Kanalnetzes zu erreichen: die **Hellegat**. In diesem „Höllenteil" des Tunnelkanals herrscht völlige Dunkelheit, bis urplötzlich faszinierende audiovisuelle Elemente auftauchen, die eine Fahrt durch Himmel und Hölle suggerieren. Die viermal täglich stattfindende Tour auf der **Vesting-Route** konzentriert sich auf die Stadtmauern, mit einer Fahrtunterbrechung, um eine der dreieckigen Bastionen zu erkunden. Diese Route beginnt an der Anlegestelle in der Molenstraat. Die Eintrittskarten gibt es im Café **Bolwerk Sint Jan**. Es liegt ein paar Schritte weiter direkt am Kanal. Vom Straßenrand aus wirkt das Cafégebäude wie ein rostiger, gestrandeter Schiffsrumpf. In dem Gebäude befindet sich auch ein kurzes Stück der Stadtmauer sowie historische Tafeln, interaktive Ausstellungsstücke und archäologischen Funde (u. a. ein mittelalterlicher Lederstiefel).

Die **Jeroen-Bosch-Route** schließt den Hellegat, inkl. eines Videostops, ein. Oberirdisch führt sie an mehreren surrealen Bosch-Figuren vorbei. Das Boot startet gegenüber vom **Anne & Max Café** – Wartepunkt sind die drei Metallfiguren mit Regenschirmen. Die Tickets sind Bolwerk Sint Jan oder in einem näher gelegenen Büro in der Pepperstraat erhältlich.

ROBERT PAUL VAN BEETS/SHUTTERSTOCK ©

Bootstour auf der Binnendieze

GEDENKSTÄTTE KAMP VUGHT

Eine Fahrradtour am Drongelen entlang führt zum ehemaligen **Kamp Vught**, das 6 km südwestlich von Den Bosch liegt.

Im Zweiten Weltkrieg war es ein gefürchtetes Arbeits- und Durchgangslager. Unter den 32000 Internierten waren 12000 Juden, die fast alle in Todeslager deportiert wurden. Auf dem Gelände befindet sich heute ein modernes Gefängnis. Hauptsächlich ist es jedoch eine Gedenkstätte, die persönliche Erlebnisse von Häftlingen und SS-Offizieren eindrucksvoll dokumentiert.

Trostlose Architektur und Stacheldraht sind Teil der Atmosphäre, die nachdenklich macht. Der 2,5 km lange Lunettepad führt durch den Wald zu den **Fusilladeplaats**. Große Steintafeln tragen hier die Namen der 329 Männer, die hier 1944 erschossen wurden. Wegen des Vormarsches der Alliierten wollte man sie nicht mehr in andere Lager bringen.

ESSEN IN DEN BOSCH

Dit
Fantasievolle Bistrogerichte, auch vegan, zu vernünftigen Preisen. Nahe Alternativen: das Crème und das Nom Nom. **€**

De Garage
Gediegen moderne Menüs mit köstlichem italienischen Touch, Sharing-Plate-Menüs (zum Miteinanderteilen). **€€**

Auberge de Veste
Gourmet-Klassiker, seit 1849 im selben schönen Haus am Kanal. **€€€**

Rund um Den Bosch

Große Wasserstraßen durchziehen die flache Landschaft rund um Den Bosch. Wiesen, Felder, Wälder, historische und postindustrielle Städte prägen diese Region in Noord-Brabant.

Die Attraktionen im Umkreis von Den Bosch sind wie eine Tüte Gummibärchen, aus der sich jeder seine Lieblingsfarbe herauspicken kann. Für Familien ist der bezaubernde Freizeitpark Efteling die Top-Attraktion. Ihr Ruf als Technologie- und Industriezentren verdeckt die touristischen Qualitäten von Eindhoven und Tilburg. Eindhoven ist ein Musterbeispiel für gelungene Stadterneuerung. Tilburg hat eine künstlerische Seite und eignet sich gut für preisbewusst Reisende als Ausgangspunkt für Abstecher in die Region. Das fotogene Breda ist attraktiv als dynastische Keimzelle des niederländischen Könighauses sowie als Ausgangsort für Rad- und Wandertouren durch die Wälder und Heide im Süden der Provinz.

VOR ORT UNTERWEGS

Die Bahnverbindung zwischen Städten ist gut. In Eindhoven halten die Regionalzüge auch in Strijp-S. Von Tilburg und Den Bosch ist Efteling mit Bus Nr. 300 und 301 erreichbar.

TOP TIPP

Führungen in der Brauerei La Trappe (S. 247) muss man auf der Website im Voraus buchen. Falls ausgebucht: auf Verdacht hingehen, oft ist eine Teilnahme dennoch möglich.

Efteling

AB DEN BOSCH: 40 MIN.

Spaß pur für die ganze Familie

Der größte Freizeitpark der Niederlande ist eine Mixtur aus Märchenidylle und adrenalingeladenen Fahrten. Auf dem weitläufigen Efteling-Gelände inmitten einer Waldlandschaft mischt sich Vergnügungsparkgetöse mit Vogelgezwitscher.

Ideal zum Start: eine Fahrt mit der „Pagode“. Der sanft rotierende „Tempel“ erhebt sich in gruselige Höhen und bietet zugleich einen Rundumblick über den Park. Mal im freien Fall, mal kopfunter verläuft die Fahrt mit dem „Baron 1898“, einer Achterbahn mit unvergesslichem Adrenalinkick. Um eine Abenteuerreise durch das Tierreich, um Freundschaft und Verständnis füreinander geht es in dem charmanten 4D-Film „Fabula“. Am Kinoausgang ist ein Regenwald-Café. Ein Spiel mit Vision und Schwerkraft bringt in der „Villa Volta“ verwirrende Gruseleffekte mit sich. Gruselig wird es auch auf der Tour durch geheime Gänge und magische Zimmer im Palast „Symbolica“. Ebenfalls Nervenkitzel verspricht die Indoor-Achterbahnfahrt in den Krallen des riesigen Vogels „Rok“. Balsam fürs Gemüt ist die schöne Springbrunnenshow, genau wie die Bootsfahrt mit der „Gondoletta“ oder ein Spaziergang durch den bezaubernden Märchenwald. Die Efteling-App informiert aktuell über Attraktionen usw. (kostenloser Download auf der Website).

Wer vor Ort im Efteling Hotel übernachtet, genießt etliche Vorteile, z. B. kostenlosen Eintritt in den Park, separaten Eingang für Hotelgäste, früheren Einlass als die Besuchermassen (vor anderen an begehrten Fahrgeschäften). Rotkäppchen oder maskierte Ritter bespaßen die Kinder beim Frühstück. Am Abend wird CARO (Extra-Ticket) Kinder und romantische Erwachsene begeistern. Es ist eine gefühlvolle musikalische Allegorie über das „Karussell des Lebens“ mit surrealistischen Bildern im Monthy-Python-Stil und Zirkusakrobatik.

Tilburg

AB DEN BOSCH: 16 MIN.

Trappistenbrauerei mit Ausnahmeattraktion

In den Beneluxländern wird noch in sieben Trappistenklöstern Trappistenbier unter der Aufsicht der Mönche gebraut.

Freizeitpark Efteling

TOLLE DÖRFER IN NOORD-BRABANT

In der Nähe von Den Bosch gibt es wunderschöne Dörfer.

Heusden hat eine sehr gut erhaltene sternförmige Festungsanlage mit dreieckigen Ravelinen (Inselbastionen) im Wallgraben. Einen charmanten Touch verleihen eine Mini-Brücke und der malerische Jachthafen. **De Pannekoekenbakker** verkauft ausgezeichnete Pfannkuchen.

Woudrichem ist ein Zitadellendorf und von mittelalterlichen, heute grasbewachsenen Wallanlagen umgeben. In dem kleinen Hafen ankert eine Fülle an traditionellen Fischerbooten. Die Hoogstraat wird von recht gut erhaltenen Häusern aus dem 17. Jh. gesäumt. Eine Fähre befördert Personen über den kleinen Fluss. Dort erhebt sich am Ufer das imposante **Kasteel Loevesteen**, eine Wasserburg aus dem 14. Jh.

ÜBERNACHTEN RUND UM DEN BOSCH

The Roots
Superfreundliches Hostel, Backpacker-Knotenpunkt der Region, nahe am Hauptbahnhof Tilburg. €

In den Verdwaalde Koogel
Einfache, gemütliche Zimmer in einem stufenförmigen Altbau direkt am Hafen des hübschen Dorfes Heusden. €

Slot Loevesteen
B & B in dem Schloss- und Museumskomplex am Flussufer gegenüber dem idyllischen Dorf Woudrichem. €€

TILBURG-TIPPS

Gabriella Zarod ist eine englisch-polnische Barista und Weltenbummlerin. Sie hat sich in die Stadt Tilburg verliebt. Hier sind ihre Lieblingsplätze:

Poppodium013
Hippes Musiklokal, das mich als Erstes nach Tilburg gelockt hat (für ein Gladde-Paling-Konzert).

Kempentoren
Der Aussichtsturm im Spoorpark wirkt wie ein Trompetenskelett mit Wendeltreppe. Am Konningsdag wird im Park bis zum Ausflippen gefeiert.

Nieuwlandstraat
Meine Lieblingsläden: Buchladen Livius, Esoterikshop Ananda, der Schallplattenladen, der Fahrradverleih, der Imbiss mit veganen Snacks.

LocHal
Preisgekrönt; sensationell sind die Bibliothek und alles andere drum herum.

Piushaven
Ideal für SUP (Stehpaddeln).

In **La Trappe**, der Brauerei in der Abtei Koningshoeven nahe Tilburg, wurde das Starkbier Quadruple erfunden. Die 80-minütige Führung (11 Uhr, Di, Do, Fr, Sa, englisch, 14 Uhr niederländisch) umfasst einen witzigen Film über das Klosterleben und die Brauerei. Ein detailliertes Booklet und Video-Untertitel, beides in englischer Sprache, helfen, die Witze zu verstehen. Vom Bahnhof Tilburg fährt stündlich der Bus 141 zum Kloster. Mit dem Fahrrad benötigt man eine halbe Stunde.

Highlights in Tilburg

Die weitläufige Universitätsstadt Tilburg hat etliches zu bieten. Eines der wenigen Hostels in der Gegend ist das **Hostel Roots**. Es befindet sich nahe der großen Kreuzung, von der die fünf coolsten Straßen der Stadt abzweigen. Ihr Charme liegt in ihren schönen Gebäuden aus dem frühen 20. Jh., den individuellen Geschäften und den hübschen Cafés. **Guill van de Ven** in der Nieuwlandstraat verleiht Fahrräder. Attraktive Radtourziele sind die Klosterbrauerei La Trappe in der Abtei Koningshoeven und das **TextielMuseum**. Mit historischen

Biersorte von La Trappe (S. 247)

ESSEN IN TILBURG

Buut Vrij
Unschlagbarer Kaffee, Ingwer-Shots mit Paprika, gesunde Sandwiches aus hausgemachtem Sauerteigbrot. €

Raw 013
Restaurant, Pub (Brauereibier) sowie Veranstaltungsort mit DJs und Livemusik in einem umgebauten Lagerhaus. €€

De Burgerij
Restaurant mit Sitzplätzen auf dem Bürgersteig einer schönen Straße; niederländische Küche mit modernem Touch. €€

Webstühlen, die noch in Betrieb sind, Wechselausstellungen und Workshops präsentiert das hervorragende Museum Tilburgs Textilkultur. In der Nähe ist die Kunstgalerie **De Pont**. Vor deren Eingang steht der Sky Mirror von Anish Kapoor. In dem hohen Spiegel verwandeln sich vorbeiziehende Wolken immer wieder in neue Kunstwerke.

Das **Draaiend Huys** (drehende Haus) auf der Verkehrsinsel eines banalen Kreisverkehrs (Richtung Efteling) ist wohl das urigste Kunstobjekt in Tilburg. Das Häuschen dreht tatsächlich eine ganze Runde auf der Verkehrsinsel – auf Schienen und wortwörtlich im Schneckentempo.

Breda

AB DEN BOSCH: 35 MIN.

Die Stadt der Dynastie Oranien-Nassau

Bredas gigantische **Grote Kerk** von 1509 gilt als die schönste Kirche der Niederlande. Sie steht mitten in dem charmanten Stadtzentrum von Breda.

Vorschlag für einen Stadtspaziergang: Vom Südausgang des Bahnhofs führt eine Lindenallee über die Brücke des Stadtgrabens zum Baroniemonument. Das imposante Denkmal wurde 1904 zu Ehren des Hauses Oranien-Nassau, der niederländische Königsdynastie, errichtet. Weiter geht es quer durch den Stadspark Valkenburg, vorbei an Gänsen, Picknickplätzen und Teichbrunnen, bis zur Straße. Ein Häuserblock südlich vom Park befindet sich in einem Palais mit Glockenturm (1643) das **Stedelyk Museum** (Stadtmuseum) mit Kunstgalerie. Westlich davon führt die Veemarktstraat zu einem Platz mit Bäumen. Dort zweigt die Sint Janstraat ab, in der die Barockfassade der mehrstöckigen Sint-Antoniuskathedraal hoch aufragt. Ein paar Schritte weiter säumen Terrassencafés den schattigen Grote Markt – mit Ausblick auf den herrlichen 97 m hohen Glockenturm der Grote Kerk.

Nach dem Überqueren der Hoge Brug folgt der malerischste Aussichtspunkt von Breda mit Glockenturm, Booten und Straßencafés, die sich im Kanal spiegeln. Bei einem Blick von der Brücke aufs Spanjaardsgat mit seinen beiden Bastionstürmen muss es bleiben. Bredas mächtige Festungsanlage wird von der Königlichen Militärakademie genutzt und ist nicht zugänglich. Unbedingt ansehen während der Geschäftszeiten sollte man sich den idyllischen Begijnhof. In dem ummauerten Komplex lebten die Beginen, eine weltliche Gemeinschaft frommer katholischer Frauen, die einer Heirat entsagten. Die letzte Begine von Breda starb hier 1990. Das kleine Museum (Nr. 29; Fr–So nachm.) gibt Einblicke in das Leben der Beginen.

RADTOUREN

Die malerische Umgebung von Breda lädt ein zu einer Fahrradtour (Verleih: **De Klein Fietsen**, 7,50 € pro Tag). Richtung Süden verläuft eine schöne Route durch Ginneken, einem dörflichen Vorort mit attraktivem Marktplatz voller Terrassencafés. Von hier aus dem Radweg LF9a folgen, mit Abstecher zur **Wasserburg Bouvinge**.

Nach ca. 9 km flussaufwärts führt ein Tunnel unter der Autobahn nach **Meersel-Dreef** (Belgien). Der Grenzpfosten 1843 markiert die Grenze.

Nach 300 m auf dem Markweg links abbiegen und der Straße bis zur **Kapucijnenkerk**. Diese Backsteinkirche und eine nahe kleine Lourdesgrotte gehören zur Kapuzinerabtei. Die Mönche vor Ort betreiben auch die Bierstube **De Zvenster/ Bij de Paters**. Der Rückweg nach Breda über das Dorf Galder führt durch das Waldgebiet **Mastbos**.

AUSGEHEN IN BREDA

Suikerkist
Modernes Bistro-Café mit dreieckiger Terrasse und dem stadtweit besten Ausblick auf Bredas Grote Kerk.

de Beyerd
Urtypisches Lokal, seit 1843 Bierspezialist, gutes IPA (Pale Ale, helle obergärige Biersorte) aus der eigenen Brauerei.

The Botanist
Bekannt für seine Gin Tonics und selbst gemachten Limonaden, coole Cocktailbar am Kanalufer.

EINDHOVEN ESSENGEHEN

Noortje Kleine Schaers leitet Enversed (enversed.com), die hippen VR Gaming Rooms im angesagten Stadtteil Strijp-S. Hier sind ihre Restauranttipps:

Rabauw
Geselliges Brauerei-Pup in Strijp-S –mit Fuzzy-Bildern, Brettspielen und gutem Essen, teilweise wird mit Bier gekocht. **€€**

Gourmetmarkt im Stadtzentrum
Gruppen/Familien mit unterschiedlichem Geschmack können Gerichte verschiedener Marktrestaurants bestellen und am eigenen Tisch servieren lassen. **€€**

Dinner in Motion
Abendessen in einem Augmented Reality Room mit projiziertem Dekor, das sich an wechselnde Stimmungen anpasst. Mehrere Personen, sechs Gänge, im Voraus buchen. **€€€**

Eindhoven

AB DEN BOSCH: 25 MIN.

Philips Town

Über Jahrzehnte war Eindhoven Sitz des globalen Konzerngiganten Philips. Seine bahnbrechenden Innovationen im 20. Jh., besonders in der Unterhaltungselektronik und bei Haushaltsgeräten machten seine Produkte weltweit bekannt. Heute kennt man Eindhoven wohl eher wegen seines erfolgreichen Fußballvereins PSV, der Philips Sport Vereniging. Der Name Philips ist immer noch allgegenwärtig. Der PSV spielt im Philips Stadion in Philipsdorp. Dort wurden einige der niedrigen Firmengebäude erhalten und aufwendig renoviert. Neben der hervorragenden Kunstgalerie **Van Abbemuseum** ist die wichtigste Attraktion im Zentrum von Eindhoven das **Philips Museum**. Es erzählt die Geschichte des Unternehmens auf die dazu passende Hightech-Art. Das ehemalige Philips-Industrieviertel im Norden der Stadt ist heute bekannt als **Strijp-S** und ein Modellbeispiel für jegliche Stadterneuerung. Das Philips Klokgebouw, ein Firmengebäude mit ikonischen Uhrturm, ist heute ein Kulturzentrum mit Ateliers, Rockschule, Konzerträumen, Area 51 (riesiger Indoor-Skatepark), Virtual-Reality-Erlebnissen und hippen Cafés und Restaurants.
Ein weiteres Vermächtnis von Philips in Eindhoven ist das Evoluon – ein UFO-förmiges Betongebilde von 1966, das damals als Inbegriff futuristischer Architektur galt.

Philips Museum

Maastricht

RÖMISCHE GESCHICHTE | KÖSTLICHES ESSEN | RELIQUIEN

Die attraktive Stadt hat römische Wurzeln. Eine Festung an der Maas sicherte einst den Übergang zwischen Gallien und Köln. Maastricht lockt mit einer Fülle an Kirchen und historischen Gebäuden. Stolz ist es auf die „burgundische“ Raffinesse seiner Küche und seine bacchantische Trinkkultur. Außerhalb von Maastricht versteht kaum jemand den schwierigen örtlichen Dialekt, das Mestreechs (Maastricher Platt). Einfach verlief auch nicht die Stadtgeschichte: 1830 lehnte der Regimentskommandeur Bernardus Dibbets ein Ultimatum ab, das belagerte Maastricht an Belgien auszuliefern. Nach neun Jahren als umkämpfte Exklave wurde im „Londoner Vertrag“ 1839, der Anschluss an die Niederlande festgelegt. Belgien und Deutschland umgrenzen Maastricht an drei Seiten. Gerade deshalb wurde im Februar 1992 der für die Entwicklung der EU ausschlaggebende Vertrag genau in dieser Stadt unterzeichnet.

UNTERWEGS VOR ORT

Bahnhof und Busbahnhof befinden sich in Wyck, einem charmanten Stadtteil mit vielen Restaurants. Zu Fuß über die Flussbrücke ist man oft schneller im Stadtzentrum als mit dem Bus. Zugreisende müssen auf den richtigen Ticketautomaten achten. Gelb ist für NS-Züge, blau für private Arriva-Dienste (z.B. nach Valkenburg).

Heilige & Sünder

Geschichte und Festivitäten

Wer vom Bahnhof Richtung Westen geht, erkennt schnell an den vielen Bars und Restaurants voller fröhlicher Menschen, dass es sich in Maastricht gut leben lässt. Viele der belebtesten Lokale stehen gewissermaßen unter spirituellem Schutz. Auf einen der gemütlichsten Plätze mit Straßencafés schaut der Sint Amor wohlwollende von einer Säule herab. Der Legende nach ist der Heilige Amor auf einer Wallfahrt nach Maastricht gestorben. Kaffeetische füllen auch den baumbeschatteten Platz vor der prächtigen romanischen **Basiliek Onze Lieve Vrouwebasilie**k (Liebfrauenbasilika). Die Sarkophage in ihrem dunklen Innenraum sind mit brennenden Kerzen bedeckt. Tief unter dem Platz haben Archäologen die

TOP TIP

Viele Fans der Musik von André Rieu und seinem Orchester reisen im Juli nach Maastricht, um eines der großen Open-Air-Konzerte auf dem Vrijthof zu besuchen. Andere Reisende sollten die Stadt in dieser Zeit meiden, da kein einziges Zimmer frei ist.

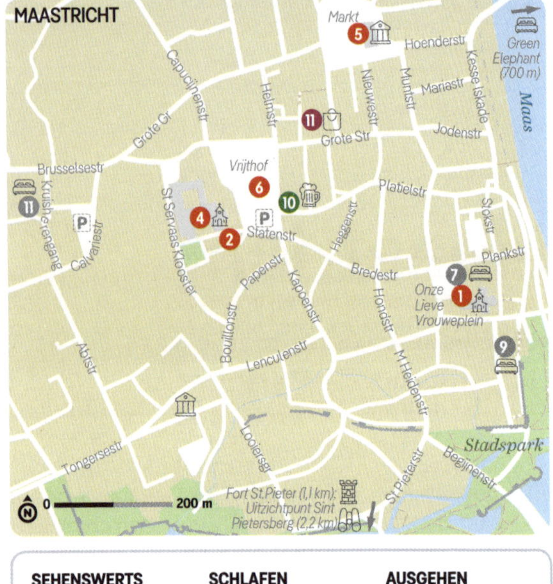

SEHENSWERTS
1 Onze Lieve Vrouwebasiliek
2 St. Janskerk
3 St. Servaas-Statue
4 St. Servaasbasiliek
5 Stadhuis
6 Vrijthof

SCHLAFEN
7 Hotel Derlon
8 Kruisherenhotel
9 Zenden

AUSGEHEN
10 In Den Ouden Vogelstruys

SHOPPEN
11 Boekhandel Dominicanen

WARUM ICH MAASTRICHT LIEBE

Mark Elliott, Autorr Ich liebe Maastrichts Lebensfreude mit all ihren Facetten: Jazz am Montagabend im schmuddeligen **Café Forum**, der freche Humor im belgischen Restaurants **Witloof**, philosophieren im **Soul Food** beim Bestellen günstiger Snacks, preiswerte französische Abendessen im **Bouchon d'en Face**, Zuurvlees (Fleischeintopf) im **Café Sjiek**. Ich liebe aber auch die ruhigen Ecken der Stadt: den Ausblick von **De Helpoort**, (Stadtmauer), Pétanque spielen auf dem **Bousquetplein**, den reizvollen **Ezelmarkt**, das **Bonnefantemuseum** und bei Regen die Bibliothek im äußerlich hässlichen **Centre Ceramique**.

Überreste einer römischen Piazza gefunden. Zu sehen ist die Fundstätte im Kellermuseum des **Hotel Derlon** (1870) – Hotelgäste kostenlos, Nichtgäste zahlen Eintritt.

Auf dem **Vrijthof**, reiht sich das alteingesessene Café **In Den Ouden Vogelstruys** ein in die Kette Café-Bars mit Blick auf die romanische **Sint Servaasbasiliek**. Die Kirche wurde über dem Grab des Bischofs von Tongern, dem heiligen Servatius, errichtet. Er starb 384 in Maastricht und machte damit die Stadt zu einem bedeutenden mittelalterlichen Wallfahrtsort. Die Stadt würdigt seine gestrenge Gestalt in verschiedenen Formen, u.a. als **Statue** auf der zentralen Brücke, die seinen Namen trägt. In der nach oben gestreckten Hand hält die Statue den typischen Himmels-

PIERRE CUYPERS

Er ist ein Meister der neugotischen Architektur. Weltweit bekannte Werke sind u.a. das **Rijksmuseum** (S. 84) und der **Amsterdamer Hauptbahnhof** (S. 59). Er restaurierte das historische **Stadttor** von Amersfoort (S. 148) sowie das Kasteel de Haar (S. 147) bei Utrecht. Sein Wohnhaus mit Werkstatt in **Roermond** hat er auch selbst entworfen.

schlüssel. Der Legende erzählt, Servatius sei auf Erden eine Art Stellvertreter des heiligen Petrus gewesen.

Ebenfalls am Vrijthof steht die protestantische **Sint Janskerk**. Im Kirchturm führen 280 Stufen zu einem herrlichen Ausblick in 40 m Höhe. Sein roter Anstrich (ursprünglich aus Ochsenblut) soll das weiche Mergelgestein vor Erosion schützen.

Die Bars gesäumte Boschstraat grenzt an den Markt Maastricht. Den belebten Marktplatz dominiert das attraktive **Stadhuis** (Rathaus). Sein hübsches Glockenspiel wird ab und zu gespielt. Nach Mitternacht beherrschen die Studentenpartys in den Bars das Terrain. Wenige Fußminuten östlich vom Vrijthof befindet sich in einer alten Kirche die **Boekhandel Dominicanen**, eine tolle Buchhandlung mit Café.

In den Höhlen Sint Pieterberg

Bloss nicht vom Kurs abkommen

„Wenn du dich hier drin verirrst, wirst du wahrscheinlich sterben" ist ein beliebter makaberer Scherz des Höhlenführers. Im Steinbruch Sint Pietersberg südlich von Maastricht wurden im Lauf der Jahrhunderte insgesamt rund 230 km Stollen, Tunnel und Höhlen gegraben. Etwa 80 km dieses Labyrinths sind noch vorhanden, meist unbeleuchtet. In Maastricht werden verschiedene **Untergrundtouren** angeboten. Spannende Erlebnisse sind die Holzkohlemalerei an den Wänden, die Geschichten u. a. über die Entstehung der Stollen und die Funktion als Schutzbunker und Versteck im Zweiten Weltkrieg. Im „geheimen" Gewölbe wurden drei Jahre lang Kunstschätze der Nation (darunter Rembrandts *Nachtwache*) erfolgreich vor den Besatzern versteckt.

Man kann online im Voraus buchen oder Tickets an einem Stand am Fort St. Pieter (17. Jh.) kaufen. Möglich sind auch Führungen durch das imposante Fort und seine Kasematten und Tunnel. Etwa 1 km weiter südlich befindet sich der **Uitzichtpunt Sint Pietersberg**, eine Aussichtsplattform, die beängstigend über dem tiefen ENCI-Steinbruch hängt.

RUND UM MAASTRICHT

Valkenburg
12 km östlich; gemütliches Städtchen, umgeben von bewaldeten Hügeln, sehenswert u. a. die Burgruine und die von Cuypers originalgetreu nachgebauten römischen Katakomben in einer alten Kalksteinmine.

Netherlands American Cemetery & Memorial
9 km südöstlich, mit Bus 350; weitläufiger Soldatenfriedhof des Zweiten Weltkriegs; markanter weißer Monolith mit Kapelle.

Roermond
48 km nördlich, Heimatstadt des Architekten Pierre Cuypers. Sehenswert sind das Cuyperhuis mit Werkstatt (faszinierendes Museum) sowie die Munsterkerk und die Christoffelkathedraal.

Thorn
45 km nördlich; malc risches Dorf, kleinste - Provinz des Römischen Reichs, damals von Frauen regiert. Seit den 1790ern wurden fast alle Häuser weiß gestrichen.

SCHLAFEN IN IN MAASTRICHT

Green Elephant
„Tiny Dream Houses" zu Hostelpreisen, etwas mehr Privatsphäre bieten Bettboxen mit Klimaanlage. **€**

Zenden
Boutique-Zimmer, verteilt auf drei Häuser im Stadtzentrum; ihr Weiß-in-Weiß-Design lässt an Außerirdisches denken. **€€**

Kruisherenhotel
Zum Designhotel umgebautes Kloster von 1483; jedes Zimmer ist ein Unikat, einige sind ein wenig klein. **€€€**

PRAKTISCHES

Dieser Abschnitt behandelt die wichtigsten Themen und Wissenswertes rund um die Niederlande. Die Kapitel sind voller praktischer Informationen und wertvoller Einblicke, die helfen, die Niederlande zu verstehen und sich zurechtzufinden, um das Beste aus der Reise herauszuholen.

Keukenhof (S. 190), Leiden

Ankunft

Schiphol International (AMS), gut zu Amsterdam und Rotterdam gelegen, ist der wichtigste Flughafen der Niederlande und der viertgrößte Europas; er wird von den meisten großen Airlines angeflogen. Der Flughafen ist eine kleine Stadt, ein Einkaufszentrum erfüllt alle Wünsche der Reisenden und es gibt Hotels. Die beiden anderen Flughäfen, Rotterdam The Hague Airport (RTM) und Eindhoven Airport (EIN), werden von Billig-Airlines angeflogen.

Visa

Ab 2024/25 verlangen EU-Einreisebestimmungen von 60 Ländern (dazu gehören die USA, Großbritannien und Kanada) vor Einreise eine Etias-Genehmigung zu beantragen (7 €) – das gilt auch für kurze Aufenthalte (90 Tage oder weniger).

Einreise

Einreisen aus dem Schengen-Gebiet sind visafrei möglich. Zu Nachbarländern wie Deutschland, Belgien, Österreich und der Schweiz gibt es keine Passkontrollen.

SIM-Karten

Prepaid SIM-Karten können im Flughafen gekauft werden. Die EU hat die Roaming-Gebühren in Europa abgeschafft, für Telefonate in/von anderen Ländern können die Gebühren jedoch hoch sein.

WLAN

Schiphols kostenloses WLAN heißt „Airport_Free_Wifi". Das Netz bleibt immer für vier Stunden verbunden; man kann sich immer wieder einloggen.

Vom Flughafen in die Stadt

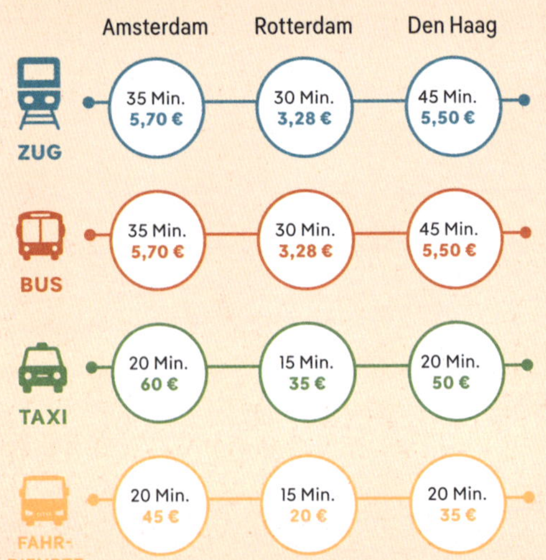

	Amsterdam	Rotterdam	Den Haag
ZUG	35 Min. 5,70 €	30 Min. 3,28 €	45 Min. 5,50 €
BUS	35 Min. 5,70 €	30 Min. 3,28 €	45 Min. 5,50 €
TAXI	20 Min. 60 €	15 Min. 35 €	20 Min. 50 €
FAHR-DIENSTE	20 Min. 45 €	15 Min. 20 €	20 Min. 35 €

ZUKUNFT DER FLUGHÄFEN

Die Zukunft des Flugverkehrs von und in die Niederlande ist ungewiss. Ende 2023 wurde spekuliert, dass die Regierung am Flughafen Schiphol eine Obergrenze von 452.500 Flugbewegungen pro Jahr (zurzeit Maximum 500.000) zur Lärmreduzierung festlegen wird.

Das könnte weniger Flüge bedeuten. Ein Fragezeichen schwebt auch über der Zukunft eines anderen Flughafens: Lelystad, 50 km östlich der Hauptstadt. Er wird für mehrere Mio. Dollar ausgebaut und könnte Flüge von Schiphol abziehen. 2024 soll über die weiteren Pläne entschieden werden, die seit Langem in der Schwebe sind.

Unterwegs vor Ort

Es gibt keine Inlandsflüge in den Niederlanden, aber das ist kein Problem – die meisten Strecken im Land sind so kurz, dass man schon vor dem nächsten Essen ein neues Ziel erreicht hat.

KOSTEN

Mietwagen
ab 35 €/Tag

Benzin
ca. 2,29 €/ Liter

Ladesäulen
0,30–0,35 €/ KWh

Zugfahrt von Den Haag nach Amsterdam
ca. 14,60 €

Fahrrad

Ausgewiesene Radwege gibt es fast überall – die meisten niederländischen Orte sind mit Radwegen ausgestattet. Zur Fahrradkultur (S. 38) gehören auch reichlich Parkmöglichkeiten und Fahrradabteile in den Zügen. Die meisten Ziele sind ein bis zwei Stunden Fahrt von einander entfernt.

Zug

Die holländischen Züge sind effizient, schnell und bequem. Sie verkehren häufig und regelmäßig innerhalb des Landes – manchmal fünf- oder sechsmal pro Stunde. Das Bahnnetz ist hervorragend und genügt meistens, um überall im Land herumzukommen (die Fahrradmitnahme ist möglich).

Auto

Das Autobahnnetz ist groß, aber stauanfällig. Die Straßen rund um Amsterdam, die A4 Richtung Belgien (Süden) und die A2 Richtung Maastricht (Südosten) sind in Stoßzeiten besonders verstopft. Kleinere Straßen sind gut in Schuss, aber breite Radspuren, Temposchwellen und Bauarbeiten verringern das Vergnügen.

Bus

Busse sind wichtige Transportmittel für den Regionalverkehr, besonders dort, wo Züge seltener sind oder nicht existieren wie in den nördlichen und östlichen Teilen der Niederlande. In manchen Regionen gibt es gute Tageskarten; einfach die Busfahrer fragen – sie sind in der Regel sehr hilfsbereit.

Boote & Fähren

Ganzjährig verbinden Fähren das Festland mit den Friesischen Inseln, zusätzlich verkehren noch saisonale Fähren zwischen den beliebtesten Inseln. Dazu kommen der schnelle Waterbus (waterbus.nl) in Südholland und Fähren, die Orte an den Kanälen und Wasserwegen verbinden.

UNBEDINGT BEACHTEN

Rechtsverkehr

50 km/h (Städte) bis 120 km/h (Autobahn)

0,5

Der Grenzewert für Alkohol im Blut liegt bei 0,5 %

ÖFFENTLICHER NAHVERKEHR

- Wer häufig Busse und Bahnen benutzt, sollte sich bei der Ankunft (in Bahnhöfen, Supermärkten etc.) oder im Voraus (public-transport-holland.com) eine wiederverwendbare OV-chipkaart (7,50 €) kaufen, die fünf Jahre gültig ist.
- Man lädt sie an einem Schalter auf (mind. 10/20 € Busse/Züge). Beim Einstieg in ein Verkehrsmittel hält man sie an den Scanner.
- Beim Aussteigen auch wieder, sonst zahlt man den Höchstpreis.
- Bei der Abreise bekommt man das Restguthaben an Infoschaltern des Nahverkehrs (1 € Gebühr) erstattet.
- Ohne eine OV-chipkaart kauft man bei Fahrtantritt einen Fahrschein (dabei wird 1 € Aufschlag auf den Fahrpreis fällig).

Geld

WÄHRUNG: **EURO (€)**

Geldautomaten

Geldautomaten stehen in den Banken, Flughäfen und Bahnhöfen. Geldwechsler gibt es an Flughäfen, sie bieten aber oft keine günstigen Kurse. Kreditkarten wie Visa und MasterCard sind weit verbreitet; American Express ist seltener.

Kartenzahlung

Kartenzahlung ist in den Niederlanden komplizierter. Viele Firmen – dazu gehören auch die Eisenbahn und Supermarktketten – akzeptieren nur holländische PIN-Karten und keine Bankkarten. Inzwischen akzeptieren immer mehr Unternehmen (angesagte Cafés und Restaurants in Amsterdam) digitale Bezahlung (auch Kartenzahlung).

Holländische PIN-Karten

Niederländer benutzen gerne überall ihre PIN-Karten - von Supermärkten bis zu Automaten. Es gibt sie nur für Besitzer eines holländischen Kontos.

WIE VIEL KOSTET ...

3 Std. Bootsmiete
80 €

Öffentliche Toiletten
1 €

Zugfahrt von Amsterdam nach Rotterdam
ab 30 €

Die „I amsterdam"-Karte
60 € (24Std.)

WIE MAN... Geld spart

Sich mit wenig Geld zu vergnügen ist einfach. Kostenlose Veranstaltungen werden im Festivalkalender angeboten. In Amsterdam und Rotterdam kann man kostenlos Unterhaltung in Jazz Cafés und Mittagsshows im Concertgebouw (S. 83, reservieren) besuchen. Im Sommer finden in den Parks kostenlose Veranstaltungen statt, von Vorstellungen im Vondelpark (S. 275) bis zu Tangonächten im Oosterpark (S. 97).

FEIERTAGE

Die meisten Museen, Restaurants und Kulturstätten öffnen an Feiertagen und auch sonntags, selbst wenn sie auf einen Tag fallen, an dem sonst geschlossen ist, wie ein Montag. Das gilt jedoch hauptsächlich für Städte. Während der Weihnachtstage und an Neujahr ist praktisch alles geschlossen, einige Museen in Amsterdam bilden hierbei eine nette Ausnahme. Einzelhandelsgeschäfte, inklusive Supermärkten, sind geschlossen (außer einigen Geschäften in Bahnhöfen und Touristenorten); ebenso Apotheken, die allerdings in größeren Städten einen Notdienst an Feiertagen anbieten.

LOCAL TIPP

In Amsterdam Noord kann man Künstler bei der Arbeit sehen. In und um die ehemaligen Schiffsbauhallen NDSM Loods (S. 110) und Straat (S. 110) wird ständig an Wandgemälden und Installationen gearbeitet.

Übernachten

B&Bs

Beim Übernachten in B&Bs kann man Einheimische kennenlernen und bekommt oft auch Insidertipps. Zusätzlich entdeckt man die teils seltsamen, exzentrischen und wundervollen Inneneinrichtungen der Niederländer. In den Städten sind sie zwar weniger verbreitet, dafür auf dem Land umso mehr. Die Touristeninformationen haben Listen oder man reserviert über Buchungsportale.

Camping

Die Niederländer sind passionierte Camper. Campingplätze gibt es sowohl in abgelegenen Gegenden als auch in Form von Siedlungen mit Geschäften und Swimmingpools. Ein typischer Stellplatz ist für zwei Personen und ein Zelt; Wohnwagen und Auto kosten extra. Bungalows, Hütten oder Luxuszelte mit Gemeinschaftsbad werden angeboten. In Friesland gibt es viele Campingplätze mit Meerblick.

Coworking-Unterkünfte

Moderne Coworking-Unterkünfte, die Zimmer und einen Arbeitsplatz (meistens ein Café/Bar) anbieten, sind zahlreich. Sie reichen vom günstigen Hostel mit Arbeitsplätzen bis zu luxuriösen Zufluchtsorten mit Laptop geeigneten, gut ausgestatteten Lounges zum Wohlfühlen bei einem Drink. Hier bieten sich gute Möglichkeiten zum Netzwerken – nicht nur digitale Nomaden treffen sich, sondern auch viele Einheimische, die einen Tapetenwechsel suchen.

Hostels

Das holländische Jugendherbergswerk Stayokay ist an Hostelling International (HI) angeschlossen. Nicht alle sind neu gebaut, aber überall gibt es ein gutes Angebot an Zimmern (Schlafsäle und private Zimmer) und gute Ausstattung lädt zum Wohlfühlen ein. Einige, wie das Stayokay in Rotterdam (S. 166), befinden sich in ikonischen Gebäuden. Unabhängige Hostels (innovativ bis chaotisch) sind in Städten zahlreich, in kleinen Orten seltener.

Hotels

Jedes holländische Hotel mit mehr als 20 Zimmern gilt als groß. Der Vorteil ist der persönliche Stil bei den Räumen und es gibt sehr viele Unterkünfte, die individuell geführt werden. Meistens sind die Zimmer eher klein und die Aussicht nicht besonders verlockend. Bei Unterkünften an einer Gracht muss man mit engen, steilen Treppen rechnen.

GÜNSTIG ÜBERNACHTEN

Das Schild mit der Anzahl der Sterne am Eingang jedes Hotels zeigt die Beurteilung durch die Nederlandse Hotel Classificatie (NHC). Die Sterne (von eins bis fünf) werden nach Ausstattungsmerkmalen, nicht nach Qualität vergeben. So kann ein 2-Sterne-Hotel besser sein (aber eine geringere Ausstattung haben) als Hotels mit mehr Sternen; Beurteilungen im Internet geben weitere Auskunft.

Empfehlung: Ein Hotel in einer weniger gefragten Stadt, wie Haarlem (anstelle von Amsterdam) oder Delft (anstelle von Rotterdam), buchen. Die Preise sind dort in der Regel niedriger und man kann beide Städte in weniger als 30 Zugminuten bequem erreichen.

Reisen mit Kindern

Die Niederlande sind eines der kinderfreundlichsten Länder Europas. Die berühmte holländische Toleranz erstreckt sich auch auf Kinder und die Einheimischen heißen sie herzlich willkommen (und die Eltern auch). Viele Attraktionen sind auf junge Besucher zugeschnitten oder für sie entworfen und Wahrzeichen wie Schlösser oder Windmühlen bezaubern jedes Alter.

Essen gehen

Kinder sind in fast allen Restaurants, außer ganz förmlichen, gerne gesehen. Der Trend zu schicken Lokalen im Bistrostil mit hohen Decken und einem eher lauten Ambiente ist sogar besser für die Kleinen. Insgesamt sind alle sehr verständnisvoll, auch für Chaos, das durch Kinder entstehen kann; man trifft holländische Familien beim Essen in Restaurants oder sie sitzen im Park und essen die geliebten *frites* (Pommes frites).

Vergünstigungen

Es gibt keine Regel, wie viel und ab welchem Alter Kinder bezahlen müssen – einige Museen sind bis 18 Jahre kostenlos, andere bieten nur freien/ermäßigten Eintritt bis 16 Jahre (Van Gogh Museum; S. 86) oder unter 12 Jahren (Königspalast; S. 58). Manchmal gibt es freien Eintritt nur bis 6 Jahre. Geld sparen lässt sich mit Familienpässen, die günstigen Museumseintritt und freie Busfahrten bieten.

Unterwegs vor Ort

Die meisten Fahrradverleiher bieten auch Anhänger, Kindersitze und Kinderräder an. Im Sommer lohnt es sich, im Voraus zu reservieren. Einige verleihen auch Helme (für jedes Alter), besser ist natürlich der eigene Helm.

Übernachten

Wenige Hotels sind nur für Erwachsene. Landesweit sind Familienzimmer für vier Personen üblich und viele Hotels stellen auch ein Zustellbett (gegen geringe Gebühr) oder ein Babybett auf (kostenlos).

TIPPS FÜR KINDER

Vondelpark (S. 275) Weltraumrutsche, Spielplätze und Ententeich im größten Park der Hauptstadt.

NEMO Science Museum (S. 103) Interaktive Experimente und sensationelle 4000 l Wasser in Amsterdam-Noord.

Het Scheepvaartmuseum (S. 102) Maßstabsgetreuer Nachbau eines Schiffes aus dem 17. Jh. mit Kanonen.

Wereldmuseum (S. 98) Kinderfreundliche Ausstellung zu Multikulturalismus.

Deltapark Neeltje Jans (S. 191) Kinderfreundliche Ausstellung über Seegefechte, dazu ein Aquapark.

REISEZEIT

Die Niederlande sind ein ganzjähriges Reiseziel, aber Familien bevorzugen sicherlich die wärmeren, trockneren Monate – von Ostern bis September – für Unternehmungen im Freien; von Stränden bis zum Segeln oder Bummeln in Parks.

Jede Menge Windmühlen und Kanäle bieten zu allen Zeiten Spaß im Freien. Im Winter können die Kids auf vielen Weihnachtsmärkten in den Städten Eislaufen.
Auch der Festivalkalender sollte berücksichtigt werden: Im nassen, kalten Februar finden kinderfreundliche Karnevalsumzüge statt; Sinterklaas bringt am 5. Dezember den Kindern Geschenke und der Sommer bietet viele (kostenlose) Feste und Sportveranstaltungen.

Sicher reisen

MEDIKAMENTE

Freiverkäufliche Medikamente wie Aspirin gibt es in Apotheken und Supermärkten. Apotheken und Drogerien sind in allen Städten und Orten vorhanden. Rezeptpflichtige Medikamente bekommt man nur nach einem Besuch beim Gesundheitsdienstleister. .

Notfälle

Reisende, die nicht in der EU wohnen, müssen medizinische Behandlungen selber bezahlen und später bei ihrer Versicherung einreichen. Rezepte und Dokumente aufbewahren. Für medizinische Probleme nachts oder am Wochenende, die keine Notfälle sind, Verletzungen oder leichte Krankheiten, sucht man einen *huisartsenpost* (ambulantes Notfallzentrum) auf.

Verschreibungspflichtig

Wer verschreibungspflichtige Medikamente benötigt, sollte u. U. einen Arztbrief mit sich führen, der die medizinische Notwendigkeit dokumentiert. Die eigenen Medikamente sollten in der Originalverpackung mitgeführt werden.

NACHT-APOTHEKE

Dienstapotheek (Apotheke mit Notdienst) versorgt Notfälle außerhalb der Öffnungszeiten; der Dienstplan wechselt. Man findet sie online.

SICHERHEIT

Fahrräder abschließen oder einen bewachten Stellplatz suchen

Auf Taschen aufpassen; Diebe lieben dichtes Gedränge

Vorhängeschloss mitbringen für Schließfächer im Hostel

Nach beiden Seiten schauen beim Überqueren von Radwegen

Mit dem E-Scooter nur auf regulären Straßen fahren

100-Euro-Scheine prüfen – Fälschungen sind häufig

Leitungswasser

Eine eigene Trinkflasche lohnt sich. Das Leitungswasser in den Niederlanden ist sauber und einwandfrei trinkbar. Trinkbrunnen sind in Parks, Campingplätzen, touristischen Gebieten und Verkehrsknotenpunkten verbreitet. In Restaurants kann man nach *kraanwater* (Leitungswasser) fragen, es ist häufig kostenlos.

KRANKENVERSICHERUNG

Bürger der EU, Schweiz, Island, Norwegen und Lichtenstein erhalten notwendige medizinische Behandlungen kostenlos oder günstiger durch die eigene staatliche (nicht private) Krankenversicherung mit der European Health Insurance Card (EHIC). Man zahlt direkt und bekommt später auf Antrag einen Teil der Kosten (meistens etwa 70 %) erstattet. Jedes Familienmitglied braucht eine eigene Karte.

BJOERN WYLEZICH/SHUTTERSTOCK ©

Essen, Trinken & Feiern

Tischmanieren

Die Niederländer speisen recht förmlich, man setzt sich zum Essen. Vor dem Essen wünscht man „Eet smakelijk" (guten Appetit) und wartet, bis der Gastgeber/die Gastgeberin beginnt. Beim Anstoßen sagt man „Prost!" und schaut sein Gegenüber an. Ist das Essen beendet, legt man das Besteck parallel auf dem Teller ab.

Wo essen?

Bakkerij Bäckerei mit Brot und Backwaren.

Bruin café Braunes Café; traditionelle Kneipe mit frittierten Snacks.

Coffeeshop Kein Café, sondern ein Cannabis-Verkauf.

Eetcafé Traditionelle Kneipe mit Essen.

Kaaswinkel Käsegeschäft.

Koffiehuis Espressobar oder Café.

Kroeg Kneipe oder Bar mit Getränken.

Markt Stadtplatz oder Markt.

Slagerij Fleischerei.

Vijshandel/Viswinkel Fischgeschäft.

Wijnhuis Traditionelles Weinlokal.

Wijnhandel Weingeschäft.

ESSEN

Menukaart Speisekarte

Voorgerecht Vorspeise

Hoofdgerecht Hauptgericht

Bijgerecht Beilagen

Borrelhapjes Bar Snacks

Nagerecht Dessert

Ontbijt Frühstück

Middageten Mittagessen

Avondeten Abendessen

Vegetarisch Vegetarisch

Frites Pommes frites

Soep Suppe

Salade Salat

Groente Gemüse

Vis Fisch

Kip Huhn

Vlees Fleisch

Rundvlees Rindfleisch

Varkensvlees Schweinefleisch

Frietjes Pommes frites

Vatbier Fassbier

Fles Flasche

Sap Saft

Met ijsblokjes Mit Eis

Wijn Wein

Mousserende wijn Sekt

Koffie Kaffee

Bruisend water Sprudelwasser

Kraanwater Leitungswasser

Taart Kuchen

Dagelijks menu Tagesmenü

Zelfbediening Selbstbedienung

Reservering Reservierung

Bestelling Bestellung

Hier eten Vor Ort essen

Om mee te nemen Zum Mitnehmen

Huisgemaakt Hausgemacht

Zoet Süß

Zout Salzig

Pittig Scharf

Warm Warm

Koud Kalt

Lactosevrij Laktosefrei

Glutenvrij Glutenfrei

Alcoholvrij Alkoholfrei

Rekening Rechnung

Fooi Trinkgeld

WIE VIEL KOSTET ...

Pommes
3 €

ein Essen im Sterne-Lokal
150–200 €

ein Cappuccino
ab 3 €

200 g Käse
5 €

ein Glas Bier
3 €

ein Craftbier
ab 5 €

ein Glas Genever
3 €

WIE MAN ... beim Essen getrennt bezahlt

- **Die Rechnung aufteilen** Normalerweise zahlt derjenige, der einlädt – in einer Gruppe wird jedoch oft geteilt. Auch wenn der Einladende anbietet, die Rechnung zu übernehmen, ist es üblich, dass man höflich anbietet sich zu beteiligen.
- **Nach getrennten Rechnungen fragen** In vielen Gaststätten fragt der Service gleich, ob die Rechnung getrennt geht (aparte rekening) oder zusammen (één rekening). Wenn das gleich am Anfang geklärt wird, ist es später einfacher.
- **Bargeld und Bankkarte mitnehmen** Da die Niederländer mit ihrer PIN-Karte bezahlen, müssen Ausländer ihnen Bargeld geben. Kleingeld und unterschiedliche Scheine vereinfachen das Bezahlen. Da viele Gaststätten bargeldlose Zahlung wünschen, sollte man auch eine Bankkarte mitnehmen.
- **Bezahl-Apps** Bezahl-Apps helfen beim Kostenteilen. Ausgaben für Hotels und Transport können gerecht aufgeteilt und Zahlungen verfolgt werden ohne irgendwelche Peinlichkeiten.
- **Trinkgeld planen** Trinkgeld ist üblich, aber nicht Pflicht. Normalerweise rundet man die Rechnung auf oder hinterlässt Bargeld, also besser vorher darüber reden. Auf der Rechnung prüfen, ob Trinkgeld bereits inbegriffen ist.
- **Vergünstigungen für Gruppen nutzen** Gruppen-Tickets machen Museumsbesuche und Bus- und Bahnfahrten günstiger. Auch bei Hotels oder Aktivitäten bekommen große Gruppen oft Rabatt. Bei Attraktionen vorher fragen, ob man Extratickets braucht.

Gerechtes Teilen

Die Praxis des gerechten Teilens stammt wahrscheinlich von den Feindseligkeiten im 17. Jh. während des Englisch-Holländischen Krieges. Holländische Händler, die einen egalitären Ansatz wählten, teilten mit den Handelspartnern die Kosten gerecht, um ihren guten Willen zu zeigen.

AMSTERDAMS NACHTLEBEN

In den letzten Jahren haben die Behörden Maßnahmen getroffen um den Overtourism in Amsterdam in den Griff zu bekommen. Ziel ist, die Zahl der Übernachtungen von 18 Mio. pro Jahr auf unter 10 Mio. zu drücken.

Die Polizeipräsenz im Stadtzentrum von Amsterdam ist auffällig. Wer Regeln missachtet, kann sich Geldstrafen oder Standpauken von Einheimischen einhandeln, die die Nase voll haben vom schlechten Benehmen.

Die Maßnahmen, zu denen ein Verbot von Sauftouren in bestimmten Gebieten und eine Reduzierung der Bordelle im Rotlichtbezirk gehören, sollen Lärmbelästigungen und Kleinkriminalität mindern. Ziel ist ein Stadtzentrum, in dem sich Besucher und Bewohner gleichermaßen wohl fühlen.

Die Kehrseite ist, dass durch solche Aktionen Besucher ihren Aufenthalt genauer planen müssen. Ein geringeres Bettenangebot bei Airbnb, Hotels und Flusskreuzfahrten und frühere Schlusszeiten beim Ausgehen beeinflussen den Aufenthalt.

Nachhaltig reisen

Reisen & Klimawandel

Wir können unsere Augen nicht davor verschließen, welche Folgen Reisen haben und wie wichtig nachhaltiges Reisen ist. Lonely Planet bittet alle Reisenden, auf ihren ökologischen Fußabdruck zu achten. Im Netz gibt es viele Möglichkeiten, den eigenen CO_2-Ausstoß bei einer Reise zu berechnen, z. B. resurgence.org/resources/carbon-calculator.html. Viele Fluggesellschaften und Buchungsportale bieten Reisenden die Möglichkeit, Treibhausgasemissionen durch Unterstützung von klimafreundlichen Initiativen auf der ganzen Welt zu kompensieren. Wir werden weiterhin den CO_2-Fußabdruck aller Mitarbeitenden von Lonely Planet ausgleichen, wissen aber auch, dass eine Schadensmilderung keine Lösung ist.

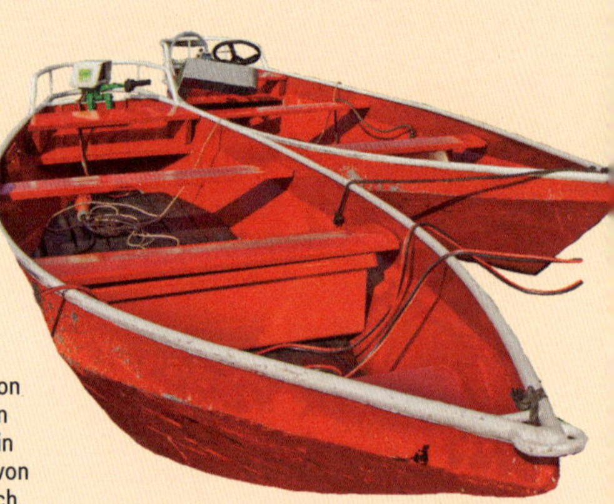

Grüner Transport

Kurze Entfernungen lassen sich nachhaltig mithilfe von E-Mitfahrzentralen bewältigen; angeboten werden E-Autos, Scooter, Mopeds und E-Bikes. Man zahlt pro Fahrt.

Grüne Architektur

Rotterdam ist das Kraftzentrum für innovatives, umweltfreundliches städtisches Design. Ein Highlight ist Hofbogenpark (S. 169), der längste und engste Dachpark der Niederlande mit Boutiquen, Restaurants und einem Café im Grünen.

Klimafreundliches Speisen

Nachhaltig Essen beschränkt sich nicht nur auf Gourmetrestaurants: Käse aus Pflanzen, Naturwein und Zero-Waste-Küche findet man an überraschenden Orten. Amsterdams De Ceuvel (S. 110), nachhaltig bis zu den Komposttoiletten, steht eindeutig an der Spitze.

Nachhaltige Grachtentouren

Grachtenfahrten funktionieren auch ohne Emissionen, von Tretbooten bis zu E-Booten. Plastic Whale (S. 59) bietet „Angeltouren" zum Plastikfischen an, bei denen mit Booten aus recycelten Plastikabfällen verschmutzte Wasserstraßen gesäubert werden.

Auf **Rederij Lampedusa** (S. 106) hört man Geschichten von Einwanderern auf einem Flüchtlingsboot.

Der Öko-Markt **De Groene Passage** (S. 163) bietet alle Arten von handwerklichen Produkten an.

ANTIKOLONIALTOURISMUS

Einige Tourismusinitiativen befassen sich mit dem niederländischen Kolonialerbe und bieten Einblick in Themen wie Gentrifizierung, Einwanderung und Identität. Ein guter Tipp sind **Tours That Matter** (toursthatmatter.com) und **Rotterdam's Urban Guides** (S. 161) und **Wereldmuseum** (S. 98), ein Völkerkundemuseum.

INNOVATIVES GÄRTNERN

Workshops zur ökologischen Landschaftsgestaltung bieten gemeinschaftsbasierte Einrichtungen wie der Gewächshauskomplex von Rotterdams Stadskwekerij de Kas (S. 169) oder Amsterdams Cannabis College (S. 59). Bei einem Kaffee kann man die tolle Aussicht von Europas größtem Dachgarten Schieblock (S. 169) genießen.

Grüne Lungen

Von einem 'Dam zum anderen locken Parks mit Live-Unterhaltung. Kostenlose Sommerkonzerte, wie das Openluchttheater im Vondelpark (S. 82), bieten Vergnügen wie Teiche oder Picknickplätze.

Grün schlafen

Nachhaltige Unterkünfte gibt es in allen Preisklassen. Conscious Hotels (conscioushotels.com) findet man überall in Amsterdam. Besonders cool sind Übernachtungen in ausgedienten, umfunktionierten Gebäuden wie Hotel Bunk (S. 110) in einer Kirche oder das umweltbewusste Hostel Cocomama (S. 77).

Das weltweit erste Museum für nachhaltige Mode **Fashion for Good** (S. 59) taucht tief in die Modegeschichte, Technologie und Käuferverhalten ein und bietet Besuchern viel Praxiswissen und Einblicke, damit sie umweltbewusster einkaufen können.

Das skurrile **Poezenboot** (Katzenboot), das auf Amsterdams Singel liegt, bietet seit 1966 streunenden Katzen eine Unterkunft. Mehr als fünfzig Katzen warten auf eine Adoption. Der Eintritt ist kostenlos, Spenden sind sehr willkommen.

Städtische Farmen

Man muss nicht weit fahren, um beeindruckende städtische Farmen rund um Rotterdam zu sehen. Nachhaltige Snacks gibt es bei Uit Je Eigen Stad und grasende Kühe bevölkern die erste Schwimmende Farm (S. 169) der Welt.

9

Der Sustainable Development Report führt die Niederlande auf dem 9. Platz weltweit. Das Land möchte bis 2050 eine Kreislaufwirtschaft erreichen. Angetrieben durch die Klimakrise und Overtourism entwickelt sich Amsterdam zu einer nachhaltigen Stadt.

INFOS IM INTERNET

fashionforgood.com
Gemeinnütziger Anbieter hübscher Mode.

amsterdam.nl
Infos über Amsterdams Kreislaufstrategie.

nederlandfietsland.nl
Routenplaner für Fahrradtouren.

LGBTIQ+

Die Niederlande waren das erste Land, das gleichgeschlechtliche Ehen legalisierte (2001) und gilt als eines der Lieblingsziele der LGBTIQ+-Gemeinde – besonders Amsterdam, das ganzjährig einen vollen Kalender mit Festen und Veranstaltungen bietet. „Queerer Hotspot" ist eine Untertreibung. Nicht nur in der Hauptstadt, sondern im ganzen Land wehen die Regenbogenfahnen.

Pride-Monat

Die niederländischen Pride Paraden umfassen die ganze Diversität des Landes, jedes Alter, Art und Persönlichkeit feiert. Amsterdam Pride (S. 282), ein Spektakel auf dem Wasser, ist eines der weltweit größten Feste, Hunderttausende feiern entlang der Grachten. Die zweitgrößte ist Rotterdam Pride, aber auch zwischen Maastricht und Eindhoven, Groningen und Utrecht finden Paraden statt. Es finden nie zwei Paraden gleichzeitig statt, man kann also alle besuchen. 2026 findet die World Pride statt, die wichtigste Veranstaltung für LGBTQ+-Bewusstsein.

SCHWULENVIERTEL

Amsterdams LGBTIQ+-Szene gehört zu den größten der Welt. In den 1980er-Jahren entstand die Reguliersdwarsstraat, Amsterdams Straße der Schwulenbars, und seitdem finden hier große Trinkgelage statt. In der Warmoesstraat im Rotlichtbezirk finden sich die berüchtigten Fetischbars. Die Geschäfte am Nieuwmarkt bieten Fetischmode aller Art an und es gibt sogar ein S&M Hotel, das alle Wünsche erfüllt.

SEXSHOP

Amsterdams Condomerie, der erste Kondomshop der Welt, entstand als Initiative für Safer Sex während der Aids-Epidemie in den 80er-Jahren. Heute wird die Adresse im Rotlichtbezirk von staunenden Touristen besucht. Der Laden bietet eine Auswahl an Kondomen für jeden Geschmack sowie anderes Spielzeug.

LGBTIQ-Geschichte

Es gibt Spaziergänge zum Thema Geschichte der LGBTIQ+ in Amsterdam (specialamsterdamtours.nl) oder Rotterdam (S. 165). Am Pink Point, Amsterdams offiziellem Info-Punkt für LGBTIQ+ (beim Homomonument), gibt es Publikationen zu Schwulen und Lesben sowie Flyer zu Partys und Events.

Schwulen-Bar

Café 't Mandje rühmt sich, die älteste Schwulenbar der Welt zu sein. Sie wurde 1927 von der Lesbierin Bet van Beeren gegründet und bietet einen sicheren, vorurteilsfreien Raum für LGBTIQ+ und Sexarbeiterinnen.

HOMOMONUMENT

1987 wurde in Amsterdam das weltweit erste Schwulendenkmal, das Homomonument, errichtet. Es erinnert an die LGBTIQ+-Opfer der Verfolgung durch die Nazis; die drei großen Dreiecke aus pinkfarbenem Granit symbolisieren die Abzeichen, die damals getragen werden mussten. Am Königstag gibt es ein Open-Air-Festival.

Barrierefrei reisen

Reisende mit Beeinträchtigungen haben gelegentlich mit Problemen zu kämpfen. Günstige und Mittelklassehotels, besonders in älteren Innenstadtgebäuden Amsterdams, haben steile, enge Treppenhäuser.

Sehenswertes

Die meisten Museen und Attraktionen sind barrierefrei, haben Fahrstühle oder Rampen und barrierefreie Toiletten. Zu den wichtigen Ausnahmen gehören das Anne Frank Huis, Westerkerk und einige Boote auf den Grachten.

Flughafen

Reduced Mobility Rights (reducedmobility.eu) ist eine gute Quelle zu Barrierefreiheit in der EU, dazu gehören auch Fluggastrechte und Infos über Fluggesellschaften und Flughäfen. Die Website vom Flughafen Schiphol (schiphol.nl) informiert auch über Hilfeleistungen für Passagiere mit Handicap.

Übernachten

Günstige und Mittelklassehotels sind nur eingeschränkt zugänglich, besonders die an den Grachten. Ältere Häuser haben meistens steile Treppen (manchmal sehr eng) und keinen Fahrstuhl – eine Herausforderung sogar für mobile Personen. Airbnb hat ein eingeschränktes Angebot.

Essen

Die meisten Restaurants sind im Erdgeschoss, können einige Stufen haben oder Pflastersteine vor der Tür. In kleineren, älteren Einrichtungen sind die Toiletten oft nicht barrierefrei und besitzen keine Handgriffe.

Transport

Viele Bahnhöfe haben Rampen, Fahrstühle oder einen Lift sowie barrierefreie Toiletten. Rollstühle, Scooter und spezielle Fahrräder (inkl. Tandems und E-Bikes) können kostenlos mitgenommen werden, manchmal gibt es bestimmte Anforderungen.

Autoreisen

Handgesteuerte Fahrzeuge und Transporter mit Lift für den Rollstuhl sind ohne Zusatzkosten bei Autovermietern erhältlich; man sollte lange vorher reservieren. Raststätten an den Autobahnen haben normalerweise barrierefreie Toiletten und Parkplätze für Rollstuhlfahrer.

Züge

Hilfe erhält man rund um die Uhr beim Service Center der NS Eisenbahn (Tel: 030 235 7822) oder direkt am Serviceschalter. Je eher, desto besser (mindestens 48 Stunden vor Reiseantritt).

INFOS IM INTERNET

Infos über rollstuhlgeeigneten öffentlichen Transport.

accessibletravel.nl Infos über Restaurants, Sehenswürdigkeiten, Transport und Touren.

reisinfo.gvb.nl Reiseplaner mit Straßenbahn- und Zugkarten.

wheelmap.org Die Karte zeigt barrierefreie Einrichtungen und Toiletten.

mobilista.eu Blog für rollstuhlgeeignete Reisen in Europa.

mobilityequipment hiredirect.com Mietportal für Hilfsmittel für Gehbehinderte.

wheelchairtravel.org/amsterdam/ Reiseführer für Amsterdam.

ango.nl Staatliche holländische Organisation für Menschen mit Behinderungen.

ongehinderd.nl Berichte zu interessanten Orten im ganzen Land, auch Museen. Auch als Smartphone-App verfügbar, aber nur auf Holländisch.

Nachhaltig shoppen

Antiquitäten, Kunst und Kleidung, von Vintage bis zu umweltfreundlich produziert oder recycelt – die Niederlande sind bekannt für umweltfreundliches Einkaufen. Ziel ist es, bis 2025 sicherzustellen, dass alle Textilien entweder recycelt sind oder nachhaltig produziert wurden. Das Angebot reicht von Boutiquen mit grünen Öko-Waren bis zu pre-loved und Kreislaufmode.

MUSEUM FÜPR NACHHALTIGE MODE

Das weltweit erste Museum für nachhaltige Mode Fashion for Good (S. 59) taucht ein in die Geschichte der Modeproduktion und die Auswirkungen von Fast Fashion, informiert über die Arbeitsbedingungen in Billigfabriken und alarmierende Statistiken, so landen 60 % aller Kleidung auf dem Müll. Die Eintrittsgebühren unterstützen die Ausstellung, aber auch eine Non-Profit-Organisation mit gleichem Namen, die heimische Designer unterstützt und über nachhaltige Produktion berät.

Flohmärkte

Die Niederländer lieben Flohmärkte – der in den IJ Hallen in Amsterdam (S. 110) gehört zu den größten Europas. Waterlooplein (S. 106) ist im Zentrum, hier verkaufen Händler Secondhand-Ware und Kunsthandwerk. Für ein paar Euro kann man eine ganze Tüte voll Kleidung bekommen (Tasche mitbringen um Plastik zu vermeiden). In der Hauptstadt bietet Westermarkt (S. 69) über 100 Verkaufsstände mit Kleidung und Textilien. Freundliches Handeln ist möglich.

Gepflegte Antiquitäten

Amsterdams alte Häuser sind ein Traum für Maximalismus-Enthusiasten und Nachhaltigkeitsfans. Die größten Schatzkisten mit Antiquitäten, Kunst und Vintage-Dekor finden sich in den Pflasterstraßen im Spiegel Quartier (S.78). Hier findet man alles, von Gemälden bis zu klassisch holländischen Stücken wie antiken Delfter Kacheln. Die Hallenmärkte Antiekcentrum Amsterdam (S. 69) und Van Dijk & Ko (vandijkenko.nl) sind bekannt für gute Ware und seltene Stücke.

Secondhand Kleidung

Die meisten niederländischen Städte haben mehrere Secondhand-Läden; sogar in kleinen Orten gibt es meistens einen. In Amsterdam findet sich die größte Dichte an gut sortierten pre-loved Modeläden rund um das Gebiet Negen Straatjes (Neun Straßen; S. 68), besonders an der Berenstraat. Rotterdams Vintage-Läden (S. 182) sind cool und absolut vielseitig. Winzige Boutiquen verkaufen ausgefallene Sachen: Cowboystiefel (holländische Influencer lieben sie), schrille Sonnenbrillen und jede Menge Leder und Retro-Sportbekleidung.

Innovative Mode

Mit dem Ziel, die Menge der Textilproduktion und den Abfall zu reduzieren, bietet die niederländische Regierung nachhaltigen Designern und Startups viel Unterstützung. Es gibt viele schicke niederländische Modemarken mit niedrigem CO_2-Fußabdruck. Besonders in Amsterdam kann man Rucksäcke, Jacken und Sneaker finden, die innovativ aus recyceltem Plastik und sogar Ananas-Leder hergestellt wurden. Im kreativen Hotspot Arnhem findet die jährliche Dutch Sustainable Fashion Week (Anfang Oktober) statt, das Highlight der Modeszene.

TRENDIGE EINKAUFSMEILE

Haarlemmerbuurt (S. 71), eine lange Durchgangsstraße mit ehemaligen Werften, Brauereien und Lagerhäusern, entwickelt sich zu Amsterdams „nachhaltiger Einkaufsmeile". Man findet kleine Geschäfte mit Lebensmitteln und Mode, von Slow Fashion bis zu Naturkosmetik und Haushaltswaren. Statt kitschiger Souvenirs gibt es ziemlich einzigartige Andenken, die mit Liebe gemacht wurden (und halten). Und auch Geschäfte mit Vintage-Mode sind vorhanden.

Kurz & knapp

ÖFFNUNGSZEITEN

Genannt sind Öffnungszeiten für die Hauptsaison.

Banken Mo–Fr 9–16 Uhr

Bars und Kneipen So–Do 12–1 Uhr, Fr–Sa bis 3 Uhr

Museen täglich 10–17 Uhr, manche sind Mo geschlossen

Restaurants Mittagessen 11–14.30 Uhr, Abendessen 18–22 Uhr

Geschäfte Di–Fr 10 oder 12–18 Uhr (Kaufhäuser Do länger), Sa und So 10–17 Uhr, Mo 13–17 Uhr (falls geöffnet). Viele Geschäfte haben donnerstags bis 21 Uhr geöffnet.

Supermärkte 8–20 Uhr

GUT ZU WISSEN

Zeitzone
MEZ

Landesvorwahl
+31

Notruf
112

Einwohner
17,5 Millionen

FEIERTAGE & FERIEN

Die meisten Museen sind an Feiertagen (außer Weihnachten und Neujahr) wie sonntags geöffnet. Viele Leute behandeln den Totengedenktag (4. Mai) als Feiertag. Karneval wird im katholischen Süden mit großen Partys begeistert gefeiert.

Nieuwjaarsdag (Neujahr)
1. Januar

Goede Vrijdag (Karfreitag)
Freitag vor Ostern

Eerste Paasdag (Ostersonntag)
März/April

Tweede Paasdag (Ostermontag)
Montag nach Ostersonntag

Koningsdag (Königstag)
27. April (26. April, wenn der 27. ein Sonntag ist)

Hemelvaartsdag (Christi Himmelfahrt)
40. Tag nach Ostern

Eerste Pinksterdag (Pfingstsonntag)
50. Tag nach Ostern

Tweede Pinksterdag (Pfingstmontag)
50. Tag nach Ostermontag

Eerste Kerstdag (1. Weihnachtstag)
25. Dezember

Tweede Kerstdag (2. Weihnachtstag)
26. Dezember

TOILETTEN

Öffentliche Toiletten sind nicht üblich, abgesehen von Amsterdams Urinalen in stark frequentierten Gegenden. Viele Leute gehen in Cafés, Kneipen oder Kaufhäuser (vorher tragen!). Standardgebühr ist 0,50 €. HogeNood (hogenood.nl) zeigt auf einer Karte nahe gelegene Toiletten.

SICHERHEIT AN GRACHTEN

Die meisten Grachten haben keine Zäune oder Barrieren; Fußgänger und Fahrräder fallen auch mal ins Wasser.

BADEPLÄTZE

Die Niederländer lieben wildes Baden; trotzdem sollte man nur in ausgewiesenen Zonen baden.

Strom 230V/50Hz

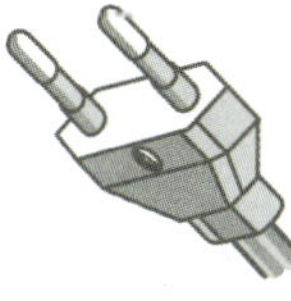

Type C
220V/50Hz

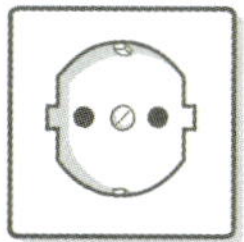

Type F
230V/50Hz

STORYBOOK

Mit fünf Reportagen tief in den niederländischen Alltag eintauchen.

Delft (S. 185)

DIE GESCHICHTE DER NIEDERLANDE IN 15 ORTEN

Da 17 % des Landes dem umgebenden Wasser abgetrotzt wurden und mehr als ein Viertel unter dem Meeresspiegel liegt, wurde die Geschichte der Niederlande, mehr als jede andere, vom Meer geprägt. Von Abigail Blasi

BELGIEN (FRÜHER EIN Teil der Niederlande) – das „niedere" Land hält eine Schlüsselposition im Zentrum Nordeuropas. Und es hat eine lange Geschichte: Jahrhundertelang von Piraten und Angreifern heimgesucht, von den Wikingern aus Dänemark und unterschiedlichen, nach Macht strebenden Führern aus Frankreich und Deutschland, die ihr Imperium vergrößern und die reichen niederländischen Ressourcen ausbeuten wollten.

Die Niederländer mit ihrer langen See- und Handelsgeschichte bauten über die Jahrhunderte Wohlstand auf, zum Teil so erfolgreich, weil immer das Geschäft Vorrang vor dem Idealismus hatte und es daher optimale Bedingungen für den Handel gab. Eroberungen nicht abgeneigt, weiteten sie während des sogenannten Goldenen Zeitalters – nicht so golden für die, durch deren Arbeit Händler, Kolonialisten und Sklavenbesitzer zu enormem Wohlstand gelangten – ihren Einfluss weltweit aus. Nachdem sie sich so sehr übernommen hatten, dass es in der Heimat Probleme gab, reduzierten die Niederländer ihren Einsatz in Übersee (Indonesien und Karibik). Im Zweiten Weltkrieg litt das Land entsetzlich unter der Besetzung durch die Nazis, die hungernde Bevölkerung aß aus Not Tulpenzwiebeln. Nach dem Krieg entwickelten sich die Niederlande zu einer Nation, in der Pragmatismus und Kooperation an erster Stelle stehen, eine Einstellung, die in jüngster Zeit durch Migration und die Grenzen von Toleranz zu Schlüsselthemen wurden.

1. Hunebedden

JUNGSTEINZEIT

Hunebedden, megalithische prähistorische Grabkammern in der heutigen Provinz Drenthe, sind der früheste Beweis für die Besiedlung der Niederlande und die ältesten Bauwerke. Sie wurden auf höher gelegenem Sandboden errichtet von Bauern, die um 4400 v. Chr. hierher kamen und von deren Leben man nur durch Keramikscherben erfahren hat. Die Gräber heißen *hunebedden*, weil die Einheimischen früher glaubten, dass die großen Felsen nur von Riesen, den Huynen, errichtet werden konnten.

Mehr über die Hunebedden auf S. 219.

2. DOMunder, Utrecht

JAHRHUNDERT DER RÖMER

Im 1. Jh. v. Chr. dehnten die Römer unter Julius Cäsar ihr Reich aus und siedelten über 400 Jahre hier. Sie eroberten bis 59 v. Chr. ein großes Gebiet entlang des Rijn und seiner Nebenflüsse. Keltische und germanische Stämme unterwarfen sich Cäsars Herrschaft, Utrecht wurde zu einem wichtigen Außenposten des Reiches. Noch immer zeigen Städte die Spuren der römischen Besetzung, die meisten Überreste sind in Utrecht zu sehen. In dieser unterirdischen Anlage können Besucher ein paar Jahrtausende Geschichte erleben mit archäologischen Funden aus der Zeit der römischen Festung.

Mehr über DOMunder auf S. 140.

3. Valkhofpark, Nijmegen

CHRISTENTUM & DIE FRANKEN

Als das römische Reich schwand, griff der germanische Stamm der Franken ein. Bis zum 8. Jh. hatten sie die Niederen Lande erobert und begannen in recht unchristlicher Weise, die einheimische Bevölkerung gewaltsam zum Christentum zu bekehren. Karl der Große, der erste einer langen Reihe der Heiligen Römischen Kaiser, war der erfolgreichste Frankenkönig. Er baute einen Palast in Nijmegen an der Stelle einer früheren römischen Festung, heute ist hier der grüne Valkhofpark. Nach dem Tod Karls des Großen 814 zerfiel das Reich und die Ruinen stammen von einer späteren Festung, die von Friedrich II. im 12. Jh. gebaut wurde.

Mehr über Valkhofpark auf S. 228.

Sassenpoort (S. 235), Zwolle

4. Sassenpoort, Zwolle

VORHERRSCHAFT DER HANSE

Im Laufe der Zeit gewannen lokale Herrscher an Macht und Anfang des 12. Jhs. traten niederländische Orte mit Zugang zum Meer wie Deventer und Zwolle der Hanse bei. Der faszinierende, von Grachten umgebene Sassenpoort in Zwolle stammt von 1409, der Blütezeit der gut erhaltenen mittelalterlichen Stadt. Die Herzöge von Burgund übernahmen nach und nach die Niederen Lande und führten sie in eine Periode der Stabilität unter Herzog Philipp dem Guten, der von 1419 bis 1467 regierte. Das 15. Jh. bescherte der Region Wohlstand aufgrund von Schiffbau und Handel.

Mehr über Sassenpoort auf S. 235.

5. Oude Kerk, Amsterdam

KATHOLIKEN GEGEN PROTESTANTEN

Oude Kerk, früher eine katholische Kirche aus dem 13. Jh., überstand das Feuer von 1452, das zu neuen Bauvorschriften führte, die Ziegel und Tonsteine vorschrieben. Philipp II. von Spanien, Mitte des 16. Jhs. Herrscher der Niederlande und kein Anhänger von Toleranz, war ein Verfechter der Inquisition und ging gegen die Protestanten hart vor. Im Gegenzug plünderten 1566 Calvinisten katholische Kirchen; die kargen Innenräume vieler niederländischer Kirchen, auch dieser, stammen daher. Philipp reagierte auf diesen Aufruhr und so begann der Achtzigjährige Krieg, in dessen Verlauf 1581 niederländische Provinzen ihre Unabhängigkeit erklärten.

Mehr über Oude Kerk auf S. 55.

6. Museum Willet-Holthuysen, Amsterdam

DAS REICHE GOLDENE ZEITALTER

Trotz der Turbulenzen florierten die holländischen Handelsstädte im 16. und 17. Jh. Selbst auf dem Höhepunkt der Unruhen mussten die Spanier niederländische Schiffe nutzen, um ihren Weizen zu transportieren. Als der Frieden einkehrte, begann eine Zeit des wirtschaftlichen Wachstums und kultureller Blüte, die als „Goldenes Zeitalter" bekannt wurde. Der Begriff gilt heute als problematisch, denn er ignoriert, dass ein großer Teil des Vermögens durch Schwarzhandel, Sklaverei und Armut entstand. Amsterdams Museum Willet-Holthuysen bewahrt ein schönes Stadthaus vom Ende dieser Periode mit üppigem Interieur hinter der hübschen, aber typisch unauffälligen Fassade zur Gracht.

Mehr über das Museum Willet-Holthuysen auf S. 73.

7. Tropenmuseum, Amsterdam

DAS NIEDERLÄNDISCHE IMPERIUM

Die Niederländische Ostindien-Kompanie, 1602 gegründet, riss die Schifffahrts- und Handelsrouten an sich und wurde die größte Handelsgesellschaft des 17. Jhs. Sie war fast so mächtig wie ein souveräner Staat und konnte eigene Truppen einsetzen und Kolonien gründen. Ihr Gegenstück, die Niederländische Westindien-Kompanie, trieb Handel in Afrika und Amerika und war entscheidend am Sklavenhandel beteiligt. Neu-Amsterdam wurde an die Engländer abgetreten (die es New York nannten) im Austausch für Surinam in Südamerika und Inseln in Indonesien. Amsterdams Tropenmuseum enthält viele Artefakte aus dieser Zeit. Die französische Invasion 1672 im Heimatland war der Anfang vom Ende des niederländischen Imperiums, denn das Land konnte sich nicht länger auf seine Ambitionen in Übersee konzentrieren.

Mehr über das Tropenmuseum auf S. 102.

8. Fort St. Pieter, Maastricht

NAPOLEON & DIE NEUE MONARCHIE

Fort St. Pieter wurde 1701 zur Verteidigung gegen die Angriffe der Franzosen gebaut. Nachdem Kämpfe zwischen dem Haus Oranien und demokratischen Gegnern 1785 zu einem Bürgerkrieg führten, ergriffen die Franzosen die Gelegenheit und nutzten die Streitigkeiten aus: Napoleon nannte das Gebiet Königreich Holland und ernannte seinen Bruder Louis Bonaparte 1806 zum König. Napoleons gescheiterter Russland-Feldzug ebnete den Holländern den Weg zu ihrer eigenen Monarchie. Prinz Willem VI. wurde 1814 als König Willem I. gekrönt.

Mehr über Fort St. Pieter auf S. 253.

9. Jachthuis Sint Hubertus, Zentrum der Niederlande

FRÜCHTE DES SOZIALPROGRAMMS

König Willem II. initiierte eine Verfassung mit demokratischen Idealen, die bis heute das Fundament der Regierung bildet. Die Niederlande, die keine Weltmacht mehr waren, hielten sich aus dem Ersten Weltkrieg heraus, profitierten aber vom Handel mit beiden Seiten. In den 1920er-Jahren führte wachsender Wohlstand der Mittelschicht zu größerer sozialer Mobilität und das Land verfolgte ein innovatives Sozialprogramm zur Armutsbekämpfung und für gleiche Rechte. In dieser Zeit ließ sich die bekannte Familie Kröller-Müller, die zu Reichtum gekommen war, ein Jagdhaus im Jugendstil in ihrem Privatpark bauen.

Mehr über das Jagdhaus Sint Hubertus auf S. 229.

10. Anne Frank Huis, Amsterdam

BESETZUNG IM ZWEITEN WELTKRIEG

Im Zweiten Weltkrieg versuchten die Niederlande neutral zu bleiben, aber im Mai 1940 marschierten die Deutschen ein. Die Angriffe legten die Rotterdamer Innenstadt in Schutt und Asche und zwangen das Land zur Kapitulation. Die Industrie und Bauern der Niederlande mussten für die Deutschen arbeiten. Der einheimische Widerstand war meistens passiv und gewann erst etwas Auftrieb als Tausende von Niederländern nach Deutschland verschleppt wurden, um in den Fabriken zu arbeiten. Ein schrecklicheres Schicksal stand den holländischen Juden bevor, eine von ihnen war Anne Frank. Ein Besuch in den Räumen, in denen sich Annes Familie versteckte bevor sie verraten wurde, ist bewegend.

Mehr über das Anne Frank Huis auf S. 64.

11. Die Brücke von Arnheim, Arnhem

„A BRIDGE TOO FAR"

Die britische Operation Market Garden, ein Versuch strategisch wichtige Brücken auf dem besetzten Territorium zu erobern, scheiterte, die strategisch wichtige Brücke bei Arnheim konnte nicht gesichert werden. Nach dem Zusammenbruch gaben die Alliierten alle Versuche auf, die Niederlande zu befreien. Die Deutschen verwüsteten das Land, eine Hungersnot folgte. Im Mai 1945 befreiten endlich kanadische Truppen das Land. Nach dem Krieg lagen die Niederlande sowohl wirtschaftlich als auch seelisch am Boden. Kriegsverbrecherprozesse folgten, in denen 66.000 wegen Kollaboration verurteilt wurden, nur ein Teil der Beteiligten. Jedoch riskierten viele Niederländer auch alles, um Juden während des Kriegs zu helfen.

Mehr über die Brücke von Arnheim auf S. 228.

Fort St Pieter, Maastricht (S. 253)

12. Euromast, Rotterdam

WIEDERGEBURT NACH DEM KRIEG

In den 1950er-Jahren entwickelte sich nach den Zerstörungen im Zweiten Weltkrieg wieder ein blühendes Land. Nach der Flutkatastrophe in Zeeland und dem Süden 1953 begann eine vier Jahrzehnte dauernde Kampagne, um neues Land zu gewinnen und das Meer im Zaum zu halten – die „Deltawerke" helfen dabei. Rotterdams Stadtzentrum war von der Luftwaffe größtenteils zerstört worden und neue Architektur belebte die Hafenstadt neu. Der außergewöhnliche Euromast wurde 1960 für die Floriade, eine Gartenschau, gebaut und bietet eine tolle Aussicht.

Mehr über Euromast auf S. 166.

13. Vondelpark, Amsterdam

HAUSBESETZER, HIPPIES & GLEICHHEIT

Die sozialen Umbrüche in den 1960er-Jahren trafen auch die Niederlande. Hippies strömten in den 1960er- und 70er-Jahren nach Amsterdam; trotz Wohnungsmangel ließen Spekulanten Häuser leer stehen, Hausbesetzungen waren die Folge. Die Behörden machten den Vondelpark zu einem vorläufigen Freiluftschlafsaal. Die Drogenpolitik des Landes entstand aus praktischen Überlegungen als durch den Einfluss der Flower-Power-Zeit die Kontrolle der herrschenden Drogengesetze nicht mehr durchführbar war. Gleichgeschlechtliche Beziehungen wurden toleriert und 2001 führten die Niederlande als erstes Land die gleichgeschlechtliche Ehe ein.

Mehr über Vondelpark auf S. 81.

14. De Schreeuw (Der Schrei), Oosterpark, Amsterdam

ZUNAHME DER INTOLERANZ

Alle Regierungen seit 1945 waren Koalitionen, die sich in wirtschaftlichen Positionen unterschieden. In jüngster Zeit haben Kontroversen das tolerante Selbstgefühl der Niederlande herausgefordert. Die Skulptur *De Schreeuw* ist dem Filmemacher Theo van Gogh gewidmet, der 2004 von einem marokkanisch-niederländischen Terroristen ermordet wurde. Dies geschah zwei Jahre nach dem Mord an dem rechtspopulistischen Politiker Pim Fortuyn. Streitigkeiten über Immigration führten 2023 zum Bruch der Koalition. Die Neuwahl gewann die PVV unter Geert Wilders.

Mehr über De Schreeuw auf S. 97.

15. Rotlichtbezirk, Amsterdam

DIE ZEITEN ÄNDERN SICH

In den letzten Jahren gab es eine Bewegung weg von der bisherigen gemäßigten niederländischen Politik; einer Koalition gehörte der rechtsstehende Politiker Geert Wilders an und der Premierminister Mark Rutte empfahl Umweltschutzauflagen aufzuweichen, die Förderung von Kunst und Kultur zurückzufahren und neue Regeln für den Verkauf von Marihuana in Coffeeshops. Auch von linker Seite gab es Bewegungen, die Toleranz in einigen Bereichen zurückzuschrauben; 2023 schlug der grüne Bürgermeister von Amsterdam vor, dass etwa die Hälfte der Rotlichtbetriebe in ein Erotic-Center umziehen sollten.

Mehr über den Rotlichtbezirk auf S. 59.

IM UHRZEIGERSINN VON LINKS OBEN: RUUD MORIJN PHOTOGRAPHER/SHUTTERSTOCK ©, JUAN GARCIA HINOJOSA/SHUTTERSTOCK ©, SIMON SCHACHERL/SHUTTERSTOCK ©, LORADO/GETTY IMAGES ©

TRIFF DIE NIEDERLÄNDER

Die diskussionsfreudigen Niederländer sagen, was Sache ist – manchmal auch auf ihre eigenen Kosten. Von Sara van Geloven

DIE NIEDERLANDE SIND klein – mit dem Auto lässt sich das Land der Länge nach in vier Stunden durchqueren, von Amsterdam bis zur deutschen Grenze sind es kaum zwei. Kein Wunder, dass es bei 17 Mio. Niederländern eng wird.

Das Zusammenleben auf engem Raum hat uns zu Menschen gemacht, die gut kommunizieren können. Wir Niederländer sind gern direkt und scheuen Meinungsverschiedenheiten nicht. Wir diskutieren alles aus, bis ein Konsens gefunden ist oder ein Kompromiss. Es gibt einen eigenen Ausdruck dafür: *polderen*. Er stammt aus dem Mittelalter, als dem Wasser Land abgerungen wurde und sich Menschen aller Schichten zusammentun mussten, um Deiche zu bauen. Doch alles ist nicht immer nur positiv. Als kleines Land haben wir momentan mehr als 15 politische Parteien, die oft eher die Unterschiede betonen als die vielen Dinge, die uns verbinden.

Da wir das Glück haben, dass unser Reisepass zu den stärksten weltweit gehört, und unsere Englischkenntnisse im Allgemeinen gut sind, können wir uns mit Stolz als international ausgerichtetes Land bezeichnen, das auch über eine lange Tradition in Handel und Reisen verfügt. Eine Schattenseite gibt es dennoch – wir haben erst in jüngster Vergangenheit mit der Aufarbeitung unserer kolonialen Vergangenheit begonnen, den Schrecken der Sklaverei in unserem vermeintlichen „Goldenen Zeitalter“ sowie den strukturellen Rassismus, der leider bis heute in unserer Gesellschaft existiert. Einige Schritte wurden getan, z. B. eine offizielle Entschuldigung des Königs, doch der Weg ist noch lang.

Allen Herausforderungen zum Trotz wie dem Auseinanderdriften von Stadtbevölkerung (die als *havermelkelite*, also „Hafermilchelite“ bezeichnet wird) und Landbevölkerung, durch Fracking verursachte Erdbebenschäden in der Provinz Groningen und einer landesweiten Stickstoffkrise (wobei der Anstieg des Meeresspiegels aufgrund des Klimawandels noch gar nicht genannt ist), zählen wir uns zu den glücklichsten Menschen auf Erden.

Die Niederländer liegen im internationalen Ranking von Wohlstand und Zufriedenheit ganz oben. Wir sind gern in unseren Städten und Dörfern unterwegs und lieben *gezelligheid*. Von einer der größten Pride Paraden bis zum Königstag, den auch Nicht-Monarchisten begeistert begehen, wissen wir trotz aller Herausforderungen die schönen Seiten des Lebens zu feiern.

Alter ist nur eine Zahl

Die Anzahl der Menschen, die 65 Jahre oder älter sind, hat sich im letzten Jahrhundert verzehnfacht – auf einen von fünf der Bevölkerung. Schätzungen zufolge sollen 2040 fast 5 Mio. Niederländer 65+ alt sein.

Bilder im Uhrzeigersinn ab oben links: Am Königstag, Breda (S. 249); Rad fahren, Amsterdam (S. 38); Fußballtraining; Kneipe im Freien, Rotterdam (S. 157)

JE MEHR ICH REISE, DESTO MEHR SCHÄTZE ICH MEIN LAND

Nachdem ich die ersten 20 Jahre meines Lebens in der Stadt Groningen im Norden des Landes verbracht hatte, konnte ich es kaum abwarten, endlich die Welt zu sehen. Mich langweilten die flachen Felder und die Bürokratiekultur, die für alles ein Formblatt bereithielt, total. Ich suchte das Abenteuer.

In den nächsten zehn Jahren bereiste ich jeden Kontinent (bis auf die Antarktis), um zu testen, wie weit ich mit meinen Englischkenntnissen kommen und wohin mein Pass mich bringen würde (so ziemlich überall hin). So wurde mir bewusst, welch ein enormes Privileg es war, in den Niederlanden geboren zu sein.

Auch wenn ich weiterhin gern reise und momentan sogar nonstop unterwegs bin, weiß ich mein Land jetzt viel mehr zu schätzen – von den ordentlichen Straßen, auf denen die Fahrräder König sind, bis zu den grünen, lebenswerten Städten. Irgendwie mag ich inzwischen sogar die leidigen Formulare ganz gern.

ALINA BAKKER/SHUTTERSTOCK ©

LAND AUS DEM MEER

Die komplizierte Beziehung der Niederländer zum Wasser – eine Hassliebe. Von Sara van Geloven.

WER AN EINE niederländische Landschaft denkt, denkt an Felder mit grünem Gras oder Tulpen, von Bächen durchzogen und mit Windmühlen. Land, das größtenteils vom Wasser geformt wurde – wahrscheinlich Land, das es früher nicht gegeben hat.

Vor nicht langer Zeit bestanden die Niederlande aus Torfmooren, das Meer hatte freien Zugang – regelmäßig überschwemmten Fluten das Land. Die ersten Bauern errichteten Hügel aus Lehm und Grasnarben und zogen sich bei Flut mit ihrem Vieh dorthin zurück. Der römische Schriftsteller Plinius der Ältere schrieb: „Zweimal am Tag überflutet das Meer große Teile des Landes, man weiß nicht, ob es Land oder Meer ist. Die arme Bevölkerung baut Hügel, die gerade groß genug sind um ihre Häuser trocken zu halten. Bei Flut sieht es aus als hätten sie Schiffbruch erlitten."

Die zahlreichen Hügel heißen *terpen*, *wierden* oder *werven*. In den nördlichsten Provinzen Friesland und Groningen ist die flache Landschaft immer noch mit alten Orten übersät, die höher liegen. Einige bildeten auch die Basis für Städte wie Leeuwarden. Damit begannen die Niederländer das Land für ihre Bedürfnisse zu gestalten. Was danach kam, würde die Gestalt der Niederlande – wörtlich „der niedrig liegenden Lande" – für immer verändern.

Neues Land schaffen

Vor mehr als 2000 Jahren wurden die ersten langen Wälle oder Dämme erbaut, um Landstücke vor Flüssen und Meer zu schützen. Aber es waren noch nicht viele. Das änderte sich nach dem 11. Jh. als immer mehr Deiche unter Verwendung von Lehm und Sand, Holzstützen und Gras errichtet wurden bis um 1300 fast die gesamte Küstenlinie der Niederlande eingedämmt war.

Aber es gab immer noch Torfmoore und große Teile, aus denen so viel Torf gestochen worden war, dass der Boden abgesackt war, manchmal so stark, dass er einige Meter unter dem Wasserstand der großen Flüsse im Süden und der Nordsee im Westen lag. Das führte zu Überflutungen. Es musste eine Lösung gefunden werden. Im 14. Jh. begannen die Bewohner, Inlanddeiche um ein Gebiet nahe Gouda zu errichten und über ein kompliziertes System von Wasserwegen und Schleusen das überschüssige Wasser in die Flüsse zu leiten. Da diese auch eingedämmt wurden, konnte das Wasser nicht zurückfließen. Dank dieses Schleusensystems konnte der Wasserstand in dem entwässerten Gebiet nun gesteuert werden – der erste *polder* war entstanden. Es dauert nicht lange bis die Schleusen durch Windmühlen unterstützt wurden, die große Was-

sermengen pumpen konnten. Häufig wurden mehrere Windmühlen in einer Reihe gebaut, so konnte das Wasser nach oben transportiert werden. Das erlaubte den Holländern, nicht nur Sümpfe trocken zu legen, sondern fruchtbares Land aus tiefen Seen zurückzugewinnen.

Wasser als Feind & Verbündeter

Diese exakte Kontrolle des Wassers konnte auch zur militärischen Verteidigung genutzt werden, indem strategisch wichtige Teile des Landes mit so viel Wasser geflutet wurden, dass sie für Soldaten und Pferde unüberwindbar wurden, aber nicht tief genug für Boote waren. Die Strategie wurde in vielen Fällen verwendet, am bekanntesten in der Nieuwe Hollandse Waterlinie und der Stelling van Amsterdam. Von 1815 bis 1940 wurden 200 km Überflutungskanäle, Schleusen, Deiche, Festungen und Burgen verbunden und bildeten eine große Verteidigungslinie für Holland (die bevölkerungsreichste Provinz im Westen). Sie wurde als effektives Abschreckungsmittel im Ersten Weltkrieg benutzt als die Niederlande neutral blieben; als sie aber im Zweiten Weltkrieg aktiviert wurde, zeigte sich das System als hoffnungslos veraltet – die deutschen Flugzeuge flogen einfach darüber. Heute sind die Überreste der Nieuwe Hollandse Waterlinie und Stelling van Amsterdam Unesco Weltkulturerbe.

Trotz dieser Maßnahmen zur Kontrolle des Wasserstandes blieben die Überflutungen. Immer wieder gab es Deichbrüche. Die Deiche um die Zuiderzee, einen 100 km langen früheren Meeresteil zwischen Nordholland und Friesland, zeigten sich besonders anfällig für Sturmfluten und Überschwemmungen. Bereits im 17. Jh. gab es Pläne, eine riesige Barriere zu bauen, um die Zuiderzee abzutrennen. Aber für dieses Unterfangen war die Technologie der damaligen Zeit noch nicht bereit.

Stelling van Amsterdam (S. 125)

Trockenlegung der Zuiderzee

Ende des 19. Jhs. wurden die Pläne neu aufgegriffen, denn eine neue Erfindung, die Dampfmaschine, wurde verwendet um das Haarlemmermeer trocken zu legen. Zu Beginn des 20. Jhs. führte der Bauingenieur Cornelis Lely vom Boot aus Untersuchungen des Bodens der Zuiderzee durch, um zu erkunden, welche Bereiche für eine Nutzung geeignet wären. Er entwarf einen Plan für eine Barriere und schuf neue *polder* in einer bisher nie dagewesenen Größe. Es gab nur ein Problem: Die Kosten wären astronomisch. Seine Pläne überzeugten die Regierung nicht und wurden archiviert.

Einige Jahre später, 1916, wütete ein Wintersturm und viele Deiche der Zuiderzee brachen. Das führte zu einem neuen Ruf nach Eingreifen der Regierung. Praktischerweise gab es einen neuen Minister für Verkehr und Wasserwirtschaft mit Insiderwissen: Es war niemand anderes als Cornelis Lely. Er entstaubte seine Pläne und plädierte erfolgreich für die Schaffung einer Barriere und vieler neuer *polder*.

Die Arbeit begann mit dem langen Damm, der die Provinzen Nordholland und Friesland verbinden sollte, und 1932 war der Afsluitdijk endlich fertig – die Zuiderzee wurde zum Süßwassersee IJsselmeer. Lely erlebte das nicht mehr – er war zwei Jahre vorher am Schreibtisch gestorben. Sein Name lebt weiter in Lelystad, der Hauptstadt der Provinz Flevoland, die vollständig aus *polder* entstand und 1968 fertiggestellt wurde. Erstaunliche 20 % der Niederlande bestehen heute aus wiedergewonnenem Land.

Kunststücke des Bauingenieurwesens

Der 32 km lange Afsluitdijk ist ein toller Anblick, genau wie die Deltawerke, die von der American Society of Civil Engineers zu einem der Sieben Weltwunder der Moderne erklärt wurden. Sie gehören zu den größten Flutschutzsystemen der Welt und waren Teil des Deltaplans, der entworfen wurde nachdem ein Sturm 1953 auf das Land traf und zur schlimmsten Flut der Neuzeit führte: der Watersnoodramp.

In jenem Winter ließ ein gefährliches Zusammentreffen von Springflut und Nordweststurm den Wasserstand auf fast 5 m über den Mittelwert steigen. Die Deiche waren dafür nicht ausgelegt, waren geschwächt durch jahrelange Vernachlässigung während und nach dem Zweiten Weltkrieg und brachen an mehr als 150 Stellen in den südlichen Provinzen Zeeland, Zuid-Holland und Noord-Brabant. Die Flut kam mitten in der Nacht und ohne Warnung. 1836 Menschen starben, und 70.000 wurden obdachlos.

Der Deltaplan wurde entwickelt, um die Wiederholung einer Katastrophe wie der Watersnoodramp möglichst auszuschließen. Zentraler Punkt war, die Küstenlinie um 700 km zu kürzen. Das wurde möglich durch den Bau von Flutsperrwerken und Schleusentoren, die geschlossen werden können wenn eine Sturmflut droht. Das 9 km lange Oosterscheldekering in Zeeland, gebaut 1986, ist der größte und bekannteste Teil der Deltawerke. Durchschnittlich ist es einmal im Jahr als Vorsichtsmaßnahme geschlossen.

DER 32 KM LANGE AFSLUITDIJK IST EIN UNGLAUBLICHER ANBLICK, EBENSO WIE DIE DELTAWERKE, DIE DER AMERICAN SOCIETY OF CIVIL ENGINEERS ALS EINES DER SIEBEN WELTWUNDER DER MODERNE GELTEN.

Deltawerke (S. 191)

Vorbereitungen für eine unsichere Zukunft

In den Jahren seit dem Bau der Deltawerke wurde der Küstenschutz ständig verbessert, Deiche wurden erhöht (der höchste misst 11,5 m) und die Dünenzone wurde gepflegt. Die Niederländer versuchen inzwischen mit der Natur zu arbeiten. 2023 wurde ein Fischweg am Afsluitdijk eröffnet, der die Verbindung zwischen Waddenzee und IJsselmeer wiederherstellt, so dass Lachse und Aale wieder in den Flüssen wandern können.

Im Delta, das einen großen Teil des Südens des Landes einnimmt, münden einige der größten Flüsse Europas in die Nordsee und Überschwemmungsgebiete wurden angelegt, um den Flüssen genug Raum zu geben. Immer noch werden viele Wasserwege des Landes zur Entwässerung genutzt. Ständig laufen Pumpen, um das Land trocken zu halten.

Die Wasserwirtschaft wird ernst genommen und die Niederländer wählen in regionalen Wahlen einen *waterschappen* (Wasserverband). Viele Entscheidungen der Wasserwirtschaft sind politisch, zum Beispiel: Hält man den Wasserstand niedrig, damit die Felder relativ trocken sind und die Bauern sie gut pflügen können oder steht er höher, um gefährdete Vegetation zu schützen und auf längere Trockenperioden vorbereitet zu sein?

Diese Entscheidungen sind durch den Einfluss des Klimawandels noch wichtiger. Extremer Regen im Sommer 2021 führte zu schweren Überschwemmungen in der südlichen Provinz Limburg. Starkregen und Stürme werden häufiger, der Meeresspiegel steigt und ein Viertel des Landes liegt bereits unter dem Meeresspiegel – die Niederländer haben alle Hände voll zu tun. Aber wie die lange Geschichte der Innovationen in der Wasserwirtschaft zeigt: Das Land ist bereit für die Herausforderungen.

STOLZE REGENBOGEN

Amsterdam Pride, ein Höhepunkt im holländischen Festivalkalender, ist eines der weltweit größten Pride-Festivals. Die Niederländer fügten, getreu ihrer Natur, noch Wasser dazu. Von Barbara Woolsey

DIE NIEDERLANDE SIND bekannt als beste Gastgeber der Welt – sowohl Amsterdam als auch Rotterdam sind berühmt für ihre Festivalkalender mit Musik, Vorstellungen, Mode und mehr. Aber ein Fest wurde extra entworfen, um alles unter einen Hut zu bringen, das jährliche Amsterdam Pride.

Die niederländische Gesellschaft hat es schon lange geglaubt: „love is love". Die Niederlande waren das erste Land, das am 1. April 2001 gleichgeschlechtliche Ehen legalisierte. Die Pride Parade in der Hauptstadt ist eine der weltweit größten, ein Sommerspektakel (Ende Juli/Anfang August) mit etwa 500.000 Feiernden entlang der Grachten. Die Parade ist auch die einzige auf dem Wasser; etwa 80 Boote und Schlauchboote in allen Größen werden geschmückt, vom hölzernen einfachen Lieschen bis zur blendenden Primadonna.

Im Uhrzeigersinn von links: Rotterdam (S. 165); Leiden (S. 187); Progress Pride Fahnen, Amsterdam; Amsterdam Pride (S. 79)

Eine Schau der Inklusivität

Neben einem Meer von Regenbogenfahnen bietet die Pride alles, was man erwartet – wummernde Musikboxen, singende Drag Queens, kunstvolle Dekorationen und natürlich „Matrosen" oben ohne. Aber die Themen der Boote und die Organisatoren (von Gay Swim Amsterdam bis zu Fetish Pride und UNHCR) wechseln immer und bieten Überraschungen: Gruppen in sagenhaftem Schuhwerk, Makeup mit Spezialeffekten und tolle Schneiderkunst bieten den Teilnehmern von RuPaul's Drag Race einen harten Wettkampf. Ferngläser mitbringen.

Am schönsten ist, dass Amsterdam Pride und andere Pride-Paraden in niederländischen Städten von allen gefeiert werden. Die Einheimischen, die ganzjährig ihre Fenster mit Regenbogenfahnen schmücken, sorgen dafür. Die aus ihren Häusern an den Grachten zuschauenden Anwohner geben dem Ganzen einen besonderen Charme. Gruppen drängen sich auf kleinen Balkonen und alle scheinen angeheitert zu sein – den jubelnden Passanten wird immer wieder zugeprostet. Oft sieht man Betrunkene in der Öffentlichkeit, trotzdem ist Pride sehr familienfreundlich.

Am Tag nach der Parade ist das Kopfsteinpflaster der Straßen unheimlich sauber und bietet keinen Hinweis auf eine Orgie von Pailletten, Glitter und Federn.

DAS 1987 IN AMSTERDAM AUFGESTELLTE WELTWEIT ERSTE SCHWULENDENKMAL … DAS HOMOMONUMENT, DREI GROSSE PINKE GRANIT-DREIECKE, IST DEN OPFERN VON VERFOLGUNG DURCH DIE NAZIS WEGEN IHRER SEXUELLEN ORIENTIERUNG GEWIDMET. HIER FINDET AM KÖNIGSTAG EIN LEBENDIGES QUEERES OPEN-AIR FESTIVAL STATT.

Wie „wahre Freizügigkeit" erreicht wird

Die niederländische Geschichte von LGBTIQ+ zieht sich weit über die Legalisierung der gleichgeschlechtlichen Ehe. Die holländische Kultur wird geprägt vom Begriff „True Freedom" – einer Wertschätzung für Aufgeschlossenheit, Akzeptanz und Toleranz, die einen einzigartigen gesetzlichen Rahmen schafft. So sind zum Beispiel Prostitution und Cannabis nicht nur erlaubt, sondern auch sehr auffällig und integrierte Aspekte des öffentlichen Lebens.

Unvoreingenommene Sichten auf verschiedene LGBTIQ+-Lebensstile machen in so einem sozialen Gebilde Sinn; das war nicht immer so. Homosexualität war meistens verboten. Toleranz war historisch entstanden durch die nationalen Bestrebungen, andere Kulturen zu entdecken – abgesehen davon ist die Kolonisierung ferner Länder eine dunkle Seite der Vergangenheit des Landes. Heute hat der Kolonialismus eine lebendige, multikulturelle Bevölkerung geschaffen, obwohl der Kolonialismus zeigt, dass die Weltoffenheit der Seefahrernation Holland nicht wirklich allgemeingültig war – auf jeden Fall was nicht-weiße Nicht-Europäer betraf. Vielmehr sah der holländische Kaufmannsstand durch den Ausbau hochgestochener europäischer Kultur große Reichtümer in seine prallen Börsen strömen und verstärkte die nationale Zugehörigkeit zur bildenden Kunst und Wissenschaft. Extravagante Intellektuelle, von impressionistischen Malern bis zu Physikern, erweiterten die kulturelle Anerkennung für Kreativität und unterschiedliche Sichtweisen.

Homosexualität war eine Störung der öffentlichen Ordnung und wurde mit Hinrichtung bestraft, hauptsächlich aus religiösen Gründen. 1579 wurden die Niederlande durch die Union von Utrecht zu einer Festung für religiöse Vielfalt in Europa und Hunderte von Pilgern begannen hier ihre Reise in die Vereinigten Staaten und flohen vor der religiösen Verfolgung in England. Offizielle Staatsreligion war der Calvinismus, aber andere protestantische Gemeinschaften, Juden und Katholiken durften ihre Religion ausüben – alle waren sich einig, dass Homosexualität verdorben wäre. Die Gesetze änderten sich mit der Annexion durch Frankreich und die Einführung des Code Napoléon entkriminalisierte 1811 Homosexualität. Etwa ein Jahrhundert lang gab es keine Unzuchtgesetze bis sie 1911 wieder eingeführt wurden. Im Untergrund entwickelte sich eine LGBTIQ+-Bewegung und Anfang des 20. Jhs. entstanden die ersten Schwulenbars in Amsterdam.

Der Zweite Weltkrieg und die Invasion der Nazis 1940 führten wieder eine neue Sichtweise ein. Während die Niederlande versuchten neutral zu bleiben und die Unterdrückung der Juden, Homosexuellen und Intellektuellen jenseits der Grenze beobachteten, erhielt die Regierung ein Ultimatum: Unterwerfung oder Untergang. Sie wählte Ersteres, aber die Bombenflugzeuge waren schon im Anflug.

Nach dem Krieg musste die Bewegung für die Rechte der LGBTIQ+ in den Niederlanden erst wieder aufgebaut werden. Mit dem Wiederaufbau der Gebäude in den 1950er- und 60er-Jahren verband sich auch ein Umdenken und Homosexualität wurde legal. Eine wichtige Umgestaltung der Rechtsordnung begann, die größte Veränderung brachte 1971 die Abschaffung des Artikels 248b. Hier brachte Vernichtung endlich etwas Gutes: Homosexualität wurde nicht länger als psychische Erkrankung behandelt, der Ausschluss vom Militär für Homosexuelle wurde aufgehoben.

Von der Verfolgung zur Feier

Die 1980er-Jahre waren die Hochphase der Sichtbarkeit der LGBTIQ+, besonders die Reguliersdwarsstraat, die immer noch Amsterdams Straße der Schwulenbars ist. 1987 wurde in Amsterdam das erste Schwulendenkmal der Welt errichtet. Das Homomonument, drei große Dreiecke aus pinkem Granit, ist denjenigen gewidmet, die von den Nazis wegen ihrer sexuellen Orientierung verfolgt wurden. Hier findet am Lieblingsfeiertag der Niederländer, dem Königstag, ein lebendiges queeres Open-Air-Festival statt.

Das Land macht weiter Fortschritte was die Rechte von LGBTIQ+ betrifft, von Bewegungen, Konversionstherapie zu untersagen bis zu Asylrecht für wegen ihrer sexuellen Orientierung und Geschlechtsidentität Verfolgten. 1993 erließ das Parlament ein wegweisendes diskriminierungsfreies Gesetz für Rechtsgleichheit, 2001 wurde die gleichgeschlechtliche Ehe legalisiert. Trotz aller Fortschritte gibt es noch Aufgaben, so muss der aktuelle gesetzliche Rahmen besser an Diversität, z. B. Transgender- und Intersex-Rechte, angepasst werden. Konservative christliche Parteien und ihre langjährigen Wähler stehen diesen Schritten massiv im Weg.

Die autonomen Überseegebiete der Niederlande teilen diese Auffassungen nicht. Aruba und die Niederländischen Antillen, stark geprägt von der römisch-katholischen Kirche, erkannten gleichgeschlechtliche Ehen anfänglich nicht an. 2007 entschied das Oberste Gericht der Niederlande, dass Heiratsurkunden aus einem Teil des Königreichs auch in den anderen Teilen gültig sind, Aruba folgte zähneknirschend.

Die Entwicklung der Niederlande von den Sodomie-Gesetzen bis zum Spitzenreiter bei LGBTIQ-Rechten zeigt die Kraft von Weltoffenheit, Inklusivität und Akzeptanz. Amsterdam Pride und andere Pride-Veranstaltungen in Städten sowie andere Events wie Pink Wednesday und Pink Saturday führen die lebendige Tradition des Feierns von LGBTIQ fort.

Die Niederlande sind nicht nur bekannt für ihre Architektur, sondern auch ihre Blaupause (eher „Regenbogenpause“) für Fortschritt und Akzeptanz ist bewundernswert.

Homomonument (S. 266), Amsterdam

GEDOGEN

Beide Augen zudrücken – die niederländische Strategie, mit Prostitution, Drogen und Sterbehilfe umzugehen. Von Abigail Blasi

IN COFFEESHOPS KANN Cannabis gekauft und geraucht werden, obwohl die Drogenbereitstellung illegal ist; Prostituierte sitzen im Fenster im Rotlichtviertel; Sterbehilfe wird seit 1985 stillschweigend geduldet. Da ist es verzeihlich, dass so mancher auf den Gedanken kommt, dass diese Aspekte der niederländischen Kultur von besonderer Laxheit zeugen. Doch das ist nicht der Fall. Sie stehen vielmehr in Verbindung mit dem typisch niederländischen Konzept von *gedogen*. Was sich frei mit „geduldet, jedoch eigentlich illegal" übersetzen lässt. Dieses Prinzip kommt bei allen Aktivitäten zur Anwendung, die der Gesellschaft keinen Schaden zufügen.

Geld regiert die Welt

Die Wurzeln von *gedogen* als Konzept der Koexistenz lassen sich bis ins 16. Jh. zurückverfolgen, als es während der Reformation zur Spaltung zwischen Katholiken und Protestanten kam. Trotz jahrhundertelangen Aufruhrs florierte der Handel im Land unverändert, was einem pragmatischen Ansatz geschuldet war, der den Kommerz am Laufen hielt. Im 17. und 18. Jh., als anderswo Minderheiten vor Verfolgung flohen, ließen sich Calvinisten, Hugenotten sowie jüdische Händler und Flüchtende in der Republik der Vereinigten Niederlande nieder, wo sie auf breite Toleranz stießen. Die calvinistische Mehrheit verbot öffentliche Gottesdienste der Katholiken, drückte aber gegenüber versteckten Kirchengemeinden beide Augen zu: Eine davon ist heute ein Museum in Amsterdam, „Unser lieber Herr auf dem Dachboden" (Museum Ons' Lieve Heer op Solder), verborgen in einem unauffälligen Stadthaus. Die calvinistischen Protestanten dominierten schließlich in den nördlichen Niederlanden, die Katholiken blieben im Süden des Landes, einem Gebiet, das 1830 eine eigene Nation wurde: Belgien. Natürlich herrschten nicht immer Frieden und Harmonie, doch förderte Diversität die Toleranz. Anstatt unproduktiv herumzustreiten, gab man dem Prinzip „leben und leben lassen" den Vorzug, was es Handel und Gewerbe ermöglichte, unbeeinträchtigt von Differenzen über religiöse Dogmen weiterzuarbeiten.

Philosophische Wurzeln

Der einflussreichste niederländische Philosoph Baruch Spinoza wurde 1632 in Amsterdam als Sohn portugiesisch-jüdischer Eltern geboren. Seine Gedanken zu Religion und Staat dienten als Grundlage für seinen niederländischen Ansatz gegenüber komplexeren Problemen des Lebens. So schrieb er in seinem *Tractatus Theologico-Politicus*, dass der Versuch, Kontrolle über ein Individuum zu erlangen, unmöglich sei, da letztlich ein jeder tue, was er wolle. „Jeder ist nach dem Naturgesetz Herr seiner Gedanken, und so wird jeder Versuch des Staates, Menschen zu zwingen, nach Vorschrift der Staatsgewalt zu sprechen, obgleich sie unterschiedlicher Ansicht sind, zum Scheitern verurteilt sein."

Eine Art Gesprächstherapie

Das „*polder*-Modell" kam im 20. Jh. ins Spiel – ein weiteres Prinzip niederländischen Führungsverhaltens. Benannt ist es nach dem Begriff, der für das geschickte Trockenlegen von Marsch- oder Küstenland verwendet wurde. Das *polder*-Modell war ein Prozess, in dem gegensätzliche Parteien diskutierten und ergebnisorientiert verhandelten, um einen Kompromiss zu

Coffeeshop, Amsterdam

erzielen. *Gedogen* und das *polder*-Modell bildeten gemeinsam die typisch niederländische Antwort auf Fragen, die sich bei der Regierung dieses diversen Staates stellten.

Coffeeshops

Das markanteste Beispiel für angewandtes *gedogen* ist der Aufstieg der niederländischen Coffeeshops, in denen Verkauf und Konsum von Cannabis erlaubt sind. Seinen Anfang nahm der Trend in den 1960-er und 70-er-Jahren als Reaktion auf den Lebensstil der Gegenkultur, vor allem in Amsterdam. Die Autoritäten kamen zu der Auffassung, dass die strafrechtliche Verfolgung von Cannabisrauchern den Aufwand nicht wert sei und dass die Trennung von Cannabis und anderen härteren Drogen sogar den Gebrauch von Marihuana als Einstiegsdroge zu Heroin und Crack reduzieren könnte.

BEIM NIEDERLÄNDISCHEN DROGENKONZEPT STEHEN SEIT DEKADEN GESUNDHEITLICHE UND SOZIALE PROBLEME IM VORDERGRUND, NICHT DER STRAFRECHTLICHE ASPEKT. WAS VON ERHEBLICHEM VORTEIL IST, DA SICH BEISPIELSWEISE DIE ANZAHL AN CANNABISRAUCHERN, DIE WEGEN IHRES KONSUMS IMMER WIEDER HINTER GITTER KAMEN, REDUZIERTE. IHREN PROBLEMEN BEGEGNETE MAN MIT THERAPIEN, NICHT MIT KRIMINALISIERUNG.

Beim niederländischen Drogenkonzept stehen gesundheitliche und soziale Probleme im Vordergrund, nicht der strafrechtliche Aspekt. Was von erheblichem Vorteil ist, da sich beispielsweise die Anzahl an Cannabisrauchern, die wegen ihres Konsums immer wieder hinter Gitter kamen, reduzierte. Ihren Problemen begegnete man mit Therapien, nicht mit Kriminalisierung. Coffeeshops dürfen betrieben werden, solange ihr Cannabisbestand unter 500 g liegt, maximal 5 g pro Person verkauft werden, Minderjährige nicht bedient werden, sie kein Ärgernis für Nachbarn darstellen und harte Drogen tabu sind. Das Paradoxe an der Sache ist, dass der illegale Kauf von Cannabis zwar zurückgegangen ist, diese Strategie aber dennoch den Drogenhandel fördert, da Coffeeshops ihre Vorräte auf dem illegalen Schwarzmarkt beziehen müssen.

Herausforderungen des 21. Jahrhunderts

In den letzten Jahren wurde das Prinzip von *gedogen* auf die Probe gestellt. Eine Mordserie Anfang der 2000-er-Jahre erschütterte die Niederlande. Zuerst wurde der rechte Politiker Pim Fortuyn von einem Umwelt- und Tierwohlaktivisten ermordet, dann wurde der Filmemacher Theo van Gogh von einem Extremisten getötet, der sich von der Darstellung des Islam in dessen Kurzfilm *Submission* verletzt fühlte.

Seit den 1960-er-Jahren hatte man Migration begrüßt und Einwanderungsbestimmungen gelockert, um Zeitarbeiter aus dem Ausland aufzunehmen. Erst im 21. Jh. vollzog sich ein Wandel, als Politiker vom rechten Flügel wie Pim Fortuyn und Geert Wilders gegen Migranten hetzten sowie gegen das Prinzip des *polder*-Modells samt der Struktur der Koalitionsregierung, was den Niederlanden mit die strengsten Migrationsgesetze in Europa bescherte. Zur gleichen Zeit führte die Lancierung von Billigflügen ohne Service zu einer Explosion von Partytouristen samt einem Anstieg an asozialem Verhalten, vor allem im historischen Zentrum von Amsterdam mit seinen Coffeeshops und dem Rotlichtviertel. Seit 2020 befürwortet die Amsterdamer Bürgermeisterin Femke Halsemar, die Sexarbeiter*innen in ein „Erotikzentrum" zu verlegen. Auch Coffeeshops bekommen immer mehr Auflagen; seit 2011 dürfen nur Einheimische mit einem „Weed-Pass" die Droge außerhalb Amsterdams in den Shops kaufen.

Die Zukunft der (In)Toleranz

Auch wenn die Niederlande sich als Reaktion auf gesellschaftliche Veränderungen und Zwänge weiterentwickeln, bleibt *gedogen* das bestimmende Charakteristikum niederländischer Kultur und Führungsverhaltens. Es gilt abzuwarten, ob unter steigendem Druck *gedogen* im 21. Jh. zur Toleranz radikal restriktiver Ideen führen wird – anstelle der pragmatischen, liberalen Prinzipien in der Vergangenheit.

REGISTER

Karte **000**

B

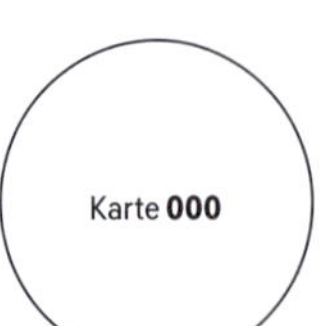
Karte **000**

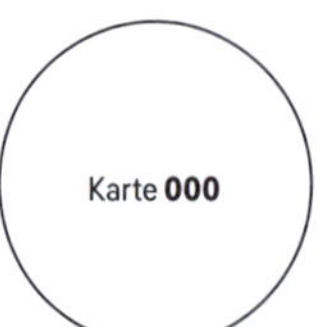

Karte **000**

„Unter dem Vogel Rok in Efteling hatte ich mir eine nette ornithologische Erlebnisreise vorgestellt. Was ich bekam, war eine rasante Fahrt in einer Dunkelachterbahn.“

MARK ELLIOTT

„Kneipentouren durch Groningen sind legendär. Allerdings sollte man anschließend nicht aufs Fahrrad steigen – für mich eine schmerzhafte Lektion.“

SARA VAN GELOVEN

LINKS: PHOTOS BY D/SHUTTERSTOCK ©, RECHTS: RUDMER ZWERVER/SHUTTERSTOCK ©

ÜBER DIESES BUCH

Lonely Planet Global Limited

Digital Depot, Roe Lane (off Thomas Street)

Digital Hub

Dublin 8

D08 TCV4

Ireland

Verlag der deutschen Ausgabe:

MAIRDUMONT

Marco-Polo-Str. 1
73760 Ostfildern

www.lonelyplanet.de, www.mairdumont.com, lonelyplanet-online@mairdumont.com

Niederlande

3. deutsche Auflage November 2024 übersetzt von *The Netherlands 9th edition*, Juni 2024, Lonely Planet Global Limited

Deutsche Ausgabe © Lonely Planet Global Limited, November 2024

Fotos © wie angegeben 2024

Printed in China

Redaktion und technischer Support: CLP Carlo Lauer & Partner, Valley

Übersetzer: Beatrix Gehlhoff, Marion Gieseke, Christiane Gsänger, Eva Hochrath, Dr. Annegret Pago, Dr. Thomas Pago, Christiane Radünz, Jutta Ressel M.A., Beatrix Thunich, Renate Weinberger, Linde Wiesner

MIX
Paper from responsible sources
FSC® C124385

Dieses Buch wurde auf FSC® zertifiziertem Papier gedruckt. FSC® ist ein internationales Zertifizierungssystem für nachhaltigere Waldwirtschaft. Das Holz für diese Papier kommt aus Wäldern, die verantwortungsvoller bewirtschaftet werden.